南山大学学術叢書

アリストテレスの法思想——その根柢に在るもの

高橋広次 著

成 文 堂

はじめに

　古代と現代とでは自然や人文や社会に関する知識・情報の蓄積において雲泥の差がある。それにも拘らず，アリストテレス研究への遡及は何度も求められ，繰り返し蘇ってきた。それは歴代の社会がそのつど直面した難問の解決に少なからぬ効果的な助言を与えてきたからであろう。この助言がかくも援用されるのは，そのような難問は，時と所を変えてもどの社会でも同様の構造を示すからである。この「同様の構造」というのは，人間の本性が歴史や社会の相違にも拘らず，形相と質料との矛盾的統一に胚胎する同様の性質を有することの反映である。歴史の表層部は激しい変化の相を見せても，その根柢部に大きな変化はない。アリストテレスが示した大常識は，少なくとも「人間的なことがら」に関して，知識の多寡を問わず，急所を押えているところにあると見ることができる。それは，人間存在を構成する不変の種的形相を踏まえながらも，自由意思の働きを十分に評価しているところに現れる。その言論に伝馬空を行くプラトン的な飛翔性（陰に隠れた厭世）はないが，人間の身の丈を知った冷徹な現実的認識とともに，人世を肯定する楽天性がある。

　彼の思想は，中世盛期，トマス・アクィナスにより，彼岸への宗教的憧憬（あるいは現世の蔑視）を此岸へつなぎとめるため，世俗において社会倫理の基礎を築くべく援用された。その典型がいわゆる自然法思想である。トマスは法思想史上，自然法論者であると位置づけられるのが通例である。それは自然法が上方に向かっては永久法への参与として捉えられているからであるが，しかし，下方に向かっては，実定法の実現へと連なっていることに留意する必要がある。人間は身体を持つ理性であり，人格であるとともに社会的本性を有する。至高の価値である人格の完成は世俗的社会で追求される諸価値を究極目的とするのではないが，世俗的社会の平和と安定を必要条件とする。実定法秩序は，人間の社会的本性の展開過程で現れる自然法の継続的形成に他ならず，それは，あたかもトマスの自然法論がアリストテレスの言うべくして言いえなかった法論の開展であるのに類似するかのようである。

　われわれは，この自然法から実定法の形成へ移り行く枢軸点に「知慮」の徳が

存在すると考える。知慮こそは，アリストテレスの倫理学と政治学において中枢的地位を占める徳であるが，トマスによっても，自然法や正義の理念と，世俗的共同善，特に国家という共同体において最も関心をもって追求される公共善とを媒介する役割を担ったのではないかと思われる。この意味ではアリストテレス法思想の中心に位置していたと言えよう。法理学が古来 Jurisprudence と呼ばれていることから推察されるように，それはもともと知慮 prudence という知性的卓越性に属している。Jurisprudence という術語の起源は，この知慮の働きが特殊な法作用に，とりわけ裁判上の法解釈や司法的実現を図るところにあった。アリストテレスの場合，ユスは「正」であり，司法の場ではディカイオンたる特殊的正として理解される。しかし，勝義における知慮の働きはより大局的な統治の場で発揮される。それは，特定の場合を規律するために一般規範を形成する立法行為に関わる。立法的知慮は，法の制定に関わるあらゆる与件を参観して総合する棟梁の立場にある。それは，法秩序の究極目的に鑑みながら，それに適合するもろもろの具体的なてだてを，価値や合目的性の観点から判断する。否，判断に止まらず，規範的命令の形で創造するのである。

　国法は正義の問題か，それとも知慮の問題かと問えば，立法の行為においても内容においても，国法は知慮の問題である。プラトンの対話篇『国家』は，その副題から知られるように「正義」の立場から構想された。しかし思索体験の錬成を経て達した晩年の大作『法律』において立法を指導するのは，「黄金の知慮の働き」に他ならなかった。言うまでもなく，アリストテレスの『政治学』において立法を統制するのは，『ニコマコス倫理学』で確立された知慮の棟梁としての働きである。今世紀ベルギーブリュッセル大学の法学者 Luc Wintgens は，Legisprudence なる造語によって，単にそこにある権利義務を確定した規範を適用するのではなく，規範の合理的な構築を重視して，「立法の尊厳」を訴える精力的な活動を行っている。レックスとはアリストテレスの場合，国制の色彩を決定するノモスにあたる言葉である。立法に際して重要な働きをするのが，立法者 Legislator である。ホッブズの場合，それを名乗ったのが主権者であり，ルソーの場合，一般意思を知的に再現する者であった。しかしながら，彼らが立脚するのは「強いリーガリズム」であるとして，Wintgens はより穏健なリーガリズムを提唱している[1]。

　強いリーガリズムは，神のとりわけ全能性を強調する神学上の立場である唯名

論を，世俗国家の主権者たる立法者に推認するものである。それは，ウイリアム・オッカムの『論理学大全』に見られるように，事物の外で一貫して妥当する言葉の世界を，法の世界に対応させるものである。全能性（自律性）を重視する唯名論を徹底するならば，規範間の整合性を最終的に確証するうえで論理学的規則は適用されない。権威的決定がすべてである。これに対してトマス・アクィナスの『神学大全』における実定法秩序は，人間に内在する自然的傾向性を重視しながらも，必ずしもそれによって決定されず，社会の目的である共同善の実現に仕えるだてを時・処・位の宜に合わせ選択する知慮によって定立されるものである。ウィントゲンスが哲学の学位を受けたルーヴァン大学の先達である民法学者ジャン・ダバンは，実定法形成にあたって，まさにこの「知慮」の働きに大きな比重をかけていた。われわれは，ダバンのこうした実定法理解に，唯名論的正当化とは一線を画する常識的な法学者に一致する見解を認めるものである。

　実際，アリストテレスの倫理学・政治学関連の著作自体も「立法学」であると見ることができる。既に，フランスのアリストテレス学者 R. Bodéüs は，「アリストテレスの著作は哲学者が立法者に宛てた政治教育を目的とする」旨をあちこちで述べている[2]。哲学者はみずから立法することはないが，立法の仕事を指導することはできる。法律の言葉は理解されずとも強制力によって各人の行為を規制できるが，それはロゴスに従わずに暴力に訴える人びとに，勧告では効力がないからである。これに対して，哲学者の言葉は強制力を持たず説得的な力しか持たないが，その語る原理を理解して行動へ移せる器量のある人びとには有効である。アリストテレスの倫理学や政治学を受講できる前提は，ロゴスに耳を傾けることに習熟している教養人（πεπαιδευμένος）たることである。ロゴスに耳慣れない若者や専門技術家，たんに経験豊富な人びとではない。彼の講義の狙いは，むしろ将来立法に携わる者がまずは備えておくべき倫理的器量とは何か，実際に立法に携わるには何が重要であるかを教えるものであった。立法者は，命令の執行者のように直接行為に従事するのではなく，人間的な事柄全般の原理についてわきまえて他者を指導する器量の持ち主でなければならない。受講生が習得すべき原理で重要なことは，議論が，講義テーマの本性（カテゴリー）に適合しているかどうかを判別できることである。政治を論ずるに，プラトンのように数学的な理想を語ったり，ソフィストのように弁論術を教えたりすることは，上述の判別能力を欠く「無教養」（ἀπαιδευσία）の表れに他ならない。アリストテレスの倫理学・政治学関

連の講義は，『政治学』との橋渡しの位置にある『ニコマコス倫理学』最終巻第9章で明言されているように，ロゴスに従う倫理的習性に涵養された有徳性に基づき，蒐集された国制に関するさまざまな与件を基に自らロゴスに則って（知慮によって）法律を立法する能力を養うことを目的としていた。この意味で，今日の新言葉で言えば Legisprudence の教育が課題となっていたと言えよう。

本書の成り立ちは，大学の紀要雑誌に掲載したアリストテレスに関連する過去の論文を集め，主テーマを「知慮」と「正」に選んで，二部として編成したものである。各章の順次は刊行順となっている。一冊の著作とする機会に，わかりづらい個所を読みやすくするなどの工夫をした。読者として専門研究者を相手に想定していたため（原文の詮索に専念せざるを得なかった），多くの外国語が混ざっていたが，かなり減らした。以下に，本書を繙かれる読者のためにあらかじめ各章の執筆目的と意義を概括しておこう。

第1章は，論理学を典型とする形式学や自然科学方法論に範をとる近代の実践観により通路を閉塞されてしまったプラクシス固有の本質に正しく肉迫する機縁を与えた実践哲学復権の運動を取り上げる。方法の特有性は対象の性質に従うとアリストテレスが述べたように，実践界の解明に「厳格性」を求めることはかえって不正確である。そこに「原理」はないわけではないが，直面する問題に対し直接の解を与えるものではなく，解をもたらすのは結局は理性的な選択とそれに基づく命令である。この局面で働くのは理論理性でもなければ純粋意志でもなく，約めて言えば「知慮」である。この「知慮」の働きは，古代・中世の昔から尊ばれ，とりわけ立法や司法に従事する指導者に涵養することが求められた知性的徳である。この知性は，ヘルメノイティク・トピク・レトリック・ディアレクティクといった思考術において発揮されるが，とりわけ顕著な働きを発揮したのが法学的思考においてであった。科学主義と観念論のはざまにあって実践哲学の復権を求めて遡及したのが，古代・中世の法学的思考であった。この哲学者たちによる運動は法哲学界では，法実証主義によって放逐された法理念論を賦活させるべく注目され，自然法論と法実証主義の間に第三の道を切り開くものとして期待された。それは言ってみれば逆輸入のようなものであり，ブルーノ・タウトにより日本の美が教えられて復活するようなものである。法実践においてはたして，科学的ではない「学」（エピステーメー）はどの程度成立しうるか考えてみた。

第2章は，アリストテレスの法論・正義論の核心を「中」（メソテース）と「知慮」

（プロネーシス）として捉えたうえで，それらを縦横の基軸として立法論と司法論を論じたものである。アリストテレスは医学への関心が強く，実践に関する議論を展開するために，その寓意を利用することが少なくない。人間の自然的生存には，現代の生命学で言うホメオスタシス（均衡）が内在しており，健康とは，医薬が健康を作るように健康を作るのではなく，自然が健康を作るがままにあるような状態を指す。それはノーマルな（通常の）状態であるが，同時にノーマルな（規範に適った）望ましい状態でもある。このことは均衡を失した病気や怪我が，生命の「中」に居ることからの逸脱・悪を意味するのに対し，医療活動は，人為的介入によって，自然的治癒の働きを高めることによって，「中」に復することを意味する。このような発想が自由な人間的実践の倫理的評価に際してもアナロジーにおいて活用される。人間の本性（認識に関してであれ行為に関してであれ）が，自然状態から習性の獲得により，倫理的-知性的卓越性を確立するに至るのが「自然」的発展であるとされるが，ここに「自然」の二義性が認められ誤解の源となっているが，いわゆる自然状態に倫理的悪があるわけではなく，むしろ自然的本性の完成である理性的本性からの逸脱に非難を語ることの意味がある。もっとも，変化が激しい多様な社会にあって「中」に居ることは難しく，その発見も困難である。こうした「中」の洞察に卓越し，それに基づいて立法や司法に当たりうるひとが，プロニモス（知慮あるひと）であることを論じたのが第2章である。

　このように見るとアリストテレスはれっきとした自然法論者であるように見えるが，彼の著作に，後世に理解されるような「自然法」の言葉はない。プラトンが残した述作の中に浩瀚な『法律』篇があるのに，Corpus Aristotelicum にはそれを冠した著作が見当たらない。第3章は，中世に現れたトマス・アクィナスが彼の原文を尊重しながら，アリストテレスの言う「自然的正」のうちに，トマスが成熟させた自然法に呼応する萌芽を見出した成果が説得力をもって今日にまで至っていることを論じたものである。考察の焦点となるのは，知慮が，普遍的目的を把握できるのか，それとも目的を達成するための個別的手段の発見に携わるのかという問題である。ヌース（直知）は第一原理の把握に関わるが，トマスでは自然法が実践理性の第一原理と呼ばれ，シンデレーシスという直知がこれを把握するとされているので問題はないが，はたしてアリストテレスの「実践理性」（ごくわずかにしか出てこない）が，ヌースに相当するのだろうか，しかも概念上分けられるはずのプロネーシスに含まれうるのだろうかが問題となる。ここにおいて，

同じ「理性」が事に当たるコンテキストに応じて異なった現れをすると考えることが解決のヒントを提供しはしないかということを論じたものが第3章である。

第4章は、「それ以外の仕方であり」、かつ「われわれの自由になる」実践の場で、どの程度、主体に行為の責任を帰しうるか、あるいは帰する必要がないかの条件をテーマにしたものである。ドイツの刑法学者 Richard Loening の『アリストテレスの帰責論』は、専門法律家によるこの方面での数少ない業績である。『ニコマコス倫理学』第2・7巻で展開された行為論は、現代刑法学における自由意思をめぐる論争、すなわち決定論と非決定論の論争の争点を素朴ではあるがすでに定式化していたように思われる。本章は、レーニングの解釈に沿って、不法行為や犯罪の段階を定める際に決め手となるのが、知慮の一部をなす「思量」の高低と倫理的徳の悪性の度合いにあること、そして行為に関するアリストテレス自身の説明は因果関係的でありながら、趣意は責任帰属を可能にする根拠が非決定主義的な人格の自由と共同善の維持にあることを論じたものである。

第5章が主題としたことは、アリストテレスにおいて正義は一方で最高の徳として賞揚されながら、他方、知慮もまた最高の徳と賞揚される論述上の矛盾をいかにして整合的に解釈するべきかという疑問の解決である。従来、倫理的徳の習得と知慮の形成とは循環構造をなしていると説明されてきた。『ニコマコス倫理学』第5巻で集中的に究明された「正」の概念と第6巻で凝縮的に分析された「知慮」の概念を整理し、これらの研究成果を準備とする『政治学』で展開された議論から推察するに、正義は欲求を基体とする倫理的卓越性において最高であるが、行為に関する知性的領域においては万般を図る立法が最高であり、知慮が最高の徳であると考えられる。この結論からもう一歩踏み込むと、正義は知慮の命ずるところを公平無私に執行する地位に立つ有徳であると位置づけられる。なお、アリストテレスにおいて知慮の構成要件とはどのようなものか、さらにそれに類似するが異なっているもの、そしてその反対である頽落形態がどのようなものであるかについて簡潔な記述しか見られない。この不備を補うに余りあるトマス『神学大全』での詳述を紹介した。

第二部は「正」を主題に論じた部分である。「正義」が倫理的徳として主体の性格に関するのに対し、「正」は主体（自然人であれ法人であれ）に依属し主体が正当に支配できる領域を示す。それは主体が管轄の権限を持つ客観的な「分」である。

第1章は、「正」という言葉が用いられる文脈において意味がさまざまに変わる

が、そのことは何ら議論の欠陥を示すものではなく、未知の領域を切り開くにあたり、類推によって問題点の解明を助ける豊饒な可能性を秘めていることの証であることを論じた。まず、国を構成する全体と部分との関係からみると、全般的正義と特殊的正義に大きく分けられる。この国家的正という大前提を超越するところに、「無条件的な意味での正」が位置する。しかし国家の枠内では、知慮は自然的正を採り入れたり、自ら人為的に正の規準を造成したりして、法を定める。アリストテレスはここでも専門法律家的素養を示し、「正」は対自関係ではなく具体的行為における対他関係行為に現れ、行為者の心術よりも行為の結果に関心を寄せ評価するとの認識を有していた。個人に関係する特殊的正は遵法的というよりも「等」に着目する。これに三つあるが、なかでも「交換的正」に関する「等」の記述は経済領域との重なりもあって独自の複雑な性格を示すので、その解明に向かった。

　第2章は、配分的正の意義を取り扱ったものである。それは共同善の配分に際して起こる問題に適用されるところに特徴を有する。人びとの間で議論が大きく割れるのは、配分の基準が明確に定まっていないことにある。とりわけ公民が関心を寄せるのは国家の統治職（国政評議への参与と裁判の役）への就任をめぐってである。『政治学』第3巻では国制の相違が、配分の相違をもたらすと論述されており、配分的正が国制論に、つまり王制・貴族制・寡頭制・民主制等の正当化問題につながっていることが分かる。ただし本章では、恣意的との批難もあるかと思うが、配分的正の適用範囲をポリスにおける官「職」のみならず、あえて住民の俗「業」にまで拡大し、統治者と被治者との「職・業」を全体として国家目的に秩序づける論理として後世に展開される可能性があるものと捉え、各専門家の研究を援用して、中世のトマス・アクィナスの社会における有機的な職分思想、中国宋代の朱熹の奉職循理思想、現代トミスト法学者であるジャン・ダバンの「職分権」思想につなげてみた。

　本書の最後である第3章は、第1章で提起された交換的正が特殊的正の中でどのような位置を占めるか、それはどのようにして明別されるかという問題に関して、イギリスのアリストテレス研究家であるマックス・ハンバーガー『道徳と法——アリストテレス法思想の成長』の所説に従い、体系的論議が実は思想史的論議の助けを以って解明できることを論じたものである。同書は、従来疑義のある『大道徳学』の作者と成立時期について、おそらくアリストテレス自身の初期の作品

であると推定したうえで，そこにおける特殊的正の大雑把な記述と，法律について強い関心を持つようになった後期の成熟を示す『ニコマコス倫理学』における記述を比較し，何ゆえに，交換的正の記述が二種類の異なる特殊的正の議論に割り込む形で，しかも両性質を併せ持つ性質のものとして挿入されているかの理由を解き明かそうとしている。著者は，「返す」ことを一様に本質に持つ「正」が，従来未分化のままであったのに対し『ニコマコス倫理学』において適用領域の差異に応じて分化した結果において明示されはしたものの，交換的正の場合は，適用領域が経済事項に重なるために，その独自性を示そうとした結果（つまり，ここでの「正」は「異なるものを等しくする」こと），両義性を残したものと推定してみた。法論ではなく，いわゆる経済面での交換的正は，著者は改めて「アリストテレスの取財術」というテーマの下に貨幣論を中心に『大学紀要』で4回にわたって論じる。

　やや詳しめに本書の要約を述べたが，それは，アリストテレスの名前と基本思想はよく知られているにも拘らず，著者の関心に同調しえない読者にとって，取り扱う議論が独善的で，読みやすいものとは言えない憾みも覚えるかと思うからである。しかし古典には柔軟な読み方を許す余地もあろう。例えば同じ「ディアレクティック」という言葉にしても，プラトン，アリストテレス，カント，ヘーゲルそれぞれに異なった用い方をしていながら，誰も異を唱えていない。それぞれに独創的で生産的な思想的効果をあげている。もとより本書がそのような価値を持つものとは言うつもりはないが，わが国における法哲学研究の手薄であるがゆえにマンネリ化しがちな論述部分を少しでも埋めることができればと願うものである。

2015年12月

　　　　　　　　　　　　　　　　　　　　　　　　高　橋　広　次

目　次

はじめに
初出一覧

第一部　法および政治における知慮

第1章　実践哲学復権における知慮の役割 …………………… 3
　第1節　古代的実践思考の現代法学界への逆輸入　(3)
　第2節　「実践」に関して学問は成立しうるか　(19)
　第3節　法哲学における理論知と実践知　(28)

第2章　法・国家研究における「中」と「知慮」 ………… 49
　第1節　人間的善とは何か　(58)
　第2節　「中」と「知慮」の基本概念　(68)
　第3節　正義論および法論における「中」と「知慮」　(85)
　第4節　共同体における「中」と「知慮」　(101)

第3章　アリストテレスは自然法論者か …………………… 125
　第1節　直知（ヌース）と知慮（プロネーシス）の
　　　　　「法」への関わり　(125)
　第2節　実践における目的と「目的へのてだて」　(135)

第4章　自由意思と帰責について ……………………………… 149
　第1節　帰責を可能にする倫理的評価の諸条件　(152)
　第2節　帰責を不能にする倫理的評価の排除　(162)
　第3節　帰責と自由意思論　(174)

第5章　アリストテレス＝トマスの政治的知慮論 …………… 191
　第1節　知慮と正義との関係　(193)

第2節　知慮と倫理的徳との関係　(203)
第3節　政治的知慮の必要条件とその頽落態
　　　　——トマスによる敷衍　(220)

第二部　共同体における正

第1章　「正」概念の豊意性……………………………………………233
第1節　「正」の多義性　(233)
第2節　正義と正に関する総説　(246)
第3節　特殊的正の新展開　(256)

第2章　配分的正とその連関……………………………………………277
第1節　アリストテレスの配分的正論の射程　(279)
第2節　トマスにおける職分論への展開　(287)
第3節　朱子学における職分論　(295)
第4節　現代トミストの職分権論　(306)

第3章　交換的正とその連関……………………………………………317
第1節　『ニコマコス倫理学』に見る交換的正の特徴づけ　(317)
第2節　交換における通約可能性の問題　(325)
第3節　『大道徳学』解釈に見る特殊的「正」概念の発展　(339)

おわりに……………………………………………………………………351

註……………………………………………………………………………358
参考文献……………………………………………………………………403
事項・人名索引……………………………………………………………413

初出一覧

第一部
第 1 章 「プラクシスへの問いの回復」『法政研究』第 59 巻第 3・4 合併号，1993 年，所収。
第 2 章 「『中』と思慮の法哲学―アリストテレス法・国家思想研究㊀・㊁」『南山法学』第 27 巻第 3 号・第 4 号，2004 年，所収。
第 3 章 「アリストテレスは自然法論者か」『南山法学』第 31 巻第 1・2 合併号，2007 年，所収。
第 4 章 「アリストテレスにおける帰責の概念について」『南山法学』第 33 巻第 2 号，2009 年，所収。
第 5 章 「アリストテレス―トマスにおける政治的知慮について」『南山法学』第 33 巻第 3・4 合併号，2010 年，所収。

第二部
第 1 章 「アリストテレスにおける『正』概念の豊意性」『南山法学』第 34 巻第 1 号，2010 年，所収。
第 2 章 「アリストテレス以後の『配分的正』観念の展開」『南山法学』第 34 巻第 2 号，2011 年，所収。
第 3 章 「アリストテレスにおける交換的正の諸問題」『南山法学』第 37 巻第 3・4 合併号，2014 年，所収。

第一部　法および政治における知慮

第1章　実践哲学復権における知慮の役割

第1節　古代的実践思考の現代法学界への逆輸入

　20世紀後半にヨーロッパで起こった実践哲学復権の運動は，形式学や自然科学の方法に範をとるこれまでの人文-社会科学方法論に対し，「プラクシス」に固有の機能や構造そして意義に即した内在的思惟法を求めて，特に近代以降からはあまり顧られることのなかった二つの伝統的な実践的思惟法を歴史の記憶から呼び戻した。それは，法学に固有の思考と，古代・中世に携わられた実践的思考とである。現代の実践哲学復興に努めた哲学者たちは，近代的「実践」観により歪曲され，そのために隠蔽されてしまったとみるプラクシス固有の本質を発掘するため，昔からいわゆる「法学」jurisprudentia の内に培われてきた特殊な思考術に注目したが，このことは同時に彼らの眼を，この jurisprudentia 自体の根を涵養してきた古代・中世のヘルメノイティクへ促すとともに，さらにトピク・レトリック・ディアレクティクといった古代ギリシア人の実践的思惟法にまで遡らせた。実践哲学復権の旗幟を掲げるひとたちが「プラクシス」一般の機能や構造や意義を捉える方法論上のプロトタイプとみなしたのは，まさにこれらの術であった。

　実践哲学者たちにより特殊法的思考と古代・中世的実践思考の伝統に向けられた上の注目は，逆に現代の支配的法学に疑問を覚えながらも克服の糸口を見出せないでいた法学者たちにも著しい革新的意義をもたらし，これまでの自然法論対法実証主義という対立図式に割り込む形で，法学方法論にまつわる議論に活況をもたらすこととなった。法学者が哲学者によって法学的方法のユニークな意義を教示されるとは誠に奇妙であるが，これまで合理的-科学的思考を法学の典型とみなし，法学の合理化-科学化を努力目標としてきた一部の自然法観や実証主義法観を自明の如く是認する法学者たちにとって，こうした逆輸入は新鮮な気持ちをもって迎えられたのみならず，原理的正当化を受けることによって，自己の蓄える知的財産を改めて評価し直すとともに，これまで疎遠であった古代・中世的実践思考との結合にも一層注意深い眼をさらさせる機縁ともなった。

1953年法学者フィーヴェクの"Topik und Jurisprudenz"の出版は小著ながらも、この意味で画期的な意義を担う運命を持った。なぜならこの一法学的著作の内に、トピクやレトリックに代表される古代・中世的実践思考と特殊法的思考 jurisprudentia との結合が簡潔に試みられているが、他ならぬこの試み自体に、実践哲学一般のルネッサンスに向けた方向転回が構図において示されていると読みとりえたからである。法学における prudentia は、実践哲学における実践理性との結びつきにおいて、プラクシス一般の特性を捉えるに好適な鍵概念の役割を担うこととなる。しかし法学の分野を超えて実践哲学の復興に直接かつ本格的に重要な貢献をもたらしたのは、何といっても、ペレルマンとガダマーの両名に指を屈しなければならないであろう。前者は法学者としての体験と古代論理学の研究を通じ、トピクとレトリックを、後者はハイデッガーおよび法学者の解釈学的方法を摂取しつつ"Wahrheit und Methode"（1960）において、ヘルメノイティクを実践哲学の方法的基軸に据えた。

かつて哲学者が法学方法論に対しこれほどまでに関心を寄せたことはなかったし、ほんの数十年前に哲学者でも法学者でもトピクやレトリックの研究に携わっていると告げたら、それは学界の一隅に跼蹐（きょくせき）するマイナーな研究として体よく敬遠されていたにすぎなかった。しかし今日では思いもよらぬその研究の盛況ぶりに、ひとによっては隔世の感を抱くでもあろう。トピクの社会科学方法論としての意義は、フィーヴェクによって法学者の間にさまざまな好影響を生み出す成果を持ったが、また W. Hennis の著"Politik und praktische Philosophie"（1963）によっても国家学方法論を超えて哲学者たちの間に議論を飛火させる結果を持ち、トピクをはじめレトリック、ヘルメノイティクに関する論文や著作はごく僅かな期間でおびただしい分量にのぼった。

しかしながら、このような哲学と実践諸学との間の知的交流を通じて、プラクシスに即する探究が継続されることは、その目的に関して何も問題はないにしても、哲学本来の使命と実践諸学の使命とは自ずと異なること、また伝統的な実践的思考法の復権もそれが哲学に適するものであるかどうかは今一度ふり返って考えてみる必要があろう。もし実践哲学が実践諸学と全く同じ方法論を用いるなら、前者の問題は後者の方法的視角に還元され、その独自性を喪失してしまうであろう。例えば法哲学は Jurisprudence と異ならないことになろう。またトピク・レトリック・ヘルメノイティクといった古代の実践的思考が哲学のオルガノンとし

てどの程度有効なのかも一応検討しておく必要があろう。本章はまず，ペレルマンとガダマーに代表される実践哲学者がどのような点で法学者からその伝統的な知的財産を継承したか，そしてどのような点で古代・中世の実践的思惟法に結びついていったかその経緯を辿ったあと，こうした方途を採用することは本来のあるべき哲学としての実践哲学の復興に十分寄与することとなるかどうかを考察する。そして最後に実践哲学に属する法哲学の使命を再考してみよう。

1　アリストテレスに遡る現代の実践的思惟

フィーヴェクは，議論の実用論的次元を看過する法実証主義批判の過程で，トピク思考の復活を企て，ヴィコおよびアリストテレスの研究を現代へ蘇らせることによって，ユリス・プルーデンティアとしての法学理解の回復に新機軸をもたらしたが，彼が依拠したこの両名の古典思想はまたペレルマンもしくはガダマーのそれぞれの立場から行う実践哲学構築の営為にも大いに影響を与えるところとなっている。そこでまずわれわれはヴィコの思想を通して，プルーデンティアおよびユリス・プルーデンティア，そしてこれらの観念に連関するセンスス・コムニス（共通感覚）等の観念がどのようにして実践哲学のルネッサンスにきっかけを提供するようになったかを確かめてみよう。

ヴィコはその主著『われわれの時代における学問研究の方法』で，当時の学問方法を支配していたデカルトによる新しい方法，すなわち批判的方法（critica）に対し，古い学問研究の方法としてレートリケーの方法そしてトピクの思考法を対比させる。彼によれば，不可疑の第一真理から出立するクリティカは「あらゆる二次的真理とかあらゆる真らしいものをも，虚偽と同様に，知性から追放することを命ずる」が，そのことはかえって「真理と虚偽の中間物たる真らしきもの」について賢明な洞察を行う能力を失わせ，センスス・コムニスの育成を妨げるものになる。そしてこのことは詩作術や弁論術や法知慮（jurisprudentia）等の学芸において必要な想像力や記憶術の衰弱をもたらし，言葉の貧困化と判断の不適切さを生み出すことになる，とされる[1]。

クリティカの方法は特に政治学において不都合を生じる。「政治生活における賢慮に関して言えば，人間に関することがら〔人事〕を支配しているのは機会と選択といういずれも不確実きわまりないものであり，また，たいがいは見せかけと包み隠しというきわめて欺瞞に満ちたものがそれらを導いているので，もっぱ

ら真理のみに気を配っていると，人間に関することがらにおいてはそれらを実現してゆくための手段を獲得することが難しくなり，目的についてはなおさら達成が困難になる」。したがって「実生活においてどう行為すべきかは，ことがらの生じた時とそれに付帯しているいわゆる事情とから判断される」のであるから，「人間たちの行為はこの知性の硬直したまっすぐの定規によって裁断することはできないのであり，まっすぐな自分に物体を合わせさせるのではなく，でこぼこの物体に自分のほうを合わせてゆく，あのレスボスの柔軟な定規によって検査されなければならない」とアリストテレスが援用される[2]。

クリティカに従う者は「およそ一般的真理からまっすぐにもろもろの個別的真理に降りてゆこうとする，学識はあるが，賢慮を欠いている者」で，真理さえ踏まえればそれ以外の思量は免除されたものと満足して，「実生活の曲がりくねった道を何が何でも突き進んでゆこうとして，道そのものを打ち壊してしまう。ところが，実生活において行うべきことがらのさまざまな紆余曲折と不確実を経て永遠の真理を目指す知恵ある人びとは，まっすぐに進むことはできないので回り道をし，そして，時が経つにつれておのずと利益をもたらしてくれるであろうようなうまい考えを案出する」[3]。これは直線的ならぬ迂回的 diskursiv な弁証術的推論である。

こうしてヴィコは古代人の胸に刻みこまれていた政治術における「賢慮」（本書では「知慮」と呼ぶことにする）すなわちプルーデンティアの意義を復活させるが，その意義はとりわけ，法律の厳格さを損なわずにその不十分さを補訂する衡平の術に顕著に発揮される。ヴィコは古いローマの法学を次の点で賞揚する。ウルピアヌスによれば，法知慮は神事と人事の知を前提に正と不正とを判別する才知であるが，ヴィコによれば，それは既成の法律に反すると思われるような新事件が出来（しゅったい）しても，法律ことに十二表法に何ひとつ加増削減もしないで，何らかの擬制によって法律に事実を適合させる能力にある。つまり擬制を通じて「法律を完璧なままにしておきながら公共の利益にも意を用いることのできるような方策を考え出す」ところに，古代の法知慮の賞賛さるべき美質があったのである[4]。歴史的にみるならば，元首たちは「法務官たちに，法律が私人に対してあまりにも苛酷すぎる場合には衡平に基づいてそれらを緩和し，法律が欠缺している場合には恩恵措置を講じてそれらを補填することを許したのであった。ただし法律自体は変えないで，いかにもそれらを厳正に守っているかのように見せかけつつ」[5]。

この意味で，衡平は，ローマの法律の欠点を指摘し，立法者の軽率をあばき，こうして法律の権威を傷つけるようなことをせずに，法律をその時代に適合するよう解釈するプルーデンティアである。もし衡平の術を用いずに全てを法律で律しようとなると，「事実の方は無限にあり，しかもそれらの大半はごくとるにたらぬものばかりであるため，われわれは，無数の，しかも大部分はごくとるにたらないことがらについて制定された法律を持つ」ことになってしまうが，とるに足りぬ無数の法律などが全て守られるわけもなく，容易に軽んじられるようになるばかりか，重要な法律までもが神聖不可侵なものでなくなってしまう結果に陥るのである[6]。

ヴィコがクリティカに対して提示したセンスス・コムニス（共通感覚），プルーデンティア，トピク，レートリケー等の観念は，いうまでもなく古代ギリシアへ遡って，アリストテレス実践哲学の中枢に連なるものであった。アリストテレスは後世「オルガノン」としてまとめられた論理学著作のひとつ『トピカ』において4種類の推論形式を列挙した。それは，真実の最初の命題から必然的に推論によって導かれる論証的推論，「通念」から推論する弁証的推論，見かけだけの通念から表見的な推論の形をとる争論術的推論，そして真実からも通念からも推論しない誤謬推理の四つである[7]。

この中で『トピカ』が主として取り扱う対象は弁証的推論の構造である。この弁証的推論が前提とする「通念」（エンドクサ）は「全てのひとか，それとも大多数のひとあるいは賢者にかそしてさらに賢者についても，またその全てにかそれともその大多数のものあるいは最も著名な評判のひとに真実であると思われる命題である」[8]とされるが，これはヴィコの「真らしきもの」に対応するであろう。ヴィコの場合この「真らしきもの」はセンスス・コムニスとして捉えられるが，ただこの意味でのセンスス・コムニスはどちらかといえばアリストテレスの場合，エピステーメーと対立させられるドクサに対応するものであって，他方『デ・アニマ』に見られるコンテキストでは，むしろ異なった意味で，すなわち「外官の客体を同時に知覚して，それらを比較しその差異を評価する」いわゆる「共通感覚」として理解されていることに注意せねばならない[9]。

いずれにせよ，トピクは弁証術（デイアレクティク）に属する。学知（エピステーメー）が確実にして真なる前提から出発してアポディクティクと呼ばれる必然的論証を構成する分析論に属するに対し，ディアレクティクは，対立した意見を対

質させ、それらの間に対話を始めさせることによって受容しうる成果を得ようとするが、トピクは問題を解決するために十分に豊かな前提を探究して、答えの発見に光を投げかけてくれるような議論の貯蔵庫を提供するものである。したがってトピクは、提出された問題に対し明証的原理に基づいて解決する方法ではなく、問題から出発し問題に還るような蓋然的思考を営むもので、体系化された全体の達成を目ざすのではなく、むしろ断片的解決を求めるような問題に対し、しかし合理的性格をもつ通念の前提から出発して、ひとつの受容可能な解決に至るよう議論を強化し方向づける。このように見ると、トピクは通念の賛否に関わる討議や説得に際して、受け容れられ易い共通前提として弾力的な視点カタログを話者に用意する必要から、弁論術（レートリケー）と深い連関を有することが分かる。

　周知のように、レトリックはプラトンの真理観念にとって攻撃の的となった弁論法である。なぜなら、それはソフィストとの結びつきにおいて、真理よりも、言論の勝負、さらには状況に応じた言語の婉曲的・修飾的使用に関心を寄せるものと思われたからである[10]。ところが、アリストテレスにとってレトリックはディアレクティクの一部であり、必然的なものの認識に向かう論証的推論と区別されはするものの、しかし偶然的・蓋然的なものに関わる議論（エンチュメーマ）を助ける説得の術として、推論的意義を拒まれてはいない[11]。レトリックは説得に向けられた実践的議論として、提起された議論に対し同意を獲得する手段である。レトリックの観点では全て言論はコミュニケーションという特殊的状況の内に位置を有する。ここから、それは意味論的次元ではなく語用論的次元を動くものであること、また説得することが問題である限り、聴き手の観念が弁論の中心に立つことが重要な特性をなすことが示される。

　アリストテレスは弁論の構成を、語り手と語られる話題対象と語りかけられる相手へ分析したが、この弁論の目的を「聴き手」に置き、この聴き手の関心に応じて、弁論を三種類に分けた[12]。しかし話し手の恣意に価値判断を放任せしめない制約は何も聴き手の姿勢だけにとどまらない。聴き手による同意を得たければ、語られる話題対象（Sache）の本性や状態に適合した誠実な発話が大切である。発話は、話題対象に関する自己の判断に対応する確信を、議論によって聴き手の内に生み出させるために行われるのであって、弁論が聴き手に受け容れられるのも、すなわち聴き手が議論の往復過程で最初の自説を徐々に修正してゆくのも、話題対象に即する説得の誠実さが効を奏するからに他ならない[13]。

以上のトピク-レトリック思考は、ある偶然的状況の中で提起された問題に対し、その状況の特殊性を無視したり、あるいはそれに引きずられて徒らに懐疑的になったりすることなく、思考の場所を整理することによって解決の方向づけを与えたり、あるいは相互コミュニケーションの中で特有の議論技術を用いながら合意を模索する点で、何かしらひとつの知性的働きを前提している。それは論証的必然性こそ持たないが、「中庸」に視点を定めつつ、できるだけ多くの人びとに受容可能なロゴス（ことわり）を述べる働きをするもので、アリストテレスはこれを「**知慮**」（プロネーシス）と名づけた。実はこの観念こそ実践哲学の復権、そしてjurisprudentiaの復権において大きな役割を果たすことになる古代的実践知の枢要徳である。彼はこの観念を『ニコマコス倫理学』第6巻において周到に吟味したが、それによればプロネーシスは、何よりもまず"それ以外の仕方においてもありうるもの"についての思量に関わる。そもそも誰も"それ以外の仕方においてあることの不可能な事柄"については思量しないからである。ここより「**プロネーシスは人間にとって善きものや悪しきものに関わるプラクシスを可能にする思量と結びついた真なる状態**」と規定される（以下、断りなき限り太字強調は著者による）[14]。

プロネーシスは「一般的なもの」というよりも、どちらかというと、今ここで何を為すべきかという「個別的なもの」に関わる性格が強いので、証明の端初をなす「原理」を把握するヌース（直知）とは異なる[15]。さらに、それは、思量に基づいて決断したことの選択に関わるが、この選択は「われわれの力の範囲内に属することがら」についての欲求に基づく限り[16]、ユートピアの願望的投企とは程遠く、状況に適した具体的・時宜的助言をもたらす。この点、アリストテレスは個々の実践的諸問題に対する答えを、第一原理の哲学的反省から獲得しようとするプラトンの理想的願望に、意識的に反対の態度をとっていることが窺える。また、プロネーシスの知性的機能は道徳性を帯び、自己自身の内に「要求の直さ」を必要とする点で、制作の成果やできばえによって評価する技術的理性とも異なる。したがってプロネーシスは、所与の目的をその「正当性」とは無関係に達成しうる能力たるデイノテース（恰悧）から区別され、目標が追求に値する価値を有しているときにのみ存立する[17]。

デイノテースは善の感覚なき知性であるが、徳がこれに善への関心を投げ入れることによってプロネーシスへ変貌するとも言えよう。なおアリストテレスは、

単に判断を行うに止まる「シュネシス」(もの分かり) と区別し, 何を為すべきであり, またないかをわれわれに告げるプローネーシスの命令的・当為的性格を強調している[18]。つまりプローネーシスは物事の理解ではなく, 人間的行為に変化を生み出すことを目的としているわけだから, 強義の「実践理性」である。最後に, 彼は『デ・アニマ』で, プローネーシスは何を為すべきかに関する「結論」を述べるというふうな説明を与えているが, 一般的規範命令を述べる大前提を, 経験的事実を述べる小前提へ適用することによって, 行為へと促す特殊の命令を結論とするいわゆる「実践的三段論法」の可能性を論議している。このことは,「適用」を核とする実践的推論あるいは法的推論の可能性が, 復活した実践哲学あるいは jurisprudentia における中心テーマのひとつを形成している事実に鑑みるなら, 看過しえない重要さを持つと言えよう。

2　ペレルマンとガダマー

ヴィコそしてアリストテレスに遡る古代的実践思惟は, そこに含まれる法的思考との類縁性とともに, 現代実践哲学の復権に著しい貢献をもたらした。われわれは次に, この運動の旗手をつとめたと思われるペレルマンとガダマーの思想をとりあげ, 上にみてきたプラクシスに即応する思惟法がいかに有効に活かされているかを探ったあと, この活用がはたして十分に正当なものであったかどうかを考えてみることにしよう。まずペレルマンの所論から始めよう。

彼の「法の反省が哲学者にもたらしうるもの」(1962年) および「哲学者が法の研究によって学びうるもの」(1976年) という論文は, 実践哲学の構築に法的思考法がどのような点で影響を及ぼしているかを探るのに良い手がかりを与えてくれる。ペレルマンによれば, プラトン・デカルト・スピノザ・ライプニッツなどの哲学者は幾何学的方法に訴えることによって, もつれた哲学的論争を終わらせうると主張する一方, 反対の立場に立つ経験主義の哲学者でも成果著しい実験科学の方法に従うことを提案して, 法律的モデルからインスピレーションを受けるどころか, 法の技術に対する軽視をためらわなかった。こうした法の役割の縮減は, パスカルが嘆く「ピレネーのこなたで真であるものが, かなたでは誤りである」とされる法の多様性・可能性に因由している。

こうした哲学者たちにとって, 法の多様性とは, 要するに, われわれの無知のあかしに他ならない。そもそも理性に適っているものが, ここでは正しくあちら

では不正であるとか，今日は正しいが明日は不正であるとか，一方にとっては正しく他方にとっては不正であるといったことは有り得べくもなかった[19]。このように法的思考の過程に関心を寄せる哲学者が全く少なかったのは「伝統的に，哲学者は存在・真理・善・絶対的正義の研究に向かい，人びとが法技術に向かうのを免除する理論システムや社会的理想を築きあげるのを目標にしているから」[20]である。

　確かに理想社会では，事実の証明やテキスト解釈の不便からのみならず，法を起草せねばならぬ不便からも免れている。ここでは紛争を知らないので，裁判官も弁護士も不要であり，法は各人の良心と理性の内に刻まれ，法があるとしても簡単明瞭にして数が少ない。この理想社会を哲学的に表現すれば，その目的は「われわれの意見や信念の流砂を取り除き，哲学的体系にとってゆるぎない基礎となる鞏固な岩を発見する」ことであり，「原理の研究は，厳密学として考えられた哲学に演繹体系の歩調を与え，その公理は，その明証によってあらゆる精神に植えこまれており，人間間の不和と闘争の終焉を保証する」[21]ものとされた。しかし，人間的問題をこのような形式的方法で解決しようとする試みは挫折することが一般化した今日，「法がわれわれに提供する教えは，絶対的なものへの情熱に燃えた形而上学者には何の価値もないが，人間的条件の不可避な限界を認める哲学者にとっては貴重」[22]なものとなる。

　よく考えてみればかえって，法的思考こそ無謬の知の欠如を取繕う方法の考案において，人間の合理性を表白するものではないか。法的思考には欠缺補充のために発達した特有の思考技術があるが，それは，そもそも人間が全知の欠陥を補完するために仮説を立てながら進む諸学の模範となりはしないか。そこでペレルマンはこう自問自答する。「哲学的合理性の理想は，万人が知者となって聖人のようにふるまう地上のパラダイスのヴィジョンをひたすら人びとに提示すべきであろうか。それともまた，そしておそらくは本質的に，最小限の実力をもって，欠陥と過失を伴う人間の社会を地上に組織するのを目ざすべきであろうか。法は後者の専念に応ずるものであるがゆえに，絶対主義の見解をとる哲学者には，ふさわしくない便法の全体として軽蔑されるが，反対に，本質的に可謬の知と活動の組織の内に何らかの合理性を発見しようと努める哲学者にとっては，ふさわしい研究対象」[23]となるのである。

　ペレルマンがこのように反レトリカルな哲学に反対する政治的含意は，ユート

ピアに由来するラディカルな主張に対する批判に存する。われわれの理念は絶対的基礎を奪われており，われわれの知的過去を一切白紙に帰さねばならぬと要求するとき，それは，生活にとって有用な原理と真っ向から対立する原理を採用することになり，したがって，われわれの日常生活を実際に根拠づけている「慣性の原理」に反する。すなわち，われわれの社会的安定性は先行与件との合致によって連続性や整合性を保証されるのであるから，理由なくそれを変更してはならないのであって，変えようとする者にその変更の説明義務が負わされる。特に法律家は新しい憲法や法律の基礎が純粋の合理性の上に築かれていることの幻想を知悉するがゆえに，新しきものは，ある前もっての一致に合致していること，合理性は，既に認められているものの採用として，決裂でなく連続として示されねばならぬことを主張するのである[24]。こうしてペレルマンは，哲学の理念全体も，今みたような改善と柔軟さの手続きを備えた法秩序のあり方を見習って，新しい状況と希望とに適合して機能すべく内側から改善されんことを勧めている[25]。

　哲学者が法の研究から学ぶ点は，もっと原理的な思考法の比較から汲みとられる。従来哲学は，主知主義的方向から，理性を重んじて意志的決定の力を排除し，裁判官の不要な社会のアナロジーを提出するか，あるいは主意主義的方向から，意志を重んじて先行する規範の力を排除し，立法者の不要な社会のアナロジーを提出していた。この巧みな比論に基づきペレルマンはこう続ける。ところが，先行する規範なき決定とは，法学者からみれば「立法なき正義」であり，決定を回避する規範の精製とは「裁判なき立法」である。「ところが法においては，あらゆる新しい規範は……，それよりも一般的な原理から賦活されており，あらゆる決定はそれを正当化する何らかの規範に根ざしているのである。われわれは理性と意志との恒常的な弁証法に，行為の枠を画定する構造と，この枠を精確にし適合させ……修正しさえする決定とを拠らしめる。理性と意志とは還元できぬ二元性のように示されるのでなく……実際には常に交互作用の内にある」[26]。

　したがって，法は「あらゆる個別的な決定を排除する計画可能なものと，決定の力が無限で自由裁量による政治的なものとの間で」多様な人間的意志が収斂する秩序の創設に関わるのであってみれば，「哲学者は，法治状態に生きるのを人びとに許容する手続きや解決の法技術を注意深く研究分析することによって，パラダイス社会のユートピアを掲げる代わりに，合理的な社会を地上に組織する責任を負った人間に世俗的経験が教えてきたものから，インスピレーションを得るこ

とができるのである」とされる[27]。

　ここにペレルマンが説く「合理的」は raisonnable の意であって、「真実の」(vrai) とは区別される[28]理由がある。これはアリストテレスの分析的推論と弁証的推論との区別を前提にした議論であるが、彼は上にみてきた法的議論のもつ実践哲学復活への有効性との連関で、アリストテレスの特に『レトリカ』で展開された議論へ遡ることにより、積極的にプラクシスの構造に立ち入ってこれを解明する手がかりを把んだ。彼はアリストテレスの定義を継承し発展させることによって、「レトリックとは、その賛同を得ようとして提示するテーゼに対し、人びとの同意を促したり、強めたりすることを目的とする弁論の技法を研究の対象とするものである」と規定し、この規定につき四点にわたって補足説明を加えている[29]。

　それによれば、第一に、レトリックは言論によって説得しようとするものであること、第二に、レトリックは論証および形式論理学と異なり、提示された解決への同意を獲得するために選択の論拠を示すこと、第三に、あるテーゼに対する同意にはさまざまな強さがありうること、第四にレトリックは決定・選択の価値に関わる限り、非人格的な真理にではなく同意に関係する、ということに要約される。この説明から知られるように、ペレルマンの「新レトリック」においても、アリストテレス同様、議論の中心に同意を求める相手たる「聴き手」が立つが、この連関で提出された「普遍的聴衆」の観念──つまり「理性を具え、かつ当の問題についての判断力を具えた人間と考えられる者の集合」[30]──は上に規定されたレトリックの説明の文脈からみれば際立った特性を示している点で興味深い。

　また議論の出発点となる「話し手」との連関でも、討議すべき問題につき多様な意見を持つ不均質の聴衆に語りかける場合、話し手は聴き手が承認しているテーゼを出発点とした方が説得力を持つので、コモン・センスにより承認されている事柄を拠り所としてはじめて生産的な議論を展開することが可能であると説く点や、このコモン・センスと並んで、非専門的思考にとって議論の出発点となる「共通のトポス」も共通の承認を得られるだけでなく、その適用・解釈の柔軟さの故に議論において活用されると説く点等々において、ペレルマンはアリストテレスの古典的レトリックを豊かに蘇らせている[31]。

　さらにペレルマンが実践哲学の復権で重要な意義を認める観念として、「正義」と並んで、prudence を挙げることができる。この観念もアリストテレス実践哲学の系譜をひくものと見ることができる。彼は、道徳に適用しうる実践理性は、偶

然的なものに適用しえない数学的モデルからでなく，多岐にわたる希求や利害の考慮に秀でた徳からインスピレーションを受けるべきであると説き，これをアリストテレスのプロネーシスとして資格づけ，ローマ人の jurisprudence の内に華々しい光彩を放ったものと賞揚した[32]。もっとも彼の「プロネーシス」理解は，現代のアリストテレス解釈論議を踏まえたものでなく，通俗的な理解，すなわちその道具的・技術的性格に力点を置いたもので，彼のレトリックに「術」的色彩を強からしめるものである。このことは，われわれの行為を導く合理的と考えられる徳として与えられた Prudence と Justice との説明に看取できる。「賢慮は，目標に到達するのにより確実であまり面倒でない手段をわれわれに選択せしめる徳である。賢慮は，もっぱらわれわれの利害が問題となるとき，われわれの行為が最も有用で，最も大きい利益と最も少ない不利を提供するような仕方でふるまうよう勧告する。しかしながら，このような賢慮はそれだけでは，どのような程度において，われわれは自分自身のあるいは他人の利害を斟酌すべきなのか，何がわれわれの権利や義務であるのか，われわれの行為が効果を持つだけでなく，また正しくあるためにはいかにしてふるまうべきかについて，われわれに教えてくれない。行為の全体を理性の篩にかけるとき……正義の観念に戻らねばならない。正義こそ合理的人間に特徴的な徳である」[33]。

　この「プロネーシス」理解は，プロネーシスに義務論的-目的定立的含意を認める今日の支配的解釈とかけ離れているが，正義を優越させるペレルマンの「新レトリック」が，そのモデルを，既に制定法で確定している正義の意味を裁判内外の状況を斟酌しながら実現しようとすることに重きを置く法廷弁論から取っていることに由来しているのを物語っている。しかし，公共善を見つめながら，ここから正義内容を一般的規範において確定しようとする議会弁論の場では，プロネーシスの働きが，単なる利益配分の適正さという目的についてだけでなく発揮されることに注意しておく必要もあろう[34]。

　さてペレルマンと並んで法的思考および古典的実践思惟法に影響を受けて実践哲学の復興に寄与したもう一人の人物にガダマーがいる。彼がその「解釈学」Hermeneutik の再興に当たって，上の二側面をどのように活用したかを探ることが次の課題となる。ヴィコがクリティカに対抗してセンスス・コムニスの意義を強調したように，ガダマーもまた近代実証科学の要求に対抗して，この観念に，固有の精神科学方法論確立への端緒を求めた。しかしヴィコの場合，この観念は

古代ローマの社会的‒実践的理解と結びつくのに対し，ガダマーの場合，古代ギリシアにおけるソピアとプロネーシスの対立図式のコンテキストへ置き戻されている。ガダマー自身のヴィコの観念に対する特徴づけによれば，それは「正しいことと万人の幸福についての感覚であり，すべての人間のうちに息づいている。いやそれだけでなく，それぞれの生活の共同性によって獲得され，生活の秩序や目的に規定されていく感覚である」として，「自然法的響き」を認めている[35]。そして，それは「古代ローマ的な共通感覚の概念」であって，理性という抽象的普遍ではなく，伝統の価値や意味への尊重を介して国家・社会生活を結びつける具体的普遍である[36]。このゆえにヴィコのセンスス・コムニスは社会的実践に向けて下される道徳的判断の重要な規範の役割を担いえた。

　ところが，ガダマーが Hermeneutik として復興させようとする実践哲学へ導入されるこのセンスス・コムニスは，どちらかと言うと古代ローマ的実践の脈絡からはずされて，ソピアへ向けて解釈的に止揚されてゆく臆見（ドクサ）の意義と役割を与えられているように思われる。センスス・コムニスにこめられたガダマー的含意はむしろ「先入見」（Vorurteil）という言葉によって表現される。なぜなら「先入見」もまた，家族や社会や国家の中で各人の体験に先んじて，むしろこれを制約しながら，伝統的にしかし合理的に働く権威に由来すると見ることができるからである[37]。ところでこの不可避な先行判断である先入見は，啓蒙の合理的方法論の上に築かれる公正な客観性への要求を〈僭越なもの〉として覆す機能を担わされるものであるが，この批判はガダマーにあっては，**社会的制度的コンテキスト**に即して行われるというよりも，先入見を含む**古典テキスト**に対し，これまた先入見をもって理解しようとする現代の読者によるディアレクティカルな解釈の作業へ移して遂行されるところに特徴がある。

　かくして正しい認識に到る起点たる臆見「エンドクサ」は，ヘルメノイティクにあっては，レトリックにおけるように聴衆に向かい自説の正当化を補強する実践的尺度となるよりも，テキスト解釈の理解的主題となる。この方途の開拓に当たって，ガダマーは従来のシュライエルマッハやディルタイによって刻印されてきた「ヘルメノイティク観」を克服するために，ハイデッガーが提出した「理解と解釈」の議論（もっともそれは「実存論的」意味でなされているのだが）を手がかりにするが，この延長上で，"適用"の観念の解明に法学的解釈学の方法およびアリストテレスにより説明された「プロネーシス」の働きを援用することによって独自

のヘルメノイティクを樹立した。

　ところでハイデッガーの説明による「理解と解釈」との関係は，下図とその完成との関係になぞらえてよい。すなわち Vor-構造をもった理解は，Als-構造をもった解釈の内に分節されることによって完成される。詳言すれば，まず個々の用在者は常に既に「適所性全体」(Bewandtnisganzheit) から理解されるが，普通これは目立たない仕方で理解されている (Vorhabe)。第二に，この理解されてはいるもののまだ覆い隠されているものに，解釈は特定の視点から注視して露わにする (Vorsicht)。第三に Vorhabe の内に保持され，Vorsicht の内に方向が定められたものが解釈に向けて概念化可能にさせられる (Vorgriff)[38]。つまり，ハイデッガーによれば，解釈はある眼前に与えられたものを無前提に把握するものでなく，この Vorhabe, Vorsicht, Vorgriff の内で予め与えられている解釈者自身の自明なるがゆえに論議されない先入見を必然的に抱えこんでいるのである。

　ガダマーは，この「先入見」を解釈学において積極的に評価するハイデッガーに従って，「理解は，伝承の運動と解釈者の運動とが互いのなかへ働き合うことであり，このことを描写したのが循環ということである。われわれのテクスト理解を導くのは意味の先取である。この意味の先取は主観性から生じた行為ではなく，われわれを伝承に結びつけている共通性から規定されている。しかしこの共通性は，伝承とわれわれとの関わりの内で絶えず形成される，という仕方で把握される」[39]と述べた。ハイデッガーにおける理解の「先-構造」は，「意味の先取」すなわち Vor-verständnis としてガダマーにより有効に継承される。

　ところで，かの伝承形成は古典テクストの理解という仕方で行われるが，この「理解」はこれまで考えられてきたように，解釈者が己れを空しうして著者の心へ自己を移入し中立的にテクストに向かってそこに内在付着している意味をとり出したり，あるいはテクストの全体から部分の理解へ，逆に部分から全体へ向かう理解の循環を通じてその意味の整合性を達成したりするのではない。むしろ解釈者自身の指導的な関心に導かれつつテクストに向かい，このテクストを語らしめることによって，今度は自己の先入見を修正してゆくといった不断の過程を通じて先入見を精練し，こうしてわれわれ自身の経験を深化拡大してゆく方向をとる。

　この解釈方法はしたがって，古いものと新しいものとが一体となって，たえず生き生きとした新しい意味を産み続けることを可能にするもので，このゆえにガダマーは「理解とは，つねに，それだけで存在しているかのごとく思われている

もろもろの地平が融合してくる過程」[40]であると説く。理解は単純に一般的な規則をテキストの理解に向けて適用することではなく，テキストの意味をそれが語っている具体的状況に適合させることにある。しかもこの適合はテキストが語っていることの単なる再現ではなく，事態に対する受け手自身の先行的な意味期待（伝統と結びついた共同性から規定されている）による創造なのである[41]。

　ここにおいてガダマーは，ハイデッガーの「解釈学」で強調された「理解」と「解釈」に対し，「適用」の観念を加え，これにヘルメノイティクにおける中枢的地位を帰した。「理解においては，理解されようとしているテキストを解釈者の現在の状況へと適用するというようなことが，つねに起こっている……。したがってわれわれは，理解と解釈のみならず，これに加えて適用をもひとつの統一的な過程の内に含めて考えねばならない」[42]。ガダマーはこの「適用」に，創造的契機と倫理的−規範的契機とを含ませようとして，伝統的な法解釈学が用いる解釈方法と，アリストテレスが「技術知」と区別して特徴づける「実践知」の観念，すなわちプロネーシスの観念に注目したように思う。

　まず法解釈学的方法の導入について言えば，それは，自然科学的方法のように主観的前提・影響を排除して観察データを検討するようにテキストを客体視するのではなく，法文と解釈者自身とその具体的状況とのザッハリッヒな関係の内に成り立つ。したがって，サヴィニーのように法解釈学の課題を純粋に歴史学的なものと見ることは，もともとの法律的意味と今日の法律的意味との間の緊張を無視するものである。むしろ法学者 E. フォルストホフの説くように，法解釈家は，法律を制定した人びとの意思について議会議事録の教えるところに拘束されず，むしろこの間に現れた事情の変更を認めて，その法律の規範的機能を新たに規定せねばならぬ[43]。法解釈の課題は，解釈者の現在の地平へテキストをもちきたらし，具体的状況における法律の具体化・適用をはかることである。

　「法律であれ，福音であれ，テクストは，それを適切に理解しようと思うならば……各瞬間に，すなわち具体的状況ごとに新たにそして別様な仕方で理解されねばならない」[44]。こうしてテキスト理解はそれ自体がひとつの Geschehen（生起）となる。このことは理解という認識機能が解釈を通じて，創造すなわち規範機能に媒介されるということである。すなわち「法典の意味を認識することと，その法典を具体的事例に適用することとは，別々の二つの作用ではなく，ひとつの統一的な過程」[45]となる。法学はこうした法創造過程の詳細な研究のゆえに，実践哲学

としてのヘルメノイティクの確立に「真実の模範」という栄誉ある役割を授けられる[46]。

ところでこの「適用」に認められた創造的意義は，アリストテレスのプロネーシスの観念に結びつくことによって倫理的‐規範的意義を与えられる。ガダマーによれば，ソクラテス‐プラトンにとって知による行為を導く範例はテクネーである。しかし，**人間は，工作者がその計画と意志に従ってあるべきものを作ることができるように，自分自身をそのあるべきものに作り上げることができるだろうか**[47]。ここにアリストテレスにより，実践知（プラクシスの知）の固有な特性が対置される所以がある。なるほど技術知も実践知も先行的な知であり，知をそのつどの具体的な課題に向けて適用することを含んでいる。ところが，工作者の方は最初の自分の計画が具体的所与に合わないため，その正確な遂行を断念するとき，このことによって彼の知がより良くなるということはないのに対し，例えば法適用者が法律の厳格さを緩めるのは，うまくゆかないからではなく，さもなくば正しくなくなるからである。彼は法律を緩めることによって，正しさを割引いているのでなく，反対により良い正しさを見出している[48]。

ガダマーが述べているこの例はまさに，現実への適用において法律が不十分な場合にそれを補訂するアリストテレスの「エピエイケイア」の役割に連関するが，それは広い意味で，実践知すなわちプロネーシスの卓越した働きと見ることができよう。つまりプラクシスの知は，工作者が制作する対象のエイドスが完全に規定されているのに比べて，何か教えることのできる知といった先行的模範性を持つわけではない。それは予め不変の地位を保っていて単に見つけることだけが問題だとされるような知ではなく，むしろ実践に際して一定の**指導像**に注目するが，その指導像は単に図式としての妥当しか要求できず，行為者の倫理的思量によって具体的状況の中ではじめて実現されるものなのである[49]。

ガダマーはここで実践知が任意なコンヴェンショナルな観念でしかないと言っているのではない。彼は，各時代・各民族の示すあらゆる可変性・多様性にも拘らず，何か「事物の本性」Natur der Sache のようなものが実践を方向づけることを認めている。さきほどの「指導像」はまさにこの「事物の本性」を指すわけで，それは特定の内容を持たないが，しかし「正しさ」に関して形式的自然法のもつ批判的機能を担うものである。いわばプロネーシスは，現行法に伴う不可避の欠陥に際して，法律の不十分な正しさを克服するために自然法へ訴えることによっ

て，それを今，ここで具体化するのである。この意味での「自然法」の観念をガダマーは否定していない[50]。

第2節　「実践」に関して学問は成立しうるか

1　ヘニス・クーン・ペーゲラーの方法論争

　われわれは，これまで，プラクシスに即応する固有の方法を否定した現代の科学的実践思考に対し，ペレルマンやガダマーが法学的思考様式の特殊性に着目したり，あるいは古代的実践思考法に遡ったりすることによって，プラクシスへの問いを正しく立て直そうとする試みを跡づけてきた。しかしながら，彼らのそうした試みははたして「実践哲学」の復権においてどの程度有効であったのだろうか。彼らは，これまでの実践哲学が陥っている忘却は，特にその基礎づけ者たるアリストテレスの想起によって本質的に克服されるものと考えていたように思われる。ところが彼らが遡って依拠したアリストテレスのトピクやレトリック，そしてアリストテレスにおいてではないが伝統的なヘルメネイアは，いずれも「能力」とか「術」とか呼ばれるものであって，厳格な「学」の方法ではない[51]。それらは実践的な事柄の可塑性に制約された蓋然的命題，真らしきものから出発する道であった。

　しかし「エンドクサ」・「社会通念」・「先入見」と呼ばれるこの実践的推論の前提がそのように不確実なものであれば，結論もまた，すなわち行為もまたそのような疑わしい性格を帯びるものとならないであろうか。レトリックは相手を納得させるというよりも，相手の感情を刺激して説得を勝ちとろうとするデマゴーグの道具とみなされたり，あるいは後に単なる「文彩」の技巧術へと変質していったりしたものであるし，ヘルメノイティクも元来は向こう側の世界に属する言表をこちら側へ伝達する際に，そこに存した多義性を除去して分かり易くする「通訳」の術でしかなかった。とするならば，このような方法は，「端的な善」を求める倫理学や，万学の王を称する政治学の要求に応える道を十分に提供しうるであろうか。

　トピク・レトリック・ヘルメノイティクの方法を倫理学や政治学に代表される実践哲学の方法論に高めることは，逆にそれから「哲学」たる品位を奪うことになりはしないか。例えばプラトンにとって，哲学はまさにそうした修辞学（レト

リック）や詭弁術（ソフィスティク）との戦いから成長すべき筈のものとされていたのである。またこれとの連関で，伝統的な法解釈学の方法すなわちユリス・プルーデンティアの思考法が実践哲学の構築にはたしてどの程度有効であるかも問題となるところであろう。なぜなら，法学的思考はまさに制定法を中心に遂行される適用にその特徴を有するのに対し，実践哲学は，制定法を前提としてその内に確定された「正しさ」を実現することによりも，「端的な正しさ」を求めることに使命を持つと考えられるからである。特に裁判官にとっては，何が妥当する法であるか，どのような視点が拘束するかは，コモン・センスにではなく，制定法に拠って答えられるのであって，後者こそが第一に相談さるべき規準なのである。また制定法の妥当は必ずしもコモン・センスに依拠せず，それとのある程度の乖離をきたしてもなお存続する面のあることも指摘せねばならない。こうした制定法に強く定位する（あるいは「コモン・ロー」に強く定位する英米的）法思考に対し，実践哲学は，その実定的正しさやコモン・センスの妥当が限界に達したとき，くり返し呼び出されてくる思考の営みである。

　われわれはこうした疑問から，ペレルマンやガダマーにより代表される実践哲学の構築の営みに，古代的実践思考と法学的思考との導入がどの程度寄与したのかを評価せねばならないが，ここでは後者の側面の検討は前者の側面の検討に含めて一括して論じてみよう。なぜなら「プロネーシス」の実践哲学における意義と機能の問題は，古代的実践思考にも法的思考にも共通して現れていると見うるからである。ところでこの検討に移る前に，われわれはトピクに代表される古代的実践思惟が実践哲学の方法論として適切であるかどうかについて生じたひとつの対立を手がかりとしたい。それは，1963年に現れたヘニス（Hennis）の『政治学と実践哲学』という著作の評価をめぐるクーン（Kuhn）とペーゲラー（Pöggeler）との間に生じたものである。まずヘニスの所論を紹介することから始めよう。

　彼は，法哲学者フィーヴェクによってヨーロッパ法史の宝庫であることが発見されたトピクを，一法学の方法から実践哲学の全学科を通底する方法たらしめんとする[52]。彼によれば，アリストテレスによって切り拓かれた軌道は，近代のデカルト・ホッブズ的発展の方向で見失われていった。すなわちそこでは学問の理想は，蓋然的・臆見的な思考にすぎないディアレクティクを精密的認識に置き換えてゆくことにあった。しかし，これはアリストテレスの説いた「対象が許す程度の正確さの要求」から明らかにはずれるものである。すなわち「実践哲学を純粋

に理論的な学問概念の要求下に置くことは，学問研究の義務づける問題圏から倫理学を排除することにつうじた」[53]。

このことによって，例えば政治学研究は，古典的国家学の実践的倫理的視点を制作的技術的考察様式へと転じ，国家は人間によって合理的に制作されたメカニズムとして現れ，国家学は価値自由な記述的経験科学となる。ヘニスにとって，M. ヴェーバー・マイネッケ・ケルゼンのように倫理的懐疑に基づき実践的心情を排除して，研究者がその対象に対して"実践的に望ましい"という意味での関与が無ければ無いほど，学問的客観性は大きくなると考える者たちは，国家学をその実践的部門たる性格から解放する限りで，それ自体「非政治的」たらざるをえない。ケルゼンの国家学が「国家なき国家学」と呼ばれるのも，あるいは L. ネルソンが実証主義法学を「法なき法学」と呼んだのも，ヘニス的批判と同一の論拠によるものと思われる[54]。

ヘニスによれば，研究者の実践的心情，研究対象への研究者の内的関与は，国家学研究の認識論的問題点と大いに連関しているのである。ところが実践諸学における客観性追求の理想は，非倫理的心情・非政治的心情・非法的心情による多くの非実践的な倫理学・政治学・法学を生み出していくことになった。自ら，善や正を求める心情なくして，倫理学等の実践学に「客観性」を確保しようとする態度はおよそ「木に縁りて魚を求む」の譬えに近く，たとい精密性や客観性は得られないまでも，この心情を保持しつつ，能う限り合理的基礎づけを与えるのが本来の実践学の希求するところであろう。

かくして上述の近代的逸脱から，政治学の自己理解を実践学の一部門として再び回復する方法としてヘニスが注目したのが，トピクを核心に有する学問的対話術たるディアレクティクであった。なぜなら，トピクこそレトリックと一体となって，日常生活の単に蓋然的なものの範囲にあって，より合理的なものと，さほど合理的でないものとを区別することにより，適切な行為の指針を示して，規範的判断を単なる趣味や私見の位置へ貶めないよう保証する手段となるからである。その際に求められることは，さまざまの問題解決の可能性を論究するときに参照すべき整然としたトポイ・カタログを準備して，正確ではない多数の契機を相互に関連づけて適正な一つの解決を得させることである。ディアレクティカルな対話は重要な論点を看過させないための有効な補助として理解される[55]。

H. クーンは，このようなヘニスの方法的省察の真摯さに尊敬を払いながらも，

トピクに結びつくことによって実践哲学としての政治学の伝統を回復しようとすることは，その本質をよく見究めないで，実証主義に対する今世紀の戦いに加担するものと受けとめたのである[56]。しかし，とクーンはこう反問する。実践哲学とディアレクティクとの間に密接な関係はあるのだろうか。ディアレクティクは蓋然的方法として，同時に倫理学や政治学において求められる「知恵」(ソピア)のオルガノンとなりうるのだろうか。この問いは，「蓋然性」に存する互いに異なる二つの意義を区別することによって否定される。蓋然性には，対象の側から制約されている正確性の欠如としての probabilitas と，認識者の側から制約されている正確性の欠如としての verisimilitudo とがある。前者はその座を「学」の内に，特に実践学というアリストテレス的投企の内に有するが，エンドクサとしての後者は「学」とは統一しえないのである[57]。

アリストテレスによれば，ディアレクティクは何ら「学」ではなく，レトリックと同様，一つの「能力」であって，認識への探索的な道案内である (*Metaph.* 1004b25) とすれば，政治学や倫理学をディアレクティクに服させることは，尊厳性においては第一哲学に劣るけれども，実践知としては何にもまして棟梁的な地位に立つ学問から学問性を奪うことになる[58]。実際，アリストテレスはディアレクティクやレトリックを「学」にしようとすればするほど，それらの真の本性を破壊することになると言っていた筈ではないか (*Rhet.* 1359b12-14)。ヘニスは，イギリスの著名なギリシア古典注釈家 J. バーネットに依拠して，『ニコマコス倫理学』が全くディアレクティカルに書かれていることを強調するが，しかしながらバーネットはアリストテレス倫理学を「学」の内へ引き入れるためでなく，「学」の外へ出すために，そう述べていたのである[59]。

したがって，ヘニスはバーネットの解釈に沿って，政治学を「学」として復興しようとする限り，ディレンマに立たざるをえない。クーンによれば，ヘニスはトピクを指導者に祭りあげる時代に時めいているにすぎないが，実は，この時代で理解されたトピクとアリストテレスの実際のトピクとの間の溝は広くかつ深い。この溝を跳躍するために彼は何世紀もかかって構築された誤解の橋を利用したのである。クーンはこの誤解の橋を架けた者として，レトリック－文献批判的準備を行ったヴィコ，問題思考と体系思考との対置により法学者のために狭い舞台を提供した N. ハルトマン，普遍的利用に向けて強引な言語哲学的解釈を施したハイデッガーを挙げている[60]。現代に再興されたトピクは，結局「学」と「術」と

の差異を払拭するもので，それはアリストテレスが本来考えていたような意図から離れ，今あげた者たちに誤導された理解の上に立っているにすぎない。

このようなクーンのヘニス批判に対し，ハイデッガー研究で指導的役割を果たした哲学者O. ペーゲラーはその論文「弁証術とトピク」で，ヘニス擁護の視点から，「トピクの活性化は単なる誤解であり迷路であったろうか」，「クーンはこうした活性化へ導いた動機を十分に見ていなかったのではないか」とクーンの批判を反駁している[61]。ペーゲラーによれば，歴史的対話のトピクとして革新されたトピクは，古いトピクと単純に同一視されてはならない。既にトポイ自体が別様に規定されているのである。クーンは，伝統的トピクを精神科学の論理として勧奨する者は言葉の誘惑の犠牲になっていると言うが，一体誰が伝統的トピクを精神科学の論理として勧めたと言うのだろうか，と反問している[62]。

復活したトピクは，議論形成のための形式的指示たるアリストテレスのトポス理解とは異なるもので，彼の伝統と単純に直結するものではないのである。この不連続には，「あらゆる学を『方法的に』かつ哲学を諸学の学へ形成しようとするプログラムは挫折してしまった」という歴史的事情が介在しており，このことが「トピッシュ-ディアレクティッシュな手続きの活性化へ導く前提となった」のである。それゆえに「方法に則って進む学と，術としてのディアレクティク・トピクとの間の差異を新たに規定しようと思うなら，この前提と取り組むべきなのである」[63]。実際アリストテレス本人にしてからが，このプログラムを遂行したであろうか[64]。現代の方法問題を解決せねばならないと言うなら，アリストテレスの『トピカ』を読んでも政治的行動への飛躍を助けうるような橋が発見できるとは到底信じえない[65]。

なるほど，われわれは，ある事柄の歴史的由来を見通しておきたいと思う。しかし，そうした正当な関心も，それが既に現れていたことを証明することで済まされるなら，歪められてしまう。「けれども，ひとはこうした議論の仕方をなお否定的な方向へもってゆき，"それは歴史的に既に現れたものとは一致しない"と示すことによって無力化することだってできるのである」[66]。しかし，カントの超越論的トピクは，それがアリストテレスのトピクと対応していなかったことで，あるいはヘーゲルのディアレクティクは，それがアリストテレスのディアレクティクと対応していなかったことで信用を失墜したであろうか[67]。このようにペーゲラーは主張している。

以上に見るクーンとペーゲラーの対立における意味の核心は，実践哲学とその方法論との関係をどう捉えるべきかに存する。「端的な善」に関わる実践哲学の研究法として，「真らしきもの」に出発点をとるトピクが導入される場合，このことは前者にとっては「学」の品位の失墜であり，後者にとっては「学」に批判的に再生の希望をつなぐものとして受け入れられる。前者の前提に立てば，実践哲学はトピクと区別され，後者の前提に立てば不可分の内に置かれることになるが，ここにおいて，一体，実践哲学とはどのような性格を持つものであるかが改めて問われなくてはならない。われわれはこの問いを考えるに当たって，特に実践哲学を代表する倫理学，それもアリストテレスの倫理学の性格を遡って把握することによって，適正に対応することができるであろう。

2　構図学としての倫理学——ヘッフェ

　論争の的となったヘニスは，次のようなトマスの言葉を引用していたが，これは今後われわれの進むべき議論を方向づける上で重要な手がかりを与えるように思われる。それによれば，トマスは二級の問題の精確な認識よりも，重要な問題における認識の僅少さの方を望ましいと見て，「学」の位階と切実さとを規定するものは，達成しうる精確さの度合ではなく，対象の意義であるとした[68]。この言葉から読みとれる重要な手がかりは，認識の多少は必ずしも認識の軽重・硬軟・精粗とは対応しないということである。多くの認識をもたらすことは必ずしも，その認識が重要でかつ不動のものであり正確であるとは限らず，逆に僅かな認識しかもたらさないことは必ずしも，その認識が軽薄で変転常なく粗雑なものであるとは限らない。この洞察は直ちにわれわれをアリストテレスの『形而上学』における次の認識に連れ戻すであろう。それは，「それ自体で認識しうるもの」に関わる第一哲学は少ないがしかし正確に語るのに対し，「われわれにとって認識しうるもの」は多いが不正確なことを語るということである[69]。

　それではこうした連関で「倫理学」はアリストテレスによりどのように特徴づけられていたであろうか。『ニコマコス倫理学』では，なるほど倫理的行為はそのつどの生活状況に依存し，これに応じて行為者はその特殊な行為様式を自ら思量して生み出さねばならないとされ，この過程でプロネーシスに大きな比重がかけられていることは否めない。この面から見れば，倫理学が偶然的なものを真摯に受け止めるトピクと結びつくことは何の無理もないように思われる。しかしなが

らこの著作では，徳の規定に関して人間本性と連関させられるエウダイモニアやメソテースに関する議論は，徳に関わる個々の具体的経験から離れて，倫理現象そのものの原理的反省を行う一種のメタ倫理学的考察となっている。それは，言ってみれば，特殊的倫理判断を行うプロネーシスそのものが，そこから規定されてくる人間存在の構造に遡及させられる試みであり，その限りで，特殊的行為様式に制約された善を超越して「端的な善」に関わろうとしているのである。

とするならば，アリストテレスの倫理学は，勿論「善きひと」になるための処方を含むものとはいえ，単にそれだけでなく一種の"形而上学"を志向する面も持ち合わせていると言えまいか。すなわち，「存在する限りでの存在」を求めるのが「メタ・フィジカ」と呼ばれるなら，「善である限りでの善」を求める立場は「メタ・エティカ」であり，これまた「善」に関する一種の形而上学と解することは許されないであろうか。「自然学」の後に存在の「形而上学」が置かれるように，特殊的な倫理―政治的意見・制度の実証研究の後に，善の形而上学，もしこう言うことが許されるなら「メタ・エティカ」を位置づけることはアリストテレスの企図に存しなかったであろうか。

彼のメタ・フィジカが経験的に確認できる自然的存在者の実証研究を無視しては決して遂行されなかった（もっとも彼の時代の科学的進歩の制約のゆえに誤った資料が準備されていたとはいえ）ように，彼のメタ・エティカも「人間的善」を離れて成立するものではなかった。このように彼の倫理学を捉えることが許されるとするならば，それは，あくまでも「人間的善」をその実態に即して忠実に描こうとするとき，柔軟なトピクの観点を多く用意する必要に迫られる一方，原理的反省の要求に応じて，それを厳格に浮彫りにする作業にも着手せねばならなかったのである。この二つの必要は，一方，プロネーシスがそのつどの状況の中で「何が善であるか」という問いに応えるうえで現れてくるのに対し，他方，倫理学のメタ反省はそもそも「善とは何であるか」という根源的問いに応えるうえで現れてくると言えよう。とはいえ翻って考えてみれば，このようなアンビバレントな歩行は可能であろうか。

アリストテレスは『ニコマコス倫理学』第1巻序論で，われわれの研究は素材の許す以上の厳密性を期待すべきではないとして次のように述べた。「その際，しかし，われわれの対象の素材に相応した程度の明確な論述がなされるならば，それでもって充分としなければならないであろう。というのは，いかなるものを素

材とする論述においても同じような仕方で厳密を求めるということの不可であるのは，もろもろの工作品の場合におけると同様だからである」。ところで政治学の考察の対象は多くの差異と揺曳を含んでいる。「われわれは，それゆえ，かかる性質のことがらを，かかる性質の出発点から論じて，だいたい荒削りに真を示すことができるならば，つまり，おおよそのことがらを，おおよその出発点から論じて，同じくおおよその帰結に到達しうるならば，それをもって満足しなければならないであろう。……すなわち，そのことがらの性質のゆるす程度の厳密を，それぞれの領域に応じて求めることが教育あるものにはふさわしい」[70]。

つまり，種々の論述にはその正確さについて差違がある。例えば，数学はその対象が質料性を欠くがゆえに正確に論究されるのに対し，政治学はその対象が可塑的であるがゆえにおおよその帰結にしか到達しない，とされるわけである。しかしながらこの箇所をよく熟視せねばならない。そうすれば，彼は学問の学問性は認識の精度を誇る数学にあるとはどこにも言っていないことに気づく。彼は対象の素材に忠実な把握が「正確」であると言っているのである。全ての学科に「正確性」という唯一の尺度が画一的に妥当するのではなく，それぞれの学問それ固有の尺度を持つわけだから，例えば政治現象の考察に数学的方法を導入しても，その結果はかえって「不正確」であり，善なるものを大まかに提示する取扱いの方が「正確」であるという言い方もできるのである。数学的厳密性を「正確」の唯一の尺度とする暗黙の前提に立つがゆえに，ひとは政治学を「不正確」とみるにすぎない。ここにひとは容易に，幾何学を「学」の模範とするプラトンの立場に反対する方法論史上の背景を読みとることができよう。とはいえ，それにも拘らず，アリストテレスは，政治学そして倫理学の哲学的厳密性を全く放棄してしまったと見ることは適切でない。われわれは上の理解を支えるために，アリストテレス実践哲学を「構図-学」として改釈せんとするドイツの哲学者 O. ヘッフェを援用することができる。

ヘッフェによれば，さきにわれわれが引用した箇所にいう「正確」とは，事柄（Sache）に忠実な分析において最高の可能な明瞭性を目ざす完全な議論のことを指す[71]。倫理学の場合で言えば，この「事柄」ザッヘとは「多くの差異と揺曳」を含む倫理的行為を指す。それゆえに，一見してザッヘは倫理的相対主義や懐疑主義を大いに誘発し，厳格な学の成立を妨げるように思われる。ところがヘッフェは「大まかに」という言葉に，アリストテレス倫理学の方法的鍵概念を認め，倫

理学的認識が厳密でないとするのは誤解であると，次のように主張した。「大まかに語ることは問題対象ザッヘをその全体的形成においてではなく，単にその基本的形態においてのみ把握するということ」であり，「倫理的行為は哲学的にはその具体的な個別的な現実においてではなく，むしろその核心においてのみ，その構図においてのみ認識されうる。哲学はそれ以上の要求を充たしえない」と。したがって「『構図』とは，あまり妥当しない不十分にしか証明されぬ認識のことではなく，理論哲学と同様，倫理学もコントロールできる普遍的・必然的認識を求めねばならぬが，同時に，その探究がザッヘを完全に追捕しえないということは弁えておかねはならぬ」とされる[72]。

例えば，「勇敢が善い」という倫理的判断に基づく結論は，経験的-実践的であって，生活の周辺的条件如何にかかっている限り，蓋然的でしかないが，倫理学的判断は，この倫理的行為を事態に忠実に，要素と原因に向けて研究する。換言すれば，「根拠づけられていない懐疑や過度の要求を退け，構図というメタ倫理学的概念において，倫理学が知ることができ，またできないものを反省する」[73]のである。この考えに従えば，無謀と臆病との「中」を勇敢の徳となすアリストテレスの分析は，一種の構図-知であり，その規定されたあり方において厳格であるということになる。ただ，この構図は普遍的な形式において，「中」の構成肢を実際には特定せず，この放置された自由空間を概念によってではなく行為によって充足するのである。したがって，われわれにとってのそのつどの「中」の発見は，一定の「徳」アレテーと「知慮」プロネーシスに基づいてのみ可能になるとはいえ，もはや哲学的課題をなすものとはいえず，その限りで実践的にみて不正確となる[74]。

確かに構図知はいわば「未充足の認識」で，描出の始めに立てられ，それ以降の経過において段々と細分化されてゆく下図のような性格を持つものといえる[75]（この説明の仕方は，先述したハイデッガーにおける下図としての「理解」の先-構造と，それを「〜として」分節する「解釈」作業の関係を連想させる）が，この未展開の知はそれ自体以降の探究を予料する潜在的豊富さを含むものであって，これは単に一般的に把握されて短くしか説明されないが，この短さは厳格性の欠如と受け止められるべきでなく，単に精細な分析が欠けているにすぎないものと解される。結局「アリストテレス倫理学の蓋然的真理は，哲学的認識そのものを意味するのでなく，認識さるべき素材を意味する。実践哲学はその素材によって規定されない。アリ

ストテレスは倫理学を実践的素材の特殊性と学的哲学の固有法則性との間の緊張において考えている」[76]。この言葉をヘッフェの「実践哲学」理解の要諦とみなしてさしつかえなかろう。

　それではヘッフェの説く実践哲学である限りの倫理学は，どのような方法を用いて構図-学のプログラムを遂行すると言うのであろうか。それはディアレクティクとアナロジーとである[77]。アリストテレスは，「当為」の現象を把握するために過多と過少との間の緊張領域を設け，両者の交互否定において「中」に到達することにより実践的行為の善を規定しようとしたが，こうしたやり方はディアレクティケーに即するものと説明される。「われわれにとっての中」は弁証術的概念であって，関係項に特定されないが，これはそのつどの実践において充足されるものの，行為を相対主義的な「任意」に委ねることはない。ディアレクティクにより把握された倫理的行為の内的「関係」は，さらにアナロジーによって他の「関係」との類推的自同性を介してマクロ的に拡大され，「善」がその統一性と多様性との統一において答えられる。こうして，「善のアナロジー」によって倫理学は，プラトン的イデアの概念的同質性にも，ソフィストの偶然的規定にも陥ることなく，一個の「学」として基礎づけられることになる。

第3節　法哲学における理論知と実践知

1　ディアレクティクとプロネーシス

　以上見てきたヘッフェの実践哲学理解にはクーンとペーゲラーの実践哲学の性格づけをめぐる見解の対立につき，調停の糸口が含まれているように思われる。われわれは次に，ヘッフェの見解をアリストテレスの原典に引き比べて理解し直すことによってわれわれの議論の意図を補強しつつ，両者の対立につき論評を加えたあとで，最後にペレルマンのトピク-レトリック，ガダマーのヘルメノイティクが実践哲学の方法論としてそれぞれどのように位置づけられ有効であるかを検討してみよう。

　この考察に関して重要な手がかりを与えてくれるのが，トピク-レトリック，ヘルメノイティクに結びついて理解される「ディアレクティク」（弁証術）の観念である。クーンはディアレクティクを不確実な蓋然的推論に携わる「能力」・「術」と見て，最も崇高にして棟梁の地位にあたる倫理学や政治学の方法論としてはふ

さわしくないと考えたのに対し、ペーゲラーはアリストテレスの倫理学には「学」を目ざす厳格な方法論が予告どおりに適用されず、ディアレクティクが適用されていたと述べた。いずれも「厳格な」学たるべき倫理学に、ディアレクティクは調和しえないものと解されている。しかし彼らの見解に対し、ヘッフェが、アリストテレスにおいて倫理学的判断とディアレクティクの結びつきは必ずしも不可能ではないという見解を示している点は、われわれの議論にとって興味深い。もっともヘッフェによるこの結合の説明はあまり十分に展開されているとは言い難いが、彼の寄与はディアレクティクの批判的対話的性格を留めながら、それを実用論-状況論的な思惟への限定から解放して、「学」の普遍的方法に高めている点にある。

　これはディアレクティクを真理認識の積極的方法として勧めるプラトンの主張に逆戻りする理解のように見受けられるが、しかしアリストテレスの『トピカ』に記述されているディアレクティクにも「哲学のオルガノン」の意味が十分に存するのである。確かにディアレクティクは、合理的であるが争いの余地ある命題、すなわちエンドクサを出発点とし、正当な働きを認められる矛盾をバネとして新しい認識を獲得しようとする思考法であるから、数学のように何の矛盾も含まない明証的な概念に達するわけでなく、それ自体また蓋然的な成果しかもたらしえず、もはやいかなるものをも前提としない無前提的原理に達することはない。

　しかし、それはあくまでも「真理」にまず関心を置くわけであって、レトリックと同じ方法を用いはするが、相手方の反省に気遣いながら対話を進めて「説得」を目ざす戦術と同一視されない面も持つ。「ディアレクティカ」と「レトリカ」の融合はむしろ後世のラテン訳による影響が大きく、アリストテレス自身ではディアレクティクが対話的状況から離れ、臆見を解消するその反駁能力を介してあらゆる学問領域で普遍的吟味方法となり、その限りで、「真理の認識」を準備するというふうな理解は可能である[78]。われわれは以下、上述の理解に沿ってヘッフェの議論をアリストテレスの原典に即して継続してみることにしよう。

　アリストテレスは『トピカ』の冒頭近くで、ディアレクティクは「知的訓練」、「対話」、「哲学に適する認識」（πρὸς τὰς κατὰ φιλοσοφίαν ἐπιστήμας）にそれぞれ効用があることを述べている[79]。ディアレクティクはまず民衆との対話という局面で多くの人びとの臆見を自己の見解とつき合わせて、彼らがうまく語っていないと思われる場合にそれを変えさせることに有効であることが知られる。しかしそれ

のみならず，学問認識の局面でも，両側面にアポリアを有する弁証的問題については，この両方向に向かってくまなく吟味することによって，偽と判断されるものを除去し，こうして批判的吟味に耐えたものを学の第一原理として立てる準備をすることで有効なことも知られる。前者の面でのディアレクティクはレトリクと重なるが，後者の面でのそれは，感覚的臆見から出発して批判的吟味を経ながら各専門科学のいわば公理の発見に役立つものと見ることができる。またアリストテレスは，他の所で，弁証的問題は，あるいは「選択と拒否」($\pi\varrho\grave{o}\varsigma\ \alpha\acute{\iota}\varrho\varepsilon\sigma\iota\nu\ \varkappa\alpha\grave{\iota}\ \varphi\upsilon\gamma\grave{\eta}\nu$) に，あるいは「真理と洞察」($\pi\varrho\grave{o}\varsigma\ \dot{\alpha}\lambda\acute{\eta}\theta\varepsilon\iota\alpha\nu\ \varkappa\alpha\grave{\iota}\ \gamma\nu\tilde{\omega}\sigma\iota\nu$) に関わるとも述べている[80]。この箇所も，ディアレクティクが民衆との討論についてのみならず哲学問題についても寄与する考察であることを示している。

　それではこうした脈絡の中で，倫理学のような学問が携わる「事柄」について，ディアレクティクはどのように関わり，かつ効用を持つのであろうか。これにつきアリストテレスは次のような参考すべき意見を述べている。「哲学に向かうとき，ひとは，こうした事柄（倫理学・論理学・自然学の問題—著者註）について，真理に即して取扱わねばならないが，臆見に向かうとき弁証術的に取扱われねばならない」[81]。すなわち，ここでアリストテレスは倫理的問題についても哲学的取り扱いと弁証術的取り扱いの双方が可能であることを認めている。ただし，この箇所は「真理に即した」哲学の取り扱いとディアレクティクとは区別され，ここから，そもそも哲学はディアレクティクに何の関わりもないように読める。ところが先ほども示しておいたように，アリストテレスは「真理や洞察」に関わる弁証術的問題の成立を認めていたのである。この矛盾をわれわれはどう調和的に解釈すればよいであろうか。

　この問題を考えるために「真理に即して」という方法を特徴づけてみよう。それは，そこから推論が真かつ明証に見渡しうる前提（これはもはや反駁を要しない）を踏まえるので何ら対話的戦術を要しない。いわば，それは教育的問答法の如く，すなわち答えを知っている教師の立場から概念を演繹的に展開するようなもので，少なくとも対話の相手のことを思い煩う必要はない。確かに哲学はこうした論証的推論に携わるものであるが，アリストテレスは哲学者もまた弁証術家と同様に問いを作成しようとするため，どこから着手すべきかそのトポスを見出さねばならない[82]，と述べている。そのとき哲学は，「真理に**即して**」でなく，「真理や洞察に**向かう**」ための問いを発するわけだから，まだ「学の第一原理」たる公理

を獲得していない。それゆえに，まず「仮説」を立て，次にこの仮説に，それを否定する仮説を対質反駁させ，こうして一個の確固たる認識を獲得しようとする限り，弁証術的にならざるをえないのである。それゆえに，先ほどの箇所は，哲学にとっては「真理や洞察に向かうとき」弁証術的な取り扱いの成立を妨げないものと解する余地を含むものと判断したい[83]。

　それでは「真理や洞察に向かって」倫理学等の問題を考察する哲学が"弁証術的"であるということはどういうことであろうか。「ドクサ」に向かって"弁証術的"であるのが，言論をもって他人との対話において進められるあり方を指すならば，哲学的な「弁証術」とはどのような「対話」のあり方を指すのだろうか。実際，ディアレクティクにはいずれにせよ批判的問答法の原義が含まれるからである。それは弁証術家が他者との関係で，相手の反応を確かめながら問答を行うのに対し，哲学者は「自分ひとりで」真理や洞察に達しようとすることであると言いうる[84]。哲学者は対話的コントロールを欠くので，自分で自分の立場に異なるパラレルな着手点を選び出し比較して，どのような立場を排除しうるかを検討して，二つの命題のうち一つを選び出すという方法をとる。この意味で哲学者の対話は「独語」（モノローグ）的であると言えよう。

　ところで，このように哲学者は二つの相異なる仮説命題を交互に反駁することによって真なるものを選び，偽なるものを避けるのであるが，ここでアリストテレスは，二つの仮説命題の帰結がそれぞれどのようなものになるかにつき，総覧しまた予料できることは「洞察と哲学に適したプロネーシスのために」小さからぬオルガノンである，なぜなら残るところは，これらのうちいずれかを「正しく選ぶ」ことだけだから，というふうな説明も与えている[85]。さきに彼はディアレクティクが効用ある局面として，「哲学に適するエピステーメーのために」と答えていたが，ここで彼は「洞察と哲学に適したプロネーシスのために」と答えている。ここに彼がもち出している「洞察やプロネーシス」は「真理や認識」と区別して理解さるべきものである[86]。

　エピステーメーに役立つディアレクティクは，臆見から出発して第一原理を目ざして進むわけであるが，最後に吟味の結果残る定義の確定は「選択」ではない。ところが「哲学に適するプロネーシス」について，アリストテレスはひき続き，真理に対して「よき本性をもつ」者は真実をうまく選び虚偽をうまく避ける，すなわち，提出されているものを正しく愛しまた嫌いつつ「最善のものを善く判別

する」と述べている[87]。これは明らかに行為に関する規範的問題についての説明となっている。この場合，ディアレクティクは，感覚を通じて与えられるドクサから確実なエピステーメーを求めるというよりも，行為に関するエンドクサから，哲学上何かある正しい行為の「洞察」を得るために，具体的行為状況から離れ，諸々の行為仮説を抱いたときにそれらが将来どうなるのかを全体として予料しておき，このことを通じて「善きひと」に正しい行為の選択を助けるうえで効用がある，と言っているのではなかろうか。

　以上の議論を整理してみると，ディアレクティクは(1)弁論状況，(2)哲学的問題の解決①存在者に関するエピステーメーの獲得，②行為に関するグノーシスの獲得，に向けてそれぞれ有効に働いていると言うことができる。つまりディアレクティクは，一方，エンドクサを考察の出発点としながら具体的状況，特に対話的状況に即して比較的合理的な「説得可能なもの」を探求する方法と解され，他方，こうしたコンテキストから脱出して「事柄」ザッヘをいわば「永遠の相の下に」考察しようとする限り，普遍的方法論の性格も有していると解しうる。とすれば，レトリックは前者の側面に現れたディアレクティクであり，ディアレクティクは状況を超脱したレトリックであると捉えられないであろうか。あるいは，さまざまなエンチュメーマを含むトポイは，実践的方向に用いられるとき，選択か拒否の説得を結論とするレトリックの前提となり，理論的方向に用いられるときには，真理や洞察を求めるディアレクティクの出発点をなすと考えられる。

　そこで今得られた考察の成果を再び，プロネーシスの実践哲学的含意をめぐるわれわれの議論の脈絡に置き戻し，ヘッフェの実践哲学理解に重ね合わせてみると，次のような理解が得られるように思われる。すなわち，ヘッフェは既に見たように倫理的認識と倫理学的認識とを区別していたが，前者は哲学的思惟に発するものでなく，むしろ社会的生活の場で両親・学校教師による教育を導きとして培われてくるものである。しかし長じて自分自身の力でどのような幸福な生活が善きものであるかを発見する能力を身につけてくると，外的な幸福などをあてにせず己れの状況をよく見渡しながら今ここでいかにしてふるまうべきかが理解されるようになる。その場合，目標（「中」）を正しく見やりつつ適確に判断しているので，その理解は応々にして経験家が有する偶然性を免れていると言うことができる。これが**実践的使用におけるプロネーシス**の機能である。

　しかしプロネーシス自体の本質はまだ対自化されていないので，倫理的行為が

現れてくる背後の普遍的理由は隠されたままであるから，その正当に動きうる範囲と限界とは見通せない素朴さの内に止まっている。そこで倫理的行為を哲学に向けて反省するとき，そこに含まれた知的契機，すなわちプロネーシスはそれ自体が批判と吟味のテストを経て，善一般の「洞察」（グノーシス）へ高められ，われわれを改めて，偶然的でない行為の発端であることを自覚させ，通常の倫理的行為の固着から解放して，より広い行為連関へ連れてゆくことを可能にする。これが**反省的使用におけるプロネーシス**であって，ヘッフェが，倫理的行為の顕現化として実践哲学を捉える意図に呼応するものである[88]。

したがって実践哲学は倫理的行為を善くさせることを直接に目ざすものではなく，倫理的行為に含まれた知の洞察を，行為の特殊的状況の捨象において，構図的に描くものであると捉えうる。アリストテレスの概念を借用すれば，探求と吟味とをその本分とするディアレクティクは，ドクサに対しては「実践に適したプロネーシス」（πρὸς τήν κατὰ πρᾶξιν φρόνησιν）に役立つとともに，行為のグノーシスに対しては「哲学に適したプロネーシス」（πρὸς τήν κατὰ φιλοσοφίαν φρόνησιν）に役立つと言えないであろうか。後者は，特殊存在者の背後を存在一般に向かって問うのがメタ・フィジカであるのに対し，特殊善の背後を善一般に向かって問うメタ・エティカであると対比しえないであろうか。もっとも，この「メタ」は，倫理的言語を言語学的論述の対象とする分析倫理学の使用する「メタ」のように解されるべきではない。そうであれば，規範的な態度表明を抑制することによって言語の肝腎の道徳的次元を排除してしまうことになろう。また，それはプラトンの主張するごとき実体化された「善の善」としての超越的イデアではなく，あくまでもヘッフェが適切に主張するように，エンドクサから出発してディアレクティクとアナロジーとによって，善をその類推的自同性の統一体系において構図的に捉えんとする表現であると見るべきであろう。

以上の考察に基づいて，ヘニスによるトピクの実践哲学への導入をめぐって意見の対立をきたしたクーンとペーゲラーの見解を評してみよう。クーンは「学」としての倫理学を構成せしめるに，不確実なエンドクサから出発して推論する「能力」・「術」たるディアレクティクをもってしては結論もまた不確実なるがゆえに，「最高の学」の構築に不適切であると言う。しかし，そうした懸念が現れるのは，「実践的使用におけるディアレクティク」を念頭に置くからであって，エンドクサを批判的省察の対象として行為のグノーシスを目ざす「反省的使用におけるディ

アレクティク」に従うならば，それはヘッフェが示したように，大まかではあるが厳格な，その限りで〈任意に処理不能な〉実践の構図を倫理「学」に寄与することによって，倫理学を臆見のカオスへまみれさせることはないと言いうる。

またペーゲラーは，アリストテレスが哲学の方法を分析的推論によって厳密に進むべきものと解しているという前提に立って，実践問題についてはそのことが遂行できないから，哲学の課題を，復活したトピク-ディアレクティクと結びつける。しかしながらアリストテレスは何も必然的な「分析的推論」を哲学のオルガノンとするだけでなく，「弁証術的推論」もまた哲学のオルガノンとして，行為に関する「真理」というよりも「洞察」を探究する可能性を認めていたと言いうる。かえって，復活したトピク-ディアレクティクの方が本来の実践哲学の使命を放棄して，道具に合わせるべくその働きを縮めるようなことはなかったであろうか。

クーンは，倫理学の「学問性」を強調して，デカルト以上にそれを追求するのがプラトン-アリストテレスにより底礎されたヨーロッパの哲学的伝統ではなかったかのように言うが[89]，それでは彼自身の描く倫理学の確知性は何に基づいているのであろうか。それは，それ自体において信頼すべきでない主観的臆見の「蓋然性」（verisimilitudo）と区別される客観的蓋然性（probabilitas）による，とされる。つまり行為についての言表は必然的に限定されているが，それはその普遍妥当性においてであって，その確知性においてではないとされるわけである。そのように解すれば，なるほど実践哲学は蓋然的ではあるが，厳密を目ざす「学」的基調を離れるものではなくなる。しかしそのことによって一種の「統計学」のようなものに還元されよう。しかし実践哲学の認識には，こうした素材的蓋然性によって規定されぬ固有の行為構造をとり出すことに意義が存するとすれば，ヘッフェの〈任意に処理不可能な構図知〉の思想は十分にこの要請に応えるものと言えよう。

またペーゲラーは，ディアレクティクがアリストテレスの構想したような意味から離れることを否定せず，それをハイデッガーに媒介されたヘーゲル的意味での歴史哲学へ導こうとするが，そうとなれば「ソピア」への愛好的探究に仕えるディアレクティク本来の使命は後退しはしないだろうか。なるほどアリストテレスの挙げたトポイは議論形成のための形式的指示でしかなく，直ちに具体的な議論実践に使用できるものではない。そこでペーゲラーは「歴史的トポス研究をトピッシュな議論実践へ導いて，それを問題解明のための視点を提供する術と媒介

することが肝要」と考え，トポスを内容的に充実させる[90]。しかしこうした問題提起は，歴史哲学というよりも，歴史学が本来課題とすべき実証研究に属さないであろうか。歴史哲学というからには，何か「歴史を超えるもの」に触れる――それは，もはや歴史を継時的に支配する必然的ディアレクティクによって捉えられないにしても――という方向への指示が少なくとも含まれるべきであろう。この壮大な歴史的対話術の〈彼方〉を感受しようとする実践哲学のために，自然言語を母体とする歴史的トポス研究はどの程度準備できるのであろうか。

　さてこうした評論を踏まえて最後に，ペレルマンとガダマーの説くレトリック・ヘルメノイティクの方法が実践哲学の可能性にどの程度寄与しうるかを考察してみよう。レトリックもヘルメノイティクも考察の出発点をエンドクサに，特に古典（法律）テキストに守蔵されている「共通感覚」の〈真理〉に置くが，それへのアプローチの仕方は異なる。レトリックは伝統によってもたらされたテキストを，社会的決定や行為の偶然的な問題について最も効果的な議論を生み出すための手段として用いる。すなわち，それはテキストが守蔵する〈真理〉に取り組むというよりも，その意味が社会的-歴史的コンテキストの多様な機能の中で生み出す結果・効果に注目する。またレトリックでは全て言論はコミュニケーションという特殊状況の内に位置と意味を有するので，社会的・政治的意義を離れない。特殊に創られた法言語でも社会的・政治的コンテキストの中で理解されるのであって，それ自体で理解可能なものではない[91]。

　これに対して，ヘルメノイティクは古典テキストをちょうど対話において「我」に語りかけてくる「汝」のように遇する。私はテキストを理解しようとする際，自己の生活体験をもちこんで理解せざるをえないが，このテキストを，第一印象を超えて理解しようと試みる。すなわち私は私の先入観を訂正する準備をもって私の先行理解を乗り超えてゆく。こうしてわれわれはテキストが属する過去の世界に共に帰属すると同時に，このテキストもわれわれの世界に共属するものとして理解される。ヘルメノイティクは，言語で客観的に表現されているものと，作者が主観的に表現しようとしたものとの間を媒介する術の意を本来含むが，ガダマーにあっては過去のテキストの理解は現在におけるテキストの適用の意義をもち，このことによって現在と過去とを引き寄せて統一する術と解される[92]。

　以上の簡単な一般的特徴づけから，われわれは次のような両者の共通面と対照面とを引き出すことが許されよう。共通面としては，いずれも伝統・権威・社会

通念に「合理性」を認めつつ，それを流動的な具体的状況に適合させて保持しようとする方向をもつ。したがって，この保持は不変的固持ではなく，さまざまのトポスの組合せから漸進的改良を重ねる可能性を含むものと解されねばならない。ペレルマンの「慣性の原理」，ガダマーの「古典理解」はいずれもこうした姿勢に支えられている。その限りで，例えばハーバーマスが設定する「理想的発話状況」という「ウ・トポス」，すなわちユートピアから突如歴史に介入してくる社会の抜本的改革とは反対の傾向を示している[93]。

次に差異面に関して言えば，レトリックでは「古典」の〈真理〉は社会の共通感覚を意味し，公共の言論で他人の同意を得るか，他人の意見を変えるか，他人を行動へ駆り立てるために用いられるのであって，その〈真理〉はテストされない。むしろ弁論家が説得的効果をあげたときは，彼の議論は社会の共通感覚に沿うものであったとの証左とされる。これに対してヘルメノイティクでは，古典の〈真理〉は「著作」の内に存し，それ自体が「対話」における「汝」として，私的・個人的な読書行為の中で批判的に継承されてゆく。前者は発話に基づくコミュニケーションの中で，古典の発揮する実践的合理性を求めるのに対し，後者は，特に教養読書人において文字を介する沈黙のコミュニケーションの中で，テキストの普遍的合理性を求めると言えよう。

もし以上の対比で大過ないとすれば，われわれの連関に移すと，反駁・吟味の術たるディアレクティクは，**プロネーシスの実践的使用**において選好か拒否かの同意を求める説得のレトリックとなり，ヘルメノイティクは，**プロネーシスの反省的使用**において洞察を求めるディアレクティクであると言えないであろうか。前者において，古典を実践へ定位させてその個別的合理性を発見しようとするプロネーシスの働きも，後者においては一応実践を離れ，古典の理解＝適用という認識構造を解明するモデルとして使用される。レトリックはどちらかというと実践哲学の実践面を，ヘルメノイティクはその理論面をそれぞれ強調するものとなっているのではなかろうか。

たしかに，ガダマーの「適用」概念は単純な包摂ではなく，テキストを超える意味の創造的契機を含むもので，そのことは行為的状況を離れて行われるのでないがゆえに，それ自体が「実践」なのであるが，しかし，この実践はあくまでも理解実践なのであって，適用以前に現にあるテキストにまず素直に耳を傾けるという受動性を基調としている。これに対しペレルマンのレトリックでは，「説得」

概念は相手の同意を求めるだけでなく、相手を行動へ駆り立てる能動的意義を含むものであるが、そのことは特定の行為状況を離れても「普遍化可能性」を有するとき、あるいは有するほど効果的であるがゆえに、「聴衆」それも「普遍的聴衆」の同意に対して受け身であらざるをえない。つまり、前者は哲学面では能動的であるが実践面では受動的であり、後者は哲学面では受動的であるが実践面では能動的であると特徴づけることができよう。

　以下、上にみた両者の性格対比を敷衍し、実践哲学の、そしてその中に含まれる「**法哲学**」の本来的課題と方法について若干の省察を加えてみたい。ペレルマンのレトリックは、そのもともとの意義が対話の術と解されるディアレクティクに属する。それは、ヘーゲルによって構想された「単純かつ必然的な発展によって、予め存在している目的性に向けて必然的に導く」近代的な類いのディアレクティクとは区別される[94]。このヘーゲル的な絶対精神の必然的歩みが放擲されるとき、対立するテーゼ間の裁定は結局、人間の自由に委ねられる。われわれは固定した基準がないため、自分だけの責任で合理的と考える決定を下さねばならない。レトリックは、予め構成された理性のアプローチとしてではなく、そのつど各人や世間が真だと思う確信に余地を設ける。ペレルマンがこのようにディアレクティクのヘーゲル的意味を退け、対話的実践の原義を強調するとき、このレトリックはどのような資格で「哲学」と称することができるのであろうか。

　批判的対話の中で相手のテーゼと自分の説とをつき合わせて、既に承認されている他のテーゼと両立しないかどうかを調べるとき、このテーゼは他人の見解を論破するか自己の見解を擁護するために利用される。しかし、このテーゼそのものは議論の効果を補強する証拠として援用されることはあっても、疑問の場へ引き出されることはない。その限り、レトリックは強固な社会実践的意義を持っている。ペレルマンがその相手として念頭に置いている「特殊的聴衆」はこうした議論実践の場で設定されている。「国法を適用するとみなされている裁判官、自分の学問分野の現状に固着しているとみなされている学者、職業利益を防衛するとみなされている労働組合員、あれこれの政党員、あれこれの宗教の信奉者」[95]を彼は例として挙げているが、話者は効果的に議論を進めるために、その他一切を度外視して問題に関係あると思われる特定の意見や価値にのみ訴えて相手を説得するのである。したがって「問題のテーゼが専門特殊化して、他の問題から切り離され、議論全体が容易に目星をつけられ、明確な境界を有するほど、こうした態

度が受け容れられる」[96]。

　この議論は単に相手の同意を得て自己のテーゼを普遍的に正当化することに主眼を置くというよりも、一歩進んで相手の意見を変えさせ行動へと誘う意図にも導かれているであろう。したがってこの種のレトリックをひとは「哲学的」と呼ぶことはできない。むしろ彼が哲学的類いの議論と称するのは「普遍的聴衆」、すなわち「合理的にして、論議されている問題に参加できる資格ある人びと全体」を相手にしての議論である[97]。この種の議論は、合理的な議論によって相手に真であることを納得させるもので、特殊的聴衆相手の効果的議論と異なり「妥当的」議論とも呼ばれている。ある議論が「妥当的」というからには、それは万人の同意を事実的に得る必要はないわけで、少なくとも合理的に思考するならば誰しも納得すべきであるような議論が哲学的議論ということになろう。ここに普遍的聴衆がひとつの規範的観念であることが知られる。

　ところがペレルマンによれば、普遍的聴衆は、同時代・同社会においてもその観念が一致せず、哲学者がこうだと資格づけた限りでの聴衆と解される[98]。聴衆は、もし話者が主張する規範を受け容れる者に対してのみ普遍的であると言われるならば、「普遍的聴衆」の規範的役割は著しく制限されるであろう。それゆえに、哲学的議論は確実であるために、自分のテーゼが普遍化可能であることを立証する必要がある。しかしこのためには、話者は全ての議論可能な者を臨席させて、自己のテーゼを吟味すべく「他方の側もまた聴かるべきなり」（audiatur et altera pars）の法格言を踏まえることが要求されてこよう。

　つまり、普遍的聴衆に向かう者はさしあたって自己の「先入見」をもって語りかけるのであるが、議論の往復において先入見により捉えられていた限りでの"普遍的"聴衆の範囲は「全ての合理的に議論できる人びと」の範囲へと拡大されてくる。このことは、アレクシーが示唆しているように、話者がモノローグの内に話しかけていた普遍的聴衆がディアローグの内へ置かれることによって論議の対象とされ、その特殊性が露呈されてくるということである[99]。このように見るとき、現実の話者のレトリカルな視点にとって普遍的聴衆と特殊的聴衆との明瞭な差異は生じない。それはペレルマン自身、persuader と convaincre との限界は鋭く引かれない、という発言からも立証できる[100]。

　ところで、この明瞭に限界を引きえない原因は、「普遍的聴衆」が現実の議論の場では、常にさまざまな状況のコンテキストに置かれている話者によって特定さ

れざるをえないことに由来している。ゆえにディアローグの実践をいくら重ねても完全な合意は達せられるべくもない[101]。しかしそれならば，何ゆえに「妥当的」，すなわち事実的同意を超えて当然にあるべき議論の可能性をペレルマンは問うのだろうか。われわれが翻って考えねばならないのは，この対話実践によって「普遍的聴衆」の観念が修正されてゆくことの可能根拠である。それは，対話に参加している者が既に普遍的な「普遍的聴衆」像を，明示的にではないが暗黙の内に先握しているからと考える以外に答えようがない。この意味での聴衆は，特殊的聴衆がさまざまな人間的属性によって現に特定されている一団であるのに対して，人間的本性を共有する限りでの一団であると改釈することもできよう[102]。そしてこのように考えることによって，普遍的聴衆と特殊的聴衆とが経験的には相重複しながらも，本性的にはその位相の明確な差異において截然と区別されることになるのである。

特殊的聴衆は，話者が現に語りかけ相手の同意を求めたり，意見の変更を要求したり，さらには行為へとおし捉すことができる一団であるのに対し，普遍的聴衆は，そうしたことが全く不可能な一団であって，話者はこの前に対しては完全に受動的で，ひたすらその同意を得ることのみが問題となる一団である。もっともペレルマン自身は普遍的聴衆についてこうした存在論的解釈を採ってはおらず，おそらくはアレクシーが理解したように，ハーバーマスの理想的発話状況に近い理念として構想していたと解するのが素直であろう[103]。ペレルマンは合理的議論を一方，普遍性の思想に，他方，歴史的-社会的見解にそれぞれ拘束させ，合理的なディアレクティクの過程を経て普遍的に受容可能な成果へ達しようとするが，その成果が唯一かつ正しいものとして特別扱いされないのは，ひとえに，おそらくはカント的意味で要請された〈議論を嚮導する〉この統制的理念の前に，人間的理性は謙抑な態度をとるべきことを，伝統的哲学が陥った「倨傲」を省みて，自覚するからであろう。

ともあれ，普遍的聴衆は，特殊的聴衆の「説得」を目的とするレトリカルな議論状況と重複しながらも，われわれの脈絡でいえば「洞察」（グノーシス）を求めるディアレクティカルな視点へと態度を転換するときに要請される理念であり，相手の意見を変え行為へと動かす「実践」としてのレトリックでなく，反省的ディアレクティクとして特徴づけられうるものである。ペレルマンのレトリックの「哲学」はここにある。ところが，この哲学は議論において問題となっている「事柄」

ザッヘへを直接取り扱うのでなく，確実な基礎づけられた合意へ達する方法に関心を置くものである。彼のレトリックの「規範的部門」は普遍的聴衆をめぐるコミュニケーションにおいて要求される〈作法〉の分析である。例えば，自分の命題の批判に対しては開かれた寛容な態度をとること，達成できなくても誠実に普遍性を追求すること，得られた成果を唯一かつ正しいものとして絶対視しないこと，といった倫理的態度が結局レトリック哲学の中心内容をなす。したがって，このディアレクティクでは，「事柄」ザッヘに関する**実質的**合理性の追究は，さまざまな手続きを介して間接的に遂行される目標として背後に退いてしまう。

　以上ペレルマンの実践哲学のもつ実践的側面と理論的側面とを垣間見てきたが，それではガダマーのヘルメノイティクにおける両側面はどうであろうか。シュライエルマッハの「ヘルメノイティク」理解を丹念に批判して，「事柄」ザッヘへの理解をその本質とみるガダマーのヘルメノイティク観[104]はこの点で，レトリックにおける手続き的制約を超えて，実質的合理性の把握を試みようとする。この意図からして既にヘルメノイティクは，単にテキスト理解の方法・術という性格を脱却して，規範的問題における〈真なるもの〉を洞察しようとする姿勢をとっていることが知られる。ヘルメノイティクにおいては，理解が直ちに意味の創造という性質を持つことによって，その理論的課題と実践的課題とは表裏の関係にある。彼は，一方「実践的行為のこうした諸問題を取り扱う方法はそれ自体実践理性とは根本的に異なっている」と述べ，実践哲学がいわゆるプロネーシスの反省に携わることを認めつつも，他方それは「単に知るだけでなく，それ自体実践的働きを行う，すなわち『人間的生における善の学』としてこの善を自ら促進する要求を完全に断念しえない」と述べ，それ自体がひとつの規範的実践を遂行することを認めている[105]。

　したがって，彼にとって実践哲学は正しい生活の形態に関する理論的記述であると同時に，それを具体的に実現しようとする実践をも含むことになる。もっともアリストテレスは既に，倫理学が人間の具体的生活場面で提供しうることは重要ではあるが僅かであると述べていたが，いかに具体的な実践的思量の場面でも，普遍的に知ろうとする意志は止まることはない。ヘルメノイティクは，理解という経験を理論的に自覚化する課題を持つ。それでは，それと表裏の関係に立つヘルメノイティクの実践的課題とはいかなるものであろうか。それはヘルメノイティクの主題となる「理解」という実践がいかなる特徴をもち，何を目ざしてい

るか，から知られる。この点を見よう。

　ガダマーは実践知の特徴が技術知と異なる所以を明らかにするため，プロネーシスが，実践的合理性を目ざす単なる「物分かりの良さ」（シュネシス）以上のもの，すなわち一種の倫理的含意を有することを強調する。「実践理性の徳は実践的手段のために正しい目的を発見する中立的能力とは考えられず，むしろアリストテレスがエートスと呼んだものと不可分に結びついている。エートスは彼にとってアルケー，すなわちそこからあらゆる実践哲学的解明が出発せねばならない"Daß"である」[106]と述べている。

　このプロネーシスのアルケーたるエートスは，「中」を人間にとって善とみる心的態度である。ところが倫理学的分析によって得られる「中」は構図知においてしか捉えられないので，その内容は特定されていない。この「中」の内容は具体的状況の内ではじめてその両極の充足とともに理解され明確になってくる。したがって，状況への適用に携わるプロネーシスは，厳密な概念的要求に対する逃避ではなく，「中」に明確な限定性をもたらす実践的使命を果たす。プロネーシスは理解的状況の只中に立って，一定のエートスに同調して「中」を視ることによって，具体的に「中」を創造するのである。この点で，倫理学は理解に際して，「中」の厳格ではあるが普遍的な前知を提示してくれるのに対して，プロネーシスはその中でそのつど開かれてくる可能なものや有用なものを「視る」というところにその固有の特質を有すると言えよう[107]。

　ところで，このプロネーシスの「視」は，ひとがさまざまに抱いている「見解」（Ansicht）ではない。こうしたものは容易に忘れ去られることがある。しかし，ひとが自己の倫理的な存在を思い煩いつつ「視る」とき，この「視」（Sicht）は，思い立つことによって始めたり止めたりすることのできるものではなく，常に既にそれを伴って状況に臨んでいるようなものである。ガダマーはアリストテレスの「自己のために知る」τὸ αὑτῷ εἰδέναι（*EN*. 1141b33）を"Für-sich-Wissen"と訳し，ここにプロネーシスの最本来的な知の特質，すなわちエピステーメーともテクネーの類の知とも異なる重要な契機を認めている[108]。「知慮あるひと」（プロニモス）は自己のエートス（「中」を見つめる習性）に同調しつつ，一定の状況に際会していかにふるまうべきかを思量するとき，自己の本来的な存在を洞察し，洞察することによってこれを具体化しているのである。それゆえにまたガダマーは「理解は，できることの技術的な適用以上のものであり，拡張され深化された自己理解

の獲得物である」[109]とする。ここにプロネーシスが，単に合理的な行為方法を模索するのでなく，自己のエートスを具体化する過程で，これまで自分の理解に隠されていた新しい「自己」を発見するという独得の機能面を所有していることが知られる。ヘルメノイティクが実践哲学の偉大な伝統をひくと強調されるのもこの実践的課題に応えんとすることにある。

　以上，ガダマーが実践哲学としてのヘルメノイティクの課題につき説くところを要約すれば，それはまず，普遍的に知ろうとする意志に基づき，ザッヘの理解という経験を理論的に意識化させる解釈学的課題と，次に，具体的状況の中で自己理解を深化・拡大させる実践的課題との両方を含むと指摘できよう[110]。ところで，この課題からも察知されるように，ガダマーのヘルメノイティクは，ペレルマンのレトリックに比べて，著しく〈個人性〉に比重を置いた実践哲学となっているように思われるが，しかし，その社会的実践面における働きについてはどうであろうか。われわれはそれがディアレクティク，すなわち過去のテキストと現在の私との対話において成立することを認めるが，しかしディアローグにおいてではなく，結局はモノローグにおいてであることに注意を喚起したい。

　そもそもガダマーが精神科学研究の出発点にとったヴィコのセンスス・コムニスは，社会実践的コンテキストにある古代ローマ的理解の伝統と結びつくものであって，むしろ社会的変革や正当化の実践を目ざすレトリックにおいてこそ，その真価が発揮されるものである。ところが，この観念はガダマーによって古代ギリシア的理解のディアレクティクへ移され，こうした哲学的省察の主題として書斎へもちこまれる[111]。もとより，そのことによって，センスス・コムニスの解釈学的な解明が，古典テキストを単なる好事家的研究の対象に貶めず，「時代の距たり」を克服して今日との連続性において蘇らせた意義は大きく，歴史の只中にありながら「永遠の相の下に」見る哲学本来の志向を失っていないことに構想の奥深さを認めないわけではない。しかし彼のヘルメノイティクは，同じディアレクティクにしてもどちらかというと，レトリックが「語る」という能動的態度によって特徴づけられるのに対し，「読む」（＝聴く）という受動的態度によって規定されている面があることは否めない。

　なるほどペレルマンの「語る」には，普遍的聴衆の前での「受動」に制約される面があるのに対し，ガダマーの「読む」には既に適用の創造を含む能動面があることは指摘できるが，この創造は理解の創造における自己変革に止まるので

あって，社会的影響への関心は背後に退いている。プロネーシスの本質には確かに「自分のためになることを知る」(Für-sich-Wissen) の契機が存在しており，この点の指摘は重要ではあるが，ペルルマンにあってはこの知にまつわる「私」的性格は普遍的聴衆を前にした普遍化可能性のテストによって洗い落とされ，普遍妥当性を獲得してゆくようになるのに対し，ガダマーにあっては解釈学的な対話の中で，自己の深奥に背進してゆくことを意味し，このことが同時に自己の経験地平を拡大するという仕方で克服されてゆくようになっていると思われる。

ヘルメノイティクの「実践的無力」はつとにハーバーマスがガダマーとの論争において強調した焦点である[112]。彼は，人間的世界経験を言語へ還元しようとするガダマーに対し，その言語自体が支配と権力の媒体であるから，それを認めたうえでのディアレクティクは所詮支配・抑圧のコンテキストにはまりこんでおり真の対話とはいえない，ただ支配から自由な制限のないコミュニケーションという理想的条件の下でなされた合意のみが真理とみなされるのであって，伝統を真理の担い手とみるガダマーの対話は支配構造に何ら挑戦しない退嬰的姿勢に囚われていると批判する。「理想的状況」の設定から発せられるこのいかにも啓蒙的な批判は，「どこにも無い場所」(＝ユートピア) から社会的諸問題を裁断しようとするもので，ガダマー自身「メタ批判」と名づけて反論している[113]。

ガダマーのヘルメノイティクは，こうした批判が則る超越的拠点を容れず，歴史的トポスを超えない常に「言語」に伴われている人間的理性の自覚の上に構築されているのであるから，ハーバーマスが批判するように，それを伝統の単純な保守と同一視することは的を射ていないばかりか，彼自身の論拠が歴史と社会にトポスを持たない以上，対社会変革の尖鋭さは持ちえても社会構築に現に有効な「場所」を提供できないであろう。むしろ，ヘルメノイティクは，立論の出発点を与えるエンドクサを批判的に吟味し「真理」に達しようとする古代ギリシア的理解のディアレクティクに属していることを考えるならば，先入見に盲目的に追従する姿勢を退ける精神に導かれているのである。われわれは，ヘルメノイティクの抱える問題点は，そのモノローグ性や実践的無力の指摘の内によりも，もっと決定的には，過去のテキストと現在の私との地平融合を可能にする根拠への問いが発せられないところにあると見たい。何ゆえに隔絶した古代人の知恵が最新テクノロジーを携えて進む現代人と隣り合わせになりうるのだろうか。「地平融合」という新しい言語を鋳造しなくとも，古代人たちは既に「温故知新」という言葉

によってヘルメノイティクの核心を把握していた。それでは，歴史的変遷の中での伝統への問い合わせは何ゆえに可能となるのであろうか。

　このことを考えるに当たって，われわれは，歴史的変遷においてそのつど異なって性起してくるが，その根源においては共通している人間の存在論的構造という観念に逢着せざるをえない。ガダマーはおそらく，この構造への問いもまた言語の解釈学的地平の外に出るものではないと言うかもしれないが，言語を持つということが既にアリストテレスの説くように，人間の本性に帰属している。この問いは地平のうちに立つひとつの問いではなく，地平そのものを背後から支えている根源への問いである。ヘルメノイティクの語用論的次元を超えて存在論的次元へと背進するということは，非状況的な構文論─意味論的次元へと逆戻りすることではなく，かえって問われている倫理的理解の歴史的状況そのものが，表面上は緩やかではあるが基底において厳に横たわっている人間の存在構造に底礎されて現出しているのである。ここに至って，歴史的対話を可能にする根拠として人間の普遍的本性に根ざした「自然法」への問いが発せられる。

　ハーバーマスは〈自然〉と名のつくものに隠蔽された支配の機能をかぎつけ，これを剔抉するイデオロギー批判をもって自己の課題とするが，ガダマーは，ドグマとしての自然法観を退けはするものの，実定規範の欠陥を批判する機能については，これを容認している[114]。自然法は，彼によれば，特定の内容を含むものでなく，実定法の欠陥に直面して衡平の思量が必要となるときにのみ現実となるものである。それは，実定法を超えた不変のドグマとして既にあり，ただそれを適用しさえすればよいような倫理的前提ではなく，実定法をその限界において考えるときにはじめて顕現してくる，「法」というよりも「正しさ」の謂いである。

　この意味では自然法は，しかし，ネガティヴ性において表現されている限り，確かにどこからも批判されない「絶対的正」[115]であり，逆に全てを批判しうる拠点となりうる。しかしそれは，歴史上「どこにも場所を有しない」拠点であり，「自然法」とは異なる。それは，いってみれば，実定的なものの有限性の向こうに望見される「端的な善」を求めてゆく人間の「形而上学的需要」に対応するようなものであろう。なるほど地平融合は状況に即して遂行される点で，そこに顕現してくる正しさは抽象性を免れている。しかし，状況に顕現してくる正しさの根拠は，否定機能においてしか存在しないために，ただ「無」としか答えられない。

　したがってガダマーの「自然法」は，Lex naturalis ではなく，「正法一般」，す

なわち，さしあたっては「無」であるが，具体的状況の思量の中で特定されてくるような「正しさ」である。しかし，ある地平で直観される正しさと，また別の地平で直観される正しさとの間の融合を保証するものは何であろうか。おそらく，それは「正法」を求めて，地平を見下ろす視点を引き上げる「超越」によると答えられるであろうが，一体この超越によってわれわれはどこへ連れてゆかれるのであろうか。ここにおいて，われわれは，解釈学的超越が逸脱とならぬよう方向づけるため，ガダマーの「自然法」（ユス）には，人間の存在論的構造に備わる「自然法」（レックス）への周到な反省によってバランスをとるように安定した「おもり」をつけることを提案したい。この存在論的構造を前提にするとき，かの地平融合は十分説明のつくものとなり，到来する未知と既知との類推的自同性（ヘッフェ）も洞察可能となろう。

2　法の哲学と法の知慮

　以上，われわれはペレルマンのレトリックやガダマーのヘルメノイティクが，現在復活した実践哲学にどのような側面から寄与しているかを見てきた。これらはいずれも「存在論」に遡るようなことはしていないが，実践哲学の本来的使命を忘却していない点で，単なる「能力」・「術」たる性格をはるかに超えている。もしペレルマンのレトリックに「普遍的聴衆」の観念が欠落していたら，もしガダマーのヘルメノイティクに適用の中で「視」られている「自然法」の観念が存在しなかったら，それぞれのものは再び能力・術のレベルに立ち止まって実践哲学の適正なオルガノンたりえなかったであろう。しかしまた，ヘッフェの「構図学」としての実践哲学は，倫理的行為の原理を反省する哲学本来の使命に応えてはいるものの，レトリックによる媒介がなければ具体的トポスの内に合理的な行為や解釈の場を築くこともできないであろうし，またヘルメノイティクによる媒介がなければ具体的トポスの内に適正な理解を得ることもないであろう。
　ところが伝統的自然法論は，実践理性の第一原理という概念によってヘッフェ的構想を先取りし，それを行為的・理解的状況へ適用するプロネーシスの観念によって，これまたペレルマンやガダマーの志向するところを先取りしていたのである。もっとも，かの第一原理を形式的意味で解するか，あるいは存在論的-実質的意味で解するかにおいて解釈上の対立もあるが，その理論的課題と実践的課題との解決における射程の範囲の広さと内容の充実さとに関し，ペレルマンやガダ

マーの「実践哲学」を優に凌駕する「実践哲学」としての本来的品位を備えているように思われる。

それでは最後に，これまで考察してきた実践哲学の特徴づけとの連関で，「法哲学」はこれまたひとつの実践哲学として位置づけられる以上，どのような課題と方法を，その他の実定法諸学に対して独自に有することになるかを考えてみよう。逆輸入による実践哲学の復権に伴い今日，Rechts-philosophie は Juris-prudenz として研究の活況を呈している。しかし，法の「哲学」は，法の「知慮」とは，すなわち「ソピア」は，「プロネーシス」とは，自ずとその使命と機能とを異にすることを再度確認する必要があるのではなかろうか。なるほど法知慮は，美わしくはあるがその内容はかなり白紙のままに任せている「正」の原理を思惟する法哲学よりも，はるかに困難な課題を抱えると言われるかもしれない。しかし，法哲学は，独得の状況に即応するように鉛の定規を当ててその中での「正」の内容を精細に特定するプロネーシスの働きとは異なり，別様の思惟によって「正」の内容を人間本性の研究から出発してその構図において描くことの方に専念するのである。状況に相即しようとするプロネーシスの働きは，状況というものがそこから発する人間存在の構造法則を踏まえなくなるとき，状況の複雑さにからめとられて折角のその秀れた卓越性も逆に，トマスが『神学大全』で詳細に描いた「知慮に似た悪徳」へと変質するであろう。それゆえに「正法」に達するためには，まず人間の本性法則がどのようなものであるかを踏まえておく必要がある。

歴史はこの本性の「性起」を常に既に大なり小なり「中」からの偏差において含んでいる[116]。しかし，この性起は人間の自由を介するために決して法則の一義的な明快さを有しない。歴史上の継起にさまざまな「変容」メタモルフォーゼを生じさせ，これを一貫する必然的法則を見えにくくさせるのも，これに因っている。それにも拘らず，歴史はそこに何か法則らしきものを認めさせないほど，不合理と偶然に放任されているものでもない。ここにおいて，本性法則の研究とは一応離れて，歴史上現れた人間活動のそれぞれの分野におけるさまざまな独自のトポスを研究し，精神のパラデーグマにおいて各民族・各社会・各時代を特徴づけるトピックスを，共有する本性のメタモルフォーゼとしてつないでゆこうとするところに，レトリックやヘルメノイティクが遂行するディアレクティク（対話）が，哲学のためのオルガノンとして有効になる論拠がある。

レトリックやヘルメノイティクが，具体的状況に即応して「正法」を〈知慮す

る〉術として卓越していることは勿論であるが，他方，法哲学は人間の本性の側から歴史において「正法」の内容を構図の中で特定すべく〈知慮する〉とき，それが歴史の内に適合して顕現してくるよう「トポス」を準備しておくことによって，自らの課題解決に仕えるのである。例えば，法哲学者 H・ヘンケルは「そこから正法が発見され形成されるべき法規則の礎石あるいは前形式」として，過去方向から限定してくる**前与件**に関し，人間学的根本規定や事物の本性，社会構造を，未来方向から限定してくる**後与件**に関し，正義・衡平・合目的性・安定性といったトポイを列挙した[117]。

こうしたさまざまなトポイが生ずるのも実は偶然ではなく，むしろ「合成体」としての人間本性に応じているのであるが，レトリックやヘルメノイティクは，これらのトポイを問題解決に一定の支えを与える照準点となしつつ，個々の法命題が状況の中でどの程度普遍化できるかを相互批判の対話の中で検討し，明らかに不可能なものはこれをひとつひとつ除いてゆき，可能であるものはどこまで可能であるかを調べておいて，法哲学が，人間本性の立場から見るならば，歴史（状況）における「正法」はいかなる内容を有すべきであるかまた有しうるかを，大体のところで「知慮する」選択項を提供するのである。その知慮とは，「実践に適合した」プロネーシスではなく，「哲学に適合した」プロネーシスを指す。

それゆえに，法哲学は，実定法を規準に実践に適合したプロネーシスを用いるユリス・プルーデンティアと異なり，それ自体**ユリス・サピエンティア**として，人間本性の構図知を基準に，レトリックやヘルメノイティクの助けを借りながら，歴史（状況）における「正法」の内容を認識しようとするところに実践哲学としての固有の使命を有すると言うことができる。この使命の履行はまた逆に法知慮の遂行に対して何らかの影響を及ぼそうとする。すなわち，法哲学は，実利や自由の ego-centric な，否 human-centric な追求によって多忙をきわめる現代社会が次から次へと生み出すさまざまなハード・ケースに悩み疲れ果てさせられている法知慮に，どのような部面で自分の機能をフルに発揮させることが肝要であり，またどのような部面ではとるに足りぬこととして顧るに及ばないかを示すことにより，その悩みを癒して，労苦を軽減する。そしてまた進歩と変遷のゆえに本性との連繋を見えにくくする複雑な状況にあって，ともすれば人間のテロスを無視することへ誘われがちな法知慮に対し，その逸脱と変質とをたえず警告し続けることによって，人間の「善き部分」に向かう「視」を失わせないように努めるの

である。

　ここに言う「人間のテロス」とは合成体における人間の本性を示す卓越した働き，すなわち理性による自然的諸傾向性の調和した統合に現れる幸福の状態である。それはわれわれの責任を伴う自由な行為によってもたらされるが，けっして「われわれにとって善いと見えるもの」ではなく，「真に善い」ものである性格を失うものではない。次章以下，欲求されるべき「善」を真理認識との連関でなおも論じうる可能性があることを，「中」を把握するオルトス・ロゴスによって開示できるのではないかとの観点に立って，論証することに努めよう。

第2章　法・国家研究における「中」と「知慮」

はじめに——アリストテレスの現代性

1　幾度も蘇るアリストテレス

　アリストテレスの世界像は，なるほどきわめて大きな影響力を歴史に刻印してきたが，今日でもなお人びとの精神に感銘を与え続けることができるであろうか。とりわけ，高度に発達した現代科学文明を眼前にすれば，それはいかにも時代遅れで，旧弊なものであり，今日の思想的進歩を目指す者の足枷になりはしないか。それでもなおアリストテレスに，現代思想を導く有効な基準を求めようとするならば，近代哲学に由来する従来の根本的批判を除去しておかねばならない。

　その批判の第一は，人間の自然的世界像を真に受けて学問的認識の所与の基礎とする前批判的な「存在論的実在論」であり，これは，認識の客体をわれわれの悟性と直観のア・プリオリな形式の働きによってはじめて構成されたものと見るカント的な認識批判の洗練を受けていない，素朴な段階の世界像でしかないとするものである。批判の第二は，アリストテレスの実践哲学が傾いている「倫理的自然主義」に向けられる。この立場によれば，われわれの行為の基礎は，生まれると共に一定の目標をもって与えられた人間本性に備わっているというが，もともと非倫理的な自然から解放された自律的な活動にこそ，人間固有の道徳的文明性が見られ，可塑的な個人的自己実現の可能性が見られるとするものである[1]。

　こうしたアリストテレス批判の大半は，存在と当為との峻別，理論と実践との区別を根拠づけたカントの超越論的哲学に基づいている。認識論では，知性と事物との合致を説く模写説への批判，倫理学では，経験的な幸福追求を超えるところに真の道徳性をみる目的人格の肯定は，現代の哲学思想一般になお牢固たる根を張っている。しかしながら，試みに20世紀全体の哲学史・法哲学史の流れをざっと振り返ってみても分かるように，アリストテレス哲学は，こうした近代哲学の態勢を逆に批判し返そうとする哲学がその依拠先を求める努力の果てに幾度も呼び戻されている。20世紀前半，新カント主義および実証主義全盛の影響下に，存

在と当為とを峻別する学問方法論および価値判断排除論の行く手に, 精神のニヒリズムを危惧し始めたのは M. ヴェーバーであった。倫理的原理は主観的で, 理性的に根拠づけ得ず, 法現象もせいぜい「価値関係的な」社会的事実として記述の対象とされるに止まる。

「学」を科学として洗練しようとすればするほど, 目的や価値を排除する作業に「意義」を見出せなくなっていく空しさは, パスカルと同様に M. ヴェーバーを苦しめたが, 後のフッサールも同様の危機感から, デカルトから続く「厳密学」という近代的構想から離脱し『ヨーロッパの学問の危機』への執筆に手を染めるようになった。ワイマール共和国時代は, まさに自由主義的思想とこれに対抗する思想傾向の誕生により彩られる。肝要なことは, 科学的・機械的方法のくびきの下に萎縮した精神によってではなく,「生」をして自ら語らしめることである。この典型としてわれわれは, ハイデッガーによる自覚的なアリストテレス研究再生を挙げることができる (実はトマス主義者によるアリストテレス研究は, 相変わらず続いていたのではあるが)。この思想的な準備が, 後に, 法哲学界においても, ケルゼン法実証主義の圧倒的影響下にありながら, 存在と当為との架橋の可能性を求める手がかりとして, 法学徒をアリストテレス研究に赴かせ,「法存在論」の台頭を促すきっかけとなったことは否めない。

次いで戦後に目を転じてみよう。長らく続いた東西の冷戦構造も, ソヴィエト共産主義体制の解体とベルリンの壁の崩壊により消滅し, フランシス・フクヤマはいち早く「歴史の終焉」を告げた。もっとも, 安定した自由民主主義諸国にも, まだ, 相変わらず不正な社会問題が残っており, 他の軍事独裁政権下や宗教的・民族的紛争下にある諸国にあっては, 非人道的行為が繰り返される状況が見られるにも拘らず, 自由民主主義こそが, 歴史上もはや超えられることの無い最終の政治形態になると説いた。こうした時代背景を思想的に代表する J. ロールズは, カントの議論をアメリカへ移植してリベラリズムを根拠づけ, 一世を風靡した。彼は, 功利主義批判を念頭において,「正」と「善」との概念を基本的に区別する。正義によって保証される権利は, いかなる社会的利益の政治的取引や交渉にも服さない[2]。かかる考えの根底には,「正」(権利) は価値的に見て公共的な客観性を持つのに対し,「善」は各人の特殊な思いなしでしかないという前提がある。リベラリズムのみが公正な秩序を築くのであり, 個人の権利は一般的な共同善のための犠牲に供されえないし, また何らかの「善」に関する包括的な教説 (実はそれ自体

が説明の負担を求められる特殊な見解なのだが）から引き出されるものでもない。

　こうして、理想上の世界の政治形態はリベラリズム一色に塗りつぶされるかのように見えた。しかし、個人の自立を強調する社会は、かつてヘーゲルが捉えた「欲求の体系」であり、幸福を求めて大都市へ集中した人びとは心身共に家郷を持たない大衆と化し、反面、家族や近隣地域社会の紐帯を弱めていった。こうした家郷喪失の危機意識は、人びとをして共同体主義（コミュニタリアニズム）へ赴かせて行ったが、その避難先をアリストテレスに求めたのも予想できなくはない。なぜなら、アリストテレスは、人間の形成は国家との対決の中でではなく、家族、地域社会、そして最終的にはポリスの中で健全に成し遂げられると確信しているからである。「個人はゼウスの頭から完成して飛び出してくるのではない。むしろ倫理学も政治学も、人間がさまざまな共同体、最も知られているものとして家族や政治的共同体への参与者として展開を遂げることを明らかにしている」[3]。人間生活における有機体的役割の重要性、倫理における「徳」重視の思考は、反啓蒙主義の立場からアリストテレスを援用するようになった。

　ところでさらに世紀末へと足を進めてみよう。政治的局面での自由主義は、経済的局面において利潤追求に専念する資本主義と連帯を組む。もっとも、既に「社会国家」の理念の登場によって、企業家のプレオネクシア（もっと多くのものを得ようとすること）は、憲法上の制約を受けているものの、そうした保護を受けない自然や環境への汚染と破壊は、気がついたときには、地球における人類全体の生存の可能性が人口に膾炙されるほどの深刻性を帯びていた。20世紀の中後半より、共同体主義の台頭ときびすを接するように環境倫理への関心が高まっていったのとは無関係ではない。こうした思想的流れの中で、近代哲学以前の自然観の見直しから、洋の東西を問わず人類の自然に対する多くの古い接し方、知恵が探られるようになったが、アリストテレスの自然観も例外ではなかった。

　こういう風に見て来ると、アリストテレスの思想的豊饒性は依然として残っていると言わざるをえない。それでは、今われわれが当面している法哲学的諸問題に対し、アリストテレスの思想はどのような有効性を提供してくれるのであろうか。それは、「法」を知悉している筈の法学者が問い忘れている「人間」の倫理的本性の理解である。リベラリズムは、確かに耳に心地よい思想を提供してくれるが、しかし、その本質を摑まないと、ひとは知らぬ間に崖っぷちに立たされ、置き去りにされる運命にあることを知らねばならない。「善」は果たして各人の私的

な確信にすぎないものであろうか。「善」の内容充足を各人に任せ，自由と平等，そして福祉を基本理念とするリベラリズムの社会的最大化は，今日何をもたらしたであろうか。フランシス・フクヤマの著作『人間の終焉』(2002年)は，自らが讃えた筈のリベラリズムに隠されている問題点を抉り出した。「正」はあくまでも形式的であり，公共的決定の手続きを導くものでしかない。神の見えざる手が，代表議会主義を通じて，社会的に妥当する善への回復を保障してくれるのであろうか。

「善の研究」，これが「正義の研究」を補完するわれわれの古くて新しいテーマである。そしてこの「善」へ至る道が「徳」である。徳の涵養の努力を放棄した結果生じたその溶解こそが，戦後自由主義諸国が惹起した数々の社会問題における最深のアキレス腱であった。ある特殊価値を絶対化し，社会良識に照らして明らかに反する行為でも，これに見て見ぬふりをする「寛容」の中で，そのイデオロギー性はますます昂進して行く。「社会良識」は，極端へ走る社会情勢においてますます衰えていく。今日代表議会主義を批判することは困難であるかもしれないが，それに全幅の信頼が置けるであろうか。もし可能であるとすれば，それは，改めて統治者の資質，さらには民主主義を標榜するなら国民の資質，すなわち「徳」を問うことから始めねばならない。アリストテレスが，先行するソフィストたちによるラディカルな社会変革の提案に対し，人間における形相と質料の両側面を踏まえ，「中庸」と「知慮」の研究に重心をかけた姿勢は，今日なお不変の価値を有する。彼の倫理学・政治学に関する著作は，政治家たらんとする者のための指南書である。次に，われわれは問題を現今の法哲学界に移して考えてみよう。

2　法哲学・法倫理・法曹倫理

戦後ドイツの指導的法哲学者アルトゥール・カウフマンは，これまでの自分の学問遍歴を凝縮した『法哲学』を晩年に公刊した。それは，必ずしも法哲学者に向けられた高度に専門的な内容のものではないが，法哲学の主要な論点をもれなく取り上げ，一般読者をも共に思索へ誘う手引書である。ここで彼は，法哲学の主要課題を次のように定式化している。それは「１．正しい法とは何であるか。２．いかにしてわれわれは正しい法を認識ないし実現しうるか」，そしてこの基本的課題と並び「実定法の評価尺度としての正義の合理的理論と同時に法妥当論をも展開すること」である[4]。彼によれば，法哲学は，人間的現存在の根本問題に

関わる「哲学の一分野であって，法学の一分野ではない」がゆえに，制定法の妥当をエポケーに入れる（批判するにしてもシステム内在的に遂行する）「法教義学」や，「哲学」の終焉を前提した正法を求める「法理論学派」とも異なり，法超越的視点を確保するものである[5]。

　ところでわれわれが問題の発端に置きたいことは，彼の法哲学の課題定式である。「正しい法とは何か」および「いかにして正しい法を認識ないし実現できるか」の文中，**何**（*Was*）と**いかにして**（*Wie*）を斜字体にして文意を強調している。これは法学者ならば直ちに，法の実体的内容とその具体的創造手続きが問われていることと解するであろう。しかしここで何か欠けている問いは無いであろうか。それは，法を認識するにしろ，あるいは遂行するにしろ，そしてその存在が所与のものであれ，所造のものであれ，法は人間によって担われるという基本的事実である。いやしくも A. カウフマンは，法哲学を法学から切り離し哲学の一分野とするならば，法を担う人間的現存在を主題化すべきであった。そのとき「正しい法を認識し，遂行するのはいかなる者であるべきか」という問いに含まれる「**誰**」（*Wer*）が浮かび上がってこよう。

　とりわけ具体的状況において，ある規範を正しいとして受け容れ，適用するのは，その人物がどのような人物であるかに密接に連関している。「法が人を支配する」というのは言葉の比喩でしかない。実際は，人が法を生むのである。そうした言葉遣いは，「ひとがひとを法に従って支配する」際の自由裁量の狭さを，分かり易く表現しているにすぎない。この自由裁量は，個別的状況になればなるほど数学的正確性をもって測れない。その反面，法適用者の資質が重要になってくる。否，法適用の局面のみならず，立法の段階においても，国民のエートスの在り様は「法」の在り様に大きく影響する。人間の存在様式がいかにあるかが，法のあり方を基底にあって規定する。

　従来，法哲学の課題として，法の本質を問う人間自体がそもそも考察の外に置かれていた。法体系は既に独立してあり，その妥当をこれまた超越的な正義原理から批判するのが主要な作業であったと言ってよい。これは，主観-客観の二元的な認識論的図式に妨げられ，法が人間とは別個の世界に対象としてあり，それを客観的に認識することが法学教育の基本だとされ，「法とは何か」を問う人間自身が，既に特殊な理解のもとに「法の内にある」体制をそれとして自覚して来なかったことによる。「法とは何か」を問うことは，問う者の法に対する「前知」を前提

する。この「前知」は問う者がいかなる者であるかにかかっている。この「前知」は科学的学習によって得られるものではなく，後天的な「徳」の習得によって身に付き，哲学的反省によって正法認識の超越論的制約を構成するに至るのである。それだけに，法の知には技術知と趣を異にする倫理知に近いものがある。

　法内容の Was，法定立・適用形式の Wie と並んで，法主体 Wer への問いが，A. カウフマンの法哲学の主要課題に付け加えられるべきである。いくら正しい法を認識したところで，それを運用する法機関の徳が退廃していたら，その創造過程の端末に見出されるのは，法の外形をまとった不法でしかない。プラトンやソクラテス，あるいは王陽明のように，そのような「知」は「真の知」では無いと言ったところで，知行合一の困難さは「人間の意志の弱さ」という現実の前で歴然としているのみならず，権限ある法機関の決定は既判力を持つがゆえに事は重大なのである。

　ともあれ，法哲学はカウフマンによって哲学の一分野に位置づけられたものの，超越的思惟を生命とする「哲学」自体の退潮に伴って，今日法哲学は大きな曲がり角を迎え，その中心テーマを「法倫理学」という名の学科に譲り渡している現状にある。こうした時宜に合わせて，最近ドイツで Dietmar von der Pfordten が著した"Rechtsethik"は初めての本格的な体系書として注目に値する。今や，かつての法哲学の主要テーマ「法の正義基準，正確には，事実的に行われているいわゆる実定法の正義基準を問う」は，できるだけ形而上学から離れた合理的な「応用倫理学」の一分野として「法倫理学」が取り組むべき問題になる[6]。

　われわれは応用倫理学の名の下に直ちに医師の医療倫理や教師の教育倫理等，職業に密接な職業倫理を連想するがゆえに，法倫理学もその連関で，裁判官や公務員，弁護士等が遵守すべき倫理を含むように思われるが，実際はそうではない。それは，倫理学と法哲学を両親とする新生児であり，法哲学における特に人倫に関わる重要課題を引き継ぐもので，英米流の合理的批判的倫理説の洗練を受けて，これまで原理的な問題の周りを徒にめぐるばかりでいた法哲学的思惟の進歩の無さに見切りを付け，状況に即応する具体的な回答への指針を打ち出そうとする。したがってこのドイツの「法倫理学」も法主体の倫理的形成を問題に掲げるものではない。ところが同じ「法倫理学」といってもアメリカの"Legal Ethics"は，既に早い時点から依頼者に対する弁護士倫理を中心に展開されており，そのテキストは「臨床医学」をモデルにするようなアプローチから書き進められているも

のもある。われわれが「法曹」という特殊な職域に要請する倫理は、まさにこうした個々に異なるケースに対してどうすべきか、その適切な答えを発見する修練を積み重ねる中で、「法曹の徳」を確立してゆこうとするものと解することができる。われわれは、この法曹倫理を通覧してゆくうち、アリストテレスの方法論にめぐりあうことに興味を覚える。

　アリストテレスの「倫理知」は医師の仕事のアナロジーから得られており、その知性的卓越性は数学的知識とは異なり、感情の成熟を待つ時間を要し、抽象的に記憶にストックされるにすぎないものでなく、普段の社会への見回しや将来の先取りといった「配慮」に基づき、いつ何時どのような事件に出合うか分からない事態に遭遇しても、慎重かつ適切に活かされる得能である。Jurisprudence は「法律学」と訳すよりは、文字通り「法」の「知慮」なのであり、現代的意味での科学ではない。法曹は、成熟した人間に備わる知性的卓越性たる「知慮」に基づき、法職という特殊な職業に携わるものとして、とりわけ「正義」という倫理的徳の涵養がひと一倍求められる職と言えよう。「正義」は「各人のものの公正な配分」という客観的意味では、法哲学の考察対象になりうるが、主観的意味ではあまり重視されない。しかし、実は、ここにこそ全体に備わる徳を保有した人間の美しさがある。さればこそアリストテレスは「夕星も暁の星もこれほどまでに嘆賞に値するものではない」と賞賛するのである[7]。古代ローマ法学者ウルピアヌスの有名な定義、Iustitia est constans et perpetua voluntas ius suum tribuens.「正義とは各人に各人のものを返す恒常不断の意志」にしても、オルトス・ロゴスという知性に媒介された「意志」の卓越性を美称している跡が窺える。

　そこで、法曹倫理に関する翻訳による次の二著作『法律家倫理と良き判断力』および『道徳を超えたところにある法律家の役割──相談助言と依頼者の責任』を頼りに、法曹の徳倫理がアメリカでどのように理解されているかを垣間見て、もって本書で展開するアリストテレスの「徳論」に馴染むための手引きに代えよう。ここでは、裁判官や検事と異なり、依頼者との間での弁護士倫理が中心を占めているように見受けられる。『道徳を超えるところにある法律家の役割』という編訳書によれば、私人は一般に実力の行使を禁止される。そこで実力なしに紛議に決着をつけることができないならば、国家が保持する実力行使の機会を私人に与えるのはただ訴訟のみによる。確かに法は知られるように、あるいは知りうるように意図されており、その本質からして公共情報であるにしても、大抵の法は

法律家の援助なくしては素人には手が届かない。われわれの法の大部分は法律家の手を通してその効力を発揮する。この意味で，法律家の役割は「法普及のための導管」あるいは「権力の行き来する通路」となることである[8]。したがって，法律家は，法を役立つものとするために実定法規の利用に市民を等しく近づけるよう配慮せねばならない。このことが依頼者の自律に奉仕する第一次の任務である。「法律家の役割は公共の善である実定法を利用させて，依頼者に奉仕すること，全ての市民に実定法規の知識（また，したがって，力）を利用できるようにして，力および機会を均等化することにある」[9]。

　それでは法律家が依頼者に提供すべき最も貴重なもの，法学知識や技能にも勝る貴重なものとは何か。『法律家倫理と良き判断力』の著者ルーバンは，それは「判断力」であると答えている[10]。法曹倫理教育に対する彼の失望は，根底においては倫理授業に判断力という要素が欠けていることに由来している[11]。この判断力は不断の実行を通して養われる。判断力を核心に据えた倫理では，「理論を基礎にする説明よりも一層大きな程度において，性格および感覚に焦点を結ぶ。これは一般的なものよりも個別的なものに，理論的熟達よりも，現実的接触および実行を通じての学習に，抜け目無さよりも感情の優越に，かつ理論的反省に対する倫理学の究極の感受性に焦点を結ぶ」とされる[12]。ルーバンは，カントが定式化した構成的判断力，つまり「法則の下に包摂する能力，すなわち，ある所与の法則に何事かが該当するか，しないか見分ける能力」よりも，アリストテレス流の判断力理解に賛意を示し，「アリストテレス派の判断力理論は，道徳的教育の範型的形式として，模倣とモデルに，習慣化に，そして理性に先行する穏当な感情の獲得に焦点を合わせる」[13]と述べる。

　ここに実は「理性に先行する感情はいかにして穏当になるのか」という，倫理的徳一般の本質を理解するうえで，重大な問題が秘められているが，カントが道徳法則への畏敬に基づき，感情やいかなる傾向性に対しても一切の道徳的価値をも拒絶したのに対し，習慣により確立された性格が，人間の実践的判断を左右するとした指摘は，法曹倫理教育が臨床的法実務を通して施されるにふさわしいとする主張に道を開く。法の知識にいくら深い造詣を有していても，いざ眼前の事件に適用する段になると，逡巡してつまずくことがありがちなのは，判断力という得能の成熟度にかかっている。判断力は情緒の成熟と深い関係を有する。ルーバンによれば，われわれは，特定の事案について正誤を見分ける理性能力を確実

に掌中にしているとは言えないが,「幸いにも,われわれの道徳感情が適切にはたらく状態にある限り,われわれは,そのように利口であることを要しない。情緒は単に明晰な分析の障害になるだけではない。情緒は,他をもって代えることのできない認識機能に奉仕し,この認識機能が道徳上の判断をもたらす。そのようにして,われわれの情緒的反応の中に,法的推論に勝る決定的な認識面の優越が作り出されるのである」[14]。

換言すれば,法的判断は単なる頭脳上の修練で培われるのでなく,知情意一体の「行為的直観」をもって遂行されると言うことができる。かくて,「善き法曹」となるには,「善きひと」たることが前提される。この「善きひと」とは誰か(Wer),これが本章の中心テーマに大きく関わる「プロニモス」への問いである。プロニモスはギリシア語で $\varphi\rho\acute{o}\nu\iota\mu o\varsigma$ と書かれることから推測されるように,「知慮」プロネーシス $\varphi\rho\acute{o}\nu\eta\sigma\iota\varsigma$ の化体である。ユリス・プルーデンティアは,一般に,このプロネーシスのラテン語訳プルーデンティアの上に形成される特殊な知であり,その特殊性は,「法」および「正」Jus に由来する。

「法曹」の善きイメージは,世間の表裏を知悉し,強固な意志と,言論を裏付ける強靭な論理的思考力をもって,紛争解決に手腕を発揮できる人物として描かれる。しかし,プルーデンティアを欠けば,それは悪しき目的を巧みに正当化する「邪知」(パヌルーギア)の持ち主に転化しかねない。それでは,あらゆる職域倫理に通底するとされるプルーデンティアとは,一体,人間におけるどのような働きを示すのであろうか。それは,とりわけどのようにして「法」や「政治」といった人間的善の実現に際して働くのであろうか。この点を,プラトンを引き継ぎ根本的に考えたのがアリストテレスであり,このアリストテレスが言うべくして語り残したプロネーシスの本質的働きのみならず,その似て非なる働き,その逸脱した形態,そして超越への志向をも交えて,論じ尽くしたのがトマス・アクィナスであった。本章は,アリストテレスが,先人たちとの対決から到達しその独自の実践哲学の中心に据えたと思われる「中」と「知慮」とを機軸概念として,彼の実践哲学を編み直していくことを目指すものである。

第1節　人間的善とは何か

1　「人間的善」の哲学

　アリストテレスの倫理思想で中心をなす「人間的善」$\dot{\alpha}\gamma\alpha\theta\grave{o}\nu\ \dot{\alpha}\nu\theta\varrho\acute{\omega}\pi\iota\nu o\nu$ は，ソフィストとプラトンの倫理思想から一線を画す独自の方向で考えられている。「人間的」とは何か，「善」とは何か，ここには彼自身の固有な理解が込められている。「人間的」とは「死すべき身体を持った，しかし理性的な」の意を持ち，「善」とはかかる理性的存在者にとって「善いと思われること」の意を持つ。彼のこうした視座から見れば，パルメニデスやプラトンの倫理に関する思惟は，世人の臆見をあまりにも高く超越する真理を説くものであった[15]。しかし，倫理は何よりも人びとの実践に定位し，その目的の実現に資する手近な規準を提供するのでなければならない。それゆえに，プラトンがイデアの前に放棄した臆見 $\delta\acute{o}\xi\alpha$，現象 $\varphi\alpha\iota\nu\acute{o}\mu\varepsilon\nu\alpha$ のもつ実践的意義をまずは救済せねばならない。それでは，彼は再びソフィスト派の倫理思想，例えば，プロタゴラスの説く「われわれにそう思われるものが真である」という見解に立ち戻ったのであろうか。このような見解の帰結が個々人の間に価値相対主義に陥る危険を見て取ったところに，プラトンによる一連のソフィスト批判の狙いがあったのではなかったか。

　しかし，アリストテレスは，まさに生活者の基盤の中にある多様性を消去するパルメニデスの「一」や，感覚界を超越して存在するプラトンの「イデア」にではなく，一定の歴史的-社会的条件の下にある生活共同体から生い立ち多様に「現れる」倫理言語を真理探究の出発点としたのである。ところが，もしそうするなら，すなわち，相対的な各人の思いなしをベースに倫理規準を尋ねるとき，今度は，「客観的な」真理規準に到達することは所詮不可能な企てに終わらざるをえないと危ぶまれはすまいか。このアポリアを切り抜けるために，アリストテレスは倫理学において同時に，普遍的な存在論を根底にした「現存在分析」を活用していることに注意しなければならない[16]。

　彼の倫理学は他方，人間の「ある」ということは「生きる」ということ，しかも動植物と異なり人間固有の仕方で「実践する」という，まさにその人間的実践の原理と原因を定義において明らかにする目的を有していた。なぜなら「倫理」を考えるとき，人間の存在構造と機能とは，「人間的善」の方向づけで，無視しえ

ない規定性を有すると考えられたからである。こうした方面から彼が言う「人間的善」は，さしあたってその内容は多様であるが，人間の魂の活動の頂極として「幸福」εὐδαιμονία とされる。この幸福概念の吟味の末に，「人びとが善いと思っていること」は，規定性を獲得し，それがロゴスを踏まえているかどうかを目印に，真に普遍的な「端的な善」ἁπλῶς ἀγαθόν に値するかが検討される。かくて哲学者岩田靖夫が適切に捉えたように，「アリストテレスの倫理思想はエンドクサと人間性の礎石の上に築かれている」という洞察が十分な意味をもって理解される[17]。

『ニコマコス倫理学』の冒頭は，「いかなる技術，いかなる研究も，同じくまた，いかなる実践や選択も，ことごとく何らかの善を希求していると考えられる。『善』をもって『万物の希求するところ』となした解明の見事だといえる所以である」[18]とある。ここで注目すべき点がもう出ている。列挙されている技術・研究・実践・選択も，みな人間が「行う」ことであるが，なぜか「実践」πρᾶξις は，人間の全ての実践を含む包括的な意味で語られておらず，「行う」ことの一つのあり方に限定されている。そこに「実践」がある特別の意味を担わされていると推察できる。次いで，ここで語られている「善」であるが，これも深い概念である。それは，人間的行為についてのみならず，あらゆる自然物にも適用される広範な意義を含んでいる。

目標追求 ὀρέγεσθαι とは存在者に偶然的に付け加わるものでなく，存在者が本来そうであるところのものになる原本的運動を指す。「努力」とは，これまた深い意義を持つ概念であるが，その存在者があるべきものに到達しようとするその存在者に属する存在の仕方であり，存在者がそれに向けて努力する目的は，この努力にとって決して外在的ではない。「目的」τέλος，あるいは「そのためのそれ」οὗ ἕνεκα に関する理論こそ，アリストテレス倫理学の存在論的にして価値論的な地平を示す格好の哲学思想に他ならない。目的は，そのために運動が起こる善であり，その原因・根拠である。運動の目的が無ければ，一切の努力もまた空しくなる。したがって，「目的」は運動の静止・終焉ではなく，まさしくその完成に他ならない。目的はわれわれのなすあらゆる事柄の原因となり，われわれの努力をともに規定する「善」である。ここより，アリストテレスの言う「善」が，プラトン的な「離在」χωριστόν でなく，「内在」οἰκεῖον である所以を看取できる。

以上を前置きとして，先ほど保留した「実践」の意義の究明にかかろう。ここ

には「行為の目的は行為そのものか，行為を超えた産物か」という実践プラクシスと制作ポイエーシスとの相違への問いが，「実践」の意味を確定するのに助けとなる。『形而上学』第9巻第6章で，これらの語句の正確な意味が探求されている[19]。それによれば，己のうちに己の目的を持つ「運動」（キネーシス κίνησις）が，「実践」プラクシスで，目的を有する「完全な運動」κίνησις τέλεια のみが，「活動」（エネルゲイア）ἐνέργεια であって，行為の「産物」（エルゴン ἔργον）は行為者自身の内にある。これに対して産物が行為の外にあるとき，エネルゲイアも行為の外にある。例えば，建築活動は，家が建てられてしまった後には，もはや消えてしまう。それゆえに，制作 ποίησις にあっては，産物の方が，それを生み出す活動よりも本性的に善いと言われる。

確かに，広い意味でのプラクシスには，行為そのものの外にあるものを実現する制作をも含むが，狭義ではそれ自体の純粋な活動エネルゲイア自体を意味する。それ自体のうちに自己の目的を含んでいないような運動は，本質的に限定を持っている。それは，目的の到達において，必然的に現れるのを止める。制作は自己のうちに自己の目的を含まないがゆえに，不完全運動 κίνησις ἀτελής である。ここでは産物が真の運動の目的とされ，運動自体は単に途上にあるものにすぎない。固有のプラクシスでは目的が活動とともにある。このような行為の実行はその存在においていかなる限界，終わりをも持たない。なぜなら，為されている目的は，まさにその為している働きのうちに常にあるからである。したがって，エネルゲイアは「活動」というよりも，存在者の存在の存在論的完成・充足の意が強く，人間に関して言えば，その人間性の実現を意味する。

ところで，人間の行いには多くのものがあるが，互いに連関している。この関係で基本的なことは，高次の目的は低次の目的よりもより選択の対象となり，高次の目的のために低次の目的が追求されるというふうに，多様な目的の内にも統一があるということである。ただここで疑問が生じる。もし己の目的を己自身の実現の内に有する活動が，他の目的のために行われるというのであれば，プラクシスの定義に反し，プラクシスという独自の行いをポイエーシスに解消して，この区別を消去してしまうことにならないであろうか。この疑問は，同じ行いを異なった視点から見ることによって解決されよう。例えば，笛吹きの活動は，その純粋な行為の遂行にテロスを持つが，外的視点から見れば享楽や金儲けのための手段として遂行されることもある。他方，笛の制作は，依頼された作品によって

第2章　法・国家研究における「中」と「知慮」　61

目的を規定された行いかもしれないが，内的視点から見れば，岡本綺堂の戯曲『修禅寺物語』の面作師夜叉王が主客合一の彫琢三昧の内にあったような心境で遂行されているかもしれない[20]。

いずれにせよ各目的の内に上下関係が成立するならば，あらゆるわれわれの行為にとって最終となる「目的」はあるのだろうか。アリストテレスによれば，目的の連関は無際限に存在しない。さもなくばわれわれの欲求は空虚になってしまう。彼にとって「限界」$πέρας$ は，「終局テロス」，あるいは「形相エイドス」と同じく，物事をして意義有らしめる根拠であって，「無限界」は無限遡及として忌み嫌われる[21]。欲求は対象を持たなければ空虚だし，われわれの到達範囲を超えていれば追求しても無駄である。それゆえに，われわれが「それ自体のために欲するもの」，「われわれがその他一切のことを為すのはそのためであるところのもの」がなければならない。アリストテレスにとってこれこそが「われわれの達成しうるあらゆる善のうち最上のもの」，すなわち「幸福」である[22]。

しかしながら「幸福」の内容となるとまちまちである。大衆の意見では，快楽・富・名誉・健康であったりするし，世に優れた識者によれば「善自体」$ἀγαθα καθ' αὑτο$ であると言われたりする。しかしつまるところ幸福の内容として次の三つの生活形態が区別される。それは「快楽的生活」と「政治的生活」と「観想的生活」とである[23]。アリストテレスの倫理学は「人間的善」の哲学であった。人間が人間の為しうる最高の働きの内にあることであった。この観点から見れば，大衆が選ぶ快楽的生活様式は畜類が選ぶものと変わりなく，永遠のものを思惟する観想的生活は，最も完全な人間の活動エネルゲイアではあるが，実践的思惟，すなわち「善く生きる」$εὖ ζῆν$ ために善く思惟するという究極目的を超えている。形相-質料の合成体としての人間にとって「善く生きる」ことの最高形態はいかにして捉えられるか。アリストテレスの取った方法は実に奇抜である。人間のさまざまな行為の現実的「産物」を見るのは助けにならない。むしろ人間としての人間の「働き」，つまり人間がそうであるところのもの（要するにエイドス）から流れ出る限りの人間の行為に注目せねばならないと言う。

つまり，笛吹きや大工としての人間が一つの機能を持つ，例えば他の人びとと比べて，巧みに笛を吹くことや立派な家を建築することであれば，そもそも人間としての人間が一つの機能を持つとも考えられるではないか[24]。つまり他の生物と異なり，人間が固有になす働きがある。そこで，人間が他の生物と共有してい

ること，つまり「生きること」それ自体は人間自身の特殊な課題を構成しないから，人間存在の最高かつ固有の内容たりえない。それでは人間固有の働きは何か。アリストテレスによれば，人間の魂は「理性」(ヌース noῦς)，「ロゴス」(λόγος) の働きに他の生物に見られない固有性を有する。したがって，「人間の機能は或る性質の生，すなわち魂の『ことわり』λόγος を具えた活動とか働きにほかならず，すぐれた人間の機能は，かかる活動とか働きとかをうるわしく行なうということに存するのであって，すべていかなることがらもかかる固有の「卓越性」(アレテー ἀρετή) に基づいて遂行されるときによく達成されるのである」[25]。つまり，最高善としての徳（アレテー）の本質は，人間の本質と一致して理性的根拠によって導かれた精神作用および行為様式である。かくして「人間的善とは何か」に対する答えが出される。それは，「人間のアレテーに即した魂の活動」ἐνέργεια ψυχῆς κατ' ἀρετήν ἀνθρώπου である。

2　アレテー（徳）とヘクシス（習性）

今われわれは，人間的善は，人間の魂の「ことわり」の部分が真に善く発揮されている状態にあることを見た。それでは，人間の魂の活動が真に善くなされるのはいつか。活動というからには睡眠中ではなかろう。このことを理解するために，アリストテレスの議論をさらに追跡せねばならない。彼は，アレテーが魂において生まれるところとして，情念（パトス πάθος），能力（デュナミス δύναμις），状態（ヘクシス ἕξις）の3つを区別し，情念や能力のいずれにも属さず，情念に対する一種の「**状態**」として捉える。われわれが「怒る」ということそれ自体はなんら徳にも悪徳にも属さない。しかし，「怒る」ということへの関係において，あまりにも激越であるか，鈍感であるならば，われわれは悪しき「状態」にあるのであり，これに反して過不足も無い「中」的にあるならば，われわれは善き「状態」にあるのである[26]。ここで，アリストテレスによるアレテーとヘクシスとの区別を読み取ることができる。

例えばここに，笛吹きと優れた笛吹きとがいる。両者とも為すことは同じで，笛を吹く能力を備えている。こうした状態がヘクシスと呼ばれる。しかし，演奏が善く為されたとき，演奏の最善の準備能力，最善のヘクシスが実現されたとき，この演奏を為しうる者の最善の状態が笛吹きのアレテーと言われる。笛吹きは，その善を彼のエルゴンが「卓越性に即している」ときに達成する。この議論を一

般化すると，人間的善は，その最善の状態にある人間存在の実現であるということになる。人間の幸福は，人間を人間的なものにするものを，プラクシスを通して実現することにある。プラクシスとしての人間の存在は，その最も固有のアレテーの実現であるときにのみ，その善き存在に達するのである。プラクシスはその本来的あり方を「卓越したあり方」に有する。この卓越性がアレテーによって表現される。われわれがここでアレテーに伝統的に「徳」という言葉を当てるとき，このような意味が含まれていることに注意しておかねばならない。

　ところでヘクシスは『形而上学』においてもその語源から説明されている。ここでハイデッガーの詳説を援用しよう。彼は，同書第5巻第23章に説く ἐχειν（持つ）と ἕξις（所有態，状態）との関連を指摘してから，同巻20章に説くヘクシスの意味を注釈している。アリストテレスはヘクシスに三つの意味を分けている[27]。①なにものかを所有しているものと所有されているそのなにものかとの間の或るエネルゲイア，すなわち一種の行為または運動。②それによってその事物がその事物それ自体において，あるいは他の事物との関係において，案配よく置かれまたは悪い案配に置かれるような配置 διάθεσις。③その事物にこのような配置をもった部分がある場合。以上を纏めると，ヘクシスは「配置」である。これは，同巻19章「配置」ディアテシスの説明によると，部分を有する事物の配列 τάξις，すなわち「秩序」という意味を有している。

　こうしたアリストテレスの説明を受けて，ハイデッガーはヘクシスは配置として，配列秩序として，「選択」（プロアイレシス προαίρεσις）に起源を有すると解する。分かりにくいが，「瞬間の配置において自分が正しい状態に置かれていると感じること」がヘクシスである[28]。つまりプラクシスはアレテーによって，そして今やアレテーは「選択的状態」として特徴づけられる。ここでわれわれはまだ規定していない重要な用語に出合った。それはプロアイレシスという言葉である。この意味を明確にしておかねばヘクシスの理解も中途半端に終わろう。ハイデッガーが当てた訳は Gefaßtsein für etwas である。その意は「ある状況の中で遅滞なくあることへ向かう態度が一定に自覚的に決意されている状態」ということであろう。この言葉は，後の『存在と時間』において現れる「先駆的覚悟性」を連想させるが，アリストテレスは『倫理学』第3巻第2章で，プロアイレシスについて集中的に考究している[29]。

　彼はプロアイレシスの本質を捉えるため，欲情・憤激・臆見とを比較してそれ

らから区別し，欲望には必ずしも同調しないこと，不可能なことには関わらないこと，目的への諸々のてだてに関わることをもって，その本質的働きとした。プロアイレシスは行為への着手を主眼に置くため，「われわれの力の及ぶ範囲内にあること」τὰ ἐφ' ἡμίν についてはじめて可能なのであり，「各人は行為の根源的な端初を自分自身の，詳しく言えば自分自身の内なる支配的部分のところにまで持ちきたしたとき，彼はいかにしてなすべきかの探求をやめる」。かくて「プロアイレシスとはわれわれの力の範囲内に属することがらについての思量的な欲求である」と定義される[30]。しかしながら，プロアイレシスの究極の本質はここに止まらない。アリストテレスは第 6 巻第 12 章で「知慮」を正面から取り上げる連関で，単に外面的，形式的に正しいことを行っても，われわれはまだ彼らを正しいひととは言わない。「善きひと」であるためには事をなす際の「心のあり方」πῶς ἔχοντα が問題なのである。自らのプロアイレシスに基づき，為されることがらそれ自身のゆえにこれを為している場合，その人は「善きひと」であると言われる[31]。この言葉は，まさにカントそこのけの「道徳性」を指し示しているのであって，カントが，アリストテレスの倫理を，幸福への打算的要領のように捉えるのは明らかに誤解に発している。

　ハイデッガーはヘクシスとアレテーとの連関への洞察から，次の四つの現存在の根本形式を明らかにした[32]。①プラクシスは現存在の自己自身の配慮 Das Besorgen である。この根本現象はヘクシスという概念に潜んでいる。②ヘクシスにおいて現存在はより鋭く「そのつどのあり方」Jeweiligkeit において示される。③ヘクシスは「瞬間」Augenblick に定位した現存在の覚悟性 Gefaßtsein である。つまり瞬間に方向づけられていることは，現存在が己のそのつどの状況から掴み取ったものである。④このヘクシスの発生は，つまり，いかにして現存在が自己自身に対して一定の覚悟性に到達するかは，その形成の機会や仕方を再びもっぱら現存在自身に有しうるのみである。以上の規定から洞察されるように，ヘクシスとしてのアレテーは外側から現存在に持ち来たらされた所有ではなく，現存在自身の仕方である。しかしハイデッガーはさらに一歩を進め，「アレテーは現存在の Wie であって……時間性によって特徴づけられる」[33]と述べる。こうして，アレテーは，「習慣によって」(δι' ἔθους) 生じることへとつなげられる。

　あれこれの目に合わされながらさまざまな情態に対して一定の覚悟が出来上がってくる中でわれわれはヘクシスを掴みうる。われわれは行為のいろんな可能

第 2 章　法・国家研究における「中」と「知慮」　65

性を用いることの中からヘクシスを身につけるのであって，逆に，最初に所有としてヘクシスを持ち，それから後，これを使用するのではない。生の体験を乗越えるア・プリオリな倫理は存在しない。ただわれわれは正しく行為することによって正しくなるのであり，またわれわれは正しく行為するためには既に正しくなくてはならない。この「循環」[34]の中で，現存在の内に形成される「心構え」Gefaßtsein の「在り方」Wie がヘクシスとなるのである。これに対し例えば技術の場合，靴を制作するとき，テロスでありエルゴンである靴が，履き心地がよいかどうかが問題なのであって，それ以上のことは何も問題にならない。

　しかしながら，人間の存在がそのエルゴンにおいてプラクシスとして規定されるような場合，ハイデッガーは「人間のエルゴンにとって技術の場合とはまったく別の根本規定が尺度となっている。問題なのは行為者が自分自身にどのような態度をとっているかである。ヘクシス，Gefaßtsein が問題である」と対比して説明している[35]。こうしてハイデッガーは，アリストテレスの説く行為者の様態について三つの契機を取り出す。その第一は，プロネーシスによって知られていること，第二は，自己自身の決意に基づいて行われること，第三は，自己の安定的な不可変の状態に基づいて行われていること，に要約される。

　これまでの考察より，アリストテレスが「人間にとっての最高善のあり方」の領域をどのように捉えていたかが推察される。ここで，煩雑を避けるため，この領域設定をたくみに描いているアリストテレス学者岩田靖夫のまとめを援用しよう。まず第一に「アリストテレスはここで人間の幸福の成立する領域を神の干渉という上方の領域から切断し，自己自身の力の及ぶ範囲内でそれを成立せしめようという自律の立場をとった」。第二に「最高善たる幸福を偶然 τύχη の手に委ねることはあまりにも条理に合わぬ」ものとして，偶然が幸福から排除される。偶然は，不安定なもの，恒常性に欠けるものであるがゆえに，本来，恒常的なものたるべき幸福に矛盾するからである。幸福の領域はわれわれの力の及ぶ範囲内に限定される。第三に，幸福は素質 φύσις によって必ずしも決まるものではない。「徳は自然に生ずるのでもなく，自然に反して生ずるのでもない」（1102a14-15）という絶妙な短い言葉から示されるように，人間のあり方は自発性をもとに自己自身の決断と行為の反復習慣によって一定の覚悟性が確立される。さりながら，このことが可能となるためには「人間のうちには徳に対する本性的素質が可能的に内在」していなければならない。第四に，幸福とは魂のアレテーに即したエネル

ゲイア（活動）であるがゆえに，死後の世界における幸福はなんら問題とされない。かくて岩田は「人間の善の成立する領域」は「超越的世界，運命的世界，死後の世界を排除し，素質主義という決定論的立場を拒否するもの」であると論定する[36]。

　ところで先ほど引用したように，徳は「自然に」生ずるものでもなく，「自然に反して」$παρὰ\ φύσιν$ 生ずるものでもない。これまでの説明は，この文の前半部分に関するものであって，後半部分の説明に関しては不十分である。人間の幸福が実現される人間の働きは，人間の存在論的構造によって限定されていることが看過されてはならない。ここで『デ・アニマ』で提示された霊魂の構造分析を援用することによって，「倫理」の成立領域に関する説明を補完しよう。推察されるように，同書における魂の三分説がこれに関わる。それによれば，霊魂は理性的部分と非理性的部分とに分けられ，後者はさらに欲望的（聴従的）霊魂と植物的霊魂とに分けられる。数学的対象についてのロゴスは，勝義の理性的部分が関わり，また，植物的な部分はいかなる意味においてもロゴスを分有しない。倫理が成立するのはまさに魂の「欲望的な部分」であり，これがロゴスに聴従しうる限り，ロゴスを分有すると言いうる[37]。その限り，倫理の成立基体は非理性的部分であることに注意せねばならない。つまり，人間における動物的欲望は，動物におけるように全く本能に限定されて対象を志向するのでなく，ロゴスとの対抗関係の中で形相を受け取るのである。岩田の適切な表現によれば，「人間が理性と非理性の両世界にまたがる存在者である限り，これは極めて人間的な部分であるといわれうるのであり，ここここそが倫理的徳の成立する場所なのである」[38]。

　ところがまさにこの点で，最高善とされた幸福に，合成体としての人間存在の本質が影を落としてくる。幸福の本質はアレテーに即した魂の活動であるにしても「それは幸福の必要条件とはいえても，いまだ十分条件とはいえない。幸福は有徳な活動の他に，なお，身体的善と外的な善を必要とするのである」[39]。ストア派は，一切の感覚的欲望から離脱し，純粋な理性的生活の確立に「平静」の徳を見出そうとしたのに対し，アリストテレスは人間的魂の第二番目の部分の意義を軽視しない。人間性の活動は，世界の中で行われるのである限り，また偶然が支配する世界のあり方に左右される。こうした中で幸福は「外的な善」$τὰ\ ἐκτός\ ἀγαθά$ の準備への配慮（Sorge）もまたあわせて必要とする。アリストテレスはこの部分の「配慮」の研究に『政治学』で詳細に従事したが，現存在の本質部分の

第2章　法・国家研究における「中」と「知慮」　67

「露開」$\alpha\lambda\eta\theta\varepsilon\upsilon\varepsilon\iota\nu$ に専念するハイデッガーにあって，外的な善の「配慮」は考察の脇へ置かれる。しかし，外的な善，とりわけ「財産」の問題にはアレテーの実現に大きく影響してくる。なぜなら，外的な善はある限度を超えると，もはや有徳な活動を実現するどころかその妨げにすらなりかねないからである。いわゆる経済活動における「貪欲」（プレオネクシア $\pi\lambda\varepsilon o\nu\varepsilon\xi\acute{\iota}\alpha$）は，制度の倫理的次元と深く関わっている。

　この項を締めくくるに当たり，アリストテレスにおけるアレテーとヘクシスの関係を，再び，岩田の適切なまとめに従い確認しておこう。第一に，アレテーに即した活動は「一回や二回の単発的で気まぐれな行動ではなく，同一の行為の長年月にわたる反復によって形成されたヘクシスに発する活動である」。「このような行為能力は人間が自ら獲得したものでありながら，人間の素質の中に食い込み，遂には本性へと転化する」。第二に，「知識や技術も同じくヘクシスではありながら反対へかかわる能力であるのに——医術は人を健康にすることも病気にすることもできる，技術自体は方向性をもたない——有徳な行為を生み出すヘクシスは常に善へ向かうという確定的な方向性をもつ」。第三に，「学問や技術には忘却が起こりうるが，有徳な行為には忘却は起こりえない」[40]。こうして偶然の割り込む世界にありながら，幸福の安定性は倫理的徳の安定性によって保障される。

　ところで，倫理的徳は個々の具体的行為において実現される。しかし，その活動は，そのつど相異なる状況の中で遂行されるがゆえに，いつ，どの程度に，どのような仕方で，遂行されるべきか，あるいは人間的情念に関してはどの程度までがゆき過ぎで，またどの程度が過少であるかということも，世の賞賛と非難に関して問題になるであろう。この考察は，天体や数学的対象を考察するような純粋理性によってではなく，魂の欲望的部分に関わる理性によって行われる。

　『形而上学』において「実体」が，一般に量 $\pi o\sigma\acute{o}\nu$・性質 $\pi o\iota\acute{o}\nu$・関係 $\pi\varrho\acute{o}\varsigma\ \tau\acute{\iota}$ などのカテゴリーに従って述定されるように，「善」もまた同様のカテゴリーに従い独自の理性によって把握される。アリストテレスの場合，賞賛さるべき「善」は，プラトン的な超越的普遍原理に基づいてではなく，個別的な具体的状況の中での行為について語られる。この「語り」は，オルトス・ロゴスに即し，したがって，極端を避け「中」を目指す知慮プロネーシスにより認識され，実行へ移される。それでは，今挙げた「中」とは何か，「知慮」，そしてオルトス・ロゴスとは何か，これらは倫理的実践において一体となって働く関係に立つが，われわれは以下の

行論でこれらのキー・ワードを視点の遠近から別々に主題化して理解に努めよう。

第2節　「中」と「知慮」の基本概念

1　「中」メソテースについて

　アリストテレスにおける「正しい中」の原則は，『ニコマコス倫理学』の第2巻で集中的に取り扱われている。形式の面から言えば，徳は正しい「適度」 σύμμετρον であり，自然と同様に，過超 πλεῖον と過少 ἔλαττον との両極の間にある「中」の保持に向けられている[41]。かかる「中」の理論は実は，アリストテレスの実践哲学だけでなく，彼の全著作を貫く横断的概念といっても過言でないほど重要な意義を含んでいる[42]。中国古典の『中庸』においても「中」は哲学的意味と実践的・倫理的意味とを含んでいる。同書の首章に「中和」という言葉が出てくるが，この場合，「中」は「性」，すなわち「道の体」を示すのに対し，「和」は「情」，すなわち「道の用」を示すもので，統一的に「中」の形而上学原理を踏まえるのに対し，特にそれが，実践的徳目の面からいったとき「中庸」として展開される。「中庸」は天命の当に然るべきところが人間的情や行為に適合したものである[43]。

　アリストテレス「中論」研究の初期段階で，Hermann Kalchreuter は，その論文"ΜΕΣΟΤΕΣ bei und vor Aristoteles"「アリストテレスのおよび以前の『中』」（1911年）において，いかにこの概念が彼の著作の随所に散見されるかをつぶさに拾い上げただけでなく，アリストテレス前の中論がいかに彼の「中庸論」に影響を与えているかを，古代ギリシアの幅広い文献から拾い上げ，関連づけている[44]。こうした論述の過程で，彼は，『倫理学』（1106b15）および『政治学』（1326a35ff）での自然におけるアナロジーへの言及から，自然における「正しい中」の確定に際しては，事実に対し何の暴力を加える罪も犯さないのに，倫理学では図式の遂行が技巧的で，強要的に現れざるをえない。この点で自然観察の優位性に賛同し，哲学者は自然から得られた観察をあとから倫理における規範として利用しているにすぎないと述べた[45]。

　この実証的な研究の成果を受け，かつニコライ・ハルトマンの『倫理学』（1926年）で「価値総合」として発展的に解釈されたメソテース論を，さらに敷衍した著作が Harald Schilling の手になる『中庸のエートス－アリストテレス「ニコマコス倫理学」研究』（1930年）である。有識者によれば，「中庸」道徳などは，より高い

価値への飛翔を妨げる安全と無難の道徳でしかなく，平凡な生への保守的執着を表すもので，アリストテレスほどの炯眼の持ち主がなぜこうした凡庸な徳論のとりこにされたのかわからないという非難にも晒された。しかし，シリングは，アリストテレスが「中庸は頂極である」という言葉に注目する[46]。四書五経のひとつ『中庸』も奇しくも同じく「中庸其至矣乎」と呼応している。「存在的」ontisch な面から見て過大な徳の行き過ぎは，「価値論的」axiologisch な活動から見れば劣っている。それゆえわが国では俗に「過ぎたるはなお及ばざるが如し」とも言われる。存在的な向上も，ある一点を過ぎてしまうと価値論的には下降となる。

「アレテーはその実体に即して言えば中庸 $\mu\varepsilon\sigma\acute{o}\tau\eta\varsigma$ であるが，価値形態から見れば頂極 $\dot{\alpha}\varkappa\varrho\acute{o}\tau\eta\varsigma$ を示す」(1107a6-8) という言葉は，また，『形而上学』第5巻第16章で「テレイオン」(完全な)という言葉からも説明される。「アレテーは完全性の一種である。というのは，各々の物事が完全であり，各々の実体が完全であるのは，その各々がそれぞれの種の固有の卓越性に関してそれの自然の大いさ〔偉大さ〕の少しの部分をも欠いていない場合だからである」とし，「その終わり（テロス）に達したものが——望ましい終わりである場合——このものがテレイオン〔全うしたもの，完成したもの〕と言われる」(1021b21sqq.) と述べている[47]。これに比べれば，両極端である過超と過少とは根源的テロスに悖っているばかりか，完全性を破壊する。ただ中庸のみが，「善きこと」"$\tau\grave{o}$ $\varepsilon\tilde{v}$" を完成させるのである。

ここで「メソテースはアクロテースである」ということの意義にまず注目したニコライ・ハルトマンの見解を紹介することから始めよう。彼は徳の過超と過少との線分の真ん中に「中庸」を置くのを，存在論的考察と名づけ，この中庸は，価値論的考察からするならば，この線分次元を超越する頂点に立つと位置づける。したがって，両極端にある悪徳と徳とが同一直線上に並ぶとのみ読めば，大きな誤解を招くことになる。例えば有名なカントの批判によれば，アリストテレスの倫理思想は，徳と悪徳との質的差異を量的差異に基づいて説明するものとなる。徳は過少を増大させ，過超を減らすことによって到達する「中」において発見されるものと理解される[48]。しかしアリストテレスの述べていることを正確に理解するためには，メソテースの量的側面と質的価値的側面とを区別することが前提となる。彼は，中庸について「事柄自体に即して」$\varkappa\alpha\tau'$ $\alpha\dot{v}\tau o$ $\tau\grave{o}$ $\pi\varrho\tilde{\alpha}\gamma\mu\alpha$ か，それとも「われわれに関して」$\pi\varrho\grave{o}\varsigma$ $\dot{\eta}\mu\tilde{\alpha}\varsigma$ かを区別したうえで，「すべて連続的かつ可分割的なものからは過超，過少，中をとりうる」とし，前者の観点での「中」と

は両極端から等距離に存し，これは万人に同一であるのに対し，後者の観点での「中」は例えば競技家と初心者との間で異なると述べているのである[49]。

これに基づき，岩田のカントへの反論は次のように為される。「一体，徳も悪徳も人間の或る生活形態である。だがこの生活形態の実現される基礎は，人間が形相と質料の合成体であるところから，肉体的でありしたがって，量的であることをなんびとも否定できない。すなわち，節制，勇気，などの徳が固有な質的原理の故に徳であっても，それぞれの実現形態は行為者の貪欲や恐怖感に示されるパトス的生活質料の或る量的限定である。……中庸の実現される場として『すべて連続的かつ可分的』とアリストテレスのいうものは，徳の素材となるわれわれ自身の生活質料であり，決してその原理ではなかった」，「第一，徳と悪徳とが質料において連続していなければ生活を改めることにより，悪人が善人となり，また善人が悪人となることも不可能となる。すなわち，中庸とは質料的観点より眺められた徳の位置である」[50]と。

岩田説はハルトマンの存在論的次元を，徳の質料的規定に関するものと解することによって，適切なカント批判を行った。これに対して，ハルトマンと彼に従うシリングによれば，「中」は，垂直の価値論的次元から見て，「頂極」の性質を示し，「そこには取り除くべき何ものもなく付加すべき何ものもない」きわめて優れた徳が見られるとして，アリストテレスの真意を救い上げた。アリストテレスはこう言う。「総じて快楽や苦痛を感ずるということは過多と過少とが存しており，これらはいずれも宜しくない。だが，これに反して，然るべきときに，然るべき事柄について，然るべきひとに対して，然るべき目的のために，然るべき仕方において，それを感ずるということ，これは『中』的にして最善であり，まさしくこうしたことが徳には属している」[51]。

このような意味での「中」は両極の単なる折半から発見できるものではない。この「中」に関して過つことは容易であるが，適中することは至難である。しかるがゆえに「中庸は頂極である」と言われるのである。「善」とは価値論上のアクロテースであり，極度かつ一方的な善であって，両極の悪の中間ではない。両極は存在論的には対立するように見えても，いずれも同じ悪徳なのであって，価値論的な視点では，実はどちらも善に対立している。シリングは「アレテーは価値論的には極 ὑπερβολή であって，善悪次元の中間 μεταξύ ではない」と明言する[52]。

メソテースが「極」であることの実例を，難解な第7巻の議論に即して分かり

易く説明したのはシリングの功績である[53]。この巻では、無抑制 ἀκρασία, 我慢強さ καρτερία, 抑制 ἐγκράτεια が、魂のロゴス部分と非ロゴス部分との間に生じる分裂の程度から説明される。①「無抑制」には、落着いて思量しなかったために情念のままに導かれる「性急さ」と、思量したにしても情念に負けて守りおおせない「弱さ」が属している。(1150b19)。これは自己の行態をプロアイレシスに対応させる力に欠けるひとである。②「抑制」は、自己の欲求が悪いという洞察を持つときロゴスのゆえにこれに従わないこと (1145b12) である。ただし、抑制力あるひとは、節制的なひとと違い、強烈なしかも悪しき欲情を有していることを前提しているがゆえに分裂的である (1146a10)。③「我慢強さ」は、抑制あるひとと同様にパトスには従わないが、無抑制者と同様にパトスの主人たりえていない状態である。「耐えるということと打克つということとでは、ちょうど負けないということと勝つということとの相違なるごとくに違っている」(1150a34)。つまり相対立する要素のいずれもがイニシアティヴを持てない状態である。

シリングは一歩を進め、これら三つの行態様式は、感性的な快不快の領域におけるアレテー（節制）とカキア（放埓）との中間段階をなしていると指摘した。放埓は無抑制よりも最下層にある。放埓は自覚的なプロアイレシスによって現下の快楽を追求するのに対し、無抑制は快楽を追求するものの、そのプロアイレシスはまだ善に向かっているだけましである。我慢強さと抑制は無抑制よりも上であり、プロアイレシスのみならず、全体としての態度も賞賛に値するが、両者を比較すれば抑制の方が抵抗力よりも優先する。しかし、抑制もまだアレテーではなく、何か混合したものである (1150b36)。「節制」こそが、アレテーとして全人間としての本質完成であり、そこには人間本性の諸要素がアレテー段階でその調和的均衡、すなわちメソテースを見出している (1102b28)。彼は、アリストテレスの徳と両悪徳のトリアーデに対して三つの中間段階を挿入したわけである。

「我慢強さ」が行態様式の連続において均衡点をなし、無抑制は悪徳の方向でこれよりも下、抑制はこれよりも上に位置する。しかしシリングはなおも歩を進め、これらの行態の枠外に人間以下の悪行と超人間的なアレテーを置き、カキアよりも反価値的な段階と、人間的アレテーを超えて神に近い段階が存することを指摘している。前者はアブノーマルな病的獣性的悪行を示し (1145a17)、道徳的過失はもはや問題にならず、後者は動物以下とは反対に、英雄や神々にまで高められた態度を示し、人間を超えた徳である (1145a19)。このように見て来ると、メソテー

スといわれる「節制」がなぜアクロテースであるかが一層理解し易くなる[54]。

　ところで，アリストテレスは例えば，「勇気」を臆病と無謀との「中」に配したために，メソテースが悪徳間の量的中間点にあるかのような観を抱かせた。しかし，よく考えると，過少とされる臆病に対する善き反対極は，「慎重」であり，「大胆」は過超とされる無謀に対する善き反対極であると見るならば，実は，「勇敢」とは価値論的次元において「慎重と大胆との総合である」と言い表すこともできた筈である。各極にはもともと善い基本的な態度があるが，ある傾向が他の傾向を押しのけて，一方的に支配するところに善が終わり，悪が始まる。むしろそうではなく，人間的行動のあらゆる方向は相互に補完され制限されてよくなる。メソテース理論の核心は，全人間本性の肯定にある，すなわち，メソテースが両極のうちにある価値充実を総合的に統一しているところにある。アリストテレスのアレテーは実は「価値総合」に他ならない。以上のシリングの見解は，N. ハルトマンの解釈に従っている。N. ハルトマンによれば，アレテーは個々の価値要素の決して一方的な高揚にのみ存せず，二つの実質的に対立する価値要素が内的に結合した複合的価値である。どの価値も一面的で無制限に自己の要素を貫徹しようとするならば，全人間的エートスの唯一僭主となる惧れがある。アレテーこそが，唯一の価値要素によって一面的に支配されないようにする価値総合である[55]。

　シリングによれば，価値総合の原理は，個々の領域において背反する価値の総合に関わるのみならず，既に総合されている諸々のアレテーをさらに統一的な全体像へまとめ上げることにも働く。このまとめの総仕上げが「幸福」エウダイモニア，すなわち「完全な徳に従った魂の活動」(1102a5) とみなされる。幸福に関しては，観照的思惟活動が最も連続的にして純粋な快を保証するがゆえに，全ての活動の中で最高である。その他のアレテーに従った生活は，活動が行われる外的状況を前提しているがゆえに自己充足していないので，二番目の地位を占めるものでしかない (1178a8)。エウダイモニアは人間的なものの領域を超えており，人間である限りでなく，何か神的なものを担う限りで，そのようなひとは幸福に生活している。

　しかしながら，彼らも人間であり，他人と共に働く限り，アレテーに即した行為を選ばざるをえない。したがって，エウダイモニアにも二つの対立的な価値契機があることになる。それは，倫理的アレテーとしては世界のうちにあり，知性的アレテーとしては彼岸へと超越して行くことになる。ここに従来アリストテレ

ス解釈の主要テーマをなしてきた，ソピアとプロネーシスとの優劣関係に関する彼なりの見解が示される。彼によれば，エウダイモニアは両契機を統合するがゆえに，「人間的善」として人間のテロスに属するものの統括である。それは，人間存在一般の本質完成を内に含むがゆえに，全倫理的範囲の価値頂点である。メソテースは，個々の領域において価値対立を総合によって架橋すると同時に，闘争の世界を超越したヌースの世界へと高める。かかる世界の超克は，狭量な世界否定ではなく，世界における価値の普遍的肯定であることを強調している[56]。

このように，メソテースは価値論的方向において，価値総合として究極的には，最高善たるエウダイモニアにおいて完成を遂げるとしたN.ハルトマンの方向とは逆に，ハイデッガーは，メソテースの本質を瞬間におけるカイロスという局面で問題にし，そこでのアレテーの特質を浮かび上がらせている。例えば，身体の強健に関心を抱くわれわれの行為において，多く活動しすぎる場合と，活動が少なすぎる場合との両極端において，身体のアレテーは破壊される。アレテーは過超と過少とによって破壊される。ただ中庸のみがそれを救い保つのである。アレテーは，含まれた諸要素の洞察に基づいて各状況に反応する習慣的準備態勢である。倫理的アレテーは，「善」の洞察からのみならず，プロネーシスの実践的合理性を呼び出し保存する習慣的な感情的反応の情態性をいう。

メソテース論は，一定のタイプの特殊な活動についてよりも，勝義にはこれらの活動の全体性と反応の習慣的パターンの形成における効果に関わる。実に，アレテーは他者と共にある世界の状況の洞察において卓越性を発揮する。アリストテレスが，アレテーをメソテースとして，アレテーの「実体として」メソテースを理解した（1107a6）ことによって，アレテーの存在規定はより鋭く捉えられる。

ハイデッガーによれば，メソテースという表現は，当時の古代ギリシア医学のメソンに由来するもので，人間の健康な状態をメソンとして捉え，これに医学の概念構成が定位していたが，この医学の根本規定を倫理学に転用した例は，初期の倫理問題には現れていないと言う[57]。この意味でこの用語の哲学的精練はアリストテレスをもって嚆矢となる。ハイデッガーは，医学との対応において，メソンの適中は「事態にとっての中」よりも，「われわれにとっての中」の方が，より重大かつ困難な課題となることを指摘する。世界-内-存在に適合して，「全てにおける同一なるもの」は存在しないことが問題である。

「われわれの存在にとっては，『その時々の状況』Jeweiligkeit に応じていかな

る一回きりの絶対的規範も与えられない。問題なのは，人間の存在を，中を保持する適性へ変えることである。このことは『瞬間』Augenblickを摑まえること以外にはない。〈しかるべき時，事柄，ひと，目的，仕方で『中』を感得すること〉が問題である。存在規定のこうした多様性に対して，『中』を保持することが肝要なのであって，算術的あるいは幾何学的中ではない。配分・秩序（タクシス）としてのヘクシスの意味で，いま捉えられる『中』，すなわち決定にとって問題となる当のものの『配分されたあり方』Verteiltseinが肝要なのである。配分は決定そのものから出てくる事柄である。すなわち，『中』は個々に固定して存在する特性ではなく，むしろ，世界の中でどう態度をとるかの仕方である」[58]。換言すれば，アレテーは「中」から眼を離さぬ決意をもって，瞬間の正しい配分，正しい把握に方向づけられている状態（ヘクシス），この意味で解さねばならない。

　ここでハイデッガーは，どの註釈者も一様に引用する『デ・アニマ』(424a4sqq)で述べられているメソテースとしての「感覚」（アイステーシス $α\ddot{ι}σθησις$）の解釈に言及している[59]。「聴取」としてのVernehmenは $κριτικόν$，つまり相互を「際立たせうる」という性格を持つ。例えば，ある対象の色を見る場合，常にわれわれは多様な色彩の体系を明-暗の両極に従いながら識別しているのであって，メソンの活用にあって精密に測定された特性が問題なのではない。メソテースとしてのアレテーは，こうした「際立たせ」の中で，今この瞬間，何がこの人間にとって正しい配分であるかを示す力である。それゆえに，Fertigkeit（完備）としてのアレテーとはひとつの矛盾である。アレテーは，多様な状況を体験する中から行為による反復を通じて身につけた**柔軟性**をもって特徴となすもので，完備では瞬間に対して融通が利かない[60]。

　こうした見解は後，法哲学においてもコーン（Georg Cohn）のような「実存主義法哲学」に導入されたが，変化する事物や相手との交渉において自己を柔軟に保つということは，一歩間違うと「機会主義」に転化しかねない。ややもすれば恣意的な「決断」が，一回きりという実存主体の名の下に正当化される可能性も含む（コーンは「概念法学」に反対して「実存的判決」を主張した）。したがって，アリストテレスが言うように，プロアイレシスは単純な自己決定ではなく，一般的テロスから眼を離すわけではないし，カイロス（時宜）に応じて下される柔軟な判断といえども，その背後に，長年かかって反復され形成されたヘクシスの恒常性が控えていることが忘れられてはならないであろう。

2 「知慮」プロネーシスについて

　「知慮」は手段に関わる働きかそれとも目的にも関わる働きかは，これまたアリストテレス実践哲学における大きな論争問題となってきたが，その中でも後世の研究者を巻き込んだ代表的な論争は，ユリウス・ヴァルター（Julius Walter）の『ギリシア哲学における実践理性の理論』(1874)に対する非難で埋め尽くされたタイヒミュラー Teichmüller の『アリストテレスにおける実践理性』(1879) であろう。彼は，論駁の中途で挿入的に，アリストテレスの「中」概念が形而上学的基礎を有しているのと同様，「知慮」もまた広範な理解のうちに捉えられていると説明している。彼は，アリストテレスの全著作を渉猟して，「知慮」をいわばその質料的基礎から，すなわち，全体的自然，生理学的側面，心理学的側面からも説明している。これは「知慮」概念の奥行きの深さを顕にした興味深い研究であり，われわれに馴染みの倫理的・政治的含意を後で探る前段階として有効であると思われるため，やや長くなるが重要だと思われる点に触れておくことにしよう。

　タイヒミュラーによれば，アリストテレスは世界の一般的考察から出発して，自然の被造物のうちに，倫理的概念の基礎となる大きな差異を見出した。一部の被造物はまったく固定的に造られているが，他は，自然は完全には造っておらず，そのために補習が個体から生じることを要求した。そこで個体は生存維持，自然目的の完成を配慮せねばならない。自然は，個々の被造物に，そのような援助を提供しうる力を附備させねばならない。このようにして，自然はこの素質においてその Providenz「将来へ備える視」(πρόνοια) を働かす。アリストテレスは被造物の全活動を，生育するものの自己保存と，そのできるだけ完全な働きを目指す限り，プロネーシス（知慮）と名づける。彼は，この名称を，対応する人間活動からとって，動物にも拡張する。彼は，本能的知恵と自由に遂行される活動との大きな差異を知りながらも，目標と使命とは同じであるがゆえに，自然的徳をも，自由な倫理的徳と同じ名称をもって呼ぶ。このことによって，ひとが人間的活動を全自然観察の枠内で捉えるとき，より大きな視点が顕になる。例えば，自然は，生まれたもののために配慮する感官を保障しようとする。劣った存在者のためには，抱卵を，そして，より実践的知慮を示すもののためには養育と社会的愛を。

　アリストテレスはここでプロネーシスの意味を四段階に区別するが (De anim.

gener. Ⅲ. 2)，そのうちの最高が「親愛」$\varphi\iota\lambda\iota\alpha$ である。人間の場合は，ポリスや国制の基礎をなし，個体的側面では，高貴な自愛（欲望の働きである「利己心」と区別される）をなす。「自愛」はプロネーシス的感覚の働きである。「善きひと」は実践理性に従って生きるがゆえに，自己自身を愛する。「親愛」は本性的に親と子の間に存在し，それも人間においてだけでなく鳥獣にも見られる（EN. Ⅸ. 8)。愛は諸国を統合し，立法者は正義よりも愛を求めようとする。友の間では正義は不要であるが，単に正しい人びとの間では愛も必要となる。愛は人間関係の維持のために必要であるだけでなく，それ自体が倫理的-美的生活の一部なのである。

　つまり，アリストテレスはプロネーシスと人間愛と真の自愛とをひとつの概念へ取りまとめ，自然の創造活動の補充として説明したわけである。自然は，個体に，配慮する「感覚」$\alpha\ddot{\iota}\sigma\theta\eta\sigma\iota\varsigma$ を植え込み，これが最高の被造物ではプロネーシスとなり，あらゆるその段階で，現存するものの維持や将来の完成に仕える。人間の場合，プロネーシスは自然的生得のものでなく，教育と経験とによって形成される素質であるにも拘らず，この同じ徳は自然の徳として，動物のもとに見出され，ひとは，自己の生命のために「配慮する力」$\delta\acute{v}\nu\alpha\mu\iota\nu$ $\pi\varrho o\nu\eta\tau\iota\varkappa\acute{\eta}\nu$ を獣類にさえ帰属せしめる（EN. 1141a25）。この獣類がより多くの知慮を所有するほど，この力の働きもより明らかとなる。ところで人間の場合，最高の程度においてそれが現れる（Oecon. 1343b）。もっとも，「知慮あるひと」プロニモスのしるしはあらゆる動物のもとに見出されはするものの，後者の徳は倫理的ではなく，自然的なので欠陥を交えて見出される。

　アリストテレスは，このようにプロネーシスが自然全体というより大きな連関のうちに，その位置を占めていることを述べた後，思考する原理とも全く異なった器官に属していることを説明するために，「実践理性」のための質料的基礎を探求し，昆虫類よりも「より知慮深い」$\varphi\varrho o\nu\iota\mu\acute{\omega}\tau\varepsilon\varrho o\iota$ 有血動物を超え，感覚的認識の座としての心臓を有する人間こそが，あらゆる生物の中で「最も知慮深い」$\varphi\varrho o\nu\iota\mu\acute{\omega}\tau\alpha\tau o\nu$ と述べている。心臓は原理であるために身体の中で適切な中心の座を占めている。「中」は常に統一であり，あらゆる方面に向かって等しく距離を保っている。最も尊貴なものは最も尊貴な座にあり，それゆえに心臓は支配の座を獲得したのである。アリストテレスは全感性的生と実践理性が肉質の心臓に座していることを，身体全体のしきりにあって，冷暖乾湿を調

節することにより心臓を保護する横隔膜の機能から，合目的的に説明しようとしている。実践理性は，かくして，感覚器官に，しかも，全てがそこに集中する心臓に結びつくことによって，欲望・運動能力や感性に連動する能力とみなされる[61]。

　以上長々とタイヒミュラーの「実践理性」すなわちプロネーシスの説を約述したのは，プロネーシスの概念が，アリストテレスにおいては広い意味を持っているということを指摘したかったからである。現代の自然科学の知識に従う暗黙の習慣が，われわれにこの方面への目配りを怠らせるのは無理からぬところもあるが，思想的な関心からすれば，アナロジーが彼の重要な原理の発見術であることを考えるとき，彼の視点の深さに驚きを覚える。ポリスにもプロネーシスにも比較級と最大級の形容詞が用いられるとき，人間は自然界における最高の存在者である面と，自然界の一員である面との両側面が，一望のもとに収められていることに気づく。換言すれば，生きとし生ける者の努力（デュナミス）あるいは質料（ヒューレー）としての共通の基体は「配慮」である。しかしなかんずく，人間の身体的-精神的「配慮」は，存在者系列の上昇に伴い，プロネーシスの精微さへ達し，個体からポリスへと自愛を広げることにより，より完全な「善美」の達成に向かってゆくと考えられたのである。

　タイヒミュラーのプロネーシス論が，その生理学的基礎から説き起こされているのに対し，同じくアリストテレス哲学の全広表（こうほう）を踏まえ，その宇宙論に不可避的にまとわりつく「偶然」の契機から，換言すれば，質料を支配すべき「神の無力」から，人間固有のプロネーシスの意義を説いたのがフランスのアリストテレス研究の碩学オーバンク（P. Aubenque）である。アリストテレスのプロネーシス論に入る前にもうひとつ彼の特異な議論を見，その理解への助走に代えよう。

　アリストテレスは倫理的徳を記述する際，そのつど注意深く状況に言及している。状況が与えられていないところでは，徳が開花するいかなる理由もないからである。したがって，状況の中で行為する際に現れる徳，例えば，正義・勇敢・寛厚・節制といった徳を神々に帰するのは滑稽な話になろう。神々は，人間が対立をもって象徴せねばならぬ世界に住んでいないからである（EN. 1178b9-18）。そこで人間が行為する地平は「それ以外の仕方でもありうる」 τὸ ἐνδεχόμενον ἄλλως ἔχειν。この地平の特殊さに応じて各特殊的徳が成立するのに対し，その他

の徳の課題を規定する指導的徳がある。それは，指定されたところに位置づけられた徳ではなく，諸状況を熟思して判断する。そのためには，より普遍的な地平の広袤に立って働きうるのでなくてはならない。この点で「知慮の理論は，偶然性の存在論に固く結ばれている」[62]ことを抑えておくことが肝要となる。

　オーバンクは『ニコマコス倫理学』で最終的に与えられる「知慮」の説明が『エウデモス倫理学』での「偶然性」の理解と異なっていることを前もって指摘する。『エウデモス倫理学』（EE.1247a14）では「幸運」$εὐτυχία$ の研究に焦点が絞られているが，それによれば結局は「偶然とは自ら動かされることなくして万物を動かす原因の原因，すなわち神に対するわれわれの無知」に与えられた名称でしかない[63]。神性は，われわれに存在を与え，以後は手を引いてわれわれに自由な性向を委ねるのでなく，各場合において，その性向を押し促す。とすれば，われわれの思惟・熟慮の端緒はわれわれ自身にはなく，代わってわれわれのうちの神的なものが感覚において一切を動かす（1248a18-27）ことになる。こうした意味でわれわれの存在は根源的に偶然の下に置かれている。

　ところが世の中には「幸運な人間」がいる。彼らも，その幸運を自己自身の知性や思量の能力に負っているのでなく，それ以上に既に端緒として与えられているので，それらは不要となる。つまり，神はその選んだ人びとのみを直に鼓吹するのに対し，その他の人びとは辛い思量の忍耐へ引き渡されていることになる。かくて「知慮の徳は，幸運な人が神から直に受け取る善きものを，思量という迂回によって，再発見しようと努める代用物に他ならない」[64]。真なる原因に対するわれわれの無知の名称たる偶然が全てを支配するとき，知慮にはもはや積極的な予見の能力の意義がなくなる。

　しかし，偶然の生起が不定的，無規定であるのは，それについて学知を持ち得ない類の原因に由来するというよりも，事柄そのものの客観的本性によるのではなかろうか。こう翻って考えると，われわれにとって無規定なものは，そ・れ・自・体・に・お・い・て・そうなのであって，神にとってもそうであるということを認めざるをえなくなる。このとき，神は万物を直接動かしえず，介入を必要とするしるしを与えることになり，人間は神に従順な機関としてでなく，神に代わって自分の固有な生活に従って生きる存在として把握されるようになる。「したがって，幸運の欠如は悪運を背負い込むことを意味しない，むしろ人間的行為に好都合な無規定性を意味することになる」[65]。この偶然の客観的無規定性によって，人間のイニシア

ティヴを説明するのが『ニコマコス倫理学』で達した基本的立脚点である。

　この立場は，どちらかというと，神的摂理の伝統的観念を拒否するヒューマニズム的思考に近い。この点で，アリストテレスは，神々によって偶然のいたずらに人間が翻弄されているという民衆の通念から距離を保つ。世界の無規定性は，人間に，われわれがいつでも形相を与えうる可塑性を発見させてくれる。ただアリストテレスの悲劇は残る。なぜなら，存在論的な意味で人間と幸福とを隔てる距離は狭まるが，除去されはしない。「人間は己の固有な生の主人ではなく，基本的な偶然のもとに置かれている。アリストテレスは悲劇を抑えたにも拘らず全面的には排除していない。その差は，多 $o\dot{\iota}\, \pi o\lambda\lambda o\dot{\iota}$ と全 $\pi\acute{a}\nu\tau\epsilon\varsigma$，〈おおよそ〉$\dot{\omega}\varsigma\,\dot{\epsilon}\pi\dot{\iota}\,\tau\dot{o}\,\pi o\lambda\acute{u}$ と〈恒に〉$\dot{a}\epsilon\acute{\iota}$ との相違に，つまり，可能な善と絶対的な善，われわれの努力の観点と接近しえぬモデルのそれとの相違に基づく」[66]。

　「神の摂理の制限」という思想を窺うに，世界の運命的支配を主張し，人間による変革の努力を無駄として世界への無関心を装い，情念の平静を希求するストア派的諦念とは異なり，アリストテレスの人間は世界に対する無関心を装うことができないことが分かる。運命主義は無作へ導き，怠惰は人間の本性に反する。「偶然が悪の源であるとき，それは善の観点から人間的イニシアティヴを可能にする。無規定性は宇宙的理性の無力のしるしであり，合理的行為への序曲となる」。「自然はそれがそうでありうるもの全てではなく，それを建て直す可能性を残している。人間はその欲求を変えるよりも世界の秩序を変えるよう招致されているとき，アリストテレスは合理的欲求を斟酌している」[67]。

　こうしたオーバンクの説明では，アリストテレスによるテクネーとプラクシスとの厳格な区別が十分に見えてこないが，アリストテレスの「知慮」は，曖昧な未来を突き抜けんとする予見であり，個人を危険から守る予見であることへの強調につながる。オーバンクはむしろ「知」の欠陥に，かえって人間の積極的意義を見出しうることの方を強調したかったのであろう。「アリストテレスにとって，人間を知から引き離し，やむを得ず知慮の規則に従って行為するよう要求するものは，人間の固有な不完全であるだけでなく，世界の未完成である」[68]。かえって不変的なものの知は，一切が生成し消滅する世界の中ではわれわれの助けにならない。「もし世界が完全であったら，そこには為すべき何ものもなくなろう。人間がアレテーを実現するのは，まさにこの行為においてであって，不変性においてではない。知はわれわれを選択から解放することによって制作からそらせる。し

かし，人間は可変界を認識しおおせることはないがゆえに，知慮と選択に直面せざるをえない。知慮は曖昧な世界（その未完性が人間の自由を招くのだが）において思量に専念する人間の徳である」[69]。かくて，必然的なものの知たる形而上学の終わりから倫理学が始まる。ここに，ソクラテス-プラトン的倫理学と袂を分かつアリストテレスの独創性が窺える。

アリストテレスの考えに従えば，人間は，神が持ち込むことのできなかった善のいくばくかを，月下の世界で実現する。人間はその死すべき制約のもとで，それにも拘らず，完成しうるものを完成するよう招かれている。「限界内での無限，制限内での進歩，絶対的懸隔にある神への類似の努力，模倣しえぬ超越への模倣」[70]――人間は中間者である。「アリストテレスを啓蒙家とするのは，彼のうちにある宗教性を無視することになり，彼を悲劇家とするのは人間への信頼を無視することになる」[71]と要約するオーバンクのこの寸言は巧みに正鵠を得ている。「行為を無効にする絶対知と，行為を不可能にするカオス的知覚との中途にあって，知慮は，人間的行為の危険とチャンスとを提示する」[72]のである。

それでは，いよいよ肝腎の「知慮」とは何かを問うときが来た。この問題は甚だ多岐にわたるが，『ニコマコス倫理学』第6巻第5章から第13章まで，その本質・構造・機能・附従するもの・反対のものに関して詳しい分析がある。われわれは再びハイデッガーのアリストテレス注釈を手引きに，その理解に努めよう。まず次の冒頭の言葉に注目することから始める。アリストテレスは「知慮」すなわちプロネーシスを考えるに当たっては，「知慮あるひと」すなわちプロニモスと呼ばれる人の特徴を探すことによって理解できるとし，その特徴は「自分にとってのいいことがら・ためになることがらに関して立派な仕方で『思量しうる』ということにある。それも決して部分的な仕方で，例えば，どのようなものごとが健康とか体力にいいかといったことについてではなく，およそ全般的な仕方で，どのようなものごとが『よく生きる』ということのためにいいか，についてなのである」[73]。この文章は次の二点の問いを喚起する。

その第一は，「知慮あるひと」は，自分にとって功益あることを思量するのに長けたひとだとすれば，自己中心主義者に近いのではあるまいか。その第二は，「知慮」の本質を尋ねることは，他の学と異なり，善く生きんとするために善く思惟する人間の自己存在に対する最深の関心を代弁するものではないかという問いで

第2章 法・国家研究における「中」と「知慮」　81

ある。第一の問いは，アリストテレスの完全な思惟形態が「自己充足」であることから説明できる。自己充足とは他者の助力あるいは迂回を一切要しないという意味で，その最も完全な姿が神である。知慮も純粋な自己関係活動であればあるほど，神的理想に近づく。ここには別段，利己主義の意味は入っていない。実際，彼は，友人を第二の自己と呼び，わがポリスの幸福を願うことは，単に自分自身の幸福を願うことよりも優れたことであると揚言している[74]。第二の問いは，ハイデッガーの現存在の本質への問いに連関する[75]。そこでわれわれは後者の問いに主眼を置いて，アリストテレスにおけるプロネーシス研究は，実は，人間存在の核心に触れる問いであるとみなして，それを検討したハイデッガーの著作 "*Platon : Sophistes*" を手がかりに，その理解を深めてゆこう。

　同書ではプロネーシスが中心に取り扱われているのではなく，真理への問いの予備作業として位置づけられているにすぎない。しかし現存在の存在を「顕にする」$\dot{\alpha}\lambda\eta\theta\varepsilon\dot{\upsilon}\varepsilon\iota\nu$ 関心に導かれているハイデッガーにとって，ソピア（智慧）との対比においてプロネーシスを論ずることは絶好のテーマに見えたに相違ない。アレーテウエイン，すなわち存在者の存在の蔽いを取り去り明るみに出すことは，プロネーシスの場合，他の知性的アレテーと異なり，人間にとって最善のものである「実践的なこと」（プラクトン $\pi\varrho\alpha\kappa\tau\acute{o}\nu$）の追求に定位して行われるところに特徴があるとされる。この「プラクトン」が，人間的実践の「始まり」（アルケー）にして「終わり」（テロス）なのである。ハイデッガーによれば，このプラクトンの実現において現存在の本質が露開されてくる（自己が本来的自己に到達する）のを助けるのが，プロネーシスである。もっと正確に言えば，プロネーシスは，理論的対象として他に存在者を主題とするわけではない。善を追求し，発見する自己自身のプラクシス自体が主題なのである。「プロネーシスのテーマのなかには自分自身が一緒に入っている」。「プロネーシスの対象はプラクシスであり，人間的現存在自体である」。「プロネーシスは自分が発見すべき存在者の間に共に現れている」のである[76]。

　もっとも，プロネーシスによる正しい決定に至るためには「時間」$\chi\varrho\acute{o}\nu o\varsigma$ が必要である。なぜならそのためには長い生活体験を要するからである。これに比べれば数学は若者でも携わることができる。それというのも数学には「具体的状況の知」$\gamma\nu\tilde{\omega}\sigma\iota\varsigma\ \kappa\alpha\theta'\ \ddot{\varepsilon}\kappa\alpha\sigma\tau\alpha$ は不要だからである。多くの時を経ることは老人の成熟に保留される[77]。ここでハイデッガーは，「知慮」がその本来的な働き場とする

重要な「究極の個別的状態」（タ・ヘカスタ τὰ ἕκαστα）に言及した。現存在が具体的状況において行為の正しい方向を定めるには「誰が」「何のため」「どのようにして」「いつ」「誰と」といったさまざまな契機の知が必要である。プロネーシスは無関心の地点から態度をとるわけではない。完全な行為となるべく目標を選択するために Durchsprechen（とことんまで話し合う）ことが，プロネーシスに属する。「選択すべき目標」から見れば，行為の具体的状況は，まだ蔽われていて「模索状態」ζητούμενον にある。それゆえに，行為の端緒アルケーから見て，さしあたって，まだ蔽われている行為の具体的状態を明るみへ出し，行為を透視できるようにしてやることが肝要になる。この蔽いを取り除くことがプロネーシスの仕事なのである[78]。

　ところで技術の場合，テロスは例えば建築者自身ではなく，その外側に立つ家であるのに対し，プラクシスのテロスは，行為そのもの，それも「善き行い」εὐπραξία でなければならない。行為は正しい仕方で行われることが肝要で，当然，プロネーシスは「善い」εὖ の性格を具えねばならない。したがって，「思量」βουλεύεσθαι も εὖ の性格を具えねばならない。ここより「善き思量」（エウブーリア εὐβουλία）がプロネーシスの核心を占めて来ることになる。ところで，行為のアルケーが「悪」であっても具体的状況の中での徹底的な話し合いが，「善い思量」であったりすることもあれば，逆にテロスは「善」であっても，思量が軽率であったりする場合もある。しかしながら，これらいずれの場合も「善き思量」エウブーリアとは呼ばれない。「エウブーリアには善をテロスに立てるのみならず，その一歩一歩の歩みにも善であることが属している」[79]。アリストテレス自身の言葉を引用すれば，「かくして『知慮ある』と言われるひとびとには『よく思量した』ということが属するならば，『思量の巧者』（エウブーリア）とは，その真なる把握が『知慮』であるごとき，そうした目的に対する有用なてだてを見出すについての『正しさ』でなくてはならない」[80]。

　エウブーリアは探求であるがゆえに，探求が終わりに達しているエピステーメーとも異なり，長々とした思量を要するので，一瞬の内に行為を生み出す「勘」εὐστοχία でもなく，また推理の中間過程をとばして無意識の内に迅速に結論へ到達しうる「慧敏」ἀγχίνοια でもないし，論理的真偽に正しさが問われるドクサと違い，倫理上の善悪に関わる。ドクサには一応のかくかくしかじかの「立言」φάσις が既にあり，何かを探求しているわけではない。本来的プロネーシスとし

てのエウブーリアは以上のような働きに本領を有する。思量は単なる記述の意味で，現前するものを考察することではなく，まだ現前していないものをこれから発見するという意味で解される。ただし，この探求は盲目的な探求ではなく，アルケーとテロスへの定位を最初から持っている。こうして，全状況を見回した思量の挙句，行為に踏み切るに当たって，正しく目的を方向づけるロゴス λόγος が，共にプロアイレーシスに含まれていなければならない。このようなロゴスの言表（Sprechen）の一連の流れが，シュロギスモス συλλογισμός と呼ばれ，認識的推論と異なる**実践的推論**の特徴を与えているのである[81]。

ともあれプロネーシスにとって決定的なことは，行為に定位していることであり，行為の対象は全て，「その時々の状況性」Jeweiligkeit を有する存在者に属していた。すなわち，プラクトンは結局，ヘスカトンすなわち思量の最終段階に現れる具体的なものである。この把握はもはや推論をこととするロゴスの仕事ではなく，「直知」ヌースの仕事に属する。そして他ならぬプロネーシスは，ソピアと並び一種独特のヌースを兼備しているのである。アリストテレスによれば，ヌースは反対の方向で究極的なものを把握する。すなわち，**最初**に来る諸定義に関わるが，また**最終**的な個にも関わる。「ヌースは，すなわち，それが『論証』にたずさわる場合にあっては，もろもろの不動の最初にくる諸定義に関わるのであるし，またそれが実践的なそれにたずさわる場合にあっては，最終的な『他の仕方であることも可能な』個別にかかわり，したがって，また小前提にもかかわる。まことに，こうした個別が端緒をなして『目的とされるもの』も形成されるのである。個別的なものからして一般的なものが到達されるわけであるから──。われわれは，それゆえ，こうした，もろもろの個別的なるものを認識する知覚を持たなくてはならないのであって，このような知覚を行なうのが，すなわち，ヌースのはたらきにほかならない」[82]。

図形の分析が行き止まる最終が三角形であることを，われわれは一瞬の内に理解する。それと同じように，考察が終わりに達する仕方において思量が止まり，それ以上に進まないとき，ここにプロネーシスにおける直知が存する，とハイデッガーは言う。この段階では，われわれからの語りかけをもはや要さず，事物が自分から語ってくる（＝現象する）のである[83]。もっとも，思量が停止するこの「知覚」は数学的知覚の純粋さには劣る。プロネーシスの「見入ること」hinsehen は実践的であるだけに単純な「見入り」ではなく，「見回し的」umsichtig なそれで

あり、そこで把握される対象は用益の性格を持つよう正しく導かれていなければならないからである[84]。

かくして最後に厄介な解釈問題に逢着する。知恵「ソピア」はヌースとともにエピステーメーを有するが、プロネーシスもヌースとともにロゴスを持つとされるとき、いずれも、「原理」（アルケー）に関係している点では、存在者自身の開示の最高の可能性を持っていることになる。では、いずれの徳が優越するのかという伝統的な論争がある。ハイデッガーはこの問題について次のような見解を示した。彼はまず、共通の「ヌース」を分かつ基準として「時間」に注目する。それは、前者が「永遠なるもの」、後者が「瞬間的なもの」（そのつど変わりうるもの）の把握に携わるところに見出される。両者を比較するなら、「プロネーシスにとって善は、善きひとにしか示されない」。したがって、「プロネーシスの真理認識（アレーテウエイン）の可能性は、遂行者がその存在において既に善いということによって制約されている」。それゆえに、「プロネーシスはその正しい遂行の可能性に関して、善きひとによって遂行されることに依拠している限り、それ自体自立的とはいえない」。「プロネーシスはあらゆる人間的行為を指導しはするが、別のもの、すなわち行為になお依拠している」。

これに対して「観想」θεωρεῖν は、「医学」ἰατρική のように何か目的を持っているのでなく、そこに生きる者によってそのものとして遂行される。この意味でソピアは、恒常不変のものの下に自己を保持している純粋な思惟 νοεῖν であり、生成と消滅とには関わりのない自立的なものである点で、プロネーシスを凌駕すると結論する。プロネーシスは、ソピアに向かってではなく、その実現のために「命令を発する」のである。ソピアは、医学が健康を生み出すようにではなく、健康が健康を生み出すように幸福を生み出すのに対し、プロネーシスは幸福実現のために、何をなし、何をなしてはならぬかを命令する。したがって、その働きは、健康のための医学に対応するにすぎないと論じ、トマスの線上に乗る伝統的解釈に落着いている。この解釈（ソピアを健康に、プロネーシスを医学に対応させる）に反対の論文もあるが、本書の目的を離れてしまうのでこれ以上立ち入らず、問題の所在の指摘に止めておき、プロネーシスの法論および政治学における展開を見るうえで必要な概観を得ることで満足しよう[85]。

第3節　正義論および法論における「中」と「知慮」

1　正義論におけるメソテース

「中論」は『ニコマコス倫理学』では再度第5巻で，今度は「正義論」として展開される。「中」は主体に備わる主体的意味での「正義の徳」と客観的意味での「正義」に分けられ，後者は，「等」としての「正」と「遵法」という意味での「正」に分けられる。第2巻での議論がこの巻でどのように応用されているか，その展開過程を今述べた順序に従って辿ってみよう。

アリストテレスは，その実践哲学で，しばしばメソテースの代わりにメソンという言葉を用いるが，これはプラトンの語法に従っているのに対し，倫理学でメソテースという術語を用いるとき，「概略において」といった意味合いで用いる。メソテースという概念は，数学的正確さを持たない，つまり「大体において」の性格を持つ。したがって，メソンが，当事者の道徳的位置を問わずにもっぱら「事柄」の量的側面のみに注意を集める「算術的正義」の「中点」を指すのに対し，メソテースは両極間にあってある程度の幅を持つものとして示される。アリストテレスは，快楽や健康について「健康というものも限定を有するものでありながら，多と少とを容れるのであるが，快楽もこれと同様である。同一の均衡が万人にあるのではなく，また同一の人においてでさえ必ずしも常に一つの均衡が存するわけではない。ただ失われてゆきながらもあるところまではそれが保たれているのであって，そこには多と少という程度の差異が存している」[86]と述べている。

ここからも分かるように，メソテースの「善さ」はさほど厳格ではない。彼の次の言葉は上述の趣旨を裏づけるであろう。「もっとも，よさから僅かしかそれていないひとは，過超の方向へでも過少の方向へであっても，非難されないのであって，非難されるのは，それのあまりにもはなはだしいひとの場合である。……ただし，どの程度までの，またいかなる程度までのひとが非難さるべきであるかは，ロゴスをもってしては決定しがたい。事実，感覚的なことがらは全てそうなのであって，かようなことがらは個別において存し，その判定は感覚にかかっているのである。だが，われわれは時として過超の方向へ，また時として不足の方向へ傾いていることを要する。かくすることによってわれわれはかえって最もたやすく中，すなわちよさに適中することになるであろうから」[87]。

こうして彼は，客観的な擬似数学的「中」以外に，柔軟な「われわれにとっての中」の余地を認める。かかる思考法には，治療法の個人差を重視する医学との方法上の親近性が見て取られる[88]。個別的状況にあって，どこに正しい「中」を求めるか，この問題に直面するとき，メソテース論はプロネーシス論と深い関係に結ばれていることに気づく。「われわれにとっての中」は，メソテースのドグマ主義と相対主義との双方の難点を回避しようとするものであるが，あくまでも「イデア」を拒否し，「われわれ」が価値判断の中心的役割を果たす限り，下手をするとソフィスト的相対主義に陥る惧れがある。その歯止めをかけるのが，アリストテレスにおいては，ロゴスであり，そしてプロニモスである。彼の「アレテー」に関する第2巻での定義を想起しよう。「かくして，徳とは，ことわりによって，また知慮あるひとが規矩とするであろうところによって決定されるごとき，われわれへの関係における中庸において成立するところの，われわれの選択の基礎をなす（魂の）状態である」（*EN*. 1106b36-1107a1）。

　この一文について，ヴァルダーキス（Vardakis）というギリシア出身のアリストテレス学者は，「われわれへの関係における中庸」が，まずロゴスによって定義され，かつそのつどプロニモスの権威に基づいて決定される開かれた可能性によって補充される，と解した。彼は自己の解釈の妥当性を裏づけるためあちこちからアリストテレスが用いた類似の語法を集める。そうすると次のような帰結が得られると言う。まず「定義を示すロゴス」がオルトス・ロゴスとしてメソンに結びつくことを示す箇所を挙げる。

- 「『中』は『正しきことわり』（オルトス・ロゴス）の告げるところである」（*EN*. 1138b20）。
- 「そこに一つの標的（スコポス）ともいうべきものがあって，ロゴスを有するひとは，これに目を据えつつその具合を加減する。そこにはもろもろの中庸についての一つの準拠が存在するのであって，これらの中庸なるものが，過超と不足との間にあって，まさしく中庸であるのも，われわれに言わせれば，それがオルトス・ロゴスに基づくものなるによるのである」（*EN*. 1138b23-25）。
- 「鍛錬の度合いは過多であっても過少であってもならぬ。それは中であるべきであって，オルトス・ロゴスに従うものでなくてはならぬ」（*EN*. 1138b29）。

しかし「中」を規定するというこのオルトス・ロゴスは、これだけの説明では未だ十分にその内容を尽くしたものとは言えない。「およそ医学の命ずるところのものを、この学問の心得のあるひとの命ずるごとき仕方で」と言われただけでは、どのような薬を病人に与えたらよいか分からない（EN. 1138b30sq.）のと同様である。ただロゴス概念は「限界・尺度」δροι と連関するもので、事物の本性には必ず過多と過少との間に「中」があり、この「限界」を超えるとあるいは下回ると次第に事物の質的劣化が生じ、最終的には滅びへ至るという骨太の考えがアリストテレスにある。

しかしながら、これをもってしても「われわれへの関係における中」は正確に計ることができない。だが、メソテースには、その事物を保持するに足るある程度の許容された幅がある筈である。このインターバルの範囲内で、正しさに関して精度の高い「中」を発見しうるひとがプロニモスである、とヴァルダーキスは考えたのである[89]。実際、アリストテレスは、「オルトス・ロゴスとはプロネーシスに即するもの ὁ κατὰ τὴν φρόνησιν に他ならない」という趣旨（EN. 1144b21-24）のことを明言している。要するに、ヴァルダーキスは、メソテース概念はプロネーシス概念によって、具体的状況下においてその内容が充填されるということを強調したかったのである。

ところで、先に引用した箇所で、個別的状況における「中」の判定は、「感覚にかかっている」というアリストテレスの言葉を記した。ここから解釈者たちは、一種の「道徳的感覚」なるものを『デ・アニマ』を論拠として考えた[90]。この問題に対しても、ヴァルダーキスは興味ある解釈を提供している。それは、今論及した点「過超の方向であれ、過少の方向であれ、『善さ』εὖ から僅かしか逸れていないひとは非難されえない」と、メソテースに幅を持たせている言葉に連関する。なるほど個別的状態では中庸をロゴスによって規定する可能性は排除され、感覚の領域内に置かれるように見える。しかし彼はアリストテレスが「感覚の中に判断あり」ἐν τῇ αἰστήσει ἡ κρίσις と述べていることに着目し、結局「正しさ」を決定するのは、感覚ではなく、逸脱の多少を判別する能力である「判断」（クリシス κρίσις）であると結論した。

彼は『エウデモス倫理学』および『ニコマコス倫理学』から、12箇所にわたる用例を列挙し、クリシス概念がメソテース論にとって、さらには実践哲学にとって重要な意義を有することを強調する[91]。彼は「中庸、過超、過少について決断し

うるためには，クリシスを持たねばならない。それはなんら道徳的感覚ではなく，道徳的地位と行為者人格の経験から得られた判断力であって，『中』$μέσον$ と『善さ』$τὸ ευ̑$ を実践生活の個別的事態において決定しうる」と述べた[92]。

究極的「正しさ」を決めるのは，感覚なのか判断力なのかは，著者の能力を超える問題であるが，プロニモスが，一種の「判断力」あるいは善悪の「分別力」に長けたものであることは否めない。しかしながら原文にある「感覚」という言葉を尊重するなら，アリストテレスはそれを「ヌース」をも含む広い意味で用いるので，プロニモスには個別的状況における善の「直知」，それも命令あるいは当為を伴った直知があり，判断分別もこれに従っていると捉えた方が整合的ではなかろうか。「判断」という言葉には，そこからだけでは意志に対する「命令」($δεῖ$)という意義は出てこないからである。

なおヴァルダーキスも言うように，プロニモスの判断の確かさは「行為者人格の経験」に基づいている。プロニモスは倫理的に善であるのみならず，事物の本性や状況の配置そして成り行きを知悉している者である。その習熟には長い歳月が必要である。学問によってだけでなく行為の中で培われる「経験」$ἐμπειρία$ の豊富さこそが彼の卓越性を涵養する顕著な条件であることを付言しておこう[93]。

以上，主体的意味での「正しさ」の把握において，メソテースとプロニモスとの関係に力点をおいて説明した。この意味での「正義」は第５巻でよりも，第２巻および第６巻にも関係するので，語義の範囲が拡大したが，従来，法哲学では重視されてこなかった。法を運用する者の主体的倫理性は，再考されてしかるべきであろう。これに対し，対他的徳としての特殊的意味における「正義」論は，法哲学の伝統的テーマである。平均的正義，配分的正義，一般的正義と呼ばれるこれらの概念もまた，メソテースの視点から離れては理解できない。それのみではなく，これらの正義の妥当も限界にぶつかり，軋轢，例えば義務の衝突に悩むところでプロネーシスの援用に走ることが指摘されねばならない。

さて平均的正義あるいは交換的正義，そして配分的正義は，別名，算術的正義，幾何学的正義とも呼ばれているように，「等」として理解される「中」に従い，配分の適正さが吟味される。「各人に各人のものを」が根本的な正義の原理である，すなわち，「分」を超えて一方が多く持ちすぎ，他方が少なすぎる不平等関係が不正であり，この中間が「正」である。算術的正義に含められる矯正的正義は，交換において財の等しさが損なわれた場合，当事者の人格的地位価値を考慮せず，

平等の者と見て，もっぱら財そのものの過不足に着目して，元の「等」すなわち「中」にまで戻す正しさである。つまり，利得と損失との「中」が，矯正的正しさである[94]。これは国家形成以前に想定される対等の人格者間に適用される第一の正義である。これは「厳格な正義」とも言われるが，しかし，一体何をもって「各人のもの」となすかにつき，具体的判断の場合，紛争を生み出すのは避けられない。ここにプロネーシスの補完が必要になる所以がある。

　これに対して，配分的正義は，国家あるいは社会体と個人との間で，名誉や財貨等，公共財あるいは共有財を配分する際に指針となる正義である。しかし，この正義の段階になると，もう一つの基準として「何らかの人間の価値に即応して」 $\kappa\alpha\tau^{\prime}\ \dot{\alpha}\xi\acute{\iota}\alpha\nu\ \tau\iota\nu\acute{\alpha}$ [95]が付け加わり，事物と事物，人間と人間との4項が配分において考慮されねばならない。この正義の適用に際しては，財の配分において各人の「価値」に応じ，受け取るものが等しくない。もっとも，受け取る財貨や名誉は，当該人物の社会的あるいは国家的地位価値の比率に即応しているから，受け取るものが異なっていても「中」は比例において保たれている。

　しかし，この際に問題となるのは，何を基準として人間の価値を測るかという尺度の問題である。こうなるとこの正義の適用において「中」の位置が判然としなくなって来る。というのは，かの「尺度」のありようは，どのような国制が正しいかという人びとの見解に大きく依存するからである。貴族制を支持する者は「徳」を，寡頭制を支持する者は「富」を，民主制を支持する者は「自由」であると言う[96]。この「価値」の選択に関しては，アリストテレスは一応ひいきなく列挙しているものの，決して相対主義の立場からではない。彼自身の考える「正しさ」の規準はある。それについては後で彼の国制論について論じるところで言及しよう。ただ，ここでは，かの平均的正義が，個人の「分」（後の「権利」）の正しい保持に向かうのに対し，配分的正義は，どちらかと言うと，共同善の保持にも配慮する姿勢を示しているところに違いが現れている。

　そして最後に，一般的正義，すなわち法的正義における「中」の保持が問題となる。ここでははっきりと共同善の保持が明確に主題となる。ここでの正しさは「ノミモン」 $\tau\grave{o}\ \nu\acute{o}\mu\iota\mu o\nu$ すなわち遵法的正義を意味する。各人に不正な行為を禁じ，正しい行為を命ずる法を通じて，社会全般の均衡，「中」を維持することが，この正義の目的である。ただし，この法は，一般に「書かれた法」すなわち成文法であるために「中」の位置が動揺してくる可能性を秘めている。なぜなら「書かれ

た法」に関し，これを文字通り杓子定規に「厳格に適用する者」$ὁ\ ἀκριβοδίκαιος$[97]もいれば，逆に，その拘束を軽んずる者もいるからである。アリストテレスは後者のタイプの極に位置する者に名をつけていないが，「無法な者」の有する傲慢（ヒュブリス $ὕβρις$）[98]がそれに近い名称であろう。

これに近い例を法思想史から取り出せば，あくまでもイェーリングが故意に戯画化した図式であることを保留したうえで言うと，「概念法学」対「感情法学」の対立図式に当てはめることができよう。ノモス「法」は，完全無欠であらゆる事件を処理できる万能の規準であるとして，ケースの特殊性を捨象するとき，個別的状況に即応した「中」を射当てることが不可能になろう。しかしまた，ソフィストのように，ノモスは所詮，強者もしくは弱者が己の利益の増進を図るために拵えたものでしかないと嘯くルール懐疑主義者が社会の大勢を占めれば，社会秩序の均衡，すなわち「中」は失われよう。ここにおいて成文法が妥当する範囲の限界の自覚と，それを超える**別種の正義**への希求が生まれざるをえない。アリストテレスはこの種の正義を格別に「衡平」（エピエイケイア $ἐπιείκεια$）と呼んで区別した。われわれは，これもまた，カイロスに正しさの「時宜」を求めるがゆえに，一種のプロネーシスの現れとみなしうる。そこで次に，ハード・ケースにおいて法適用および立法が直面する問題点について，プロネーシスがどのように関わっていくのかを追究してみよう。

2　法適用および立法における「中」と「知慮」

アリストテレスが提起した衡平論は，「制定法を超える正しさ」の主張という点では，同じく「制定法」の妥当の限界を「イデア」から導くプラトン説に近いことが想定されるが，しかし，それを根拠づける論拠は反対の地点にある。両説の比較は，他方，人治政治が優先するか，それとも法治政治が優先するかの論議にも重なってくる。われわれはこの論点にふれる前に，アリストテレスの衡平論を垣間見よう。彼はこう言う[99]。

　　法はすべて一般的なものであるが，ことがらによっては，ただしい仕方においては一般的規定を行ないえないものが存在する。それゆえ，一般的に規定することが必要であるにも拘らず一般的なかたちではただしく規定することのできないようなことがらにあっては，比較的多くに通ずるところを採るというの

が法の常套である。その過っているところを識らないではないのだが——。しかも法は、だからといって、ただしからぬわけではない。けだし、過ちは法にも立法者にも存せず、かえって、ことがらの本性に存するのである。つまり、「個々の行為」なるものの素材がもともとこのような性質を帯びているのである、もし、だから、法が一般的に語ってはいても時として一般的規定の律しえないような事態が生ずるならば、その場合、立法者の残しているところ、つまり、彼が無条件な仕方で規定することによって過っているところをうけて、不足せることがら——立法者がその場合に臨めばやはり彼自身も規定のなかに含ませるであろうような、そうしてもし既にそれを知っていたならば立法しておいたであろうような——を補訂するということはただしい。「宜」が「正」でありながら或る種の「正」——無条件な意味でのそれではなくして無条件なるがゆえに過ちであるような「正」——よりもよりよきものたる所以である。すなわち、これが「宜」ということの本性にほかならない。法が一般的なるがゆえに不足している場合における法の補訂たることが——。

このように「法律」が欠缺を有する場合にそれの「補訂」が裁判官によって行われる止まらず、そもそも法を立てることができない場合もあり、そのときには、「政令」*ψήφισμα* が必要とされる。これらの尺度はどのように設定されるのであろうか。アリストテレスは「まことに、非固定的な事物に用いる規定は、やはりまた非固定的なものであることを要する。あたかもレスボス建築における鉛の定規のごとく——。この定規はもろもろの石の形に応じて変化し、固定していないのであるが」[100]と述べて、尺度の融通無碍な性格を理由にしている。「おおよそのありかた」を規定する制定法の枠を超えるような事態が発生したとき、正・不正の判定の欠陥を補訂すべく援用する正義がエピエイケイアであるが、実は、このエピエイケイアは、プロネーシスに似たあるいはそれを補助する実践領域での知的卓越性に連関している。

その連関するものとしてさらに、「もの分かりのよさ」*σύνεσις* がある。これは、エピステーメーでもドクサでもない。したがって、また、永遠で変化しないもの、生成消滅の世界に属するものでなく、人びとがそれについて困惑し、思量する場合のものごとに限られる。ただ知慮が命令的‐規範的であるのに対し、シュネシスは、こうしたものごとについて、うるわしく判断‐批判を行うにとどまる[101]。それ

から「情理」γνώμη あるいは「同情心」συγγνώμη もこれらに連関する。これらは，きわめて厳格な法律の適用から生じる非人間的な結果を防ぐべく正義の代用機能を営む[102]。同情は「宜」（エピエイケイア）の存するところを正しく判断しうるごとき知であって，情理を有することは，特殊を普遍のもとに包摂したり，感覚的なものを知的なもののもとに包摂したりすることではない。再び，オーバンクの言葉を援用すれば，それ自ら感覚的個別的なものでありながら，理性を感覚的なものや個別的なものにしみ込ませるものである。同情心は，ラディカルな正義を，この可変的な世にあって有限の力しか持たない人間に課そうとはしない。情理を有するひとは，学知が厳格にすぎるとき非人間的になりやすいことを知っている。強引であろうとする学知の厳格さに対し，衡平なひとは情理を立てて結論を柔らげる[103]。

ここにオーバンクの根源的なプロネーシス理解が窺われる。それは，「知慮」は「不死を基準にして可死的なことを判断しない」ということ，すなわち，古代ギリシアの伝統的知は「人間的」知はその「広がり」によってではなく，「限界」によって道徳的であるということを，「知慮」という言葉で再認してきたということでもある。ギリシア悲劇のテーマは，知の不遜に対して経験の忍耐を対立させたことにある[104]。法諺にも「正義の極みは不正の極み」とあるように，ここでも正義の本質が「中庸」にあることが知られるが，その真意は「制定法」を神とするのでなく，人間的なことがらは〈人間的な仕方で知慮せよ〉ἀνθρώπινα φρονεῖν ということにある（この態度はだからといって ἀθάνατα φρονεῖν，すなわち「不死なるものを思え」を排除するものではない）。

このように，アリストテレスは法的正義の欠陥を克服するために，一種の正しさとして「エピエイケイア」を前面に出すが，それは，文字で固定されない正しさであり，「千変万化する倫理的状況の無規定性に即応しうる無規定で柔軟な尺度」であり，「多様に顕現する個別的な諸徳の根源に扇の要のようにあって，……これが個別的状況に即応して諸徳を現実化しているもの」で，結局は「プロネーシス」に他ならないとされる[105]。エピエイケイアは「法律の補訂」であって「さらに優れた正しさ」βέλτιον δίκαιον に導くものであるが，それは，法律の文言の背後にある立法「者」の意図（プロアイレシス）に自己を一体化させた「宜しきひと」ἐπιεικής の働きに基づいている。この説を延長して考えると，アリストテレスの「宜しきひと」は結局はプロニモスであれば，彼は，書かれた制定法よりも卓越し

た「生ける理性」ということになり、これはイデアを体現しているプラトンの「哲人王」の思想に接近してきはしないだろうか。

　アリストテレスは基本的には、可能な限りノモスの尊厳を保持しようとする法治主義者であった。彼は『政治学』で、確かに法律が規定しえないところでは「そのために法律は特に役人たちを教育して、自分の仕残したことについては『最善の判断によって』裁判し統治するのを彼らに委ねるのである、その上制定された法律を試してみて、何かそれよりももっと善いと思われるものがあるなら、それへと修正することを許しているのである。だから法律が支配することを命ずる者は、ただ神と理性とだけが支配することを命ずるのだと思われる。しかし、人間が支配するのを命ずる者は、それにけだものをも付け加えるのである」(Pol. 1287a27-31)[106]とし、人治政治を後退させ、法律をヌースのレベルにまで引き上げた。

　これに呼応して、『弁論術』では、「だから最も適当なことは、ただしく定められた法律が可能な限り全てのことを自分みずから規定し、そして裁判する者たちの裁量にはできる限り少なく任せるということである」(Rhet. 1354a26sqq.)[107]と態度は変わっていない。法律が規定しうることについては、法律が最もよく支配し裁判しうるわけで、それが主権者でなくてはならないが、法律がどうしても精密に語ることができないことだけに関しては役人が主権者であることを認める(Pol. 1282b2-6)。しかしこれはあくまでも法律による授権の範囲内での裁量権限を認めているにすぎない。問題は、現行の法規定自体がもはや対応しかねる事態に直面したとき、法律に拘束されない叡智を有する者に統治を委ねるべきか否かである。

　この点ではプラトンの主張ははっきりしている。いわゆる「哲人王」は自分が正しい理性であるような人間、すなわち生ける規範の体現者である。それゆえに、彼にとっては「法律」の妥当は二の次であった。有名な譬えが示すように、法律は、旅行する前に医師が患者のために書き残した処方箋に等しいものである。旅から帰ればこの処方箋は不要である。とりわけ政治活動上の悲運に見舞われたプラトンは、『ポリティコス』で、一般的規範としての法律の本性のうちにある欠陥を告発して、一番善いのは法律ではなく英明な王者が権力を握ることだと説いている。「王者」βασιλικὸς ἀνερ は法律に拘束されず、真の善（イデア）の知を有するが、真の「政治家」πολιτικός がいない諸国では法律が遵守されねばならない。法律の遵守はいわば「第二の航海」に当たるようなものである。法律自体は、人間

の教養がなければ，理想国家へ導き得ない，それどころかふさわしくない政治家の手にかかると危険な手段と化す恐ろしさを有している。プラトンにとって正義の実現に際し何よりも肝要なことは，実は，国民の教育である。彼は真の教養は立法を不要にすると信じている。『ノモイ』でも，この考えは放棄されておらず，常に理想国家を第一のものとし，『ノモイ』の国家は第二級のそれでしかない[108]。

　真の自由な人間の理性は法律に服従するには及ばない。なぜなら彼は，法律よりも優れたイデアに服しているからである。ただ，教育がその目標にまだ届かず，大抵の人間は最善のものを認識して，これに従って振舞うことができないがゆえに，法秩序が必要となるのである。してみれば，それは，無教養な人間の本性から生じているものであり，法律はパイデイア（教育）を最高の照準とする精神的制度であり，「法律の前文」 $προοίμιον\ τοῦ\ νόμου$ はあげて，法律の適用がイデア認識を目標とするものであることを銘記せねばならないことになる。裁判官は立法者の命令を正確に把握し，全ての点で厳密にそれを維持せねばならない。医師が健康を，将軍が勝利を目標に立てるように，彼は正しい法律の運用によって市民を教育せねばならない。立法の場合も同じであり，それは未完成の絵を完成する第二の画家の役割に等しい[109]。特に，全立法の統一を定立する最高目的を目標にした「夜の会議」の影響下にあって，立法者は，捉えたイデアに基づき，それを模倣して法規を定め，裁判官は，事案の詳細な規則を欠く法律の欠缺を補充する。こうした一連の目的論的方法によって，イデアに基づく法秩序の統一が可能になると構想する。

　これに対し「生ける理性」たるアリストテレスのプロニモスは，化体すべきイデアを持たない[110]。しかしながらプロニモスはプロネーシスの化体であると考えられる。そこから，それではプロニモスとは一体どういう人物かという疑問が出てくる。ここでアリストテレスは，アナクサゴラスやタレースといった天上界に関心を持つソポスに対照させ，プロニモスの典型的人物としてペリクレスを挙げている。しかし，この選び方はアリストテレス自身のひいきによるのでなく，古代アテネの伝統によって典型とされた人物への古典的引喩によるものである。とすれば，アリストテレスは哲学的追究を諦め，祖国の民衆が賞賛する古代の英雄の理想に回帰したにすぎなかったのであろうか。

　この点につき『プラトンの法律適用論とアリストテレスにおける衡平の概念』（1953年）という小著によれば，アリストテレスはイデア論を批判するので「当為」

第2章 法・国家研究における「中」と「知慮」　95

について語ることができず，倫理的理想を経験から導いていると捉える。こうしたアリストテレスの経験的現実の把握の努力が，普遍的な法論や国家論の展開を妨げたと言う。彼の法論や法適用論には，立法者を支配する最高原理も無ければ，法律解釈の方法も無い。彼の衡平論はこの欠陥を埋めるために規定されたものであるとする。これに反して，プラトンの場合，法体系の根本原理と法律解釈の方法を立てているので，特別に衡平について語る必要を感じなかった。彼は法規範を，その中で裁判官が方法に従って，具体化を行う枠と考えた。法体系の中では，統一はイデアに基づき，目的論的方法が法規範の具体化を行うので，衡平はなんら重要な役割を果たすには及ばないのである[111]。

このような思考法は法律の無欠缺を前提する法教義学の印象を強くするが，この結論は，プラトンの法的体系統一は，それを根拠づけるイデアが「そもそも無い」と批判されるのに，「在る」と言明したうえで可能となっているにすぎない。ところがアリストテレスはそもそも「無い」ということを認めたがために，プラトン的結論が不可能となったのであるから，その違いの根拠を追究することが肝要となると考えるべきではなかろうか。確かにアリストテレスは経験に忠実であろうとするがゆえに，「体系家」とは言えないが，果たして彼のいうプロニモスは哲学的背景を欠いた，きわめて優れてはいるが単なる「経験家」ὁ ἔμπειρος にすぎなかったであろうか。この点で想起されるのが，『ニコマコス倫理学』で「人がどう思おうと至る所に妥当している」「自然的正しさ」φυσικὸν δίκαιον や，『弁論術』で言及されている「不文法」ἄγραφος νόμος，あるいは「共通の法」κοινὸς νόμος である[112]。これらは人間的行為を導く本性に刻印された理性的エイドス（形相）である。

アリストテレスが手放していないこれらの概念こそ，イデアとは性格を異にするとはいえ，経験的な正・不正の固定的な見解を絶えずカイロスに即して吟味し変えてゆく理性の超越論的な普遍性をプロニモスの見解に保証するものとみなしうる。代表的な新スコラ主義者ヨゼフ・ピーパーは，トマスとの連関から，「良知が知慮を動かす」"synderesis movet prudentiam." と述べ，万人に普遍的に具わるシンデレーシス「良知」Ur-gewissen を，奥底からプロネーシスを起動させる働きとして規定している[113]。アリストテレスは倫理の領域でもやはり形而上学（またはメタ・エティカ）を排斥していないと解する方が，プロニモスの真理把握は普遍と特殊の両極にまたがるという彼本来の見解の趣旨に沿うように思われる。

3　プラグマティズム自然法論としての Jurisprudentia

　これまでわれわれは，アリストテレスの「知慮」が，一方，具体的状況の中で，他方，普遍的な正しさを見つめつつ，「中」をプラクトンすなわち実践において追求すべき目的として把握する徳であることを論じてきた。ここにおいて，自然法論は，従来「法律学」と訳されてきた「法の知慮」という文字通り元の意義に帰ってゆく端緒を得る。近年，自然法論は，現代の道徳的・政治的・法的理論への再統合の関心から新たに見直されている。こうした経緯の中から，われわれがこれまで検討してきた問題意識に近い注目すべき試みが最近現れた。これは，伝統的なプルーデンティア（知慮）の働きを，プラグマティズムの精神に結びつけて法に適用する視点から，自然法論の復興を企てようとするものである。

　ハンガリーの法哲学者 Ferene Hörscher は"Prudentia iuris"（2000年）と題する著作において，自然法を，行為者の日常的問題状況のみならず，ハード・ケースにおいても発見さるべき解決として提示しようとするプラグマティックな類の自然法論こそ，人間の自己決定の知慮に基づく説明に他ならないとする。一見きわめて異質に見える両思想を結合しようとするこの企てを可能にする類似性は，いずれも「行為」の視点から道徳問題に関心を寄せているところにあり，他方，社会の本性は人間の無力を克服し，市民社会の発展を可能にすると考える「哲学的人間学」を共有しているところにある[114]。こうした前提に立ちつつ，彼は「実定法の背後に何か確固としたものがあるのか」，「いかにしてわれわれは現行法の道徳的規準を正当化しうるか」，「そこから，有効な法の最終的正当化について決定しうる特別の観点，ある外的な土台は存在するのか」という問いを提起する。

　自然法論は通常，可変的な実定法に比べて，ア・プリオリに妥当する永遠の普遍的規範があると主張する。ところが直ちにこれに対してさまざまな異論が続出する。「自然法規範の存在論的地位とはどういうことか」，「それはどこにあるのか」，「われわれはいかにしてそれらを学びうるのか」，「それらを視認する直観の特殊的な技術はあるのか」，「どこまでまたどのような意味で，自然法規範は実定法に優越するか」，こうした一連の問いである。これらの疑問に対するヘルシャーの答えは，特殊状況から離れた抽象的命題から自然法を演繹的に導くといった，一般に流布している自然法の理解に対して，自然法は特殊状況の中に住まい，その行為者に依存し，機能的に築き上げられると描かれる自然法像の提示である。「それは，法典化されたあるいは法典化しうる諸原理ではなく，特殊な人間の性格

第2章 法・国家研究における「中」と「知慮」　97

の内に住まい，特殊な状況においてその実現化を待つ一連の徳である。したがって，私にとって自然法は，今日好んで道徳性と呼ばれるものに近く，直接実定法に影響を与える（すなわち覆す）ことを望むものではない」[115]。このように見ると，ヘルシャーの説く自然法観念はどちらかと言うとコモン・ローの伝統に乗るケース・ロー体系に近くなる。

　彼もオーバンクと同様に「人間的出来事の偶然的領域」の中で，いかにして「善く生きるか」というテーマを共有しているように思われる。彼はとりわけ C.S. パース，W. ジェームズ，J. デューイ，G.H. ミードに依拠して，まず，プラグマティズムの精神を取り出す。ジェームズの有名な定義によれば，それは「古い思考の新しい名称」であり，アリストテレスにまで遡り，ギリシア語の「プラグマ」$\pi\varrho\tilde{\alpha}\gamma\mu\alpha$ から，"practice" というわれわれの言葉が由来していると言う[116]。それによれば，世界を克服する手段は人間的行為であり，知識はまさに人間的行為の準備であって，人間的行為こそが世界に意味を与える。二つの異なった世界がぴったり重なるようになるには，結局行為の成果を待つ以外に無い。ひとは選択し，行為せざるを得ない。そして選択は他の可能性の排除を意味する。そこから次のような一連の行為の流れが導かれる。先行判断―行為―習慣（経験）―信念―概念という過程である。プラグマティストはタブラ・ラサの無前提から出発するのを避ける。一種の経験に基づく知が前提条件をなす。ところが経験を獲得することは行為を必要とする。かくて，経験と行為とは循環関係にあることが示される。

　ここに，ヘルメノイティクに影響された著者ヘルシャーの人間観が看取される。行為の反復は習慣を形成する。この習慣において内界と外界の両方をわれわれは発見しうる。この習慣こそがわれわれの内界を形成し，所与の状況で一定の方向で行為することを容易にし，これが思量され自己抑制を受けるときに「信念」が成り立つ。経験は何も外界での活動に効果あらしめるだけでなく，人間の内界を形成するうえで重要な意味を帯びていることを知ることが肝要なのである。「倫理」は正しい習慣を確定することを目的にするのであり，「倫理的理性によってコントロールされた行為は，行為の確定した一定の習慣へ傾く」[117]。

　プラグマティストの真理の道具観は知られているが，真理は現実によってテストされるだけでなく他の諸真理によってもテストされる。すなわち「人間的活動を特徴づけるものは，古い経験が新しい経験によって対決を迫られていることである」。われわれは通常，既知のよく知られた事柄を通してよく知られていない事

柄を理解しようとするが,「新たな状況で起こる事態において,新しい真理は古い臆見を新しい事実と結婚させる」[118]。「二つの世界の衝突で,内界は持続性と柔軟性とを示すが,内界の柔軟性は,その最高価値すらも再構築するラディカルさを含むまでに広がる」[119]。この基礎的理解を裁判の世界に転用して語るならば,裁判官は,その新たな判決を通じて,すなわち個別的なものの包摂がかえって普遍的なものの修正を促すことを通じて,法の発展に寄与する帰結をもたらすことになる。法適用が,単に普遍から特殊に到達する手続きでしかないなら,格別に知慮という徳は必要でないことになる。むしろ,既定の規範によっては十分に案内されえないところで知慮は働くのである。

知慮は,先天的に人間に与えられているものではないし,またペリクレスの息子に対するように教えられるものでもない。知慮習得の背景には「経験」と「実践」とがある。ヘルシャーはこの両者につき,次のように説明を補足している。経験には「伝統」と「記憶」とが含まれる。伝統は,人生の短さにより偶然的状況に直面したとき用意すべき情報が不備なのを,補うものである。人生の悲劇的な性格を認めるならば,人間社会の中で何世代にもわたって蓄積されてきた情報が必要である。もっとも,伝統は個々人のために共同体が用意する案内として役立つ反面,個々人の手を拘束するのに用いられることもある。ここにおいて伝統からの脱却と伝統の導きとの正しいバランスが発見されねばならない。このことが,実践に関する判断を健全にする正しい比例感覚を要求するのである。今日では伝統を生き生きと維持することが困難になってきたが,ヘルシャーは,正しい行為はよき記憶を必要とすると付け加えている[120]。

次に「実践」についてであるが,これは理性の助けを省き形式的マニュアル的秩序を通して伝統が伝えられる場合である。人生の大部分は,この日々のルーティーンのおかげでいちいち考えて選択決定する労をとらなくて済むがゆえに,これが人間存在のもう一つの守護者とされる。彼によれば,これにも二通りの形態があり,公共レベルでの慣習と私的レベルでの個人的習慣を挙げている。実際これらがなければ,次に何を為すかをいちいち考えねばならないので,行為する時間がなくなってしまう。思量するのも大切であるが,しかし,結局は道徳的行為に踏み切ることが肝要なのである。「現代道徳理論の活動主義は人生におけるこの要素の重要さを忘れがちである」と指摘している[121]。これは,アリストテレスが念頭に置くプラクシスの意味を厳格に捉えるあまり,通常の実践の意義を閑

却しがちなわれわれの盲点を衝いた見方であると言えよう。この習慣を重視するヘルシャーの姿勢は、ジェームズに由来している。習慣は「善き秩序と健全な公共道徳の維持において保守的役割」を演じていると言う。ただし、アリストテレスが述べる習慣は、それ自体だけでは徳の形成に程遠いものであり、既にわれわれの側で「思量、そして適切な選択、正しい決定」の積み重ねが無意識に身について循環構造をなしていることが忘れられてはならない。

　ヘルシャーは、これら経験と実践に加えて、「合理」を超える能力を「知慮」の内部に持ち込む。これが「直観」であり、「道徳的感覚」と呼ばれる部分である。それは、現代科学の合理的基盤のうえでは明言できない人間存在の部分であり、善悪のデータ・センスに向けられた五感に類する知覚である。ここで彼が援用するのが 18 世紀スコットランドの思想家たちハッチソン、ヒューム、スミスである。彼らが一様に前提する道徳的感覚は、万人に内在する自然的能力で、万人に、同じ状況に直面したときに同じことを命ずるものである。それは自然法の一部をなすものと考えられ、「それなくしては道徳的事実のわれわれの感覚的把握において不可避的な類似性を議論しようとするとき、何に依拠すべきか想定することが困難になってしまう」ものであるとされる[122]。

　以上見てきたヘルシャーの興味深い提議は、わが国で既に、トマス学者稲垣良典の『習慣の哲学』によって先鞭がつけられているように見受けられるが、実は、ドイツ観念論を基調としてきた西田哲学にも独創性の機縁を与えたのが、プラグマティズムへの真剣な取り組みであったことは今一度想起されるべきであろう。いずれもプラグマティズムと志向を同じくする「経験」の概念は、思索者にとって深い次元を有していたのである。ともあれヘルシャーの議論は、基本路線としてのアリストテレス–トマス伝統的自然法論の延長上にプラグマティズムを置きながら、プルーデンティアあるいは「常識」、「同情」、「道徳的感覚」という概念を媒介に、マッキンタイアーの「徳」、ガダマーの「理解構造」、アーレントの「判断力」、カントの「実践理性」に対置されるイギリスの「常識哲学」等を援用して組み立てられている。

　しかし最後に強調しておきたい彼の議論の特徴は、「知慮」を世俗的次元に留めず、「愛」へと向かう超越的部分を含ませていることにある。アリストテレスにおいて既に「衡平」（エピエイケイア）は「同情」（シュングノーメー）に近い観念であったが、トマスの注釈は、この知慮の部分を、イエスの教え「慈悲」に結びつけて

いる[123]。かくて，彼の議論は，知慮という徳に，正義から慈愛へ，実定法から自然法へと架橋する役割を担わせていることにきわまる。

　ところでこの議論の驥尾に付して次の私案を提起しておく。キリスト教の教えによれば，知慮の核心は「良心」であった[124]。知慮の働きが，状況に応じて適宜な機能を発揮し，状況の歴史的変遷に応じて，「中」すなわち均衡点を見出すのに特色ある現れをすることはこれまで見てきたところである。今，この知慮の概念を拡大するカイロスにあるのではなかろうか。現代の人間内外に見る自然機能の閉塞状況は，この知慮（すなわち「配慮」Sorge）の概念を拡大し，その存続を配慮すべき相手を「自然物」まで含めることを要請している。近代の延長に立ってこれまで，人間の内にあっては，個人的自由の拡張により軽視されてきた人間の自然的傾向性，すなわち種的形相維持の配慮が求められているように，人間の外にあっては経済発展に随伴した汚染や破壊から自然を救済しようとする運動が起こったが，この自然維持への配慮を導く「良心」は，丁度，アルド・レオポルドがその「大地の倫理」Land Ethics の基底に置いた「生態学的良心」ecological conscience という広大無辺の愛の意義を帯びてくるであろう。

　こうした提案は次に紹介する最近の著作によっても支えられる。「知慮の理論に関する究極的な異形は ecological prudence と呼ばれうる。これこそ，私が本巻で作業しながら偶然に出くわした視角である。エコロジー思想の系譜は……『知慮』という言葉とその同族言語の使用を明らかに示すのみならず，さらに重要なことに，近代主義の包括的批判の発展を，そして政治問題を定義し予測する新しい地平の出現を，トピックスの広範な範囲を横断する新しいボキャブラリーの使用を……明らかにする」[125]。プロネーシスを歴史とともに活かすのは，何もアリストテレス，トマスの時代で終了したわけではない。これらの著作群もまた，社会の安定性を目指す実定法を基礎としながらも，世界-内-存在のうるわしきあり方（Verfassung）を方向づけるのは，相変わらず，歴史の奥底から聞こえてくる自然法的「当為」に基づき，実定法の固定的性格を溶解し，人間の人格性を高めてゆくのを使命と心得る「知慮」であり続けることを過去から示唆しているのである。

第4節　共同体における「中」と「知慮」

1　ポリス-内-存在

　既に『ニコマコス倫理学』において見届けたように，人間の徳は「アレテーに即した魂の活動」であった。今や，アリストテレスは『政治学』の冒頭で，この人間の魂のあり方を λόγον ἔχειν （言葉あるいは分別を有すること）と κοινωνία （コイノーニア，共同で存在すること）によって特徴づける。この二点に絞って再度ハイデガーによる解釈を手引きに，人間の生の最高形態，すなわち幸福は，ポリスにおいてはじめて完成を遂げるという有名な主張を追究しよう。

　アリストテレスは『政治学』第1巻第2章で，「ポリスは生活のために生じてくるのではあるが，しかし，善き生活のために存在するのである。それゆえにすべての国は，もし最初の共同体も自然に存在するのであるなら，やはり自然に存在することになる，何故なら国はそれらの共同体のテロス（終極目的）であり，また自然が終極目的であるからである。何故なら生成がその終極に達したときに各事物があるところのもの——それをわれわれは各事物の，例えば人や馬や家の自然（ピュシス）と言っているからである。さらに或る事物がそれのためにあるところのそれ，すなわち終極目的はまた最善のものでもある，しかし自足は終極目的であり，最善のものでもある」と述べ，国，つまりポリスは，本性的に善き人間的生を可能にする場所である所以を語っている。ハイデガーはここを捉えて，「人間自体の存在の内にはポリス-内-存在の根本可能性が存する」と独特の説明を付する[126]。アリストテレスは人間のポリス的存在たる所以をさらに展開し，人間の存在は λόγον ἔχειν であり，かかる規定のうちに，κοινωνία つまり共同存在として特徴づけられる人間の基本的存在様式があると述べる重要な一節を続ける。

　そして何故に人間は凡ての蜜蜂や凡ての群居動物より一そう国的であるかということも明らかである。何故なら自然は，われわれが主張するように，何ものをも無駄に作りはしないのに，動物のうちで言葉を持っているのはただ人間だけだからである。声なら，これは快・苦を示す徴であるから，したがって，他の動物もまた持っている（……），しかし言葉は有利なものや有害なもの，したがって，また正しいものや不正なものをも明らかにする為に存するのである。

何故ならこのことが，すなわち独り善悪正邪等々について知覚をもつということが，他の動物に比べて人間に固有なことであるからである。そして家や国を作ることの出来るのは，この善悪等々の知覚を共通に有していることによってである[127]。

ハイデッガーは以上のパッセージに注目し，アリストテレスは，まずこの箇所で人間の特徴を浮かび上がらせるために，動物に見られる「世界-内-存在」，つまり生命が世界に出合う一定の様式，「声」$φωνή$ に対して「言葉」$λόγος$ を際立たせたと注解する。動物の声は「快」$ἡδύ$ や「苦」$λυπηρόν$ を示すのに対し，人間の言葉は「有利なもの」$συμφέρον$ や「有害なもの」$βλαβερόν$ を示す。人間の生はしかし共同存在に基づいているがゆえに，「有利なもの」（シュンペーロン）や「善」（アガトン）の「共同体」（コイノーニア）を構成する。しかしながら動物もまた群居しているのであるから，ある意味で「国」$πόλις$ を構成すると言ってもよいが，アリストテレスは人間の方が「より一層ポリス的動物」$μᾶλλον\ ζῷον\ πολιτικόν$ であると述べている。

この差はどこから出てくるかと言うに，動物の生命の開示は「声」を通じて行われるが，それの世界との出会いは，「誘い」と「警戒」において共同存在の様式を示すものの，世界はまだ対象化されておらず，むしろそれによって規定されているのに対し，人間の生命の開示は「言葉」を通じて配慮の目的である「有利なもの」を他者に表明することで遂行されることにある。「有利なもの」とはテロスに向かって寄与するものを指して言う。そして実践，プラクシスは，このテロス実現の配慮（Besorgen）であるが，人間の場合，それは $λογίζεσθαι$，つまり具体的状況の中で思量し，この「有利なもの」を言葉に出して言うことにおいて表明される。それゆえにコイノーニアとは，他者に何が「有利なもの」であるかを言葉を通して伝える共同関係に他ならない。かくして，共同に存在するというコイノーニアと，有利なものを伝えるロゴスとは「等根源的」であることになる。ハイデッガーは以上の議論をまとめて「語ることを通じて遂行される明示化は，伝達，他者に明示すること，明確に共同に世界を手にしていることの様式である。これが世界における人間の存在の根本規定である」として，人間が「ロゴス的動物」$ζῷον\ λόγον\ ἔχον$ である所以を説明している[128]。

ただ残念なのは，ハイデッガーは，アリストテレスが「人間は言葉を有する動

物である」とか，あるいは，「ポリス的動物である」とか述べている箇所に解釈を限定して，人間の現存在の本質を顕にしようとした結果，ロゴスを「言葉」と訳し，それを介しての人間の共同存在性を明らかにした（晩年では，言葉は存在の秘密を開示する意義を担わせられる）が—もっともこれはこれで後に，別人の手でコミュニケーションの論理やヘルメノイティク研究の展開に基礎をおいた点で評価されるべきであるが—これではロゴスのポリス的性格は完全に規定されたとは言えない。ロゴスが有している他方の意義，つまり「ことわり」や「分別」が**正・不正に関わっている**こと，言葉を通じて表明される「人間にとって有利なもの」とは，実は「共同善」に他ならないこと（*Pol.* 1253a29sqq），こうしたことが挙げてアリストテレスにとって人間の「ポリス-内-存在」を際立たせるのであって，この要諦が抜け落ちているように思われる。

　このようにいったん国家の本質への問いに入りかかったハイデッガーは，再び現存在の本質の開示への問いに戻っていくが，しかし実は，言語への問いを介して，別のルートを迂回して政治上の言論の問題に入ってゆく。アリストテレスが「人間はロゴスを有する動物である」というこの「ロゴス」を「言葉」と訳すことによって，言葉を人間の世界-内-存在の本質を開示する徴と捉えたハイデッガーは，さまざまな言論の現れを研究したアリストテレスの『弁論術』（レートリケー）に，自身の議論の展開を図る手がかりを得た。この「語る存在」の実存論的分析の過程で，われわれの関心の的となっている「政治的なもの」の具体的様相が顕になってくる。この意味で『弁論術』はアリストテレス政治哲学の議論構造（議論の中身ではなく）へ接近する方法論を用意していると言える。このことを念頭においてハイデッガーの『弁論術』解釈を辿ってみよう。

　アリストテレスの「弁論術」の定義につき，ハイデッガーはこれを「弁論術とはそのつどの所与のことがらに即して，話題のテーマになっている問題に賛同するものを見てとり，そのつど，問題に賛同できるようになるものを見てとる可能性である」と訳している[129]。レートリケーは，ソフィストたちが考えるように，はなから相手を説得しようとする者のために用意された技術ではなく，どのような問題に賛同できるかを見うるように教育する可能性である。それは医学や数学と異なり限定された領域を持たない。レートリケーは人間の共同存在としての存在の根本様式たる言論について語っているのである[130]。それは聴き手に確信を形成させるためにさまざまな仕方でザッヘを言語化する方法術である。こうして「信

じること」を聴き手に生み出させる言論の中で臆見が形成される。これが日常生活を導き支配する。語られている事柄が主題化されることなく信じられている。

レートリケーは、相手方の納得が得られるべく一定の問題に対し「信じるに値するもの」を見させる情態へ導く術である。この「信念」が一般に議論の出発点であり、また終点にもなる要(かなめ)となる。アリストテレスはこうした言論に次の三つの様式を見てとった。まず話者の倫理的態度が肝要である。言論は語るものを信頼に値するものと思わせるエートスの中で行われねばならない。第二に、問題について語りかけられている聴き手の情態が肝要である。聞き手が共感を覚えるか反発を覚えるかは、語り手にとって問題になるからである。感情は、世界-内-存在の規定性、ハイデッガーの「情態性」Befindlichkeit において基準となる役割を演じるのである。第三に、ザッヘについて開示される真理は、「厳格な真理認識」$\theta\varepsilon\omega\varrho\varepsilon\tilde{\imath}\nu$ によらず、蓋然的な程度における真なるもので満足せねばならない。約言すれば、アリストテレスは言論の一般的構造の三契機として、話者、聴衆、話題を取り出したのである[131]。

次いで、ハイデッガーは、〈弁論術〉における「模範」(パラデーグマ $\pi\alpha\varrho\acute{\alpha}\delta\varepsilon\iota\gamma\mu\alpha$)と「弁論術的推論」(エンテュメーマ $\dot{\varepsilon}\nu\theta\acute{\upsilon}\mu\eta\mu\alpha$)との言論を、今度は〈弁証術〉における「帰納法」(エパゴーゲー $\dot{\varepsilon}\pi\alpha\gamma\omega\gamma\acute{\eta}$)と「論証法」$\sigma\upsilon\lambda\lambda o\gamma\iota\sigma\mu\acute{o}\varsigma$ との言論にそれぞれ並行させている[132]。弁論術が弁証術と異なる点は、前者がプラクシスに関わり、一定のザッヘへの知識の獲得に関わるのではないということである。アリストテレスの弁論術における議論法は、まずパラデーグマ、つまりある理想的な具体例を援用して、自分の論拠とすること、次にエンテュメーマ、つまり長い推論を聞くのに堪えない聴衆の為に自明の大前提を省略して、直接聴衆の心に訴える論法である。

この二通りの論法に対応して弁証術では、個別から普遍へと遡るエパゴーゲーと厳格な三段論法の手順を踏む「論証法」(アポデイクシス $\dot{\alpha}\pi\acute{o}\delta\varepsilon\iota\xi\iota\varsigma$)が区別される[133]。前者は日常の話術に、後者は学問的証明に重心をそれぞれ置くことに違いがある。ここで、パラデーグマとエパゴーゲーとの並行、エンテュメーマとアポデイクシスとの並行を見ることは興味深い。なぜなら、アポデイクシスにおける第一原理がもはやそこからは遡って何ゆえかを問い得ない確実性を有しているのに対し、政治的言論では、万人にあるいは大抵の人びとに、あるいは人びとの間で名の知られた有識者にとってかくかく思われること、すなわち「エンドクサ」

ἔνδοξα が，議論の出発点をなして，あたかも学問的論証をなすような様相を帯びるからである。

これに連関してハイデッガーは，アリストテレスの初期の作品『トピカ』において既に，弁証術の論証とは異なる一種独特な論証があり，それが弁論術に見られる論証に対応することを指摘している[134]。『分析論』で言われるような，推論がそこから開始する「大前提」πρότασις は，エンテュメーマの性格を持つ推論ではエンドクサが発端として代用される。この意味で弁論術は，人間相互の共同存在の可能性を明らかにする働きのゆえに，「政治術」πολιτική と深い関係を有することになる。ソフィストたちは，自ら政治に携わった体験もないのに，政治術を弁論術と同じように考えている。だがアリストテレスはそのような意味で両者の連関を語ったのではない。「学芸に通じた練達者であってはじめてもろもろの作品を正しく判断することが出来るように」，政治の作品である法律の善し悪しも，諸々の法律や国制の蒐集を通じて，いずれのできがうるわしいかうるわしくないかを考究し判断できる素養が必要前提になる[135]。

そのためにはさまざまな「おおよそにおいて真なる」ものを，あらゆる方面から，過去から，外国の例から取り寄せるのみならず，人間本性そのものの哲学的分析の成果を，それらの素材の中にあってできる限り貫徹させる必要が生じる。ソフィストにおける弁論は，その基礎となるエンテュメーマ「信ずるに値するもの」の説得力を実証的に保証する努力を無視した単なる話術の華麗さでしかなかった。今や，アリストテレスにとって弁論術は，「アカデメイアでの口頭の討論に代わり，著作において政治問題に論及する内的対話の方式を提供する」ものとなる。実はこのように論じたのは，先ほども援用した Markos Vardakis であった[136]。そこで，われわれは，アリストテレスがその核心をなすメソテース論を政治学にどのように適用するかを見る前に，ヴァルダーキスが丹念な実証努力をもって析出したアリストテレス政治哲学の方法論—その基礎は『トピカ』や『弁論術』に置かれている—の要諦のみを概略して描いてみよう。

2　政治哲学の方法論

アリストテレス政治学に対する研究視角には，各巻の整序を問題にする言語学的方法，豊富な歴史資料を研究素材とする歴史学的方法があるが，やはり核心はアリストテレス自身の政治理解を価値論的および存在論的に根拠づける法哲学的

方法であろう。その方法を適用するに当たって出発点をなすのが、『トピカ』で特殊な種類の弁証術と呼ばれた議論展開の根幹をなすエンドクサである。戦後早い段階で、法哲学者フィーヴェクが公刊した『トピクと法律学』は、法哲学の新機軸を打ち出すのにこの言葉の持つ計り知れぬ重みを感じ取り、後に輪を広げて、実践哲学復権のきっかけをなした。さて『トピカ』で基礎づけられた弁証術的推論法はすべての学に仕える普遍的方法論とされる[137]。それゆえに、「最高にして最善の建築術」と呼ばれた政治学にもそれは適用されうる。

　われわれがこれから援用するヴァルダーキスによれば、このエンドクサは、プラトンの解するドクサと必当然的な学の真理との中間にあり、単なる主観的臆見ではなく、多数者あるいは有識者の合意を表現しており、その限りで「真理に関する」$ἀληθές$ 関心は排除されていない[138]。『トピカ』（100a1sq.）で述べられた「あらゆる提起された問題についてエンドクサから推論式を形成しうるような方法を発見する課題に従うのがわれわれの仕事である」という言葉は、プラトン的弁証術との袂別（べいべつ）を宣言するものとみなしうる。『トピカ』での定義によれば、「エンドクサとは、万人あるいはたいていのもの、あるいは有識者に真であると思われているもの、有識者の中でも再び万人にあるいは大抵の者に、あるいは著名者や声望家にそう思われているもの」である[139]。

　ヴァルダーキスはここに「真と思われていること」$τὰ δοκοῦντα$ に二通りの位相があると見る。それは、真であると思う「人びとの多さ」と、真であると思う「学識者の優秀さ」とである。すなわち、彼は、量的卓越性と質的卓越性とが一緒になって、エンドクサを出発点とするアリストテレスの議論に、「確かさ」を保証するものとなっていると見たわけである。彼のこの指摘は、やがてアリストテレスが望ましいとする「国制」のあり方に関する議論の発端をなすもので、「合算理論」と名づけられている[140]。アリストテレスはその政治学を展開するに当たって、唯一の絶対的真理の要求を掲げることはしないが、同時にしかし、ソフィスト的主観主義に屈して実践哲学の可能性を放棄するようなことも拒絶している。幅広く世論を尋ね、有識者の見解に耳を傾け、総合的に意見を聞いて、個々の問題を根気強く処理してゆくのであるが、論争での勝利とか聴衆への受けを狙うような目的に対し、何が普遍的な価値判断を支えるのかを尋ねる哲学的姿勢は微動だにしていない。この基本的研究方針は、後で触れる国制論にも連関するが、量の多さのみを頼みとする正義論と質の高さを強調する正義論の一面性を避け、それら

両極の「中庸」である両者の総合に，**現実的に望ましい国制の姿を見ようとする**「中間国制論」を説明する際の下敷きになっている[141]。

　それでは哲学者が自らの根本原理を打ち出すに当たっていわばその質料因ともなるエンドクサは，アリストテレス『政治学』の中でどのようにして発見されるのであろうか。この肝腎の問いに対して，ヴァルダーキスは驚くべき（もっとも本人自身ギリシア人であるにしても）精力を集中してアリストテレスの文章命題の性格を腑分けし，次の六つのタイプに分類した[142]。関心を有する研究者の便益のために煩を厭わず以下紹介しておく。

　①**信念のエンドクサ**　　「〜のように思われる」（οκεῖ, δοκοῦσι, ὑπολαμβάνουσι, οἴονται）等の言葉が手がかりで，特に単数形の場合，他者の信念を指しているのか，自分のも入っているのかが問題になる。

　②**言語使用のエンドクサ**　　これは語られていることをはっきり指している。この場合には，λεγοῦσι, καλοῦσι, φάσι, λέγεται, ὁρίζονται という言葉が目印である。単数形で φησί δῆλον という場合，ある特定人物の主張が伝えられている。『政治学』では τὰ λεγόμενα が哲学的研究の対象として重要な役割を果たしている。

　③**明白のエンドクサ**　　これは「〜であることは明白だ」（φαίνεσθαι, φανερόν〜ὅτι, δῆλον〜, ἔοικεν）によって示され，問いに際し，明瞭に受け入れられる日常通念を指す。

　④**万人の合意のエンドクサ**　　この場合，「みんながそう思っている」（ὁμολογεῖται, πάντες οἴονται, οὐδείς ἂν ἀμφισβητήσειεν）という言葉が用いられ，一般に論争の余地のないものとして議論の根拠づけに用いられる。例えば，「万人にあるいは大抵の者に真であると思われていること」（*Top.* 100b21-22），「いかなるものにもそうと考えられることがらは，事実そうと認めるほかはないのであって，この確信を反駁しようとするひとも，とうていそれ以上に信ずるに足りるものを提示しえないであろう」（*EN.* 1172b36-1173a2）等。

　⑤**有識者の合意のエンドクサ**　　例えば，「立派な人たち」（βελτιόντες, σπουδαῖοι, σοφοί, γνώριμοι, ἔνδοξοι）と世評の高い知識人が思っていること（*Top.* 100b22-23）。有識者に受け入れられる意見は説得力ある弁証術の命題をなす（*Top.* 104a33-37）。

⑥**情理（グノーメー）のエンドクサ**　これは弁論術の効果的説得手段で，道徳的な性格を持った詩人や警句家の名言やギリシア民族の習俗を反映する。推論形式を省くとき，エンテュメーマの結論や大前提をなす（*Rhet.* 1394a26-28）。

以上のような文章解析の結果からも窺われるように，アリストテレスは自分の政治哲学を正面切って持ち出して，模範となる国家を描いたのではなく，政治学の重要概念の分析に際しては「多くのところで語られている」πολλαχῶς λέγεταιと言われるように，各方面から多様に語られる言語使用を引き合いに出し，丹念にその問題点を指摘し，吟味し，賛否の決定を下している。したがって，そのような言語使用はギリシア語の語法に関する知識や経験を前提するわけで，実際にアリストテレス自身このことを行っていたことが，『政治学』の言語を日常言語に関しても説明することの必要性を物語っている。引用したヴァルダーキスは，その点まさに自国民の有利を活かし，今度は，アリストテレスの言語分析を通じ，政治言語の再構成を試みる。彼は，この政治言語を，記述的命題・価値的命題・規範的命題の三つに分けており，今日の分析哲学による倫理—倫理的判断—メタ倫理学という周知の区別が，アリストテレスの場合，融合しているので，適切でないとしている。以下，同様にこの三つの命題の区別に関する要点のみ取り出し摘述しよう[143]。

①**記述的命題**　アリストテレス政治学は，プラトンよりも経験に由来する命題を用い，歴史資料に依拠しているので，記述的である。ただし，それは，事実の価値中立的な機能を持つこともあれば，価値論上の前判断に依存する弁論術上のパラデーグマの機能を果たすこともあることに注意しなければならない。

②**価値的命題**　政治学の根底には，善に関し，プラトン的イデアとは異なり，「人間的善」がある。アレテー，メソテース，エウダイモニアといった基本原理は，倫理学と政治学に共通する価値の分化として捉えられる。まず，事柄の積極的・消極的側面の評価を行い，次いで諸評価の比較から価値の位階秩序（大小）の形成へと至る。論理学では，真偽（κατάφασις と ἀπόφασις）を問題とする言表の区別が，価値的言表では追求-回避の区別の基礎とされる。『トピカ』で根拠づけられた「望ましいもの」αἱρετόν と「回避すべきもの」φευκτόν との区別は『分析論』にも見られ，この区別が価値上の分類をテーマとする倫理学

や政治学に応用されている。

　③**規範的命題**　　これは「〜ねばならない」($δεῖ, χρή, προσήκει, -τέον$)といった言葉の使用において識認できる。これらは，著者が政治家や市民に与える普遍的助言であるとともに，いやしくも政治哲学に携わろうとするなら，弁えておかねばならない重要な普遍的前提をなす。もっとも，規範的命題といえども，帰納的に，すなわち経験的諸命題によって根拠づけられることが稀ではない。歴史や過去から伝わる経験は，将来における政治的実践の基礎づけに対する善き議論である（*Rhet.* 1393a28sq.）[144]。

　以上，ヴァルダーキスの実際は精細きわまりない分析を，本節に関わると思われる部分のみ選んで略述したが，彼は，この分析成果をもとに，自分がメソテース原理の応用であると考える『政治学』の主要パッセージを選び出し，まず，一文一文の性格がどの種の命題に該当するかを確定し，その当該パッセージが議論上どのように組み立てられているかを解説し，最後にそのパッセージの文意を，すなわちメソテース原理の応用であることを立証しようとする。そのエネルギッシュな努力の成果をここで紹介することは，その量的大きさに関して困難であるし，また任意な選択の偏りに不十分さを覚えるので，われわれは，別の原理から『政治学』で適用されるメソテース原理について，彼の豊富な知見を援用しつつ述べていくことにしよう。われわれが選ぶ基準は，一応曲りなりにでも全体に触れうるように，ポリスを構成する形而上学的原理，その目的因・質料因・作動因・形相因からの視点とする。これらの基準に即して，アリストテレスは，正しかるべきポリスの構築に当たって，メソテース原理を，裏返して言えばプロネーシスをどのように活用しているか，以下探ってみることにしよう。

3　現実的に最善の国家を求めて
(1)　人間の存在論的構造

　メソテース理論は，ヴァルダーキスはあまり着目していないが，見え隠れしながら，いわば「破線」のように，アリストテレスが『形而上学』で展開した人間の存在論的理解に結びついている。アリストテレスの基本的な人間理解を示す次の言葉から考察を始めよう。「しかし，『人』とか『馬』とかその他このように個々の事物に〔述語として〕適用されるがしかし普遍的に適用されるものどもは，実

体ではなくて，或る意味での結合体 σύνολον，すなわち普遍的なこれこれの説明方式〔形相〕と普遍的なこれこれの質料との両者の結合的全体である」[145]。この言葉が示しているように，「人間」は形相と質料との「結合体」（本書では「合成体」と呼ぶ）である。この合成体をなす一方の形相部分はその本質を示し，合成体や質料よりも先在している。全体から離れて部分は存在しないように，死んだ指，すなわち生命や霊魂から離れた指は，ただ名前を同じくするのみで，もはや指とはいえない（Metaph. 1035b20sqq.）。合成体には生成と消滅とがあるが，実体としての形相にはそれは存しない（Metaph. 1039b20sqq.）。

　アリストテレスはこのように質料に対する形相の優位を説き，合成体にあっては質料が形相の支配下にあることが調和的なあり方だとする。しかしながら，逆に言えば合成体においては質料なくして形相はないのである。人間に限っていえば，精神は必ず身体に相即して作用するのである。そのとき精神は身体を動かしつつも，逆に身体から限定を受けている。身体といえども程度の差はあれさまざまな類的普遍性を有しているからである。この類的普遍性に基づく身体的限定を無視して，精神が遊離の作用をなおも続けるとき，身体的器官は故障し，心理的変調をきたし，その結果，精神的作用も停止せざるを得ない。身体なき魂である者とは異なる制限性を有するのが，「人間的」と呼ばれる魂である。

　それゆえに，人間的理性は，精神による身体の限定と身体による逆限定を十分に弁え，その「中」で，形相の実現を図るべく「知慮」に当為の命令を託するのである。身体を軽蔑したストア派の哲人のような高邁な生き方も，欲情の赴くまま快楽に耽溺するドン・ファン的な生き方も，「人間的」というには余りにも高低の両極に離れすぎている。純粋な理論理性は，意思・欲望・怒り等あらゆる情念とは無縁なので，意志の堕落とは無関係である。しかし，このような理想的な理性を，人間の実践生活の範型となすことは不可能である。実践理性は魂の「最善の部分」βέλτιον μέρος のように，まったく非質料的に存在するのでなく，身体の心臓部に着座しているのである。それゆえに，それは，快不快によって影響される欲求部分に関わらざるをえない。この感情部分は上から下までさまざまにあるが，概してひとは低きにつきやすいので，実践理性は，こうした欲求を己の出発点となしつつ，善悪に関する不正な臆見を立て，悪しき生活習慣に陥り，自己を転倒して真理を損なうこともありうる。

　人間の魂は最初から完成しているわけではない。理性的部分は後になってやっ

と展開されるのであり，まずは感性や欲求によって支配されている。若年者がその情念に従って生活し，行為を導く筈の実践理性がそうした不完全な欲求の目標によって思量の端緒を握るとき，みずから徳や正義へ達しえないのは明らかである。それゆえに後天的な強課が人間には必要となる。強課は，プロネーシスを既に有しているもの，正しい欲求と善き習慣とがわがものとなっている人びとによるのでなければ適切とならず，しかもそうした強課は根気強い習慣化を要するのである。ロゴスが魂に受け容れられるためには，魂は教育によって予め，正しく愛しかつ憎むことに慣れていなくてはならない。アリストテレスはこれを，種子を養うためには，土壌が前もってよく耕されていなくてはならないと喩えている[146]。

　人間の自然本性とは以上述べたことに他ならない。それは必然的法則に機械的に従うものでなく，先人や他者そして外界より配慮され庇護されつつ，自己の可能な本質を自分で配慮しつつ完成させる傾向である。それゆえに唯心論も唯物論もこうした本性を適切に捉える思想とは言い難い。かかる人間の自然的本性を全うさせる場所たるポリスの形成もまた，アリストテレスにあっては同様の類同的本性に則って遂行されることが当然予想される。メソテース原理はまさに個人倫理とポリス生活の両領域に共属している。実際『政治学』第4巻第11章において，個人の生活とポリスの生活，個人の幸福とポリスの幸福とが，併置されているのも，個人およびポリスのアレテーが中庸に存するのと同じ原理に基づいていることの現れに他ならない[147]。以下，こうした人間の存在論的構造を視野に入れつつ，ポリスの存在原理たる目的因・質料因・作動因・形相因に即して，アリストテレスが「現実に最善の国家」を求め，メソテース原理をどのように積極的根拠として，あるいは批判的基準として活用しているかを尋ねてみよう。

　(2)　ポリスの目的因について

　「この上なく理想的に生きる人びとにとって世にも一番優れた国家共同体はどれであるか」という第2巻第1章の問題を受けて，第2章から第6章まではプラトン（ソクラテス）の構想する国家観の批判に費やされている。『ポリテイア』で述べられている目的を明確にしようと思えば，ソクラテスが最高善としていることは「国全体ができる限り一つである」ことにきわまる。そのために打ち出される数々の政策は，妻や子供を共同のものとして取り扱うことであり，財産を共有することである。これに対して，アリストテレスは「国は一つになることが或る程

度以上に進んでいけば，もはや国でさえなくなるのは明らかである。何故なら国はその本性上，一種の多数であって，より以上に一つになれば，国は国たることを止めて家になるだろうから。というのは家は国に比して，より以上に一つであり，一りの人は家に比べて，より以上に一つであると言うことが出来ようから。したがって，人はたといこのことを為すことが出来るにしても為すべきではない。それは国を破壊することになるからである」と批判した[148]。

　ソクラテスは共同体ができる限り一つであることが最も善いと主張するにしても，個々には難点がある。「何故なら大多数の人びとにとって共同のものは気遣われることの最も少ないものだからである。何故なら彼らは自分のものといえば最も多く気にかけるが，しかし共同のものは余り気にかけないか，或はそれぞれの人に関わりのある範囲において気にかけるかであるから。というのは他の訳もあるが，それ以外に，他の人が気にかけていると考えて，それだけなおざりにするからである」[149]。ソクラテスの描く理想国では，逆に，「私の」子，「私の」息子，「私の」兄弟という言い方ができず，すべての人びとは同じようになおざりにされ，血縁を知り合っている人びとの間においてよりも，知らぬ人びとの間において不祥事が生じやすい。ソクラテスは，友愛こそが国に対する善のうちで最大のものだと思っているが，意に反して，共有によって友愛は水臭くなり，「少しの甘い酒が多量の水に混合されると，その混合が感じられないようになるのと同様に」，人びとの間で細かい心づかいをすることが最も少なくなるからである。

　アリストテレスにとって「人間をして最も多く心配し愛するようにさせるものは『自分ひとりのもの』という気持ちと『自分のいとしいもの』という気持ちとの二つであるが，これらはいずれもかような国制をもった人びとには存することを得ない」と批判している[150]。財産の共有に関しても同様の問題が生じ，「消費と労働とにおいて各人が等しくなくて〔不等である〕場合には，消費するもの或は受け取るものは多いが，骨折ることの少ない人びとに対して，受け取るものは少ないが，骨折ることの多い人びとから不平の起こるのは必然である」。ともかく「共同に生活し，人事百般を特にかようなものどもを共有するのは困難」であることは，旅行仲間が些細なことから互いに衝突して喧嘩をすることから明らかである[151]として共同所有制の問題点を指摘した。

　プラトンは，国家を多くのものに分かつことほど大なる悪はないとし，国家の体制を心身一体の定義に従って構築する。これに対してアリストテレスは，国家

は個体もしくは有機体というよりも「合成体」であるという理解に立脚する。彼によれば、「国はただ多数の人間からというばかりでなく、また種類の違った人間から出来ている。何故なら国は同じような人間から出来るのではないのだから」[152]という立場から、多元的国家観が示される。「国を余りに一つにしようとすることが善いことでないのは明らかである。何故なら家は一人の人間よりも自足的であり、国は家よりも自足的であり、そして多数のものの共同体が自足的であるようになる時に、初めて国は成立するのを望むものだからである。だからもしより自足的であることがより望ましいことであるなら、より少く一つであることが、より多く一つであることよりも望ましいのである」[153]。

ポリスはオイコス（家）を模倣して構築されるのではない。国民がポリスを形成するのは、その目的と生活様式が同じだからでなく、彼らの異なった目的や生活様式を統一的団体へ持ち込むためで、軍隊が同じ目的を追求し同じ機能を果すようにして団体を形成するのとはわけが違う。ポリス存在の意味は、国民の不等性とその種々の能力を互いに認めて有効にすることである。機能の差異、国民の不等が分化した社会構造においてポリスの統一を生み出す。分業が大きいほど、国民間の交換は豊かになり、外国に依存せずして「善く生きる」ためのアウタルキーが可能になると、アリストテレスは考えているのである。

さらに彼はプラトンの所有制度について批判し、むしろ財産の**私有共用論**を提示する。私有の前提があってはじめて自己人格の成立も可能になるのである。「友人や客人や仲間を喜ばしたり、助けたりするのは非常に楽しいことである。しかしこのことは財産が私有である場合に行われる。したがって、これらのことは余りに国を一つにする人びとにおいては起ってこないことになる」[154]。かくして、アリストテレスの方向は明らかである。ソクラテスの追求するポリスの目的を「一」とすることは、人間本性を過超する政策である。しかし「理想を描く際には希望通りに仮定して差支えないけれど、しかし不可能なことは仮定してはならない」として、ポリスの教育による「一」の形成の中にも、各人の私的多様性を重んじることによって、一と多とのメソテースの均衡に戻ろうとする。現代式に言えば、汎理性国家と最小国家との中間に位置づけられるであろうか。

さて以上の前置きに続き、ポリスの最善目的の議論に入ろう。アリストテレスの場合、個人の最善目的、すなわちたびたび言及している「アレテーに従った魂の活動」という定義がこの際の考究において再び重要になってくる。『政治学』第

2巻第2章で，明確に，「個人の幸福」と「国家の幸福」とが同一であることが説かれている。彼によれば，最善目的には位階秩序があり，外的な善よりも，魂の内なる善が優越する。したがって，富や権力の追求は「無際限」（アペイロン $\check{\alpha}\pi\varepsilon\iota\rho o\nu$）とみなされる「悪」（カコン $\kappa\alpha\kappa o\nu$）である。また，実力を背景にして戦争や果てしない権力政争を行わないのが国家存在の原理である。しかるにスパルタやクレタの国々では，全ての立法，教育政策が挙げて戦争に向けて秩序づけられている（Pol. 1324b7-9）。かかる類の対外政策は無際限の過剰に導くがゆえに退けられる。

　権力政治は一般に「適度」の規範の下に置かれねばならない。「かかる国家においては国制の組織は戦争を目標ともしなければ，また敵を征服することをも目標としないであろう。何故ならそこには戦争に係わりのあるようなことは一切存しないと考えねばならないからである。したがって，戦争に対する配慮は凡て立派なことだとすべきではあるけれども，しかしそれは凡てのことの終極目的としてではなく，それへの手段としてそうだとすべきことは明らかである」[155]。外的善の過剰な追求をこととする帝国主義政策は，平和政策や内的アレテーの理想に反する。倫理的知性的善の過剰は，アクロテースであるからいくらでも積極的に評価される。立法者の課題は，平和を保持しこのことによって全国民に「善き生活」を可能にすることである。かくて「中」に基づく倫理学の価値秩序は，ポリスのそれに対応する[156]。

(3)　ポリスの質料因について

　職人はうるわしき作品を作るためにはその仕事に適した材料を手にしていなければならない。調達すべきこの材料，すなわち外的な善の適正規模は，人間が妨げられずに魂の善を展開しうるための前提である。この材料は多すぎてもいけないし，少なすぎてもいけない。ポリスの基礎である領土の大きさや人口の多さについても同様のことが言える。適正規模はアウタルキー概念の要請するところである。倫理学における個人と同様に，ポリスの目的も「善き生」である（Pol. 1280b30-39）。外的な善の物質的豊富さは，高貴な生活の目的論的な優位・価値的優越と混同されてはならない（Pol. 1280b31-33）。

　リアリストであるアリストテレスは，ストア派の哲人やカントのように外的善や経験的幸福を軽視しない。「幸福なひととは，究極的な卓越性に即して活動しているひと，そして外的善に充分恵まれているひと，それも任意の時日の間だけではなく究極の生涯にわたってでなくてはならない」[157]。ただ幸福は「アレテーに即

しての魂の活動」に存することが定義なので,「それ以外の善は,或いは存在していることの必要な条件であったり,或いは助力的なもの,ないしは用具的に有用なものたる本性を持つものであったりするにすぎない」[158]。したがって,物質的善の一方的な無限の追求は,道徳的・精神的目的に向けられた自律的生活を損なう惧れがある。物質的基礎に過不足がないとき,ポリスの目的因「善き生」が達せられるのである。

外的な善の中でも最も重要なものは財産所有であろう。既にプラトンにおいても,所有に関するプレオネクシア(貪欲)は,支配者自身の利益増大のための支配が国家頽落の源となるという連関で問題とされていた[159]。アリストテレスはこれに対して,国家における所有権をめぐる争いに関連づけ,その争いの原因は「私的所有」にあるのではなく,根本的に人間の悪性にあるのであって,政治的な類の制度改革によって解決できるものではなく,倫理の問題であると捉えている。後でも触れるが,極端に不平等な所有関係は,万人が支配者か奴隷であって自由人が存しない国家をつくるし,また所有配分の平等が行き過ぎると「価値」の無視のゆえに,教養層が反抗する。こうした多数支配と少数支配との中間にあって共同善を実現しようとするのがPolitieと独訳される「国民制」politeiaであり,それは貪欲と強制との間の「中」をもとに政治的諸権力の均衡をとるメソテース原理の要請に近いところに位置している。

アリストテレスの外的善への論及は,「家政術」$οἰκονομική$と「取財術」$χρηματιστική$を論じた第1巻第3章から第13章までに集中している。家政術は所有と家の合理的使用と正しい管理を解明するのに対し,取財術は売買と交換に関わる。家は,生活に必要な財を自ら生産できる立場にないので足らざるところを取得と交換に依存するが,正しい取財術は生活に必要な財を家のために配慮する能力である限りで家政術に属する。財の必要はポリスにおける自足的な生活にとって無限界ではない。富といえども「善き生活」のための道具であって,有徳にして適度の生活は正しい尺度に規定された道具を用いるがゆえに,自ずと,いかなる道具も量と数とに関して無制限ではありえなくなる。ここにアリストテレスの重要なテロス＝ペラス(目的＝限界)の形而上学‐倫理学的基準がある[160]。

無限の努力とは概念矛盾で,無限定は学の対象になりえない。というのは,最高善が決まっていなければ目的の系列は無限に遡ることになり,その結果,われわれの欲求は空虚で無意味なものになってしまうからである。所有や富,善き生

活のための道具は，自然によって立てられた限界を有する。ドイツの著名な経済哲学者 P. コスロフスキーはいみじくも，このように「家政術が善き生活のための所有および道具の理論として，メソテース原理によって規定されるのも，倫理学や政治学が，この善き生活のためのプラクシスの理論として，同じメソテース原理によって規定されているのと軌を一にしている」[161] と指摘している。

しかるに交換と貨幣との出現によって，「反自然的な」金銭取財術が現れることに伴い，通常の「獲得術」（クテーティケー $\kappa\tau\eta\tau\iota\kappa\acute{\eta}$）は本来の家政術から逸脱してしまう。このきっかけをなすのが貨幣獲得を自己目的化する「貪欲」（プレオネクシア $\pi\varrho\varepsilon o\nu\varepsilon\xi\acute{\iota}\alpha$）である。コスロフスキーによれば，金銭取引は先天的に悪ではなく，正しい家計，国家会計にとって必要である。ただ，それが財産の配慮とならず，最大の貨幣獲得を自己目的とするとき「反自然的」になる。なぜなら「本性的にそもそも善でなく，法律の擬制や協約によってのみ，その価値を受け取るものが，支配的な仕方で，人間的行為の目的になることは背理」だからである[162]。金銭は任意に増やされるので，取財術はなんら自然の限界を持たない。特に「利子」は人間の給付努力にも自然にも由来しないので交換的正義に対応せず，国や家の自然法的土台を侵害する。今や，富は合理的目的のための手段ではなく，それ自体無限の目的となっている。これに対し，家の管理に関しては善き生活のテロスによって有意味な限界が立てられている。快を貪るたちの人びとがその欲求を充たすため，野放図に自己の財産を増やそうとするとき，家政術は悪しき取財術に変質する。

アリストテレスはメソテースと正義の政治的規準を意識的に家や経済に対しても適用しようとするが，貨幣経済の自立化の内に家政術にとって本質的でない卑俗さと危険を見てとって，この分野での研究には深入りしなかった。コスロフスキーは「富の限界を知らない経済は適度の要求を侵すだけでなく，その特徴が有限性・秩序・比例である形而上学的秩序を破壊する」と述べ，アリストテレスのオイコスはポリスの一部であり，これはこれでまたコスモスの一部であると特徴づけている[163]。有徳者の幸福は中庸の徳に従い，十分な外的財産を備え，友との交わりがある完全な生活にあり，外的財産には自ずと規定可能な適度があるのを心得ている。この意味でアリストテレスの経済学は，現代式の合理的経済学ではなく，実践哲学あるいは政治学の一部としての経済倫理学である。

コスロフスキーは現代経済学の問題点にも触れながら，新たな「補遺」で，「国

制および経済に関する秩序理論が，アリストテレスでは倫理的議論に着床していることは，プレオネクシア問題の取り扱いにおいて見事に示されている。際限なく自己を富まそうとすることや官職の濫用は，どの国制形態や経済秩序にも現れるのであって，組織的・制度的措置によって完全に除去されるものではない。かえってそれは intentio recta〔正しい志向〕の問題である。……アリストテレスは，善の存在論的次元と制度の倫理的次元を放棄しうると信じる，形而上学から自由な社会哲学など展開してはいない」と締め括っている[164]。

(4) ポリスの作動因について

 ポリスの根幹を成すのは，ポリテイアすなわち「国制」のあり方である。その重要性は次のアリストテレスの適切な比喩からも窺われる。「もし国が一つの共同体，すなわち一つの国制を共同にする国民の団体だとすれば，その国制が種類において別なものとなって違ってくれば，必然に国も同一のものでないことにならねばならぬと思われるだろうからである。それはちょうど合唱団も喜劇のそれとして出るときと悲劇のそれとして出るときとでは，たといしばしばその人間は同一であるにしても，別なものである。……だから，もしそれがそういう風だとすれば，特にその国制に注目して国は同一であると言わなければならないということは明らかである」[165]。国制の本質についてはその「形相因」のところで述べることにし，ここではそうした国制のあり方を決める立法者の姿勢に注目しながら，どのようにしてメソテース原理が運用されているかを考察しよう。

 その模範となるのが，政治家ペリクレスに対応する立法者ソロンである。アリストテレスは『政治学』第 2 巻第 12 章でソロンの立法について評価している。アリストテレスが反駁している点は，ソロンは極端な寡頭制の代わりに中間国制を導入したという見解に対してである。実はソロンの改革は，アリストテレスによれば，既存の国制に修正を施したまでであって，官吏や評議会の選挙はそのままにし，民衆に裁判に参与する権能を与えたことである。この改革の成果は，対抗する政党間に均衡を作り出すことであった。ソロンの制度は緊張と対決を排除することを目指していたが，このことは民衆に何らかの権利を認めること無しには不可能だったのである。ソロンは極端な民主主義への過程を導いたと非難する人びとに対し，アリストテレスはソロンは必要な権力を民衆に与えたまでであって，さもなくば民衆は奴隷となるか国民制に対する敵となってしまったであろうと擁護している[166]。

立法者の役割は，住民集団間の敵対から脱出し，平和な均衡の道を探すことにある。これが中道政治であって，アリストテレスが現実の中で望ましいとするものである。ところで，こうした改革をもたらしえた者の社会的出自が看過できない役割を果たしている。「ソロン，リュクルゴス，カロンダス等の最善の立法者は中間階層の市民に属していた」(Pol. 1296a18-21)。この社会的出自が立法者にとって有利なのは，彼が仲介者として現れうるからである。法律は，そのつどの政権党の意思の表現ではなく，多数と少数の利益の共通分母を表現したものである。アリストテレスは『アテナイ人の国制』においてもソロンに言及し，そこで彼は仲裁者 $\delta\iota\alpha\lambda\lambda\alpha\kappa\tau\eta\varsigma$ として選ばれた，とある[167]。中道は安定性と質的卓越性を意味するのであって，単に妥協的解決を意味するのでないことは，ソロンの中間階層の出自に，彼の卓越した「本性」，「高貴さ」が付け加えられていることからも知られる。アリストテレスはソロンの人格高潔をたびたび賞賛している。彼にとってソロンは，メソテースの体現者なのである（丁度，ペリクレスがプロネーシスの体現者であったように）。例えば，ソロンは幸福を外的善の適度と節制に見ており (EN. 1179a8-13)，アリストテレスはアウタルキーと完全な生活にとって十分な富の限界を要請するため，ソロンを援用している (Pol. 1256b31-34)。このようにして，彼はソロンを「均衡の取れたひと」$\mu\acute{\epsilon}\tau\rho\iota\sigma\varsigma$ とか「公共不偏のひと」$\kappa\sigma\iota\nu\acute{\sigma}\varsigma$ と称えている[168]。

　ソロンの詩の中には道徳的と政治的とのメソテースの結合が見て取られる。ソロン自身自分の課題が敵対する集団の媒介，宥和であることを自覚している。かかる中道政治は「法律は中間的なもの」(Pol. 1287b5) という均衡原理の適用である。倫理領域における極端は政治的ラディカルを生み出しかねない。中道政治はそれゆえに，メソテースの倫理，「万事大目に見ること」$\dot{\alpha}\nu\acute{\iota}\epsilon\sigma\theta\alpha\iota$ と「苛酷にすぎること」$\beta\iota\acute{\alpha}\zeta\epsilon\sigma\theta\alpha\iota$ との間の「中」を狙うことが肝要なのである[169]。

　『倫理学』において，法律は私人間の対立する要求の解決を目指すことが語られた。『政治学』ではこれに対応して，法律とは諸党派の対立する主張や利害の解決であると解される。裁判官の場合，正義のために「中」を求めることは，既に『倫理学』で述べられている。「紛争の生じたときに，人びとが窮余裁判官に訴えに赴くのもこのゆえである。裁判官はいわば生きた『正』たるべき意味を持っているのである。その際ひとびとは裁判官が『中』的であることを求めているのであって，或る地方では現に裁判官のことを『中を得るひと』$\mu\epsilon\sigma\sigma\delta\acute{\iota}\sigma\nu\varsigma$ と称している，

『中』を得ることによって『正』を得るだろうというわけである。それゆえ，裁判官の場合が示しているように『正』とはやはり或る意味での『中』なのである」[170]。

それでは，立法者はどのような意味で「中」を得るのであろうか。アリストテレスは「法律が統治することを要求するする者は神とヌースのみが統治することを要求するように思われる」(Pol. 1287a28-30) と述べているように，彼は立法者に，魂の知性的でない部分「怒り，情念」($θυμός, επιθυμία$) を取り去るように求める。法律は，こうした意味において，対立する党派利害の折衷，妥協ではなく，理性的な「中」への**止揚**であると解されねばならない。個別的事態（カタ・ヘカストン）において「中」を認識する判決（クリシス）に対して，法律は人間的情念から自由な普遍的な（カトルー）ロゴスの表現として，不偏不党の「中」を定める。立法の領域，すなわち国制のあり方を定める場合においても，かのオルトス・ロゴスが，両極端を排して「適度」を目指すよう立法者を導くのである。この意味では，裁判段階で，法律の硬直性を糾弾し，衡平を援用して，立法者の精神を汲むよう説くアリストテレスも，立法段階では，法律が純粋なヌースの産物たることを求める限り，きわめて主知主義的な法律観を抱いていることを窺わしめる。

(5) ポリスの形相因について

最善の国制についての考察は，『政治学』第7巻および第8巻において行われ，最善の国の人口数，国土の広さ，国民の気性，土地財産の所有，そして最善の国における教育の一般原理，その方針が詳しく描かれている。そこに一貫して流れる基本精神は明らかにメソテースに拠っている。メソテース原理はこの意味で，第7・8巻が初期の作品であり，第4・5・6巻が後期の作品であるとする有名なイェーガーの学説にも拘らず，アリストテレスの生涯一貫して変わらぬ政治原理である。ただし，第7・8巻で描かれた国家は，アリストテレス自身の哲学に基づく理想国であるのに対し，第4・5・6巻で述べられた国家像は，当時の諸ポリスの在り方に関する丹念な実証研究を踏まえ，**実現可能な範囲を顧慮したうえでの，**やはり一種の理想国制を提示している。第4・5・6巻は，現実の諸国制とそれらの変種の記述に止まっていない。アリストテレスがそのための資料として158ものポリスの国制を蒐集したのも，単に実証記述を目指すものではなく，あくまでも，実現可能な望ましい国制のあり方を描くためだったのである。

彼が狙いとした目的は，あくまでも現実の国家状態を観察したうえで自分の理想とする国制を組織原理とし，これに基づいて現実の諸国制を吟味する価値基準

を提供することであった。そして，推察されるように，この批判原理にもまたメソテースの原理が当てられている。正確に言えば，彼の提示する「最大多数の国々にとって望ましい国制」は，間違えられやすいが，いわゆる「混合国制」とも異なり，単なる妥協を超えた独自のメソテース原理に拠っているのである。この基軸となる国制が，ポリテイア $Πολιτεία$ である。多くの国制の一種である「国民制」（Politie）もまた同じく $πολιτεία$ と記されるので，読者を混乱させるもとになっているが，前者は，アリストテレスの掲げる一種の哲学的類型であるのに対し，後者は現実に見られる経験的類型であることに注意しなければならない。この点を予め確認して，次に，再びヴァルダーキスの翻訳・分析・解釈（その該当箇所は第4巻1288b35から始めて第6巻1320b1にまで及ぶ）を援用しつつ，アリストテレスが最終的に到達したポリスの形相因，すなわち「国制」の要諦を理解することに努めよう。

　彼の解釈の核心を端的に言えば，問題は，社会を構成する富裕層と貧困層との間にある中間層の捉え方いかんにかかっている。1289b30-31にかけて「多数のうち或るものは必ずや富裕であり，或るものは貧乏であり，或るものはこの両者の中間であるに違いない」という一節が出てくる。アリストテレスは，社会を二分する通常の富裕層対貧困者という対立図式に対し，珍しく中間階層に言及している。ここの所を捉えてヴァルダーキスは「アリストテレスは経験的観察や詩人の見解を素通りして『中間者』を，社会学者として，いわんや経済学者として考察しようとしたのではなく，一定の価値表象から出発して，この表象を歴史的・社会学的事実と調和させようとした」と見て，独自の解釈の手がかりとした[171]。

　過超と中庸と過少との間はいわゆる「矛盾」関係 $ἀντίφασις$ にあるのでなく，「反対」関係 $ἐναντία$ にあるにすぎない。それゆえに富裕層と貧困層とは二つの対立する極ではあるが，間に「中」が現れうる対極でしかない。かくして肝腎なことは，「中」の存在・不存在を論理的に正当化するかそれとも歴史的に疑うかないしは確証するかということよりも，むしろ政治的に要請するかないしは拒絶するかである。この点を踏まえて考えるならば，アリストテレスは，貧富の対立は矛盾ではなく大きな差異ではあるが，この対立は歴史上克服不能な対立ではないと見て，革命を防ぐために「中」が有する存在意義の大きさへの注目を要請したのではないかと推察されるわけである。

　もしそれが認められるのであれば，それではいかにして「中」が形成されるか

第 2 章　法・国家研究における「中」と「知慮」　121

が焦点をなす問いになる。それは，逸脱した国制である「民衆制」と「寡頭制」とを「混合させる」$συνμιγνύναι$ 方法によるべきであろうか――この場合，二極のみ先にあって「中間者」は後から形成される――それとも二つの国制の間にあるさしあたり小さな「中間層」の勢力を拡大させるべきであろうか，という方法に絞られてくる[172]。ヴァルダーキスはあちこちでこの両者の方法を混同してはならないと強調する。混合とは，仕事や役職の配当が各層で均衡を保持すべくなされるよう勧めているもので，一見有効であるように見えるが，その実，単なる駆け引きの妥協の産物でしかない。これに対して，中間層の育成強化は社会安定化の機能を果たすうえで別種の意義を帯びる。

　確かに，中間層という分類の仕方は，財産高を基準にしている。しかし，中間者の共同体が望ましいのは，「平等」と「連帯性」とに基づくがゆえに，国家の支柱となることが期待されるからである。中間層は，俗に言うミドル階級といった経済学的考察のうえでは語りえない一連の特質を持っている。それは，精神的・道徳的特性を磨くうえで教育的正しさを得る有利さを備えている。ヴァルダーキスは，第 4 巻第 11 章の記述を規定しているのは，中間者の精神的・道徳的・社会的実体であり，これがこうした財産状況の根拠であり，また成果ともなっていると指摘している[173]。中間者は勤勉であり理性の言うことに耳を傾けやすいが，反対に，ひどい貧乏人や大金持ちは精神的にルーズとなって理性に従うことが困難になりがちであるとされる。

　かくして推察されるように，『政治学』の「中間者」とは，オルトス・ロゴスにより特徴づけられるメソテース倫理の社会政策的側面を担うものとなる。両者は実践理性として，倫理と政治とを包括する「知慮」プロネーシスに共通の根を有する。貧困者は常に支配され，奴隷的服従を強いられるのに対し，富裕者はもっぱら支配するのみで服従することはない。これらに対し，中間層は交互に支配し支配されるローテーション原理に従う。この点につき，ヴァルダーキスは「一方的支配は社会の分裂に導き，一方は傲慢・専制的になり，他方は卑屈になり嫉妬しがちになる。こうした倫理的帰結は単に道徳的立場から非難されるだけでなく，政治的事態をも危険なものにする。この解決原理は，統治と被治との交替，市民の自由と平等とが前提となる。中間者のみが権力の不等な配分を交替によって補うか，少なくとも両者の間の媒介者として現れうる。なぜなら富裕者は貧困者と権力を交替制にしようとは思わないであろうから」[174]と説明している。非常な貧

困者と非常な富裕者との間には「親愛」$φιλία$ が成立しにくい。しかし、アリストテレスにあっては、親愛こそがポリスの存在と維持との大前提なのである。「共同に生きんとする意志が親愛である。したがって、国家の目標は善き生であり、爾余のものはこの目標のためにある」[175]といった趣旨のことを彼は述べている。

　ヴァルダーキスは、以上のようなアリストテレスの議論を、メソテース原理の応用という視点から、次のように解釈している。政治の「中間的なもの」は倫理の「中」に対応する。それが立法者の尺度であり目標である。両極端を回避するためにこの尺度が用いられる。中間的なものへの配慮が、中道を発見するための手がかりを与え、両極の対決を鎮める。したがって、中間的なものによる支配が、第4巻第11章の規範であり、貧富対立の存続を前提とする混合国家体制ではない。この対立は、両極の混合によってではなく、「中」の強化によって止揚される。中間的な人びとは、仲裁者であり、裁判官や立法官といった媒介の役を果たしやすい地位にある。

　中間層の課題は、両極を融和させ「不正をなすことと被ることとの」、「より多く持つこととより少なく持つこととの」間に「正しい中」を発見し実現することである。国家における「中」の安定は、魂における「中」の安定に対応する。このように、「中」による支配が国制の永続性を保つということは、歴史学的な確定というよりも、アリストテレス自身の知慮に基づく哲学的信念の表白だったわけである[176]。以上のような「中間の人びと」$οἱ μέσοι$ を中心とする「中庸国家」$μέση πολιτεία$ の提案に好意的な評価を与えうるかどうかについては、アリストテレスに対し、古代ギリシアでは彼らは実際は少数派であったという事実を踏まえ、既にニューマンなどから疑問が出されているが[177]、ヴァルダーキスの説くように、それはアリストテレスの社会学的研究結果の報告ではなく、現実的に実現不可能でないメソテースの哲学的信念に由来していると見るなら首肯できるのではあるまいか。

　われわれは、これまでアリストテレスの法論・政治論を含むいわゆる実践哲学の核心を捉えるため、倫理学で根拠づけられたメソテースとプロネーシスとを縦横の機軸としてその実践哲学を再現してみた。この結果、これら両概念が、彼の思想の隅々までとは言わないまでも、実践領域での主要な梗概を形成していることが知られたかと思う。両概念は、いわば実践問題の解決原理と解決主体のあり

方（徳）という対の関係を成しつつ，その結合によって，当該問題をいかに解決へ導くかの一つの方法を提示しているものと見うる。

いかにして「個人の自由」への障害を最小限にするかに国策がかかっている現代国家に対し，アリストテレスのポリス観は国民の間に「善美」を普及させることを目標にする。現代に失われ，古代ギリシアに残っていたエートスは，個人の誇り，自由人の共同体を求めながらも，単なる公正を超える情理への感覚と，共同体への生き生きとした公共心，いざとなれば共同体のために犠牲心がいつでも発動しうる構えにあったことである。国家は，個人のアメニティーを最大化する道具ではなく，「善き生」を求めて祖先から子孫へと受け継いでいく全ての国民の種的基体なのである。「ポリス-内-存在」への温故知新により，自我の育成は人間本性に従うポリス形成においてはじめて最高度に完成されるという具体的自覚こそが，愛は親疎の区別なく普遍的に共同体を形成するという抽象的なコスモポリタン的理想の優勢（しかし実のところ，国境を超えるというコスモポリタンそのひとの生命・自由・財産を保護するのが国家なのだが）に対する健全なメソテースの重心移動を示すものと思われる。

アリストテレスにおいて，人間の幸福と国の幸福は同一である。それは，既に見たように，人間の幸福はアレテーに従った魂のエネルゲイアである（ただしこのアレテーの本質をなす理性に奴隷が与りうるかどうか等の問題は残されたが）。この究極目的は国家活動を制約する内在原理である。各人，各集団が追求するテロスを本性秩序に鑑み正しい配列に置き，まず存在論的なロゴス分析（定義）に従って「中」を保つ。しかし状況に応じて，これらの目的を調和させるために，いかなる国制が適切であるかの熟慮を導く原理は，結局あい拮抗する諸原理の超越へと向かう価値的総合である。極端へ赴きがちなイデオロギー（現代では，技術的ユートピア）を排し，オルトス・ロゴス（まっとうな分別）をもって，事実の実証的な資料収集を踏まえ，日常言語をおろそかにすること無く，現実に可能な理想の国制を描くのが第一である。

さらに深くハード・ケースに直面した場合，プロネーシスにより，カイロス（時宜）の要求に従って，価値の優先順位を転倒させることもできる。このとき「われわれにとっての中」も重心移動して均衡を採ることになる。極端な国是・僭主の威令が，人心に反して国家の衰退消滅を促す源となった数限りない歴史的事例がある。その学習は，プラトンの「国家変遷論」と並び，彼の『政治学』第5巻に

おける国制変革の原因とその回避手段についての新提案の説得性に重みを与えている。無論，古代と異なり国家を取り巻く環境は今日著しく変貌を遂げ，国際社会を超え，地球環境にまで広がっている。しかし，国家形成が人間の不変的本性である（人間に悪は無くならない）限り，変えるべきところは変えて，彼の『政治学』に含まれているメソテース-プロネーシス原理は今後も変わることの無い不朽の働きを発揮するであろう。

　歴史的現実をいかにして出来る限り正しく把握するかについて，アリストテレスはそれに即応する論理の構築に腐心した。一般に，われわれが「物を知る」ということは，個別が普遍に包摂されることが基本形をなす。しかし，個別的状況がまったく新しい配置にあるとき，従来の普遍は逆に検討し直され，この難状況をも包摂できるように補訂された一層豊かな具体的普遍体系を構築する。カントの言葉を借りれば，平易なケースでは構成的判断力で結論を導きうるが，ハード・ケースでは反省的判断力が働き，「善き生」が，それへの本性親和的な認識を有するオルトス・ロゴスによる解釈の統制的原理として，反省的判断力の探究を嚮導し，普遍の推論体系を変容させる。

　プロネーシスは，まさに，「善」の超越論的地平を形成する「善き生」の中で，個別的状況の要求と，法体系の普遍妥当的要求との間の視線の往復によって，新たな最低種の「型」を法的推論の先端に創造してゆく能力と考えられる。西田哲学にいう，「場所」における個別的限定即普遍的限定，普遍的限定即個別的限定というのもかかる事態の哲学的表現ではあるまいか。われわれはこの両者の交互限定によって生じた中間の「形」を，さしあたって，汎通的な社会生活の原理として適用さるべき規範と考える。アリストテレスによる特殊ト・ヘカストンと普遍ト・カトルーとの間の実践的推論のたゆみない構造分析は，トマスの精緻なプロネーシス分析を経て，ペレルマンのレトリックやガダマーのヘルメノイティク研究復活[178]に伴い，いまなお，法哲学，その他の民法や刑法といった実定法分野の基礎研究にも影響を及ぼし続けているのである。

第3章　アリストテレスは自然法論者か

第1節　直知（ヌース）と知慮（プロネーシス）の「法」への関わり

1　原理への問い

　どの法思想史に関する著作においてもアリストテレスは，ほぼ自然法論の系譜に位置づけられている。したがって，アリストテレスの法-政治に関する著作に，当然「自然法」に関するまとまった研究がある筈だと推測するに不思議はない。そしてそれは確かにあるが，かろうじて『レトリック』で，「自然法」という言葉が唯一回出てくるにすぎない。「私は二つの法律のうち，一つを特殊的なものといい，他の一つは共通のものというが，その特殊なものというのは，各国民によって自分自身たちとの関連において規定されたもののことで，これには書かれていないものと書かれたものとの二つがある。しかし共通のものというのは**本性に基づく法律**のことである。というのは人びとが誰でも皆，たとえお互いの間に何らの共同関係も，また何らの契約も存していない場合にさえ，直感的に知っている何かある本性上の共通な正しいことがあるからである」(*Rhet.* 1373b4-11)[1]。

　この文章の後に，ソフォクレスのアンティゴネーの話との関連で，国の酷法に対し，書かれた法が全てではなく，より人道的な自然本性に基づく不文の法に訴えかけることの適切さを語っている個所が続く。しかし彼が一般にノモスというとき，ポリスのノモスを念頭に置いているのであって，『政治学』において考察の対象となるのはもっぱら今日われわれが言う「実定法」である。ポリスを超えた所に位置する次元でのノモスの観念——例えばストア派のいう世界法——は見られない。その代りに彼は，『ニコマコス倫理学』第5巻で，正義について緻密な考究を行うが，一般的正義における遵法的正しさである「ポリス的正」の一**要素**として，「自然的なディカイオン」に言及している。ただし，このことによって「自然的正」は，そこにこめられた普遍-不変的な「必然的掟」の性格を希薄にする。

　この件につき，トマス研究者稲垣良典は「アリストテレスにおいては自然本性なるものも，人為的なものから区別されつつも，なんらかの意味で変動的なもの

と解されている。彼は自然本性に関して，あらゆる変動的なものを超越するごとき側面を認めず，いわば徹底して内在的な立場から自然本性を捉えている」といった理解を示した[2]。こうした内在的理解では，ともすれば自然的正から逸脱しがちなそのつどの実定法的正に対する批判的機能，悪法に対する抵抗根拠（ソフィストが目指していた）を弱めてしまう。ノモスは彼にあっては，ソフィストたちが説くように自然本性（ピュシス）に対立するものではない。そこから，彼の法理論は，法思想史上，現行法の保守的な正当化機能を果たすものと位置づけられたりする（例えば，法哲学者 A. フェアドロス）。なぜ，アリストテレスは，後にトマスに見られるような「自然法」の観念を構築しなかったのであろうか。

　そこで推察するに，既に「宇宙の秩序」に論及していたプラトンの『ティマイオス』を知り，そこに示された実践研究の方法上の不都合を実感した彼としては，意図的にこれに挑戦し，その難点を避けることに関心があったためではないかと考えられる。彼にとって，「人間的な事柄」を理論的に正しく研究するためには，方法上の限定が必要である。神学や数学に見られるように永遠なるもの，太陽や星辰の運行のように常に同じ仕方で運動している事柄，乾燥や降雨といった自動発生的なこと，宝物の発見といった偶然の出来事についてわれわれは思量したりはしない。われわれが思量することはわれわれの裁量内に入る事柄であり，ここに正真正銘の倫理学にふさわしい固有の場所があると考えるのがアリストテレスの主張である。アリストテレスによるイデア批判は，プラトンにおける倫理学と存在論との内的統一の解体を意味すると同時に，倫理学が哲学における固有の部分として新たに発足することを意味するものであった[3]。

　彼の倫理学的考察方法は，われわれにとって先なもの，例えば習俗や世論，実定道徳，法律や慣習といった対象に照準を合わせるもので，「対象の素材に相応した程度の明確な論述がなされるならば，それをもって充分としなければならない。というのは，いかなるものを素材とする論述においても同じような仕方で厳密を求めるのは不可」（*EN.* 1094b12）だからであり，「政治の対象である美しき事柄や正しき事柄は，多くの差異や不確実性を生ぜしめるものであり，それは人びとをして，かかるものは単にノモス的に存して，本性的には存しないかの感を抱かしめるものである」（*EN.* 1094b14）と述べる。このように，自然的正が超越的機能を持たず，ポリス的正の一部とされていることは，アリストテレスの追求する善が「人間的善」であるということ，人間がその主（あるじ）であり支配者であるような行為を

成立させる限りでの規準を求めることによる。いわゆる究極目的は，人間的理性より高次の尺度であって，もはや人間の支配下にはなく，行為の選択の対象となりえない。この点に関し稲垣によれば，「すべての人間が，人間として追求すべき究極目的への秩序づけを，人間的行為の第一原理として認識する，ということはアリストテレスには認められていない。彼によれば，『各人がいかなる人間であるか，それに応じて目的もまた各人にとってそれぞれ異なって見える』が，人びとの中でも，性状のうるわしく，優れた人が目的として追求しているものが，人間として最もふさわしい目的とされる。ただし知徳において卓越した人間は，共同体やその法を全く超越するわけではない」[4]。すなわち倫理的判断の規準は「プロニモス」（知慮あるひと）に求められるが，プロニモス自身はポリスの範囲を超えているわけではない。

　このように見てくると，アリストテレスの姿は，法を国法，したがって実定法と同一視する法実証主義者の像に近くなる。この方向でトマス主義者であるベルギーの法学者ジャン・ダバンの『法の一般理論』（1969年）で示した見解はきわめて興味深い[5]。なぜなら，彼によれば「法」は立法者にとって所与ではなく，所造として捉えられるからである。これは法を学の対象とするよりも，実践あるいは技術の対象とする方向のうえで成り立つ見解であり，立法や法適用に際し，自然法よりも知慮の働きに主導権を認める。法律家 juriste が prudentia「知慮」ある者の名を得，jurisprudence が法学と同意義であることから，立法や法適用において果たす知慮の働きの不可欠な意義が知られる。「立法者が正義を採り入れてこれをその法構成のうちに化体させる場合でさえ，立法者に最後の決を命ずる者は思慮（＝知慮，著者注）であって，正義とか自然法とかではない」（同書239頁）。

　ダバンはれっきとしたトミストであるが，しかし，他の多くのトマス主義法哲学者と異なり，その説が法律的自然法の観念を排斥する限り，自然法論者ではない。この著作の翻訳者水波朗は，あとがきで，「ダバンの主張するところでは，法律家は自己の外にあるなにかの現実やこの現実に存するなにかの物理的・倫理的法則をそのまま受け容れて法律解決問題の指針とすることなどできないのであって，法律問題解決の指針は自らの思慮を用いて，根本的に造り出さねばならないのである。さらに厳密にいえば，法はその本質において組織された社会殊に国家の権威によりこの社会全体の利益（公共善あるいは公共の福祉）のためにこの権威の思慮の所産として造られたものであり，本質的に『所造』であって，『所与』では

ない」(同書515頁)と要約している。もっとも,ダバンは,実定法を全く所与として受け取るケルゼンのような典型的法実証主義者ではなく,端的な「法」とその形而上学的根拠を問うことの必要を確信する独特のジュリディズム(juridisme),あるいは批判的法実証主義に立脚しているのではあるが。

　トミストでもアリストテレス寄りの解釈に従えば,トマスの説く自然法の比重は軽くなり,反面に枢要徳である知慮の意義が高く評価される。こうした方面からトマスにとって,倫理的な生活とその省察は,知慮に依拠したものであって,自然法の知識に依拠したものではないという確信から,従来のトマス倫理学の標準的解釈に挑戦する試みがある。この挑戦者ダニエル・マーク・ネルソンはその著『賢慮と自然法』(1992年)[6]でこう述べている。「標準的解釈によれば,自然法には自然道徳に関するトマスの教説の中心命題が含まれているという。徳について扱われているにしても,それは規範にしたがって,行為するよう個人を動機づける役割を果たすものでしかなく,賢慮(＝知慮,著者注)は規範を個別の事例に適用することを可能にする徳でしかない。これに対し,わたしの解釈では,賢慮やその他の徳は第一義的なものなのである。われわれは,人間の行為のよし悪しに関する基本的な情報源として,ひとつの社会において蓄積されてきた道徳的知恵や習慣的行動様式や有徳な個人の判断に頼っている。自然法は,理性的で合目的的な神の創造した世界が,神の有している徳に関する了解をいかなる形で保持しているかを神学的に説明するという機能を果たすものであって,自然法それ自体は行動を導くのに直接利用できるような十分に個別化された道徳の情報源ではないのである」(同書14頁)。

　もっと絞って言えば,ネルソンの狙いは「自然法の内容を把捉するものとしてのシンデレーシスという習慣の力に優越性を付与し,賢慮を自然本性的に知られた一次的諸原理に奉仕する役割に限定しようとする」(同書5頁)従来の標準的解釈を批判することである。この批判の主旨は,法実証主義者による批判とも重なるが,自然法がその内容について形式的な,したがって多義的な指示しか与えず,今ここでの正しさは,結局権威ある立法者の定める実定法を適用する司法官の知慮によって具体化されざるをえないということに帰着する。「自然法の第一原理は,追求すべき具体的な善が何であるのか,また,いかにしてそれを追求するのかについては何も教えないし,われわれの自然的傾向性もただされぞまざまな能力の関わる一般的な諸善に傾くというだけである。適切な善を追求し,傾向性に即し

て理性的に行為するためには，いかに行為するかに関する正しい理性である賢慮の指導の下にある諸徳に依拠しなければならない」(同書 180 頁)。はたして知慮はあらゆる人間的行為の端初をなすのであろうか。

　ネルソンに立ちはだかる壁は，トマスがテキストにおいて明確に「シンデレーシスによる直知」や「実践の第一次的諸原理」の自然本性的認識に重要な役割を認めていることである。もっとも彼にしてみれば，こうした言葉は，人間がいかにして実践に際して理性を働かせるに至るかの説明のために導入されているにすぎず，いかに行為すべきかにつき具体的知識を提供するものではない。このネルソンの新解釈について，稲垣は，トマス倫理学において徳論が主要な役割を果たしていることは否定できないにしても，自然法論ではなく徳論がトマス倫理学を根本的に特徴づけるとか，自然法に対して知慮の優位が確立されるといった見解には与せず，知慮の徳の成立については，実践理性の第一原理としての自然法なしには成立しないというのがトマスの基本的見解であるとする[7]。

　翻って考えてみるに，トマスは確かに『神学大全』の第二部の冒頭で，人間である限りでの人間に固有な行為，人間がその主(あるじ)である行為を主題に取り上げることを宣している。しかし人間の自由な行為に，それを根本において制約し，それを外れるともはや人間がそれの主ではないような「原理」が残ることはないであろうか。人間は確かに自らの働きの主であり，自己の行為の根源であり，その限りで自己自身を統宰しているが，この統宰は絶対的主権の力をもつのではなく，神のより完全な似姿の表現となるためには神の統宰の下に規整される必要がある。とすれば実践に際し，自分にとっては随意のように見えても，それ自体において何か人間が〈任意に処理できない原理〉が実践の根底にないであろうか。人間は自由人のように，この世界の主(あるじ)のようにふるまうことができるが，神に対し僕(しもべ)であるという点は逆転できない[8]。人間は，「摂理の不成功における神的偶然」のため，変化に服しそれを予見できない世界の無規定性の危険にさらされているが，ただ実践の不完全さの中で挫折しないよう賢くあるように，先んじて己の実践の起源と様相を意のままにできる卓越性を有する。ただしこうした知慮の可能性はあくまでも，それ以外の仕方でもありうる実践の未決定性と空白性に存している。そこで人間は独力で多くの経験を重ね，思案することを通じ一定の「徳」を形成することで，「善き生」の自立的な安定性を得ようとする[9]。

　しかしながらこの安定性の根底には，行為の端緒と終局に位置する普遍的な原

理を直観する「知性」(ヌース) があって，これが「知慮」(賢慮)，すなわちプロネーシスの働きを支えている「原基」といった役割を果たしていないだろうか。まさに萌芽に止まったこの**原理に対する考察**の視野転換を図ったのがトマスであったと言われる。それゆえに，アリストテレスが展開せずに終わった「自然法」の概念の端緒を，トマスの実践理性の第一原理——これはシンデレーシスという直知によって把捉される——からの教示を受けつつ，彼の著作のなかに探す作業も強ち無意味であるとは言えないであろう。なぜなら，自然法はその定義によって，古今東西を超えて万人に「自然的に知られる」(つまり，神的啓示によらない) ものなるがために，言葉こそ違え，アリストテレスの倫理説の中にも内蔵されている筈だと考えられるからである。

　フランスのアリストテレス研究の碩学オーバンクの「翻訳可能性」の比喩を借用すれば，同じ法テキストについては，異なった地方言語においてさまざまな**翻訳**がある。なるほどその翻訳の原型となるような固定した法テキストは存在せず，実定法間の通訳でしか共通のものは理解できない。翻訳がかくかくの異なった言語でなされることは偶然である。しかし，コミュニケーションによる了解を可能とする翻訳なるものが現に行われているということは，「共通の法」の妥当とそれが由来する人間的魂の構造的同一性が事実であり必然であることを証明するのではあるまいか[10]。

　ここにおいて，われわれは現代哲学ではもはや顧みられなくなった，古めかしい「原理」，これに関連して「実践的推論」という言葉を再び持ち出さねばならない。現代では倫理に関して価値相対主義説が定着して久しい。反動として期せずして同時に欧米で「正義論」の復興が叫ばれたが，多文化主義の台頭もあり，人類に共通の倫理的価値規準はないという主張が対峙するようになった。リベラリズムの脈絡にある正義論にしても，国家の価値中立性，国家非同一性の原則を説き，国家の名の下に特定の価値を公共道徳の名の下に国民に強要してはならないとする。否，価値の決定に関する議論を無効とし，倫理学を利害計算へ方向づけようとする試みもある。現代哲学において，もはや「実践の第一諸原理」についての議論は跡を絶ったかに見える。A. マッキンタイアが述べているように[11]，大陸においてであれ，英米圏においてであれ，互いに反目し合う哲学派が鎬(しのぎ)を削っているが，「原理」という言葉にアレルギー的拒絶を感じる点では一致している。それはアリストテレスやトマスの哲学とそれが駆使する独自の用語に疎くなった

世代が増えたことによろうが，古代や中世の伝統哲学ではこの概念は当然のごとく受け容れられ，疑問に付されることはなかったのである。

　英語では「原理」は principle と表記され，一般に行為の根本方針の意味を持つが，アリストテレスが archê と記し，トマスが principium と記すとき，行為の「端初」を指すと同時に，逆方向で行為の「終極」（目的，telos, finis）を言い表す。倫理的な基礎づけ不可能を信じる者は，こうした客観的な「目的」の不在を根拠に目的論的思考の欠陥を見る。なぜなら彼らにとっては，目的とは主観的目的表象以外の何ものでもないからである。かくて人間が世界の主体であり，世界は人間がそう考えるように現れ，善もまた各人にそのように見えるところのものとなる。なるほど世間について経験豊かな知をもつ者はいる。しかし，どんな経験でもそれは直ちに「知」と言えるだろうか。例えば，根拠なしにこの薬草はこの病気に効くということを経験によって理解している者は，真に知ったということになるであろうか。いやしくも「知」と呼ばれるからには，その経験はその真実であることの根拠を「原理」に連なるものとしているのでなければならない。もちろん，この「つながり」を単純に，理論的論証過程における演繹の類と見ることはできないが，そうしたものを欠けば，単なる「まぐれ」の知にすぎなくなろう。

　アリストテレスにおいては認識であれ，実践であれ，習性の完成態である「徳」に繋留することで，知の確実性が保証されるのであるが，その根底においてさらに実在への接触に由来する確実性が存しないであろうか。現代人はこうした普遍的な「共通の善」を求めることに空しさを覚え，「今ここで」正しい善とは何かを関心の的にする。そしてこのことに没頭するとき，背後にある原理が忘却されるに至る。しかしながら，反省において再び原理に還帰することを怠れば，われわれの下すそのつどの判断はバラバラの判断の単なる集積に終わってしまう。伝統の知とか間主観的な知ということも，もちろん重要な意義を持つが，それが単に水平次元の連続に終わるのでなければ，深く垂直次元の根柢に存する何か共通の原理に根ざす趣を有するのでなければならない。この原理へ目を向けることが，「書かれざる法」たる「自然法」という概念への明確な道を準備する。

　それでは，アリストテレスの著作においてそうした原理への問いはどのように提起され，どのように答えられているのであろうか，そしてトマスはその萌芽的な答えを，アリストテレスの原文を尊重しつつどのように拡大して，いわゆる「自然法論」へと形成していったのであろうか。われわれはこれを考察するにあたり，

アリストテレス倫理学の解釈で多くの紛議を呼んだ二つの問題の考察に絞って議論を進めよう。それは，第一に「アリストテレスは，知慮は行為の目的をも定立すると述べているのか，それとももっぱら行為のてだてのみを思量するにすぎないと述べているのか」，第二に「アリストテレスは，一方で，善き思量を行う知慮は倫理的徳に依存すると言いながら，他方で，正しい欲求を成立させる倫理的徳は知慮に依存するとも言うが，ここには説明に悪循環がある」という問題である。しかし，この問題に立ち入る前の準備としていわゆる「実践的推論」で果たす知性と知慮の働きを確認しておこう。

2　実践的推論における知性と知慮

いま述べたこの二つの問題を別個に切り離してそれぞれに答えるのでは，アリストテレス解釈の整合性に関し不完全であると言わねばならない。両者の問題は深いつながりを有するのであって，アリストテレス倫理学の原点に突き当たりこれを踏まえれば，両問題を同時に解く発端になると考えるべきであろう。われわれはまず，この両問題を解く準備として『ニコマコス倫理学』で知慮と知性（ヌース，直知）とについて述べている二つのパッセージを取り出してみよう。第6巻の1142a24ff. と 1143a35ff. がそれである。

前者では，「知慮（プロネーシス）が『学』（エピステーメー）と同じものでありえないことは，ここにおいて明らかであろう。それは，上述のように，究極の『個』にかかわっているのだからである。真に，なさるべき行為（プラクトン）は，まさしくこうした性質のものなのである。知慮は，かくして，『直知』（ヌース）とちょうど対照的な位置にある。というのは，『直知』のほうは，それについては証明（ロゴス）の存在しないごとき定義（ホロス）といったものにかかわるのであるし，これに対して，知慮のほうは，学の対象たりえず，むしろ知覚（アイステーシス）の対象となるような究極的な個にかかわっている。もちろん知覚といっても，個別的感覚の場合のような知覚ではなくして，むしろ，この究極的な個が三角形であるということをわれわれが知覚する際におけるような性質のそれである。個別の方向にやはり限界があるわけだから。こうした認識は，知慮というよりはむしろ知覚に近い。個別感覚の場合におけるとは別なかたちの——」とある。

この文章から読み取れることは，まず，学は本質的に普遍の認識にあるのに対し，知慮は本質的に個に手を伸ばすという指摘である。なぜなら普遍についてよ

りも個の認識のほうが行為にとって決定的な意義を持つからである。この意味で，知慮は，学の前提たる普遍を直知するヌースと対照的な地位に立つ。ところが，知慮は個の認識において個別感覚とは異なるがやはり一種の直知らしき感覚を含むと彼が述べている。知性は定義によって端的に普遍を直知する徳とされる筈だが，個の内に普遍を把捉する徳とは一体どういう徳だろうか。この**知慮の部分としてのヌース**たるヌース・プラクティコス，すなわち「実践理性」に独自の働きを指摘する説もある[12]。

　後者の文章に移ろう。「直知にいたっては，両様の方向において究極的なものにかかわっている。それは，すなわち，最初にくる諸定義（ホロイ）にもかかわるし，また最終的な個にもかかわるのであり，これらについての認識はいずれも推理（ロゴス）の関知しないところに属する。直知は，すなわち，それが『論証』（アポデイクシス）にたずさわる場合にあっては，もろもろの不動の最初にくる諸定義にかかわるのであるし，またそれが**実践的なそれ**にたずさわる場合にあっては，最終的な『他の仕方であることも可能な』個別にかかわり，したがってまた小前提にも形成されるのである。個別的なものからして一般的なものが到達されるわけであるから——。われわれは，それゆえ，こうしたもろもろの個別的なるものを認識する知覚を持たなくてはならないのであって，このような知覚を行うのが，すなわち，直知のはたらきにほかならない」。アリストテレスはここで，エピステーメーに比論して，「実践的推論」らしきことの成立可能性に触れている[13]。

　テオーリア的推論に関しては，ヌースが把捉する大前提の下に，知覚が与える小前提の事実を包摂するエピステーメーによって結論が導かれるが，実践的推論においてこれに対応する地位に立つプロネーシスについては，その大前提についてのヌースの直知が語られていない。知慮あるひとは，こうした究極的な個という性質を持つ行為に関して，直知を持つとされているにすぎない。ただし，小前提の知については，ヌースが「情理」（グノーメー）や「ものわかり」（シュネシス）との連関で説明されていることが興味深い。ここでアリストテレスはこれらの能力を「かくかくの年齢になればものを見る眼ができる」という言葉でも表現していることからも分かるように，こうした能力は年齢に随順するもので，それゆえ「経験を積んだ年配者や知恵あるひとびとの主張や見解に対しては，それがたとえ論証を欠くものであっても，やはりそれあるものに劣らず注意を払わなくてはならない。彼らは経験に基づいて眼（まなこ）を持ち，ただしくものを見ることのできるひ

とびとなのだから」（*EN.* 1143b11-14）と説いている。

　こうした説明を聞く限り，ヌースは自然的に所有されるのでなく，経験に結びつき，**後で獲得される**徳として理解されていることが分かる。経験はヌースが普遍を把捉するための直接の準備を行う。ヌースは単独では知覚なしで普遍の認識に達しない。この辺の議論の経緯は，『分析論後書』における帰納（エパゴーゲー）論に密接に関わっている[14]。そこでは，帰納は感覚において始まり，ここから記憶となり，次いで経験が現れ，最後に経験から技術や学知の普遍的原理が発生する過程として説明される。感覚に由来する経験をよそにしてヌースは何事をも捉えない。しかし，もし知覚が知覚固有のものしか捉えないとしたら，われわれは特殊のうちに普遍を把捉することができないであろう。ここにおいてヌースの超越論的性格が想起されねばならない。

　トマスによれば，人間は存在者をそのまま写し取っているのではなく，経験とともに，既にヌースの「無性」において，res（モノ），unum（一），aliquid（或ルモノ），verum（真），bonum（善）といった超越論的-非対象的次元の場で類比的に把捉している（松本正夫『存在の論理学研究』特に84-88頁参照）。ところで，ヌースといっても受動的と能動的との二種があり，受動的知性に働きかける能動的知性が，個から普遍の抽象（＝帰納）によって，感性的に知覚されたものを現実的に可知的なものにするのである。個は個として知覚の対象であるにも拘らず，何らかの仕方で普遍にも関わる。例えば，知覚はカリアスを，彼がカリアスである限りで認識するだけでなく，彼が「この人間」である限りでも認識する。質料を除いた普遍の受け取りは受動的知性の働きによるが，それは能動的知性によって浸透され照明されることによって思惟可能なものに類同化される。

　さて，われわれが問題とするヌースが関わっているのは正しい欲求に合致した具体的行為の原理であって，いわゆる実践的推論の小前提に関わる。また大前提に関わるとしても，ここから直ちにいわゆる実践的推論の大前提で示される普遍の直知が語られているわけではない。それでは，以上トマスの議論を補足しながら示したアリストテレスの実践的推論で働く，知性と知慮との関係は，実践における「目的」と「目的へのてだて」の関わりについて，どのように対応するのであろうか。この紛議多い解釈問題は次節で考察することにしよう。

第2節　実践における「目的」と「目的へのてだて」

1　知慮は目的の定立に関わるのかそれとも手段の選択に関わるのか

　上記の問題に関し，アリストテレス倫理学解釈でヴァルターとタイヒミュラーとの論争に深く関与して世界的な評判を博したわが国の安藤孝行『アリストテレス研究』（日本版は1975年刊行）は，留保付きでタイヒミュラーに与し，知慮は目的へ至る手段の認識にとどまらず，客観的な欲求対象（オレクトン）を行為の目的原理とするが，「行為の普遍的規則は，知的直観の対象とはなりえない」と結論した。彼は，「同じく理性という概念を理論と実践の両領域に用いながら，一方においては普遍的原理の直観を表し，他方においては反対に個別の極に関わらしめた理由について」（同書320頁），理論的認識における普遍的命題，例えば同一律や矛盾律が先天的に妥当するのに対し，道徳や政治を含む実践的認識の一般的原則は蓋然的であり，後天的たるにとどまるから，「道徳的原理は単にわれわれに対してのみならず，**それ自らにおいても，後天的であり，経験的であり，厳密さをもたない**」とした[15]。ただし彼は，行為の大前提については後天的で蓋然的な道徳にも原理性を認め，その普遍的原理は感覚や経験から発生するが，ひとたび帰納によって獲得された原理は個々の場合に演繹的に適用されることを認める。それでも実践の領域においては個別的なことが，実践的原理がそこで実現される目的であるから，普遍的な実践知は実践的経験の要約に他ならないとされる。それでは実践的推論の大前提は彼にあってどう考えられているか。それは，個々の目的定立とその実行から習性によって生じた，人格を特徴づける道徳的品性の立てる普遍的目的である[16]。

　以上の安藤説を手がかりに，今や，アリストテレスが語った ta pros to telos（トマスでは ea quae sunt ad finem）を「目的へのてだて」と翻訳することの適切さから問題としよう。英・独・仏いずれにおいても，目的に到達するための「手段」，そして知慮はこれについて効果的な道を発見する賢さの意味で理解されるのが標準的である。これに対して安藤の理解にはきわめて興味深いものがある。普通，「手段」というとき，それ自体価値を持たず，ただそれ自体価値ある一つの目的へ到達するのに有効な手段であることによってのみ間接的に価値を有すると言われる。このときに構成される推論の大前提は，**有用性**であって，この価値を担う個

別的な対象はそれ自体価値無き単なる事実でしかない。それは，したがって，ある行動の道徳的価値に関わるものではなく，ある主観的目的に対する特殊の手段に関わるから，手段の思量は因果関係の遡及であって，与えられた目的から直接手元にある事実にまで手段の系列を辿るものに他ならない。これは安藤によれば，**作為的推論**なのであって，狭義の倫理的価値の評価に関わる**行為的推論**——これこそ本来的に知慮が携わる思惟である——から区別されねばならない[17]。

安藤はプラクシスとポイエーシスとの厳密な区別に基づき——アリストテレスの持ち出す事例はこの点で不適切なものがあり，誤解を誘発するということを指摘しつつ——行為的推論とは次のようなものであると言う。「思慮（＝知慮，著書注）にとって最も重要な働きはある目的を如何に実現するかの技術的考慮であるよりも，行為の道徳的評価である。その根本命題は道徳の普遍的命法である。この命法は徳によって特殊化されて，諸々の善き行為の実行を命令する。そしてそれが特殊の行為を命ずるときその特殊な行為の道徳的評価がなければならない。大前提はある道徳的価値が実現されるべきことを要求し，小前提はある行為がこの価値を担っていることを認める。かくして特殊な行為が道徳的に価値あるものとして実現されることが命令される」[18]。手段の探究にはしたがって，二つの意味がある。一つは事実を作り出す「作動因」であり，他はある価値を実現する「形相因」である。後者は普遍的価値を代表する特殊的価値の探究である。

ここで推察されるように，倫理的行為の目的は，単に行為によって生み出される結果にあるのみでなく，むしろ行為そのものの美しさにある。作為的判断が因果的＝目的論的判断であるならば，行為的判断は包摂的価値判断である。この意味でアリストテレス倫理学は目的論のコンテキストで**義務論**にも立脚していると言える。そこから，アリストテレスが混同して理解すると安藤の言う作為的推論はカント倫理学における行為の仮言命法に，行為的推論は定言命法に，それぞれ対応していることが知られる。ただし最高普遍的原理である究極的目的は倫理的徳によって直接に定立されるが，その内容はまったく無限定である。目的に関わるのは願望（$βούλησις$ ブーレーシス）であるが，不死への願望という言い方が可能であるように，それがわれわれにとって実現可能な範囲内になければ何人もこれを意志しない。今ここでの行為に関わる実践的推論の結論は直ちに行為の端初となるわけだから，その成功を期するためには普遍的価値を担う特殊的目的が実行可能な文脈で限定されねばならない。ここに因果関係を扱う作為的推論にも協力

が要請される所以がある。いくら善き願望を有しても、作為的知識を欠くひとは空想的理想家といわれる所以である。かくして**完全な実践的認識は一つの作為的仮言的判断と一つの行為的定言的判断の合成となる**[19]。

ところで安藤のこうした議論を追うにしても、実践的推論の大前提（すなわち感覚的表象に伴う快苦の決定を退け、思量に基づき願望が追求する目的対象）は、プロニモスの欲求するところで、小前提はある特殊な行為がこの価値を担っていることの「実践的直観」（νοῦς πρακτικός、ヌース・プラクティコス）の言表である。これは、知慮の部分としての直知であり、特殊的行為の道徳的価値がその特殊化とされる究極目的自体に関わるのではない。彼は、「知慮が目的を立てるものではない」というアリストテレスの原文を守りながら、それは究極目的を立てるということではなく、それへ至る中間目的を立てるという可能性を排除するものではないことを知慮に認めているのである[20]。知慮の関わる「目的へのてだて」はこうした意味で理解される。しかしながら、われわれは、こうした議論によっても、アリストテレスの中にまだプロネーシスと実践の普遍的第一原理との関係を発見していない。それでは、行為主体を正しい行為へ向けて**普遍的に秩序づける実践の第一原理を把捉する「ヌース」**なるものはアリストテレスのテキストにないのであろうか。否、プロニモスなる表現が、原理の主体化として、掟や規範といった枠にはまらない特質を際立たせるところに、アリストテレスの真意があったと反論することもできよう。この点で興味深い一石を投じたのが、Martin Rhonheimer の『実践理性と実践の合理性——アリストテレス倫理学の問題コンテキストからその発生を見るトマス・アクィナスの行為論』（1994 年）という近年の大著である。

ローンハイマーは、この欠けていた実践的推論の冠冕（かんべん）ともいうべき部分をアリストテレス自身から補い、このことによって実践的推論の構造をより明らかにしたのが、トマスによる「**基本命題の直知**」（νοῦς τῶν ἀρχῶν, EN. 1141a8）への注目であると指摘する[21]。『ニコマコス倫理学序説』から O. ヘッフェも導いたように、アリストテレスは、たとえ実践的なものの領域が偶然的なものに浸されていても、「梗概」的にではあるがひとつのエピステーメーが成り立つことを認めていたことは否めない。実践領域においても何らかのテオレイン、普遍的判断の可能性を放棄していたわけではない[22]。ただ、彼の関心は、正しい実践の具体的条件の探索に専念させていったため、不完全に終わった行為論を整合的にみたしたのが、トマスによる「基本命題の直知」の再評価である。もしかかるものが認められれば、

「それ以外の仕方でありうる」実践的なものの領域にあって，「任意に処理できない」実践的真理が浮かび上がってくることになる。プロネーシスもこうした普遍にしっかり繋留される端緒を得る。義務論的な拘束と目的論的な賢さは行為を完全なフリーハンドにさせない。それでは，ヌース・トーン・アルコーン（基本命題に関わる直知）とはどういう働きであろうか。

しかし残念なことに，この言葉は『ニコマコス倫理学』第6巻第6章でごく簡潔に触れられるにすぎないばかりか，**学の基本命題に関わるもの**として紹介されているにすぎない。それは，**知慮の部分ではないヌース**である。それにも拘らず，次の第7章では「知慮は単に一般的なことがら（ト・カトルー）にかかわるにとどまらない。それは個別的なことがら（タ・カタ・ヘカストン）をも知らなくてはならないのである」と述べ，経験あるひとの方が知識を有するひとよりも実践において役立つことがあることを強調しながらも，「ここでも，しかしながら，何らか高度の棟梁的な立場に立つ認識は，やはり存在していなくてはならぬ」と留保をつけ，知慮が単に特殊的なことにのみでなく，普遍的なものに向かう徳であり，普遍的原理とのつながりがあることを示唆している（*EN.* 1141b15ff.）。ローンハイマーによれば，トマスは，知慮について集中的に論じる『神学大全』の第二部の2の第49問第3項で，この「学の基本命題に関わるヌース」の働きを実践理性の目的たる行為へと拡張したと言う[23]。

翻って考えてみれば，厳密な学である自然科学はなにも普遍的必然的なことだけを取り扱っているのではなく，偶然的個別的なことをも研究する。それならば，厳密でない倫理学でも，偶然的個別的なことのみを取り扱わねばならないというのは，一種の先入観ではないか。アリストテレスは二つの異なった客体界に基づいて，二種類の併存する認識を導いているが，客体の相違は必ずしも能力における差異を根拠づけることにはならない。ローンハイマーは，このように考えて，倫理学におけるアリストテレスの視点を相対化させる見方を，トマスの『デ・アニマ註釈』から導く。能動的知性も受動的知性も**その本性上すべてのものに手を伸ばしている**のであって，魂のある部分は必然的なことのみを，他の部分は偶然的なことのみを対象に持つということは，知性の本質に反する。同じ知性が，実体と偶性を認識するように，必然的なものと偶然的なものの認識にとっても，いかなる異なった能力をも必要としない。植物と他の生物を見るにわれわれは異なった視覚を用いることのない所以である。完全性が高いか低いかは別として，

同一認識能力の異なった認識方法が問題であるにすぎない[24]。

　理性はそもそも普遍的な諸概念を個別的な事柄へ「適用する」applicare のであって，それは理論的認識と実践的認識とにおいて選ぶところはない。トマスは『神学大全』で「知慮」につき周到に論議している個所で「理性の行程はすべて，何らかの知性 intellectus から進行するのでなくてはならぬ。それゆえ，知慮は『実践的事柄に関わる正しき理性』recta ratio agibilium であるのだから，知慮の全行程が知性に起源を有することは必然である」[25]と述べている。ここを踏まえ，さらにトマスは「ところで，理論的理性のうちには，自然本性的に知られるところのものどもと――それらのものに関わるのが知性 intellectus である――それらのものどもを通して知られるところのものども，すなわち，諸々の結論命題 conclusiones と――これらのものに関わるのが学的認識 scientia である――がある。それと同様に，実践的理性のうちには，自然本性的に知られる基本的諸命題 principia のごとき或るものどもが先在するのであって，このようなものどもが倫理的諸徳の目的である。なぜなら，目的は，上述のごとく，行為の領域において，理論的領域における基本命題のごときものなのだからである。それとまた，実践理性のうちには，結論命題のごときいま一つのものがある。このようなものが目的へのてだてたるものなのであって，われわれは，かの目的からこれらのてだてへと到達するのである。そして，これらのてだてに関わるのが知慮であり，知慮は，普遍的な基本命題を，行為の領域に属する個別的な結論へと適用するのである。それゆえ知慮に属するのは，倫理的諸徳に目的を予め示すということではなく，ただ，目的へのてだてを調整するということのみである」[26]と論じている。

　かくて明瞭に判るように，まず，行為の領域において個別的結論へ至るために二つの知性が認められたということ，小前提に関わる**知慮の部分**としての知性のみならず，普遍的基本命題についても**知慮の前提**として知性が把捉する「諸原理」があること，第二に知慮はこの「諸原理」を個に適用すること，すなわち「目的へのてだて」に関わること，第三に倫理的諸徳に目的を「予め示す」praestituere のは，「良知」synderesis と呼ばれる自然本性的直知であって，知慮ではない。つまり，良知が倫理的諸徳へ予め目的を示し，この目的へ向かうためのてだてを準備してやるのが知慮である。かくして，基本的諸命題に関わる知性が学知を動かすように，実践領域においても，良知が知慮を，そして知慮が倫理的諸徳を動かすという事態が生ずる。「誰にも悪をなしてはならぬ」は，対象の現前を要せず，

直ちに構成される，誰にも自然的に知られる基本命題である。いかなる知慮の働きもこれに拘束される。ただし現実にある非必然的行為に直面した場合，知慮の部分として措定される知性が感覚のごとく働く。トマスは個別的な目的についての正しい感覚知能を，個別的感覚と区別して一種の「内部知覚」のもつ「評定力」aestimatio として説明する[27]。

　実践の基本的諸原理が「自然的に知られる」naturaliter nota ということは，何も知慮あるひと（プロニモス）に限らず，例えば無抑制（アクラシア）の者にも見られる[28]。アリストテレスは，第7巻第3章で，認識を持っているがこれを用いてはいないひとの場合も，その認識を現に用い働かせているひとの場合も，「ともに等しく認識している」と言われる，と述べる。無抑制においては，正しいことわりに従う意思が情念に妨げられ腐敗させられたため，大前提に表される自然的認識が小前提における個別的認識に発現しないわけだが，原理の自然的直知が存在しないのではない。ただその認識が使用されていないだけで，所有はされているのである。例えば，普遍的理性が「息子はその両親を敬うべし」と命令するのに対し，特殊的理性が「私は息子であり，いま私の両親に尊敬をささげねばならない」と判断するとき，行為へと動かすのは後者の命題である。もっとも正確に言えば，前者の命令が個別的事柄に適用され，両者が一致して行為へと促すことになる。ただし，無抑制のひとの場合，特殊的理性は快楽や情念によって堕落させられ行為に誤りを生じるが，このことによって普遍的命令の妥当が腐敗させられているわけではない。後悔や悔悟が生じるのはその存在を間接証明する。

　また，抑制あるひと（エンクラテース）も，克服に成功していない情念との我慢強い戦いを前提しているのであって，実践の第一諸原理を守りおおせたことに自己安堵の理由がある。さらに，空想的理論家や穏やかな「ものわかりのよいひと」も行動力はないが，善き願望に従う行動の思量は所有しているのであり，大前提に欠陥があるわけではない。無論，大前提も小前提も両方ともに善き認識が現れ，その結論が一貫して行為へ移されるとき，「知慮あるひと」が現れるのであるが，それは人格の完成態である。しかし，倫理的なさまざまの欠陥にも拘らず，いずれの場合にも，自然的に知られた理性的認識 ratio naturalis は倫理的徳が形成されるに先立って，人間理性のうちに先在していると言うことができる。したがって，全ての人間が「良知」という自然本性的習性を有するということは，万人が明確に定式化された実践の第一諸原理を意識しているとかそれについて理論的説

明を与えうるということを意味しない。それらの原理は，われわれの意識の上には誤った適用という歪みを通して瞥見されるのみであるが，このことは人間の行為を正しく導く自然的に知られる「不文の法」があるということを証明する[29]。

2 知慮と倫理的徳の基礎づけに見る循環構造

それでは第二番目の問題，知慮と倫理的徳の基礎づけに生じた循環問題について取り組んでみよう。これについてもさまざまな見解が提出されているが，アリストテス学者岩田靖夫の『アリストテレスの倫理思想』(1985年) によれば，この循環構造は次のように定式化される。「ここで循環とは，一方ではフロネーシスが単なる理性ではなく徳によって方向づけられた善い理性であり，他方では徳はフロネーシスなしには『勝れた意味での徳』(kyuria aretê) にならない，という構造である」[30]。岩田はこれを教育の問題と捉え，教導と修徳の観点から解決しているところに特色を有するが，これは，不完全な主観的精神よりも客観的精神を先立てる安藤説の解釈をほぼ踏襲する方向にあると言える。「われわれにとって後なるものが本性的には先立つ」および「全体は部分に先立つ」とするアリストテレスの基本思想に鑑みるならば，本性上の徳を完成した者あるいは全体が，その途上にある者あるいは部分を導くことになる。

岩田は「本性的徳に発する個々の善行は行為者のフロネーシスを育成し，フロネーシスによる正しい眼差しは徳を促進する，そして，この相互発展の根は教育にあり，そこでは年長者のフロネーシスが若者のアレテーの基礎であると。この場合，所与としての自然的徳を大規模に考えて，共同体の価値観，さらには人びとによって語られ受け継がれてきた時代精神として了解することもできるであろう。われわれはそのようなものからわれわれの価値観の自然的な土台を与えられている。しかし同時にそのように所与として与えられた価値観に対して，そこから育てられながらわれわれ自身のフロネーシスは批判的に活動して基礎づけを与え返すことができる。それは客観化された精神的遺産（エンドクサ）と活きている主体との相互規定という葛藤を通して真の人間性の発掘を目指すたゆみなき歩みである。個人においても，時代精神においても，このような循環構造の中にあくまでも入り込んでゆくことが倫理の基礎づけという作業である」[31]と論じている。

ここで触れられている「本性的徳」とは自然的徳（ピュシケー・アレテー）であり，生徒の可能的徳である。これに対し「勝れた意味での徳」とは倫理的徳を備えた

教師の知慮に対応すると考えられる。発生的な順序からすれば自然的徳から知慮へと完成を遂げるが、本質的順序から言えば、親が子を産むように、完成した知慮の方が先立って自然的徳を指導すると言える。岩田はこの自然的徳と知慮との関係を拡大して、共同体の価値観（時代精神）と知慮との関係にも当てはめる。循環構造とは、したがって、両方の場合とも、質料と形相との相互限定に現れることになる。そしてこの相互限定のダイナミズムの中でアリストテレスは、伝統的制約の下に立ちつつ、それを乗り越える批判精神をもって普遍的な人間性を探していたとされる。しかし提起された循環の定式化によれば、知慮を方向づける倫理的徳が、その成立を知慮に負うという矛盾にあった筈である。岩田の解答は、異なる世代という時間のカテゴリーを導入することにより、スパイラル形態を描くことで難点を回避せんとしたと言える。ただ彼の場合、この回避は、難点解決の先延ばしではなく、あくまでも「端的な善を求める」アリストテレス思想の忠実な説明法に他ならないとされる。

　これに連関して稲垣の見解を尋ねると、トマスは『ニコマコス倫理学註解』に拠り、この循環を、「目的」finis と「目的のための事柄」ea quae sunt ad finem とを区別することによって断ち切ろうとした、と説いている。つまり「目的そのものは人間にとって自然本性的に確定されているが、目的のための事柄は自然本性によって確定されているのではなく、理性（推論）によって探求されるのである。したがって、目的そのものとの関連における欲求の直さ（それは自然本性によって確定される）が、実践理性における真理の規準 mensura であり、その意味で実践理性の真理は直しい欲求との合致にもとづいて確定されるのであるが、他方、実践理性の真理そのものが目的のための事柄に関わる欲求の直しさの準則 regura であって、ここからして真なる理性が命令するところに従う欲求が直しい欲求と言われる」[32]。この解決法はスムースである。ただしその場合、アリストテレスが実践的領域では明瞭に立てなかった「実践の第一諸原理の直知」（トマスのいわゆる自然法のシンデレーシス）という観念を持ち込む必要がある。これはアリストテレスからの逸脱ではないかと批判されるかもしれない。

　この問題を考えるうえできわめて示唆に富むローンハイマーの見解を再度援用しよう。彼によれば、ここでいう「自然的徳」を、従来の解釈では、倫理的徳以前の非理性的なパトス（例えば粗野な勇気等）のように考える先入観がある。しかし、それを知的徳の可能態として「怜悧」（デイノテース）と理解したらどうかと提

言する[33]。実際，例えば第 7 巻第 8 章では，それは，数学の公理にも比せられ，実践の領域中にあっても，「ロゴスでなく生まれつきの，ないし習慣づけに基づくところの徳が，端初（アルケー）に関して正しく臆見することを教示すべき位置にある」（*EN*. 1151a18）と述べているが，この「徳」を何も**原-倫理的徳**と限定する必要はなく，**原-知的徳**と解する余地を排除するものではない。もしそう解することが許されるなら，まさにこれは，行為の自然的理性たるシンデレーシスに当りはしないか。また同第 10 章では，怜悧なひとは「無抑制」なひとに似て，認識を持ちつつその認識を働かせていないひとである（*EN*. 1152a12f.）とも述べられている。とすれば，怜悧は，原-直知という性格ではあるが，中庸を基点とする「正しきことわり」（オルトス・ロゴス）により導かれれば，可変的な個別的状況での行為に際し，均衡を保って「中」に的中する知慮の徳へと完成されるものと見うる。ただし，このオルトス・ロゴスを欠けば，己の所有する知に対する無自覚に停滞する。また，怜悧は，情意面で善へ導く意思を欠くとき，邪知（パヌルーギア）に堕する。しかし倫理的徳に定位するとき，知慮の徳へ完成されると解される。

　以上をまとめるならば，かの循環構造の解決に関してはこう言えよう。自然的徳は，目的そのものへの直知により，情意に対し倫理的原理に関して正しい臆見を与え，この倫理的徳の所有は知慮が邪知に陥らない前提となる。そして知慮は個別的行為状況の中でオルトス・ロゴスに従い，規範的命令の形式で質料に当る諸徳をバラバラにでなく統一的に形成する。知慮はいわば棟梁的な知である。「知慮一つの存在するところ，同時にまたすべての徳が存在する」（*EN*. 1145a1-2）と言われる所以である。この意味で，知慮こそが，勝義の徳（キュリア・アレテー）とされる。知慮のおかげで，その他のあらゆる徳が選択に際して正しさを分有できるがゆえに，普遍的な徳であるとも言われる。アリストテレスは「怜悧は魂の眼であり，魂のこの眼に知慮という状態が与えられるためには，そこに徳というものを欠くことのできないもの」と述べ，「行為に関する推論」が可能であるとしている。この場合「かくかくのものが究極目的であり，最高善である」ということがその根源的な端初であると言う。これこそ大前提における「対象化できない善」の直知を示すものであり，**知慮の前提**をなす。「しかるに**このもの**の何たるかは**善きひと**にでなければ明らかでない」と続けるとき（*EN*. 1144a30ff.），「**今ここのこの善**」の適宜なる認識は，**知慮の部分たる直知**において闡明されると解しうる。

　自然的徳ということによって，アリストテレスは，個人ごとに違う倫理的傾向

のことを考えているのではなく，人間という「種」のレベルで考えている。「徳は，本性的に生まれてくるものではないが，さりとてまた本性に背いて生ずるのでもなく，かえって，**われわれは本性的にこれらのアレテーを受け容れるべくできている**のであり，ただ，習慣づけによってはじめて，このようなわれわれが完成されるに至るのである」(*EN.* 1103a24ff.) と，述べている。ローンハイマーはここを踏まえ，「自然の徳を，人間的実現態としての徳へ向かう**特種人間的な自然的傾向**と解釈することは強ちオーバーとはいえない」[34]と踏み込む。自然の徳には，それに対応する傾向が根柢にある。それなら，知的自然の徳にも本来の徳に向かう対応した**認識的**性向が語られてしかるべきである（ただそれへと完成を遂げるには情意面での徳の獲得が条件となるが）。それゆえに「ヌースやデイノテースがプロネーシスに関しては同様に自然的徳であるという主張を，アリストテレス説にとって不整合ではないと称することが許されよう」と結論する[35]。理論的認識も実践的認識もいずれもそれ自身の自然的に認識される第一原理を所有しているのである。

3　実践理性の統一性

　ローンハイマーの解釈の狙いは結局，**知性と知慮とを「同一の」実践理性の展開のそれぞれ異なった段階における相と見る**ことにある[36]。原理を普遍的に把捉する知性の働きも，個別状況の中で把捉する働きもみな同じ実践理性のなせる業である。「知慮は目的をも立てるのか，それともそれへ到るに効果的な手段的規定に関わるのか」という従来の問題に答える解釈者たちには，何とか知慮に尊厳を維持すべく知慮に高い働きを与えようとの意図が働いている（ヴァルターはこの例外）。なぜなら目的を立てることこそ主(あるじ)にふさわしい役であり，手段の勘考は何かそれを執行する技術的な仕事でしかないと思うからである。しかしわれわれは，常にあれこれのことをなすとき，同時に，それは必ず普遍の視点を離れてはいないということを再度確認することが必要である。

　知慮を実践理性の特定段階と見る限り，普遍の目的に向かうのか，それとも個別の具体的手段に向かうのかの論争は，さして意義のある試みではない。実践理性は善へと超越する能力であることを踏まえれば，知慮によって実践理性は，それが原理の直知として所有するよりももっと高い完全性を獲得することは確かである。なぜなら実践理性の目的は常に特殊的な偶然性を帯びる状況の中で何を為すべきかを決めることにあるからである。これは「行為のてだて」の思量と解さ

れてきたが、それは知慮の意義を貶めるものではない。第一の直知が可能的普遍に向かうとすれば、第二の直知はその実現態たる具体的普遍に関わるとも言えよう。その知は平面から起き上がった立体として、例えば、円錐体の頂点にも比論すべきで、前方へ超越を続けながらも根柢に深い知的体系を貯蔵していくのである。

　トマスは、有名な「法」の定義において、法とは「共同体の配慮を司る者によって制定され、公布されたところの、理性による共同善へのなんらかの秩序づけordinatio である」[37]と確定する。これによれば、立法者の知慮が典型として前提されているが、究極目的は知慮によって把捉されない。ただ、意志はこの究極目的たる全的な善へ自然本性的に秩序づけられているおかげで、この自然的傾向によって自然法の内容が理性によって把捉される。稲垣によれば、「全的な善は人間にとって超越的であり、それを認識することは、行為に関わる実践理性の任務ではない。しかし全的な善に対する意志の秩序づけは、人間がそれの主であり支配者であるごとき事柄に属する。……意志は自然本性的、可能的に全的な善への秩序づけを有する。実践理性はかかる意志の秩序づけを倫理的善として把捉する。この根源的な倫理的善の把握のうちに、人間の完全性の全体が暗示的に含まれており、トマスのいう諸々の自然的傾向の秩序は、それを明示的に捉えてゆくに当たっての手掛かりというべきである。それら諸傾向は、人間を類的および種的本性に従って捉え、いわば人間の全体的な完全性としての倫理的善を、人間のうちに見出される種々の可能性もしくは能力に即して理解したものと言える」[38]。

　今引用した文から分かるように、法における理性の働きは、一般に究極目的に向けて人間的情意を秩序づけることに存する（ordinatio rationis）。しかし、目的に向かうこの秩序づけの「てだて」が、理性の声に耳従う者には、基本的行為の大綱を明示するのみで、あとは自由意思に委ねるよう工夫するのであれ、そうでない者には刑罰への恐れのゆえに悪事を避け善事を実行するよう習慣づけるのであれ、その意図するところが「法の支配」に収斂することに変わりない。秩序づけは、実践理性が自然法に照らして善悪決定を導く過程の各段階で現れるから、それが「目的」と呼ばれるか、「目的へのてだて」と呼ばれるかは相対的な呼び名でしかないことになる。

　ところで、ローンハイマーは『エウデモス倫理学』で、欲求や感情において理性に適合した目的が現れるのは、「倫理的徳がそれ自体「知性の機関」tou nou organonだから」[39]と記されていることに注目する。その意は，普遍を把捉する知性は具体的状況に適用され，この適用から何を為すべきかの新しい知慮の認識が生まれるが，この何を為すべきかの決定は，状況倫理学に堕さないよう，状況からの結論ではなく，原理からの結論となるようにすべく，原理の光において状況が照明され，原理の受肉化が可能となるよう，情意が一定の倫理的徳を所有して馴致されていることが前提となることを強調するためである（同書582頁）。知性は先在する目的を直知し，知慮はこの認識内容を適用し，確定された目的へ導くものを選択する。結論の「目的へのてだて」とは第一原理からの演繹ではなく，第一原理の濃密化，精緻化である。こうして普遍的認識が具体的状況を手がかりに個別化され明示されるに至る。

　この考察は，アリストテレスの『デ・アニマ』で立ち入って考察されるヌース論に結びつけると，人間本質の開示に関し極めて示唆に富む。Ralf Elm は『アリストテレスにおける知慮と経験』(1996年) において，オーバンクが説いたように，知慮の必然性を世界の偶然性の克服から導いているように見受けられる。アリストテレスが「神はヌースである」と言うとき，その卓越性は，いかなる対外活動も要せず，自己のうちに止まり，自己自身を認識することに表れる[40]。人間の思惟のように，真の結論を求めて迂回を要する論証に苦心したり，人間の意思のように，欠乏を克服するための勘考に憂き身をやつしたりする必要はない。すなわち努力，実践は不要である。神的なものは質料を一切欠いた何か「純粋思惟的なもの」noetonであり，神が勇敢であったり，節制的であったりするゆえに賞賛されるのは可笑しなことである。

　アリストテレスが人間におけるヌースの部分を尊敬するのは，その所有によって，かかる神の完全性に一部与るからである。ただし，それは動物のように身体を持ち「それ以外の仕方でもありうる」偶然性の世界で行われるがゆえに，行為の端初を完全に意のままにしえない制約下にある。ただし，このように疎遠な世界にあっても，しかし人間はある意味で既に世界に開かれて立つ。感官には，それぞれの知覚領域が制限されるのに対し，ヌースは，まず考える以前には実現に関して，いかなる存在者でもないが，可能性に関しては全てである。ちょうど書かれうる黒板のように。このいわゆる可能的理性は，それ自体いかなるものにも固定されていないので，原理上すべてを考え，認識し，この認識において全てになりうる（DA., 429a22-24）。「このヌースはその知を何ら持たないわけではない。

ただそれを適用しないだけで，既に形成された学識者のように可能態においてすべてである」[41]。光が当てられる以前の潜在的な色のように。しかし人間は能動的知性の力により具体的表象から普遍を獲得することできるようになれば，必ずしも世界の個別的偶然に依存せず自発的に思惟する，すなわち，自己を自己自身を通じて思惟することができるようになる。以前は単に可能的でしかなかったものが，今や形相の場所としてのヌースにおいてはじめて現実的となる（DA., 429a27ff）。

ここで Elm が引用するアリストテレスの比喩は興味深い[42]。「魂は手のようなものである。なぜなら，手も道具の道具であり，ヌースも形相の形相である」（DA., 432a1f.）。道具は使用されてはじめて道具となる。使用されなければ単に可能上の補助手段にとどまる。実に，手は多くの中の一つの道具ではなく，そもそも他の道具を使用することではじめて現実の道具とならせるものである。同様の事情はヌースについても当て嵌まる。エイドスとして思惟可能なものは，ヌースによって考えられるときはじめてその存在可能を実現する。ここで，ヌースは「自己自身にとどまる」という本来の自己に戻る。もっとも手がその可能性を実現するためには道具が必要なように，ヌースも思惟の思惟という本来の自己になるためには，思惟可能な諸形相に依拠する。思惟可能なものの思惟において，ヌースは自己自身を思惟している。こうした点で人間のヌースは感覚から出発するという制約を除けば，神に近い[43]。

アリストテレスは，『ニコマコス倫理学』の第9巻第8章で「ヌースは自分にとっての最善を選ぶのであるし，善きひとは知性の命ずるところに服する」（EN. 1169a17）と述べ，また同第6巻第5章で，プロニモスは「自分にとってのいいことがら・ためになることがらに関して立派な仕方で思量しうる」（EN. 1140a25f.）ひとと述べている。これはいずれも利己主義のことではなく，真の自愛が神の持つ完全な自己充足性に与っていることを意味する。自分にとっての最善を知る知性の下に，知慮は，「知性の道具」としての倫理的徳を通じて，「それ以外の仕方でありうる」この偶然性に満ちた世界で，行為に際し正しい判断を下すことが同時に自己の本性の実現となるよう知性を助けて，人間固有の倫理的世界を築いてゆく。質料に惑乱させられるフレムトなこの世にあって，ヌースは，自らの本性に適合させつつ，神と人間と大地をつなぎ，こうして己の尊厳にふさわしい領域を確保しようとする。

この意味で，アリストテレスの「自然法」は，共通の全的な善に傾くことが自己に最大のうるわしさを返すという自覚の下に，知慮によって完成される行為規準である。共同善を追求せよとの実践知性の声に聴従しつつ，知慮は状況に応じて実定法の厳格な運用を停止し，衡平によって補訂し，社会愛の実現にきわまる法的正義の指導者である。このようにして，アリストテレスがポリス的正の一要素に収めた「自然的正」（ユス jus naturale）の観念は，アリストテレス自身の言葉「実践理性」（ヌース・プラクティコス）等を参照しつつ，トマスの手によって，全的な共同善へと超越する客観法たる「自然法」（レックス lex naturalis）の理論へと拡張されたのである。ユスの範囲の正当性はあくまでもレックスを前提する。前者は自然的にであれ人為的にであれ，「各人に帰属する分」である。しかし，この「分」を正当化するのは人間の本性全体からひき出される共同善を志向するレックスである。共同善は何も国家的公共善にとどまらない。アリストテレスの実践理性は「端的な正」（ハプロース・ディカイオン）を求め，人類的・神的共同善へと超越していく可能性を秘めている。ただアリストテレスは，実践の主権的領域の確保に主たる関心を寄せたために，ラファエロの絵画「アテネの学堂」が象徴するように，上方を指示するプラトンと並び歩きながら，実行可能性の重要性を訴えるべく下方を指示することによって補完を努めたまでである。

第4章　自由意思と帰責について

はじめに

　現代における社会思想の主潮は，かつての国家権力専横に対する反動から個人の権利の尊重に高い価値を置き，それをあらゆる方面で人間の行為規準とするのみならず，一切の法および政治の動向を定める規範的基礎となした。しかし，その目的，すなわち他人の自由と抵触しない限りでの最大の自由の実現は，その達成のために投ぜられた高度科学技術の進展に伴い，図らずも平和にして秩序ある共同生活どころか，それを脅かす「リスク社会」を購い取ることになった。そこから前世紀末より，自由の背後にありながら，社会的調和を可能にする「責任」の意義が，次第に前面に顕われ，高まるようになった。

　この責任概念は，Verantwortung という言葉をもってこれまで配慮内になかった自然環境や未来世代の保護を課題に掲げながら，哲学面において強い影響力をもった未来志向の新しい指称であるのに対し[1]，法学において力説される責任概念は，所与の規範違反を前提としたときの非難の意として，「帰責」Zurechnung が，とりわけ刑法における責任論研究において熾烈な論争の的となっている。翻って考えれば，人間がその本性に従って社会を形成し，最終的に国家を形成するなかで，何らかの行為を行い，その行為の結果が，社会や国家の帰趨に何らかの影響を及ぼす限り，それは善悪の評価を受け，賞賛や非難の対象となることは当然である。とりわけ刑法は，社会維持のために求められる最小限の規範の違反に対して厳しい制裁をもって臨むがゆえに，責任概念とは深い関係にあると言えよう。人間は，なかんずく成人は，自分の犯した行為に対し，自らその後始末をつけねばならない地位に立っている。ある違法な法益侵害，または侵害への危険状態を惹起せしめた場合，かかる結果が当該行為者のある主観的な性状に由来していると認められる限り，このような主観的性状の行為主体に対し，その行為に出たことにつき，無価値の評価を下し，責任がとらされねばならない。このようにしなければ，多数の人間間に共同生活上の秩序は成立しない。その意味で，人間は，

歴史的のみならず哲学的意味で，その実存の根本的体制として既に「法-内-存在」である[2]。

　いみじくも古代ギリシア哲学者アナクシマンドロスは，「不正性」を人間的行為に止まらず，存在者そのものの存在論的あり方に即して考えていた。彼によれば，「存在する諸物にとって，それから生成がなされる源のその当のものへと，消滅もまた必然にしたがって，なされる。なぜなら，それらの諸事物は，交互に時の定めにしたがって，不正に対する罪を受け，償いをするからである」[3]と述べている。万物の存在論的な態様に応じて，万物の運動も行動も一様に「不正性」とそれに対する「償い」（すなわち帰責）から免れることはできない。世界自体がまさに，「法-内-存在」なるがゆえに，人間とその他の存在者との差異は消滅している。しかしながら，後世，自然物の対象化的把握が因果的方法によって行われ確実性を帯びるとしても，その「精確」と評される把握は，直証の事実を「控除」する犠牲によって勝ち得ているにすぎない。むしろ対人関係においてのみならず対物関係においても，ある意味で擬人的な世界把握の方が真実在に肉薄している。学問の科学性を信奉する者にとって，規範とか責任，さらにはそれが帰属される人格という言葉は，葬り去られるべき幻想と考えられるかもしれないが，人間存在は正不正のくびきから逃れられない。悪人ですら自己の行為を弁証するに正義をもってする。正不正を除去した後ではじめて自然科学的世界像が現れるのである。

　アナクシマンドロスの言葉は，因果性を包越する万物のあり方を端的に表現している。ハイデッガー的表現を借りれば，人間が存在することと動物が存在することとの存在論的差異がここでは連続性の内に消滅している。しかし翻って考えれば，人間が「住まう」ということと，動物が「棲む」ということとの間には，「不正」の意味において超えることのできない根本的な差異があることも歴然としている。動物も人間も随意に行動するにも拘らず，人間の為す行いは，本能的衝動的から半意識的慣習的の性質を超え，意思的知性的な行為までも含む。それは単一カテゴリーに収まりきれない可塑性に富み，複雑さを有する。もっとも，学者はこれを反省的に分析して，心意的努力という内面部分と，その表現たる身体的行態と，その結果生じた外界における変化事象から成立するものと説明する。ここには暗黙のうちに，動物が欲求する随意目的と異なり，故意目的としてイデア的「当為」が織り込まれている。こうした基礎を踏まえつつ，同じ運動や行為の中で，何をもって行為の責任が帰属されるか，どこまで責任を問いうるか，そ

第 4 章　自由意思と帰責について　　151

れを構成する諸要因を探り，そして決め手となる究極的要因にまで到達することはきわめて重要な意義を有する。しかも同じ帰責であっても，倫理的と法的とではその性質も範囲も異なる。

　こうした方向で既にわれわれの刑法的思考に，きわめて示唆的な問題を設定し，大まかではあるが貴重な研究の道をつけてくれたのが，アリストテレスであり，とりわけ『ニコマコス倫理学第3巻』における人間的行為の「帰責可能な」諸条件の分析である。本章は，法哲学の側面から，現代の数々の刑法的問題の論究において，なお古代人の思考に汲むべき良水があるかどうかの判断をゆだねる基礎的素材を提供するものである。もっとも，同『倫理学』では，人間を徳へ導くために，それによって徳が獲得され，活用され，腐敗させられる行為の特徴を挙げることが，当面の課題であり，そうした人間的行為の価値的性状を制約する一般的な心理的前提の研究は不可欠の前課題であった。この価値判断は，行為そのものに関わるだけでなく，行為者にも関わる限り，Zurechnung と呼ばれる。これは，同『倫理学』では，善き行いに対しては，善き「報い」を，悪しき行いに対しては，悪しき「報い」を，賞賛や非難といった形で返す個人倫理的な意味合いで語られているが，必ずしもそれに限定されず，「立法するに当たってもまた褒賞や懲罰に関連しても有用たるを失わない」(*EN.* 1109b34-35)[4]と第3巻冒頭で述べていることからも分かるように，国法の制定ならびに司法における判決にとっても重要な鍵概念である。

　われわれは，まず倫理的評価の観点に立ち「人間的行為」の特質を浮き彫りにする。「行為」概念の検討は規範学の大前提である。次に，帰責可能な行為と帰責不能な行為とその要件を論じ，そしてその中間に位置すると思われる法類型「原因において自由な行為」actio libera in causa の問題を取り扱うことによって，帰責の問題の特殊性を認識する。こうした一連の問題の考察を踏まえ，刑事法における犯罪論や刑罰論の伝統的テーマ「自由意思論」のコンテキストで，帰責の対象となる者は「誰」か，帰責の根拠は何か，を考えることが本章のテーマとなる。

　わが国の憲法第39条，刑法第5条，第35-41条などの実定法は，刑法上レリヴァントな対象を「行為」としている。犯罪とは行為でなければならず，行為でない者は処罰してはならない。しかしこの肝腎の「行為」という概念は，「人間性」と同様に，考えれば考えるほど理解が困難になる。さまざまな行為論が苦渋の途を経て構築されているが，一長一短の弊を免れない。周知のように，因果的行為論

は不作為の行為性や忘却犯を説明できず，これに対立して起こった目的的行為論も故意行為を説明できても，過失行為の取り扱いにつまずく。こうした難点を克服し，「行為者人格の主体的現実化としての身体の動静」と定義する人格的行為論や，「意思によって支配可能な社会的に意味を有する態度」と定義する社会的行為論は，現在のところ多くの支持を得ているように見受けられる。

　刑法上の行為の評価は，とりわけ人格上の悪性に対する非難可能性と，社会的悪影響の惹起とに重点的に関係する。法は行為の外面性，道徳は行為の内面性を評価すると言うカント的な二分説に対して，ラートブルフは当の行為の評価者の関心方向の差により，法的評価も内心と身体活動の二側面を共に視野に入れることを指摘したのも，行為の心身一体性が存在するからである。さらに，行為の反規範性を重視するか，それとも法益侵害という結果を重視するかで，行為無価値論や結果無価値論に論が二分されるのも，人間存在の人格的-社会的存在様式にかかっているからである。

　それにしても，この「一体」となってひとの奥に座している「主(あるじ)」は誰か。それとも「主」は虚構であろうか。単独に行為を自己決定する「主」は虚妄で，既に他の「主」と共同存在しているのであろうか。あるいは，「**人間として生まれていること自体**」が，良心に向けて正しい行為の形成を呼びかける「社会」に，そもそも義務を負う所以のものとなっているのであろうか。こうした諸問題に対して，最先端をゆく脳科学者は，自由意思の問題に連関させ，その真偽の解決に成功するであろうか。アリストテレスは，むろん現代の刑法教義学が規定する厳格な用語を鋳造はしていないが，刑法学が「行為」に関して取り組んできた基礎的な問題提起を，あるいは倫理の場で，あるいは法の場で，素朴な形において定式化している。後世の法科学者がこれをどう発展させるかの前に，彼自身の言説をできるだけ忠実に再現してみよう[5]。

第1節　帰責を可能にする倫理的評価の諸条件

　ある行為に賞賛や非難が加えられる条件として，最終的には本来的意味で「帰責」[6]が可能となるためには，行為の意欲的側面と可知的側面がどの程度充足されているかどうかを見ることが肝要であるが，アリストテレスは，実践理性と有意性との共同作用のうちにその前提を見ている。実践理性は行為の主となる原理で

あり，他方，行為は有意的であるとき，自己の所為として自己に帰責される。理性と有意性とは帰責が成立するための決定的要素である。裏を返せば，理性と意思とを自分で使用する資格を持たない人間に対して原則的に帰責はできないこととなる。ここを踏まえて，人間的行為はどこまでが帰責可能であり，どこから先が，帰責が制限もしくは不能と認識されるのかを判定することが帰責論の出発点となる。アリストテレスは，定義としてはぎこちないがさまざまな言葉を用いてそれを描き出している。ただ，そこから現代の刑法学上の議論との接点を読み取ることは困難なので，われわれは，この方面で残された数少ない貴重な労作といえるドイツの刑法学者レーニング（Richard Loening）の『アリストテレスの帰責論』*Die Zurechnungslehre des Aristoteles* (1903) を援用することにしよう。この問題に取り組む手がかりとして，まず**行為の意欲的側面**から(1)随意的であること，(2)われわれに依存すること，(3)それ以外の仕方においてもありうること，(4)行為の「主」たること，行為するしないは彼にとって自由，というメルクマールが挙げられる。次いで，**行為の可知的側面**から(1)目的の知，(2)事実の知，(3)規範の知というメルクマールが列挙される。以上の視点に即して，「人間的行為」の本質に接近してみよう[7]。この過程を辿ることが，実は現代刑法学における行為論との並行関係を読み取るうえで適宜であるように思われるからである。

1　行為の意欲的側面
(1)　**行為の随意性**　ἑκούσιον

行為に賞賛・非難が加えられるためには，それが「随意的」（ヘクーシオン ἑκούσιον）であり，行為者が「好んで」（ヘコーン ἑκών）行うことが必要であり，「不随意」（アクーシオン ἀκούσιον）の行為は，賞賛や非難のもとには立たない。徳や悪徳にとっても，随意的であることは第一条件である。ところで，アリストテレスは，いきなり「随意性」を定義せず，「不随意」の事例研究から分析を始めている[8]。まず，強要による（βία）か無識によって（δι' ἄγνοιαν）生じる行為は除外されるから，随意的行為は〈力づくで生じたものでなく〉**かつ**〈知られている〉ことが必要である。行為の「始まり」（アルケー ἀρχή）は，行為者自身にあるのでなければならない。外界の経過としての行為は，その運動因を行為者の内界に持つということが，随意的と言われる条件である。行為の始まりは，あらゆる有魂の存在者にあっては魂自体であるが，もっといえば，行為者の欲求（オレクシス ὄρεξις）を規定する

「選択こそ，そこから運動が起こる実践の始まり」(προαίρεσις πράξεως ἀρχή, ὅθεν ἡ κίνησις)[9]である。例えば，何らかの交渉（συναλλάγματα）も，その締結が欲求に基づく場合には随意的であるが，姦計や暴力などにより欲求に反して為される場合は不随意的である（*EN.* 1131a2）。

　この場合，行為者の欲求が，理性的思量に先立たれようと，感覚的表象によって規定されようと，いずれも随意的であることに変わりはない。理性的選択行為（προαιρετόν）は随意的であるが，どの随意的行為も理性的選択行為であるとは限らない。前者といえども一つの実践の始まりでしかない。思量の契機を排除しても，随意性は残る。気まぐれから，あるいは習慣から，また情念や感覚的欲求から行われるあらゆる行為も，随意的である。随意性の問題は人間全体を基準として論じなければならない。いかなる欲求も，いかなる熟考を経た行動も，等しく人間の随意的行動である（*EE.* 1223a21ff.）。ひとは自己の善行のみを随意的として賞賛を求めながら，悪行は強制された不随意行為であるとして非難を回避する癖を持つが，その欲求がいかに高尚であれ下等であれ，随意的であることに変わりはないのである（*EN.* 1111a25-29）。

　もっと根本的に言えば，有魂者が「自らによって」（δι' αὐτοῦς）為すところは，子供の行いや動物の行動でも，**理性を欠くとはいえ，随意的であることに変わりはない**。随意性は欲求一般を指し，理性によって規定された善を目標に向かう欲求たる「願望」βούλησις と同一視されない。ただ人間の行為の場合は，理性的表象か感情的表象が，もしくはそれらの相克が，行為を動機づける欲求となるところに，独特の全霊的力が表現されるのである（*Metaph.* 1071a2）。随意性の主体は，われわれ自身，すなわちわれわれの**全体的な統一的な心的人格性**にある[10]。そのような行為はわれわれ自身によって起こる。このように実践の始まりとして機能する欲求が全人間を示すという見解から，人間の行為をその「主体」から切り離し独立化して考えて，人間の行為を主体に帰属させる代わりに，「産物」として対立させ，主体をこの産物の「原因」とする考えが生じる。

　ところが，このような考えは，あらゆる運動は「動かされて動かす」というアリストテレスの重要な命題を無視し，欲求と行為との間の「現実的な因果関係」の代わりに，行為する「主体」とその「述語」との間に「仮象的な因果関係」を置くことになる[11]。それを正しく言いかえれば，主体とその行為との間の因果関係が，倫理的価値の人格的関係，すなわち，Zurechnung（帰報）の根拠とされる。

価値判断の本来的対象は行為自身であるが，しかし，賞賛や非難はこれを超えて，これがそこから発せられる主体にも向けられる。すなわち，その原因，作動因がわれわれ自身であるような行為が賞賛され非難される（EE. 1223a10）。「原因となる」ことが「責任を負う」ことと交換可能の意味を負う。行為を行為者の全人格，すなわち主体に関係づけることと連関する「随意性」の別名が，「あることの出現がわれわれに依存している」（ἐφ᾽ ἡμῖν εἶναι）ということである。

(2) 「行為がわれわれに依存すること」（ἐφ᾽ ἡμῖν εἶναι）について

一般にわれわれは，永遠のこと，不変のこと，偶然的なこと，計測し得ぬこと，われわれ自身によって惹起しえないことについては思量しない。思量において意義があるのは，いかなる外的妨げも対立せず，その実現がもっぱらわれわれ自身の活動にかかっているような，われわれによって遂行可能な行為である（δι᾽ ἡμῶν πρακτά）（EN. 1111b9）。われわれが望めば企てることができ，望まねば中止することもできるという意味で，われわれの意欲によって制約されている。すなわち，出来事の ἐφ᾽ ἡμῖν（エペーミン）が倫理的判断の前提にされ，善きあるいは悪しき行為が「われわれにかかっており」（エペーミン）であって，随意的（ヘクーシア）であるとき，立法者もしくは個人は，刑罰を科したり，報酬を受けたりするのである。

ここで同じ行為でも，広く倫理的行為と呼ばれる場合，随意性とわれわれの自由にかかっていることとの区別をしておく必要がある。前者は事実としての行動に関わるのに対し，後者は，行為の企てにとって規準となる要素を未規定なものとさせる何か「仮設的意義」[12] を有するもので，後に「人格」と呼ばれるが，この概念の形而上学的性格の可不可に関して論議を呼ぶところとなる。そのことは一応さておいて，行為の遂行・不遂行が，選択上多くある成果の選定から方向づけられるとき，それを方向づける意欲に予め依存していることは確かである。もし，この意欲が起こらず，もしくは別の内容をもっていたら，私の行為自体もまた自ずから生じないか，別の内容をもっていたに違いない（EN. 1114b31）。したがって，行為についてエペーミンが語られるときではいつも，行為するかしないかは，われわれの意欲とその性状にかかっているという選択 προαίρεσις が強調される（EN. 1113b7）。では，この「行為を左右する自由を有する」選択の根拠とは何であり，何に由来するのであろうか。もっと深く掘り下げて考えねばならない。

(3) 「それ以外の仕方においてもありうるもの」 ἐνδέχεσθαι ἄλλως ἔχειν について

この概念は自然事象や偶然事についても当て嵌まるが，人間的行為に関して語

られるとき，意欲の内容は種々さまざまに形成され，絶えず交替するといった意欲の多様性，あるいは行為の「始まりの未規定性」(ἀρχὴ οὐκ ὡρισμένη)(MM. 1189b12)のことを指して語られる[13]。この意欲の多様な本性に応じて，人間的行為の多様性もある。レーニングにしてみれば，人格概念は，この内容的に多様な意欲を抽象的な統一体へ実体化し，この統一体に行為の差異性を対立させるために作られた概念だとされるわけだが，こうした観点から，個人は，意思によって生み出された交替する諸行為の「統一的な恒常的原因」[14]とみなされる。

　この意思が抽象界から具体界へと移って，一定の内容をもった現実の意思作用となったとき，特に理性的思量に基づいて一定の行為への選択がなされたとき，かの「始まりの未規定性」(ἀρχὴ οὐκ ὡρισμένη)は，今やその「未規定性」を失って，行為するかしないか，するにしても，かく行為するかあるいは他のように行為するかの可能性は失われる。「投げられた石は悪魔の石である」。しかし，意思が未決定であるとき，行為するかしないかは，またいかにして行為するかは開かれたままである。そこには，決定のため，選択的に種々さまざまな可能性が抽象的意志に差し出されており，これに手を伸ばして(αἱρεῖσθαι)，その内の一つを選び取る(προαιρεῖσθαι)とき，現実の意思決定が生じる。その際，思量(βούλευσις)が，意欲と行為に具体的規定性を与える中でもきわめて重要な働きを営む[15]。

　ところで「それ以外の仕方においてもありうる」ということは，行為主体のそのつどの具体的な意思によって規定されているが，規定する意思が別のものであったなら，その行為は起こらなかったか別のものになっていたということを含む。このことは，同種のカテゴリーの下で，価値の比較区別が起こりうる前提となる[16]。異なっているが互いに比較可能な人間的行為の諸形態が可能である限りにおいて，その行為に善悪，賞賛・非難が適用されうる。例えば，逸脱した行為でも，同じ意思基盤に立ちながら，異なったその性状によってはそうでない行為がありうることによって，これと比較される場合のことが考えられる。人間的行為が常に到る所で等しい仕方で現れるなら，それがこうした意味で必然的であるなら，この行為とその主体の評価は問題とならなくなる。神の支配は，それ以上に完全な意味で，いかなる価値区別も含まない。それゆえに，人間によって尊敬されるが，賞賛されるものではない。賞賛は人間的行態との比較を前提するが，神の支配の場合は，比較・関係に必要な共通の基盤は欠けているからである(EE. 1223a10)。

(4) 行為の「主(あるじ)」たること (κύριος)

「いま，われわれの魂において，われわれの実践や真理認識をつかさどるものに三あり，感覚（アイステーシス）・知性（ヌース）・欲求（オレクシス）がすなわちそれである」(*EN.* 1139a17)[17]。この訳語にある「つかさどる」は原典では，"κύριος"に当たる。これは，「～の主(あるじ)である」といった意味の含みを持つ言葉である。「主」とは一家の主人という意味をまず想定するであろうが，これがわが行為に関して語られるとき，人間は自らの働きに対する主として，感覚に頼らず，知性と欲求によって善悪を認識し，追求もしくは避ける能動的な行為の始まりをなす源である。多様な性状により生み出された多様な結果の形成を規定する，統一として考えられた原因が，「主人」である。ただし，思量された意思としての選択から発する行為が，「人間的行為」であって，「人間の行為」が全てこのような性状を帯びるとは限らず，中には，他の非理性的動物と共通しているような行動もあるが，それは「人間的行為」とは呼びえない。

ここでも，意思が能動的な働きの最高決定者として全人格を代表するように見えるので，諸々の行為の帰属する「主人」として，われわれ自身が，われわれの行為が起こるか起こらないかの意思にかかっている。このことは，後にキリスト教神学，特にトマスにおいて，人間が，神の似姿として，自らの行為の根源であり，自らの働きの主とされ，その倫理的考察の独自性を出発点にとることを認める見解に継続することを示唆するであろう。

2 行為の可知的側面
(1) 意思の背後にある追求目的の知

これまで Loening に従って叙述したアリストテレスの帰責論は，行為の始まり，「主」を意思に置いている限り，哲学で言えば主意主義の系譜に立つように思われる。しかし，人間的行為の始まりは「意思」であると言うとき，この意思をさらに深く立ち入って分析するなら，必ずしもそうではないことが分かる。なぜなら，意思に相即する形で，倫理的行為の始まりに「行為原理の知」が伴っているからである。アリストテレスによれば，人間の意思はあらゆる対象に向けられており，この対象は意思に先立って，意欲者の意識の内に表象されている。その表象は，理性的であれ感性的であれ，意欲に対して，一方で内容と方向とを与え，他方でその根拠と動機をなしている。いかなる意欲も，したがって行為も，先行

する相伴う表象，認識と知がなければ可能ではない。かかる表象，あるいは意欲の対象をなすものを実現する限りで，それは意思の活動と呼ばれるにすぎない。今や，「随意性」(ヘクーシオン) および「自己における始まり」(ἀρχὴ ἐν αὑτῷ) とならんで，「可知性」(エイドース εἰδώς) が「人間的行為」を特徴づける更なるメルクマールとなる。意欲者は，「好んで」(ヘコーン) その行為をなすが，倫理的評価の下に服するには，何かを予め意識し表象していなければならない。

　根源的に言って，自分が何を望んでいるかを知らない者は，何ものをも望んでいない。行為しようと望んでいる者は，どのような身体的運動を企て，どのような変化を外界に惹起しようとしているかを知っていなければならない (*EN.* 1111a7sq.)[18]。それだけでなく，意図的に行為する者は，必然的に自らが行為の主体であることを知っていなければならない。意欲の対象として表象された身体運動は，現実に遂行されたそれと合致していなければならない。意思は身体をその根底に存する目的表象に従ってのみ動かすから，それから逸れる運動は随意的ではない。「随意的」(ヘクーシオン) と言われるには，行為者の知，その行為の適切な正しい表象が必要とされる。

(2) 事実認識の無知

　ところが，行為の結果に関して，行為者の表象は現実の事物の進行から逸れてしまうことがある。例えば，大工作業のように，周囲の状況に気を取られて，金槌で釘を打たずに，誤って自分の指を打ってしまうことがある。このような行為は随意的と言えるであろうか。すなわち，意思から発する行為は，表象と客観的出来事とが合致する限りでのみ随意的なのであろうか。ここで固有の意味での「実践」(プラクシス πρᾶξις) の構成要素を考える必要がある。アリストテレスによれば，およそ，行為が現れるためには，「目的」と「目的にために生じるということ」の二要素が必要である (*Metaph.* 1048b20)。目的とされた結果なくしては，ただ運動があるのみで，完全な行為は存しない。理性や情念は，己の充足のために，人間的活動によって実現される何らかの外的変化を必要とし，賞賛や非難は，そのような行為に関わる。現れた結果に関しては，それが意思作用によって惹起されているだけでは十分でなく，欲求の対象であり，内容であり，目的でなければならない。そしてそれはそのようなものとして意識されていなければならない。ただ，結果が行為主体の表象と合致している限りにのみ，行為は「随意的」とみなされうるにすぎない。

それでは，事実に関する無知のために為された行いは「不随意」となるのであろうか。アリストテレスによれば，随意的であるのに必要な知は，行為全体を構成する諸契機（τὰ καθ' ἕκαστα ἐν οἷς καὶ περὶ ἃ ἡ πρᾶξις）に関わっており（EN. 1111a15），意欲と行為においてそうした契機に関し無知もしくは錯誤にある者は，その限り「好んで」（ἑκών）行為しているのではなく，「無知ゆえに」（δι' ἄγνοιαν）ふるまっている。そのような無知に発する行為はヘクーシア（随意）ではない。しかし，さればといって，無知に基づく行為は全てアクーシア（不随意）というのでもない。それがアクーシアと呼ばれるためには，後で苦痛や後悔を伴うことを要する。ところが，無知に基づく行為であっても，そうした苦痛や後悔の感情を何ら伴わない場合があるので，それにつき οὐχ ἑκούσιον（ウーク・ヘクーシオン），つまり「非随意」という範疇を設けている（EN. 1112a2）。自らすき好んで（ヘコーン）為したのでもないが，だからといって好まざるに（アコーン）為したのでもない場合が想定される。

　しかし，このような区別だてに対してはレーニングの側から強い反論がある。もともとこの名称の区別は，行為がなされたその時点での行態の性状の区別を記すのに用いられるべきであって，行為主体の後からの行態によって影響されえないと指摘する。もしそれを許すなら，無知に基づく行為であっても行為者が後で喜ぶような効果をもたらすなら，それは ἑκούσια と名づけられることになろう。行為を振り返ることでは，οὐχ ἑκούσιον と ἀκούσιον との間に実質的区別はないのであって，ἑκούσιον と ἀκούσιον とは，その間に第三のカテゴリーが入ることのできない**矛盾対当関係**に立つと論じている。前者の行為は「好んで」，後者の行為は「しまった」という心理的意味が伴っているので，これに引きずられて，両者の間にそのいずれでもない行為を特徴づけるため，οὐχ ἑκούσιον が挿入されたのであろう。しかし行為の原理的意義は，行為者が知らずに為した行いについて，後から喜びを感じるか，後悔を感じるかに応じた区別とは無関係でなければならない[19]と論じた。

　ところがこうしたレーニングの見解に反論したのが，安藤孝行の解釈である。「非随意」という概念は単なる都合から命名されている概念ではない。彼は『動物運動論』の叙述を援用し，「本来われわれの自発的な欲求によって左右されない事柄は，非随意とは言えても不随意ではない。不随意とは欲求によって左右できる事柄であるにも拘らず，外的な力が支配して，この欲求を否定する場合に認めら

れる。欲求が外的原因によって否定されるから，われわれは苦痛や後悔を感じるのである」。「非随意」はわれわれがそれを知ると否とに拘らず生起する自然的現象に沿った運動も含められる。発熱や空腹，睡眠や覚醒や呼吸，老衰や死は，随意でもなければ不随意でもなく，非随意である。後悔の有無は行為の随意性を判別する手がかりとして重要な意味を持つのであり，非随意な行動は，もともとある目的を意図して為されたものではないから後悔を生じえない。従って，アリストテレスにとって，「随意性に快を，不随意性に苦を，非随意性に無感情を配するのは，決して附帯的ではなくして本質的な随伴現象」なのである，とされる[20]。安藤の解釈によれば，随意と不随意とは「それ以外の仕方もありうる」実践という共通の地盤に乗って，「それ以外の仕方ではありえない」非随意と対立関係に置かれることになる。こうした解釈は，種々の行為の帰責の評価に際し，それに応じた段階を設けることで正当化される根拠を与えるものとなろう。この点は後のまとめの議論で振り返ることにする。

(3) 規範認識の無知

それでは，無知ゆえに不随意として現れるあらゆる行為は，善悪の彼岸に置かれるのだろうか。無知であっても，帰責が適用される場合は存在しないだろうか。これまで，帰責の問題に関し，知と無知とを，個別的ケースにおける行為の事実的形成に関連させて見てきたが，それと並んで，行為の倫理的規範の知・無知がさらに重要な前提となる。はたして，行為者は，その行為が随意的とみなされるために，行為の端初と規範とを知り，これに従って，当面の行為が善か悪かを知らねばならないのだろうか，これが次に問題となる。

この問いを論究するに当たって注目せねばならないことは，行為の倫理的質は，外的事象によりも，心的状態，欲求と理性的思惟との関係のうちに根拠を置くということ，さらに，倫理的規範は外的権威でなく，理性の認識に基づくということである。理性に即した「有徳な者」（φρόνιμος）なら，真に善なるものを知り，これを彼の行為の規定動機・目的となす。「抑制ある者」（ἐγκρατής）も，「無抑制の者」（ἀκρατής）も，感性的欲望との戦いの帰趨は異なるが，いずれも倫理的端初（＝原理）は知っている。アリストテレスは，理性の働きは己がものとしていなくとも，事実的に倫理規範に従っている行為を，本来的ではなく，低い程度ではあるが賞賛すべきものとしている。つまり，「正しい理に聴従する」（κατὰ τὸν ὀρθὸν λόγον）欲求も賞賛の対象となりえ，そのような行為も随意的とみなされねばなら

ない[21]。

　これに対応して，行為者が倫理規範に対する矛盾を意識していない悪しき行為も随意的であり，非難すべきものとみなされる。なぜなら，それも欲求に依存し，この欲求は過度の快楽の充足，過小の不快の回避を求める点で，全行為の悪性をなす。感性的享楽の追求によって，理性が堕落して，善を認識する能力が埋没してしまったからである。何を為すべきで，何を為すべきでないのかの無知は，行為を「不随意的」（アクーシオン）にしないどころか，かえって完全な倫理的堕落のしるしであり，非難の根拠となる（*EN.* 1110b28）。行為の倫理的性格の無知は，行為の価値を貶めるものである。

　倫理規範の無知は，ἄγνοια τοῦ καθόλου，つまり「普遍的なものの無知」であるのに対し，具体的行為の無知は τῶν καθ' ἕκαστα，つまり「個別的事実の無知である」[22]。後者の無知には，事情によっては同情の余地もあり，免責の可能性あるケースはいくらでも考えつく。ところが前者の無知は，とりわけそのひとの倫理的欠陥とみなされて帰責の対象となる。しかし翻って考えれば，アリストテレスにとって，無知に基づく行為は不随意的行為であり，従って帰責不能な筈である。それにも拘らず，καθόλου である法規の無知に関して，それを貫くことはできない。なぜなら，ignorantia juris nocet（「法律の不知は害す」）が厳として妥当するからである。倫理規範の無知と違って，実定法の規範は，行為者の外側に立つ権威から，その妥当を受け取るので，その無知はそのひとの倫理的本性とは関係がない。ところが，現行法を知らないからといって，悪賢い犯罪者の行為を免責にはできない。なぜなら行為の違法性の審理は，倫理規範に対する行為者の内面的性情や動機に関してではなく，行為と行為主体の外なる法規範が示す内容との矛盾に向かうからである。法規範の無知は，主体の法的性格にとってはさして重要ではなく，違法な行為の帰責や処罰に影響を持つ。

　では，なぜ内面化されている倫理規範と違い，外面的な法規範についても，「不知を許さず」とされるのだろうか。まず社会的安定性を目指す立法政策の面から，その意義を理解できるが，哲学的根拠づけはどうなっているのだろうか。実は，人間社会は単なる集合体ではなく，個人に先んじて，犯罪の不作為のみならず，一定の正義の履行を公民に求めているのである。人間の実存そのものが，その作為や不作為を超えて，主体の奥にあって，賞賛や非難を可能にする法的ア・プリオリの下に置かれている。法規範の内面化の必然性は，人間の実存体制の，因果

的な究明からではなく，かえってそうした究明自体が，それに先んじている「法-内-存在」からしてはじめて可能となるのではなかろうか。こうした点は，後の「自由意思論」の折の検討に譲ることにしよう。

第2節　帰責を不能にする倫理的評価の排除

1　生理的経過・外的物理的暴力・内的心理的強制
(1)　身体的経過・状態

　身体における自然的経過は，魂の**植物的部分**の機能であって，随意的ではなく，倫理的評価に服しない。それは，われわれの意思に依存せず，意思によって活動的となる理性的表象によっても支配されない。植物的魂には，一般に，いかなる表象能力や欲求能力も属していない。かえって後者は感覚と理性にのみ基づいている。それゆえに，植物的魂は表象と欲求とを前提とする外的行為の原因とはなりえないのは明らかである。後者が原因となるような行為にしてはじめて，人間は心的個体性を持った運動の主体となる。植物的経過も，その原因を人間に持っている（ἀρχὴ ἐν αὐτῷ）ものの，この原因は「おおよそ」（ἐπὶ τὸ πολύ）に規定された結果へ導く自然によって確定されたものである。例えば，四肢の無意識的・反射的行為，自然的にわれわれに具わる感覚機能，身体的特性や状態や性向，不具，疾病などは，われわれの意思に依存しないので，倫理的な価値・無価値は帰属しない（*EN*. 1110a1-4）。

　ただし，この中でも，有害な結果の認識がありながら自分の勝手な行いによって不具になったり，医師のいうことを聴かないで，無抑制の生活を送ったり，体育の不足や不注意によって病気にかかった場合は，自分が行為の原因（αἴτιος）であるから，非難の対象となりうる。

(2)　外的物理的暴力の場合

　アリストテレスは，この例として「その端初が，行為し情念する本人の少しもあずかる余地のないような性質のものである場合——例えば，風のちからで。ないしはのっぴきならぬちからを持つ連中の手でどこかへもってゆかれる，といったような場合」を挙げている。勿論，このとき運動の ἀρχή，すなわち「始まり」は彼の意思にはなく，外的諸力の必然的な強制力（βία ἀνάγκη）にある。人間の随意を排除する暴力の下には，強制を受けた身体的力をはるかに上回るため，この

者がそれに対しいかなる抵抗をも為しえなかった「不可抗力」のことが念頭に置かれている。人間の運動が，外的物理力によって行為者自身の活動を惹起せしめないほどに，支配されているとき，その運動は不随意である。

あくまでも「外側からの何か」τι τῶν ἔξωθεν（*EE.* 1224b7）が，外的強制の基準であって，『自然学』の研究で見られるように，人間の内部にある原因に基づくような自発運動は自らに始点と終点を有するといえども，随意的でも不随意的でもなく，非随意的と言うべきであろう（*Phys.* 192b13-14）。

(3) 窮境もしくは緊急状態にある心理的強制の場合

暴力は外的物理力に発して，行為者の意思なくしてまたは反して，その身体に強制的に働きかけるのに対し，心的強制は，善悪，快不快の表象を介して人格の意思に働きかけて，行為へと規定する。こうした行為は倫理的評価を排除しない。少なくとも，ここでは行為は行為者の意思に発し，そこにおいて意思がそのアルケー，つまり「始まり」を有し，行為者自身，意欲する者として，行為の「創始者」である。外側からどのような刺激がやって来ようと，意思に規定的に働きかける前に，主体によってまず受容され，表象されている筈である。外的刺激がどのようなものであろうと，行為の原因はここでは外的事柄にあるのではなく，この刺激を処理する人間自身にある。外的影響の働きであっても，人間の心的性情に依存する限り，彼の行為は随意的である。これがアリストテレスの結論である。

それでは，ひとが窮境の内に立たされた時に覚える心理的強制の場合はどう考えたらよいか，アリストテレスが事案として持ち出すケースに即して上記の結論を考察してみよう。

「彼の親や子の上に生殺与奪の権を有する僭主が何らか醜悪な行為を命じるとする。そしてもしこれを為すならば彼の親や子は救われるであろうが，もしこれを為さないならば親や子が殺されるであろうと仮定する。こういった行為の場合，それは不随意的なのか，それとも随意的なのかという疑問の余地が存する。また，或る意味でこれに通ずるような事態は，嵐における投荷の場合である。この場合，本来的には何びとも，すき好んで（ἑκών）投荷を行うわけではない。ただ，自分や他のひとびとの生命を救わんがために，良識あるひとびとは誰しもこれをあえてするというにすぎない」（*EN.* 1110a4）。いずれも，もっと大きな害悪を避けんとして，恐怖のゆえに止むを得ず為される行為の設例である。

アリストテレスによれば，このような窮境のうちになされる行為も随意である。

先ほどにも触れたように,「随意」ἑκούσιονの傍義である「好んで」ἑκώνから出発するなら,こうした行為は誰しも喜んで行うものではないから,随意ではないように見える。しかし,当事者にとって,今行う不快かつ苦痛な行為よりも,生命の喪失の方が一層耐えがたい苦痛であるために,後者よりも前者の方を「好んで」(=進んで)行っていると考えられるのである。外的暴力(βία)によって自分の行為がままならないときは,アクーシアでありアコーンであるが,心理的強制(ἀναγκασθῆναι)の場合は,ヘクーシアでありアコーンとなる。アリストテレスはこれを快と不快との「混合的行為」μικταὶ πράξεις(*EN*. 1110a6-7)としているが,レーニングによるならば,ἑκούσιονの術語的意味においては,正確な名称ではない[23]。緊急行為は行為者の意思によって,迫り来る害悪の受忍の代わりに選択されている。身体的運動の「始まり」は,物理的強制と異なり,彼の意思にあって,かの害悪を引き受けるか否かは,そこにかかっている(*EN*. 1110a15-16)[24]。

緊急状態といえども,「随意」を排除しないので,状況に応じて賞賛や非難の評価の下に立ちうる。うるわしき事柄に対する代償として何か醜悪な苦痛に耐えるのであれば,そのような行為は賞賛されることがあるし,うるわしくもない事柄のために醜悪な行為を為す者は劣悪なものの証左となる。賞賛や非難に関して決定的なことは,ある害悪が,それによって避けられるべき,差し迫った害悪に対して立つ比例関係に従う。あらゆるこれらの行為は,賞賛もしくは非難に値するものであれ,ともかく意識され意欲されている。差し迫ってくる害悪,恐怖は意思自体に働きかける動機でしかなく,「随意性」を排除する力ではない。

ところが,「人間の本性を超えた,いかなる人間も耐ええないようなことがら」が迫り来たった場合はどうであろうか。アリストテレスはそれを免れるために,為すべからざることを行った場合は,賞賛されないまでも,「同情」συγγνώμηは寄せられることがあると述べている。しかし問題は,エウリピデスのアルクマイオンにおける「母親殺しの強制」に見られるような極度の心理的強制の場合である。ここでは超人的な苦痛の表象とそれに対する恐怖の表象が強制動機として,意思に襲いかかる(*EN*. 1110a20-1110b1)。

アリストテレスによれば,いやしくも行為が随意的であるためには,意思の決定に先立って多くの可能性が選択のために差し出されており,この可能性のいずれかが実現されるかは意思決定にかかっているのでなければならない。しかるにかかる心理的強制に対しては,いかなる人間も抵抗をなしえず,思量の上,他の

ふうに意欲したり行為したりすることはそもそも不可能であって、意思は直ちに迫り来る害悪を避ける方向に向かう。そのような害悪は、人間の本性を超え、それに耐えることができないので、誰もそうしたことを望み得ないし、そのことについて思量もできない。ということは、不可抗的動機の働きかけに対し、いかなる選択も、主体とその意思に依存しないわけであるから、そのように振舞うべきか否かは、「わたし次第」(ἐπ' αὐτῷ) ではない。このケースは、あらゆる人間において既に行為を決定されており、この主体の心理的個人性とは独立な状況にあるので、そこから発する行為は、善悪の評価を超える不随意の行為であるように思われる。

　しかし、彼によれば、どのようなときでも、むしろ死をもって耐えるべきであるような行為に対して、強制は存在しないとし (EN. 1110a26)、そのような苦痛は人間的本性を超えるにも拘らず、それに対する屈服は非難されるべきものとされる。すなわち「母親殺しの強制」の行為もまた、結論的には随意的行為である。ということは、このケースでも、選択可能な問題であり、いかなる人間も耐え得ない絶対的に強制的に働く苦痛の例とはみなされていなかったことになる。この場合にはどのような恐怖にも耐えて死を選ばなければならない。これは常人の徳をはるかに超える「英雄的行為」であるが、はたして、彼の倫理的行為に関する免責条件の前提として、平均人を名宛とする法規範の妥当範囲が明瞭に意識されていたのであろうか[25]。こうした問題は、行為当時の具体的状況において行為者に違法行為を避けて適法行為に出ることを期待できるかという、現代に言う「期待可能性」の問題に通じるであろう。

2　状況の無知

　行為者は行為の具体的要件あるいは、それがそこで起こる諸状況を知らなかったとき、その行為は不随意とみなされる。なぜなら、その行為は行為者の意欲の対象となっておらず、その表象は彼の意欲に対する動機として働きかけることができなかったからである。その場合には、行為者には賞賛や非難ではなく、宥免や同情の意が寄せられる。問題なのは、行為者があれこれの錯誤によって、その行為の有害な因果的結果を予見していなかったということである。アリストテレスが挙げる例は、敵であると思って戦争で息子あるいは父親を殺す場合、あるいは、誓われている事実の不真なるを錯誤している場合で、いずれも一般規範に関

する悪意はなく罪は成立しない。また，石弩(いしど)の構造を説明しようとしたが，手がそれて石を飛ばしてしまったとき，練習用の槍と思って尖っているのを知らずに戯れに人を突いて死に至らしめた場合，薬を与えるつもりで誤って毒害する場合等，いずれも行為の個別的状況についての無知または錯誤のために予期しえなかった結果を生じた場合を検討している（EN. 1111a10ff.）。

　同様の関係は，行為者が法律を知らなかったため，あるいは行為がその下に属さないものと考えたため，その行為の違法性を認識しなかったときにも言える。アリストテレスによれば，いわゆる「法律の錯誤」も，行為を随意的とするものではなく，その行為の違法性の意識が欠けている限り，不随意とする。しかしながら，レーニングによれば，子細に検討するとき，アリストテレスがある行為を不随意と説明しているのは，行為者が，一般原理（καθόλου）の無知においてというよりも，その行為の具体的状況（καθ᾽ ἕκαστα）の無知において行為しているときである[26]。行為者に違法性の意識が欠けているとき，客観的に見れば彼の思惟や意欲は別に正義の蹂越に関与しているわけではなく，ただ状況の無知においてふるまっているのみで，そのような行為は不随意でしかない。

　不随意とは，その無知のために行動主体の一般的目的が個別的事実との不適合によって裏切られることに他ならない。こうした行為の判定において，一般原理（καθόλου）の無知はそれ自体として考察されておらず，具体的状況における行為の違法性の無知の基礎として考察されているにすぎない。法律の錯誤を，アリストテレスは具体的状況（καθ᾽ ἕκαστα）の無知と一体に捉えるがゆえに，不随意的と理解するが，これはローマ法の伝統"error juris nocet"に完全に異なっている。彼の理論に従えば，行為の不法なるを知らずして為した行為に責任を認めることは適当ではないからである。

　しかしながら，彼は他方，法を忘れたり，知らなかったりして，誤った判決を下す裁判官も適法的という意味で不正を働いているわけではないが，厳密な意味での法から見れば不当に判決を下している，とも述べている（EN. 1136b32）。それは「正義」という不文法の見地から許されないという理由に基づくものであって，加罰性に関して，自己の行為が法律上許されていないということを知る必要があったという理由からではない。そこで，アリストテレスは，現代風に言えば，違法の認識なくして演じた行為は故意犯として処罰できないが，加罰的となる無知の条件として，それを知ることが必要であり困難でない法律規定を知らない者

第 4 章　自由意思と帰責について　167

には過失を認めて，帰責を可能とする根拠づけに向かったのであろう。

　このように見てくると，アリストテレスは自分が構築した倫理的価値判断の原理を，違法な行為の処罰に関する当時のギリシア実定法の諸規定を顧慮することによって，枉げていることになる。事実の錯誤も，法律の錯誤も，違法な行為を不随意的なものと認識すべき根拠とされる筈なのに，無知による違法な行為に対しても，それが不随意的であるにも拘らず，国家の刑罰規準に従って，倫理的非難を浴びせている。倫理的評価を，要件無知に基づく違法行為にまで拡張することは，あらゆる倫理上の善悪は，理性の命令と感性の衝動に対する意欲の行態に基づくとする彼の原理に矛盾する。彼にとって，随意は行為の完全な知を必要とし，不随意は倫理的評価にとって偶然的なものでしかない。ところが，過度の快楽の追求のような場合と違い，不正義の場合は事情が異なる。行為者は行為の内容について知らず，意欲していなくても，行為自体は国法に対する違反を表すのである。ここに倫理と異なる法の「客観的不法」の特性が現れる。かくて，アリストテレスにとって無知にも拘らず行為者に行為を帰責させる条件を，彼が以前に立てた原理から逸脱しないよう定式化することが課題となる（もっとも，彼はここにも「随意性」が見られるという擬制を用いる必要はなかった。なぜなら，国法によれば，「不随意」も加罰的とみなされたからである）。

　それでは，行為者自身が無知の原因であるとき，無知による違反はいかにして，彼にとって有責となるのであろうか。その理由として，「正しい認識を得ることが行為者に依存していた（ἐπ' αυτῷ）から」であると答えられる。行為者自身が無知の原因であるとき，無知による違反は彼にとって有責となる（EN. 1113b32）。肝腎な点は，行為をするかしないかが「自分にかかっている」（ἐπ' αυτῷ）かではなく，無知であることが「自分にかかっている」ことにある。ここにおいて随意が主体による行為の直接的原因となるのに対し，無知による行為の場合は間接的となる。主要な区別点は，随意の場合，心的要因は意思や欲求にあるが，無知による行為の場合，この欲求は欠けていることになる。つまり，知らずに行われた法違反の帰責可能性を間接的に意思に還元し，過失を意欲の欠損に基づけている。

　かのアリストテレスの定式化が，それにも拘らず実質的意味を持つと言うのなら，すなわち，無知の根拠が主体自身にあると言うのなら，今やこの「自己における始まり」（ἀρχὴ ἐν αὐτῷ）は，別の意味を持たねばならない。「自己」（αὐτός）の背後に，欲求とは異なった心的機能，欲求と同じく全人格の代表と考えられ，無

知もこれに基づく，違反もみなこの人格の発出として現れるような機能が潜んでいるのでなければならない[27]。かかる機能の不作為が「過失」（ἀμέλεια）と呼ばれることになる。「彼自身」が無知の原因であり，正しい知を調達し保持する彼の認識能力の適用に依存している。その限りで彼は，配慮や注意について己の認識力を左右できる「主」（κύριος）と言うことができる。もし彼がその精神力を注意深く利用していたら，その行為においても全てを正しく認識していたであろう可能性はあったのである。

　無知から発した全ての行為が責任を問われるのではない。過失的不知と無過失的不知とを区別することが肝要である。過失的に不法をなすものは，周囲の事柄の認識に注意を払わない杜撰(ずさん)な性状の持ち主である。アリストテレスが加罰的な者として問題にするのは，それを知ることが必要であり困難でない法律規定を知らない人びとに限定される。帰責可能な過失は，正しい認識が**容易**で，僅かな精神的緊張をもって目的が達せられるのに，行為者によってそれが適用されなかった場合が想定される（EE. 1225b12）[28]。逆に言えば，行為者の無知が，精神的な非常な緊張消耗をもってしか回避されなかったとき，法律の不知による過失は排除される。つまり，過失的不知と無過失的不知とを区別するに際し，どの程度の精神的緊張があれば，過失を排除し，さもなくば過失を構成するかが次の問題となる。

　この問題に関しては，アリストテレス自身，『ニコマコス倫理学』第 5 巻，そして『弁論術』第 1 巻第 17 章で論じている。それらの記述によれば，行為者によって予見されなかった侵害が「思いがけなく」（παραλόγως）に現れたか，それとも「思いがけなくとは言えない」（μὴ παραλόγως）に現れたかに応じて区別される。後者の場合には**過失**（ハマルテーマ，ἁμάρτημα）があるが，前者の場合では，不幸な**奇禍**（アテュケーマ，ἀτύχημα）があるにすぎない（EN. 1135b16-17）[29]。つまり，不知の原因は，それぞれ行為者の内外に求められていることになる。この区別が立てられる「期待」の下には，行為者が実際に期待していた，あるいは期待していなかった事実が理解されるのではなく，理性人ならば行為時に状況を顧慮して現れてくるであろうと見込むことが解される。

　人間は経験に基づいて外界に対する働きかけを斟酌するが，類似の事態については経験上習慣的に現れる事柄に注目する。したがって，経験が手渡すものに注意し熟考しない者は，無思慮に，過失的にふるまっているのだから，責任が問われる。これに対し，予見できない侵害は，異常な諸状況の集合によって現れたた

め、従来のいかなる経験からも期待されえないので、そのような全く偶然的なものの不知は帰責を免除される。要するに法律の錯誤の問題は、その錯誤が通常一般人として到底避けることのできなかったものかどうか、あるいは、錯誤を生じることについて過失があったかどうかの問題となる。

次に関連する重要な論点は、同じく「無知」にかかわる行為であるが「過失」といえるかどうかにつき特殊な態様を示すため、項を改めて論じることにしよう。

3　いわゆる「原因において自由な行為」(actio libera in causa) について

アリストテレスによる「無識のゆえに行為すること」(δι' ἄγνοιαν) と「無意識に行為すること」(ἀγνοοῦντες) の区別 (*EN*. 1110b24)[30]が、この際の考察に手がかりを与える。前者では、行為者は行動の要素となる個別的事態に無知であったために、欲求や意図するところとは異なった結果を生じる場合であるが、後者において問題となる点は、行為者の永続的な性格または一時的な精神状態が災いして、既に備えておくべき知識を阻害もしくは欠如させる場合である。例えば、泥酔や憤怒のように一時的な激情に駆られて、人びとが平生持っている知識を活用できない場合や、人生そもそも何を為すべきで為すべきでないかという普遍的な実践法則を知らないで行う行為で、選択意思自体 (προαίρεσις) を蝕む無知に由来する。前者は行為者の品性に基づかぬ個別的な外的偶然的な無知であるのに対し、後者の無知は行為者の性格に属するから、同じ無知にしてもその為す行為は不随意的とは言えない。

もっとも、泥酔のような場合は、意思は善良でありながら、これに反抗する強力な欲望が圧倒して、理性の働きが阻害され、願ってもいない結果を仕出かす場合であるのに対して、意思自体を蝕む不節制にあっては、理性の欠如による普遍的規範の無視において、非難を免れない随意性を有する。「無知にして行為する者」は、行為者自身が無知の創始者であるのに対し、「知らないがゆえに行為する者」は、行為者自身、飲めば経験的に何らかの侵害を起こしそうなことを予知しながら、自らを無知の状態に移し置く積極的行為が介在し、この飲酒行為による意識錯乱によって、侵害を惹起した無知慮に過失がとがめられるのである。

例えばレーニングは、泥酔による不法行為の過失は、個々の状況の過失的不知による不法行為とは異なり、「無知」(ἀγνοῶν) に振舞っていることにでなく、「無知を原因として」(δι' ἄγνοιαν) 己を ἀγνοῶν にしたところに過失があると言う[31]。

行為者の不法行為は、もう酩酊をもって始まっており、それ以降のことは、この帰結でしかない。侵害の帰責は自覚状態で為された行為に帰される。これは、現代刑法における「原因において自由な行為」(actio libera in causa)をどう考えるかについて提起された問題に通じる。「責任なくして罪なし」を論拠とすれば、行為と責任との時間的一致をめぐって、ドイツにおける構成要件モデルと例外説とが生み出した対立は、この問題の複雑さを改めて示しているように思われる[32]。

　この問題の典型的事例は、飲酒泥酔による違法行為の問題であろう。アリストテレスが、この行為に対し帰責を求める条件をどのように捉えていたかを理解することがまず肝要である。彼によれば、ともかく賞賛と非難を帰属せしめるためには、それが随意に行われていることが決定的である。それが随意であるのは、行為の運動原理が行為者の内にありその行為について知っているときである。その時、人間はその全人格をもって、その「自己」をもって行為において己を表現しており。行為は彼にかかっている。しかしアリストテレスの行為論によれば、このことが起こるのは、理性と感性とが一致した作用の下にある人間の欲求から発現する場合に限られる。自分の対象とその目標の意識とが結びついた欲求が欠けるとき、行為はこの者に帰責しえない。行為時には是非善悪の弁別能力が伴っていなければならない。

　帰責の一般的な規準と比べると、飲酒行為の評価について、さらに格別な行為の特徴が見出される。なぜなら、そこには責任が問われるべき行為についての決定的な知が欠けているからである。『ニコマコス倫理学』第３巻第２章で、彼はこれにつき精細な区別をしている。すなわち、飲酒した者は無知から行為しているのではない。なるほど己の行為を意識してはいない、したがって無知の中にいるが、己の飲酒状態の結果、罪を犯している。もしそれが単純に無知から犯された行為であるなら、明白に不随意であり、かかるものとして免責されるか帰責されない。しかし飲酒行為の評価は別様に下される。というのは、アリストテレスが論究しているように、随意に意思された無知は、不随意の原因ではなく、悪性を示すからである。ただ無責任の無知のみが当該行為を免責する。

　この意味で彼はやや後の第７章で、法律は自分の責任による無知を処罰することに言及している。「酔払いには刑罰が倍加される。けだし、その端初が彼自身の内に存しているからである。というのは、彼は酔払わないで済ませるということに対する決定的な力を有しており、それにもかかわらず彼が酔払ったというとこ

ろに無知の因が存するのだからである」(*EN*. 1113b30-33)。「もしこれに反して，それをなせば不正な人間になるであろうごとき行為を，そのことを知らずにではなしになすならば，その人はみずからすき好んで不正な人間となる」(*EN*. 1114a13-14)。酔っ払い状態から帰結する己の行為に関する無知は，したがって，彼が有責的に酔っ払っているとき，行為者を，混濁の内になされた行為につき免責するものではない。アリストテレスは，非難可能性の意識なくして犯すあらゆる行為に一般化して，そのような行為の加罰相当性の理由をも挙げている。「不注意」，今日の法律用語で言えば，「過失」がそうである。なぜなら無知でないよう必要な注意を払うことは当事者にとって明らかだからである。

　アリストテレスは飲酒行為の加罰性に対し比較的明瞭に議論しているように思われるが，そうした場合において量刑の重さは違っている。今引用した箇所との連関で『政治学』においても，彼は当時の法律に従って飲酒犯罪に二倍の刑罰を確定する。その際，彼は Mytilene の Pittakos が制定した法律に言及している(*Pol*. 1274b18-22)。アリストテレスはここに刑事政策的に動機づけられた刑罰威嚇の予防性格を見ていた。彼は酩酊した者の不祥事にはむしろ同情しなければならないという考えを抱きながらも，ピッタコスは飲酒をもって与えられた免責可能性を考慮せず，もっぱら法の効用のみを考察していたと紹介している。なぜなら，素面の犯行者よりも酔っ払いの犯行者により厳しい刑罰が貫徹されるのは，酔っ払い状態では，素面状態の時よりもより多く暴力行為に及ぶからである。

　けれども『弁論術』では，弁論上の手段類型の例としてでしかないにせよ，ピッタコスの法律の有意義性に対する明らかな疑いが見出される (*Rhet*. 1402b9sq.)。反対の立場の法内容は，泥酔者はその過ちを知らないで犯したがゆえに，許されねばならないというものである。しかしこれこそ，アリストテレスの提唱する一義的な帰責規準に準拠するならば，引き出さざるをえない首尾一貫した帰結である。すなわち，責任を問われる行為とは，知りつつかつ意思的に遂行されねばならない。こうした基盤では，酔っ払って犯した違法行為は処罰されてはならない。しかしこのことによってアリストテレスは，当時の現行法と直接矛盾する。それでは，飲酒違法行為の加罰相当性への同意の内に，当時の法実践の追随容認しか見られないのだろうか。

　アリストテレスが法実践に定位することは，おそらく争いの余地のないこととみなしてよかろうが，飲酒犯罪の倫理的不同意を，単に当時の容認としてしか解

釈しないことは行き過ぎているように思われる。結局，アリストテレスはその論究において飲酒違法行為にだけでなく，原則的に過失的無知における行為に関わっている。それというのも，私が，自分の責任なしにもはや自分の行っていることが何であるか分からない状態に陥っているかどうかと，こうした私の行為の結果を意識的に受け入れているかどうかとは確実に違いがあるからである。

加えて，彼は別の個所でさらに，帰責可能な無知と帰責できない無知との区別に対し，さらなる規準を提供している。決定的な点は，行為者によって予見されなかった働きが，期待に反して現れたか，それとも期待に反してはいなかったかである。この働きは，理性的考量の際に期待されていたか否かによる。倫理的評価のためには，したがって，結果出現の蓋然性，すなわち経験に遡ることが，必要となる。同時に無論，アリストテレスがこの無知における過失ある行為を，意思された不正と決して等置してはいなかったということも顧慮されねばならない。いずれとも，当時は法的制裁を招いていたように，倫理的範囲でも非難の下にあったにせよ，彼は，知ったうえでの不正と知らないうえでの不正との間を明確に区別している。知ったうえでの不正のみを彼は随意的と名づけ，犯罪と称した。これに対して，無知の不正は，過失に基づくとき，過誤と呼ばれ，さらには帰責可能ではなく，もっぱら不幸な偶然とされる（EN. 1135b11-19）。

ここで強調しておかねばならないことは，アリストテレス自身が立てた帰責基準が，いま取り組んでいる「原因において自由な行為」に適用できるかという問題である。「原因において自由な行為」は，知った上での不正（随意的，したがって宥恕できない）と，知らない上での不正（不随意的，したがって宥恕できる）とが混合した性格を持つので，帰責可能かどうかは直ちに明白とはならない。帰責を随意から不随意にまで拡張することがいかにして可能となるか問題となるからである。アリストテレス自身は，その帰責規準を，意識を攪乱して決定的な無知を引き起こす泥酔状態を生み出した飲酒行為に適用している。すなわち，無知の状態が行為者自身にかかっていれば，その原因は彼にあり，しかも酔っ払い状態では一定の暴力行為に傾く癖があることを知っているのであれば，彼は飲まないでいることの主である。それゆえに処罰相当となる（EN. 1113b32sq.）とした。しかし，彼の持ち出しているケースは，不法行為をもくろんで故意に飲酒により自分を意識攪乱に陥れ，そうした自分の悪癖を利用するといった場合とは異なるように思われる。彼は酩酊の結果予見についての帰責しか検討しておらず，酩酊犯罪その

ものの帰責を検討しているわけではない。

　今日における「原因において自由な行為」論にとって決定的なことはまさしく，まだ帰責可能な状態において既に後の違法行為への関連も打ち立てられていたということである。酔っ払い状態での行為の帰責を，誤って引き起こされた自己責任ある泥酔の結果であり，そのような結果もまた予想されえた，例えば，酔っ払った者は暴力を振るう傾向にあるという予測確率に従って，根拠づけようとするなら，アリストテレスにおいて「原因において自由な行為」の方向に進む萌芽を確認しうるかもしれないが，なお，今日の法類型には対応しない。今日の「原因において自由な行為」にとって決定的なことは，意図されたか，購い取られた酩酊と同時に，一定の犯行が見据えられていたか，少なくとも受け容れられていたということである。

　結果行為説からは「二重の故意」を想定したり，原因行為説からは，「間接正犯類似説」を構想して解決のヒントを彼の所論中に発見したりするのは困難である。前述した危険責任はこれに対してまだ十分ではない。これはおそらくアリストテレスにおいてその概要において見出されていると言えようが，「原因において自由な行為」という法類型は，いずれにせよ，実行行為における「同時存在の原則」に関して，アリストテレスには問題として自覚されていないことによるものと思われる。

　後にトマスの帰責論をまとめた Pascal Gläser によれば，間接的に意図していたないしはその原因において意図的な行為をもって説明する決定的な体系的歩みは，アリストテレスには欠けている。包括的帰責論の枠内において，飲酒行為の体系的な評価はアリストテレスにおいてはまだ行われていないとされる[33]。ただ酩酊のうちに犯された違法行為の加罰相当性のみは争いの余地なく存在するであろう。けれどもこのことは，彼の本来の帰責規準には矛盾している。それによれば，自覚的に考量された随意的行為のみが賞賛ないしは非難に値するとされるからである。それにも拘らず，アリストテレスは当時の法実践から出発して，飲酒違法行為に対する二倍の量刑を伴う処罰に賛成している。その際，彼は，そのことによって現行法容認として予防的効用を支持しようとしていたにすぎないのか，それとも自分としてはかえって，酩酊のうちに存する免責理由の方を選考していたのかどうかは不明確のままである。

　いずれにせよ，飲酒と結びついていた無知は，酔っ払いが自己責任あるとき，

完全なる免責理由としては用いにくいとされる。酔わないことが行為者のどうにでもできることにあるなら、彼は誤って振舞ったのであり、その違法行為には責任をとらねばならない。もっとも、そこに既に「原因において自由な行為」の原型を見ようと欲するなら、それは実相から逸脱している。アリストテレス的思想の解釈においては、ひとはせいぜい、過失的行態による違法行為に対する危険責任が基礎づけられているのを見るのみである。以上の主旨の批評をグレーザーは述べている[34]。結局、「原因において自由な行為」の独自性格は、故意の不正と、一時的に過度の泥酔や憤怒に駆られて犯した不正行為結果との中間に位置づけられよう。

「原因において自由な行為」について帰責を考えることは、標準的に設定される「行為と責任能力の同時存在の原則」を緩めるよう余儀なくさせる。責任無能力状態でもなお非難可能であると言うのであれば、責任能力ある状態で原因行為がなされたときに遡ることになる。あるいは、間接正犯が他人を道具として誘致するのに類似して、責任無能力状態の自分を道具として犯行に及ぶわけであるから、実行行為（正犯性）が認められるとも理論構成される。いずれにしても、このケースは、心神耗弱者が不法な行為を犯したとき、刑法39条に則って刑が減軽される類のケースとは異なる。無意識による行為であっても免責事由とはならず、広く責任が問われることは、人間存在がその人格において既に社会的期待性を担わされていること、つまり法への正しい知を調達し保持する注意義務が課せられているによる。言い換えるとひとは既に「法-内-存在」であることに基づくからである。この点は後述しよう。

第3節　帰責と自由意思論

1　帰責不能な存在者の諸例と帰責の諸段階

これまで、帰責を可能にする諸条件と不可能にする諸条件とはいかなることか、そして両者の混合的な様相を呈する問題についてアリストテレスがどのように捉えていたかを、現代刑法学の問題意識とも視点を合わせながら論述してきた。人間的行為の倫理的評価の第一条件は、それが欲求、すなわち随意に基づいていることであるが、動物や子供もやはり随意的な活動を為すにも拘わらず、彼らは倫理的評価の下に立たない。彼らも広い意味で表象を形成しはするが、そこに含まれる知性は個別的事態の感覚に限定され、理性的意思（προαίρεσις）のように、因果

関係を思量によって結合し，行為を理性的願望へと秩序づけることはしない。アリストテレスが "ζῷον" と言うとき，なにも「動物」のみに限定されず，人間をも含むことに注意を要する。しかし人間は理性という思惟力を有する点で，ἄλλα ζῷα，つまりは「格別の動物」であり，理性は人間にとって「固有」ἴδιον である。この倫理的範例者の特性を際立たせるために，レーニングが以下に挙げる帰責不能存在者の諸例を比較しよう。

(1) **動物** 彼らの表象や想起は，そのつど存する個々のものに固着しており，比較，抽象，熟考ができない。動物の行いはもっぱら感性によって規定されるので，もともと賞賛すべき行態が問題となりえない代わりに，反理性的行態も悪しきものとはみなされない。なぜなら理性が彼らにあっては堕落しているわけではなく，そもそも存在しないのだから。

(2) **子供** 動物とは異なり理性の萌芽がみられる。ただその行為は感性的衝動によって規定され，理性的意思（προαίρεσις）を持たないので，倫理的意味での行為は問題となりえない。問題は，何歳くらいから理性の形成が完成して，帰責能力があるとみなされるかであるが，その理性的洞察が欲求や意欲に対して活動的となる要因として自己を貫徹できるほどに強固となるとき，すなわち，感性的衝動に対して若き魂の内に少なくとも反抗の可能性が見出されるときが適時であろう。若者は，ある洞察を所有しているだけでなく，欲求に際して，それを使用することができるのでなければならない。随意性は意思の可能態であり，意思は随意性の実現態である[35]。子供はその過渡期にある[36]。

(3) **知慮無き者**（ἄφρονες） 自然によってまたは病的錯乱によって理性の使用を奪われている者，精神薄弱者あるいは精神錯乱者。彼らは己の本性を「変更」しており，「自己の外」に陥り，己れを理性から分離している。いずれの場合にも，こうした者たちの行為は賞賛も非難もされない[37]。アリストテレスは，病患のゆえに理性の使用を奪われている人びとを，睡眠中の人，狂乱者，酔漢に比したが（EN. 1147a15），酔漢や情念の虜になっている人びとの侵害は，間接的に過失的侵害とみなされる。

(4) **霊的陶酔者**（ἐνθουσιαζοντες） 通常とは異質の「魂」の影響下に立ち，それに抵抗しえないがため倫理的評価の下に置きえない者。この者の行為は自己の理性や欲求に由来するのではなく，この者を襲い活動させる「神」，すなわち

人間の魂と身体とを意思なき道具として用いる高い力に由来している。このような行為は，その者の意思に依存していないので，不随意的となる。神憑り，神的憑依者の類が想定されているのであろうか（*EE.* 1214a23, *MM.* 1207b1）。

上述の例とこれまでの考察を合わせて整理すれば，不法行為について帰責可能と帰責不能の諸段階を描くことができる（ただし，結果責任が問われる場合を一応除外しておく）。それはいわゆる「不法行為」につき「思量」がどれだけ加わっていたかが決め手となる。アリストテレス自身『ニコマコス倫理学』第5巻8章で，「われわれの共同関係において有害なことがら」につきまとまった記述を残しているが，この記述に若干追加して述べれば，以下のような図式的配列が可能となろう。

可知的不法：随意 ｛ 不正なひと κακός（πρραίρεσις に基づく）
　　　　　　　　　原因において自由な行為
　　　　　　　　　不正な行為 ἀδίκημα（憤怒による）

不知的不法 ｛ 随意：放埒なひと ἀκόλαστος
　　　　　　不随意 ｛ 過失 ἁμάρτημα（事態の合理的予測内）
　　　　　　　　　　奇禍 ἀτύχημα（事態の合理的予測を超える）

帰責不能行動 ｛ 随意：動物，子供
　　　　　　　不随意：先天的・後天的な重度精神疾患者等

思量の高低 ↕

上述の段階との関連で，不法行為や犯罪の価値段階が推測される。原理的究明ではないが，カズイスティックな実践的判定法の特殊素材から，普遍的意義を持つ原則を目指そうとしている『弁論術』第1巻第7章および第14章では，具体的な事例が挙げられているので，それも合わせて参照すれば以下のようになる[38]。

① 犯罪者の心情と発生した損害を規準とすれば，犯罪者の内的不正が大きいほど犯罪は重くなり，僅かな外的毀損でも重いものとみなされる。（*Rhet.* 1374b13）
② 「場所」が加重要因となる場合，偽誓のように，法廷の前でも不正を恐れない者は，到る所でも不正を行う。（*Rhet.* 1375a11）
③ 犯罪は獣的で頻度が多いほど重く，ただ一人で，あるいは筆頭者として

敢えて行う場合も加重される。(Rhet. 1375a2)
④　法行為の価値判定にあっては，犯行者の知と意欲の程度が規準となる。(MM. 1189b3)；

理性的思量が先行する場合の方が，思量なく情念のままに行われる場合よりも重く罰せられる。怒りやかんしゃくは被った不正に対して公然と現れる点で大目にみる必要がある（そこには姦計や策略がなく，傲慢からでなく苦悩より行われる点で情状酌量の余地がある）。また，過失的不知や不幸な偶然による過誤は帰責されない。

⑤　損害の程度と範囲（Rhet. 1365b16, 1375a8, 1374b34）；

犯罪者が多くの権利を侵害し，被害者が大きな苦しみを加えられたとき。なお，奪われた善益が被害者にとって貴重であったほど罪は重くなる。また恩人に向かって不正が為されたとき罪は重くなる。

⑥　犯罪をそそのかす場合（Rhet. 1364a16）；

実行者が助言者なくしてはその犯罪に着手しなかったであろう限り，助言者の不法は実行者のそれよりも大きい。

⑦　情状酌量；「自然本性的な欲求に従うのは比較的同情に値する」（EN. 1194b4）ので，非常事態の常として緊急行為をとらざるを得なかった場合に，評価者に宥和的気分をもたらす。

2　不作為の帰責

　心的因果性は，行為の原因である意欲の側で現実的な能動的経過を必要とするので，不作為はその下で理解され得ない。生じていないものは，いかなる他のことをも惹起しえないからである。確かに不作為は作為と同列に論じられないが，人間的行態の評価にとってどうでもよいものではない。不作為は，為されぬ事柄を能動的に表象しながらも，この表象を否定する限り，もっぱらわれわれの表象や判断に「存在」を有している。作為と同様，不作為にも，善悪や，適法違法の対立があるのみならず，法規範は命令と同様禁止を立てている。

　アリストテレスは，不作為の帰責可能性を考える手がかりとして，「われわれに依存する」あるいは「われわれの自由になる」（ἐφ' ἡμῖν εἶναι）の規準をもちだす。意思が別の性情であれば，行為もまた別のものとなる。行為者が意欲しなければ，行為がそもそも生じなくなる。もしわれわれが一定の場合に一定の行為を企てな

かったなら，この不作為は，ἐφ᾽ἡμῖν（エペーミン）として現れている。善き行為が「われわれの自由になる」ならば，その不作為もエペーミンである。もっとも，エペーミンの確定の出発点はもともと積極的な経過にのみ関わっている。ただそれをもたらすわれわれの意欲や行いが未規定なものと考えられる限りにのみ，択一的に否定的なものにも関わるにすぎない。不作為の選択は，行為への意思が具体的な局面で欠ける場合に現れるので，エペーミンの意思は現実的意思作用ではなく，抽象的意思，すなわち活動と不活動とを含む意思能力である。不作為はそれ自体エペーミンでなく，二者択一の一項でしかない。しかも積極的行為がエペーミンとして現れる限りでのみ，それの不作為もそうであるにすぎない。「もしわれわれが意欲していたら，為されなかった行為を行っていたであろう」ということであるから，不作為のエペーミンとは，行為が判断者の主観的表象の中で惹起する「反射」でしかない[39]。

　ここで問題となるのは，消極的不作為に対して積極的反立像として対立する仮説的な帰責可能行為の条件である。ある不作為が帰責可能とみなされるのは，為されなかった行為を帰責可能な仕方で行うことが当該主体の意思にひとえにかかっていたときである。不作為が，現れた害悪の結果の非防止，非阻止に通じたときに帰責可能なための諸条件として以下のような事柄が挙げられる[40]。

　　①主体が帰責可能な状態にあること
　　②行為の企てが身体的強制や心理的強制の下になかったこと
　　③不作為の違法性の知があること
　　④容易に知りえたにも拘らず状況を知らなかったこと
　　⑤不作為が泥酔や激怒の内に過失的に生じたとき

「航海士の居ないことが船の沈没の原因である」と言われるように，不作為の因果性を求めんとする理論は，帰責評価において徒労に終わる。望まざる結果の非防止と積極的惹起とを評価に際して同様に取り扱うことは，「無」に作用力を添える混同である。不真正不作為犯を説明するために，先行行為説，事実上の引き受け説，支配領域性説等の試みがある。それらは作為によって構成要件を実現したのと同一視しうるような場合に擬して，行為との等価性を認めるようであるが，そうした諸説の根底には，事態に接した場合，行為に及ぶ前の人間の心的表象が

既に「法‐内‐存在」に拘束されていることが存している。

3　性格に関する徳と悪徳への「帰報」

　『ニコマコス倫理学』第3巻第7節では，個々の行為だけでなく，持続的習性とそれに基づく行為にも帰報の可能性が問題とされている。結論から言えば，アリストテレスにとって，徳も悪徳も「行為がわれわれに依存する」エペーミンであり，かつ「随意」ヘクーシオンである。もっとも，彼は，いったん獲得された習性ヘクシスの存続は任意の意思に依存せず，いったん悪徳を持ったものは随意にそうでなくなることはできないと言う。徳や悪徳は恒常的な魂の状態で，いったん確立されると随意に再び止めさせたり，反対のものへ転じたりできるものではない。ヘクーシオンの間でも，個々の行為と習性とで異なる。前者に関しては，われわれは随時長きにわたって「主」たりうるが，後者に関しては，ただそれを獲得する始めに関してのみ「主」たるにすぎない[41]。

　あらゆる人間の行為は，意思によって規定されるが，さらにその根底にあって善の表象とそれへの追求努力によって規定されていることを確認することが肝要である。ところが，まさにこの「善」の観念は個々人の習性によって制約され，種々様々の内容を持っている。個人の習性は，その個々の行為の帰責を排除しないのみならず，かえって基礎づけている。

　仮に，人間がその習性と善の表象の原因でないとしたら，ある目的の定立・追求は自分の思量や選択に基づくものとはならず，真に善きものの正しい認識と欲求とは，感性的知覚や視力と同じく生得の自然素質によって規定されることとなる。このような人間は追加行為なくして自然の賜物として最大のものを所持しているから，そうしたものは他人から獲得したり学習したりできるものではなくなる。ところが，徳と悪徳とによって，固定的持続的な魂の状態が基礎づけられ，常に等しい不可変の思惟・意欲・行為を結果に持つようになるや，もはやそこから容易に身を離すことができなくなる。いったん獲得した習性の持続態は任意の意思から独立する。他方，もし人間が，その意思行為によって自ら再び習性およびこれによって拘束された表象や意欲の原因となることを認めないなら，徳や悪徳は，自然によって付与された生得の特性であり，そこから発出する行為は変更のきかぬ自然現象のように理解されねばならなくなる。このとき，目的の認識や追求は，本人の心的人格性に基づかず，すなわち理性と感性とによって規定され

た欲求の発出ではなくなり，本人の自然的性状の発出となり，その限りで，「それ以外の仕方ではありえないこと」(μὴ ἐνδέχεσθαι ἄλλως ἔχειν)となる。そのとき，倫理的視点に従った評価，すなわち「帰責」は生じない[42]。

かくして，**道義的責任**が問えないなら，行為者が犯行を思いとどまることができないという「社会に対する性格の危険性」が，科刑の根拠となる。責任の問われる根拠を，行為者の社会的に危険な性格に求める**性格責任論**が現れる。しかし，「不正なひとや放埓なひとにしても，最初はそんなふうの人とならないことも可能だったのであり，したがって，彼ら自ら好んでかかる人間となったわけで」(*EN.* 1114a20)ある。そうした人間になる原因は，彼ら自身が悪事を働いたり飲酒その他に惑溺したりした行為にある。そうした活動からその性質に応じた習性が生じている。不注意の習性も不変の自然素質にではなく，もともと可変的な人間的行態に依存している。人間はその意思によって己の習性の原因であり，習性に基づいた行為の原因である。誰にとっても悪を犯す不変の必然性など存しない。「徳が随意である」のは，われわれ自身が少なくともわれわれの習性の「共同創始者」[43]である限り，正しいと言わねばならない。

4　いわゆる「自由意思」論

一般に，意思は自分に押し寄せてくるもろもろの動機とは独立に，もっぱら自己自身から個々の行為へと自己を規定する働きであると解されている。ところが，レーニングは「アリストテレスは意思が自由であり自己自身に基づいて自己を規定するとはどこにも語っていない。彼における自由意思の想定はおそらく『随意』(ἑκούσια)という言葉に基づいているように思われるが，人はこれを誤って，Freiwilligと**翻訳**した。そこからアリストテレスがヘクーシアと特徴づけるあらゆる行為にとって，自由意思が原因とみなされるようになった」[44]と指摘した。アリストテレスにとって本質的には，理性や意思は等しく反対のことに決定することもできる**選択の自由**にある。すなわち理性的思量に基づく選択が自由を保証する。「人間的意思も抽象態としては反対の方向へ向かいうるが，個別的な事情においては，意思の形成は，この個別事情の内に存するもろもろの原因的契機に依存するので，具体的に規定された諸動機に対しても勝手に反対の方向へ向かうことはできない」[45]。自由意思は，こうした前提のもとでしか語りえないのである。

つまりこうである。意思を規定するさまざまな力があってもそのうちの一つが

まだ抜きんでた強さを獲得しておらず、そのために意思に決定的影響を及ぼすことができなかったり、まだお互いに争っていてその活動をそれぞれの方向で互いに抑制しあったりしている限り、現実の意思は、個々の場合、まだ存在せず、単に可能的なものとして後々の形成に当たっての種々の択一肢を含むものでしかない。原因がこのように無規定である間、意思自体は「無規定的な始源」（ἀρχὴ οὐχ ὡρισμένη）として、対立した諸項目の間に選択の自由が成り立つ。しかし一定の内容を持つ現実の意思がいったん形成されるや、原因となる諸契機のうちで決定的なものが行為を規定するので、今や意欲するかしないかの可能性、反対者間の選択は問題とならなくなる。原因の発展や固定に先立って、意思自身が、その将来の実現のために種々の内容が差し出され、そこから一つを選び出す可能性であった限りにのみ、意思決定は多くの可能性の間の選択として現れる。選択が現実に遂行される瞬間、もはやそれは他のものに向けられない。それは、その原因から独立しておらず、また自由でもない[46]。

　自由意思の論拠を「反対の方向も取りうる」（ἐνδεχόμενα ἐναντίως ἔχειν）に求める見解は、「可変的現象の抽象的可能性を、個別的事情における自由、個々の具体的現象の無原因性と混同しているにすぎない」[47]。作為であれ不作為であれ、それを左右するのは、「全体としての人間」であって、これに賞賛や非難が向けられる。この「全体としての人間」とは、理性のみによって代表されるのではなく、理性と感性との影響を受けた主体的意思である。一定行為への決定が両要素の一方の産物でしかなくとも、このことは他方の要素の無関心か、一方による他方の克服によって生じていたのである限り、他方の性状や影響程度の表現でもあり、そこには常に「全人間」が活動している。こうした行為の帰責には、主体において理性と感性との間の抗争がそもそも可能であることが前提である。

　レーニングによれば、いわゆる「自由意思」とは、「種々の相対立する事柄が、人間にとって欲求すべき価値あるものとして現れ、相対立する諸表象がその意思に働きかける状況にありながらも、意思がどの刺激にも無条件に身を委ねず、かえって個々の刺激に抵抗することができ、その支配から免れうる」[48]ということの表現でしかない。実際は、相異なる刺激の角逐において別の「主」の支配のために、一方の「主」から自由であるということを意味するにすぎない。種々の動機の働きかけの可能性が、意思が in abstracto には「反対の方向も取りうる」[49]として、in concreto には種々の可能性間の選択として表されることの根拠である。ア

リストテレスが理性的刺激と感性的刺激との相克関係を一種の因果事象のように見ていることは，それを「運動」と呼んで「玉突き」現象に比較していることからも分かる（De. an. 434a12）。より強い動機が勝利を占めてより弱い動機はそれに服従する（Top. 129a11）。有徳な行為とは，感性的衝動が理性の命令に服従することに他ならない。

　レーニングは，こうした考察に基づき，アリストテレスの意思に関する見解がどこまでも決定論的であったと結論づけているが，彼を決定論対非決定論の対立において，前者の側に立って後者を否定したものと見なしてはならないとも注意している。と言うのは，**この争いは，彼の時代にはまだ存立しておらず，非決定論はそもそもその視野に現れていなかったので**，彼がどんなに綿密に意思論を心理学的および倫理学的関係において取り扱ったにしても，それを非決定論から守る意図はなかったからである。「彼には，非決定論的見解の可能性が知られておらず，われわれが今日決定論と呼んでいる見解が唯一考えうる自明のものと思われていたので，彼はかかる対立を知らない。問題の二者択一は，尋ねられている者にとって現れていなかったので，これに対していかなる態度決定を為し得なかったのも当然である」と言う[50]。

　一般に，レーニングの理解するアリストテレスの見解は，解釈上「決定説」として紹介されているが，アリストテレスの不作為や過失，「法律の不知はこれを許さず」に関する見解に見られる「帰責の可能性」は，人間的行為を，単に立派な徳の完成に向かう「個人」の超自然的な行為としてのみならず，共同善へ向かう「人間」（間柄存在）の共同体的行為として把握せしめることを予想させる。それは後にトマスによってより明確にイマゴ・デイ（神の似像）として，人格（ペルソナ）として言い換えられる素地を有している。責任の重い者ほどその者は自由であり，その占める地位は高い。しかしながら，「人格」とは確かに帰責可能な行為と不作為の上位概念とされうるが，それに安住して，統一不可能な対立物をただ名前の上だけで統一する「術語的間に合わせ，内容なき形式，魂なき残骸」と決め付けられても仕方がないほど，無内容であり，無限定であってはならない」[51]。

　かかる疑問を払拭するためには，ある程度の形而上学に入り込むことは避けられない。人間は科学的に対象化されない主体だからである。はたして人格概念なしで帰責が可能であろうか，学問の科学的正確さのために，人間の真理性が毀損されてよいであろうか。さればといって自由人格の概念をもってしか帰責は可能

でないであろうか。自由の機能不全の人格に対してでも，かれらにより社会的法益に危害が加えられた際，国は，この事件を医療の問題に還元してしまって，司法的責任を追求しないであろうか。人は己の少なくとも正しくあることについて，良心に対してのみならず，国や社会に対しても負い目を負うと言わねばならない。われわれは「人格」概念と「共同善」概念との結合により，その後のトマスによる帰責論を追跡することにより，帰責論の体系化の努力を歴史的に回顧してみることが肝要である。

5　現代刑法学における**自由意思論**

　1960年代に開始された自由意思と責任の本質をめぐる旧派と新派との論争においては，通説的立場にあった道義的責任論に対する鋭い批判が，決定論の立場から展開され，責任概念の実質に関する掘り下げた検討が行われたが，その議論を通じて問題のありかは明らかにされたものの，十分に納得できる解答は得られないまま現在に至っている。以下，刑法学者井田良の『刑法総論の理論構造』第15章「責任論の基礎」[52]でなされた議論の整理を助けとしつつ，この困難なテーマの問題解決の方向性について，アリストテレスの議論を背景にどこまで辿ることができるか，ひとまず瀬踏みをしてみたい。

　周知のように，かつての通説的見解は，自由意思に関する**相対的非決定論**といわれる立場をとる**道義的責任論**であった。「相対的非決定論とは，人間の行為は素質的・環境的要因によって強く影響されるものの，異常な精神状態・心理状態にあったという場合を別とすれば，因果的要因により完全に決定されてしまうものではなく，人は制限された範囲内で自由な意思決定を行い，主体的に行為を選択することが可能である，とする見解である。それによれば，因果的要因により一定の影響は受けるものの，因果法則により完全に説明の可能なものではなく，むしろ因果法則を超え出ていく存在としての行為者の自由意思こそが，責任非難の向けられるべき対象であり，また，行為者がこのような自由意思を備えることが，行為者に対し責任非難を向けることの正当化される根拠だとされる」（同書，220-221頁）。このような（相対的）非決定論を基礎とする道義的責任論に対しては，次のような疑問が提起された。以下要約する（同書，221-222頁）。

　　① 意思の自由ないし他行為可能性の存在は科学的に証明不可能であるか

ら，自由意思を刑事責任の基礎とすることはできない。
② 責任非難の根拠でありその対象である自由意思が，因果的要因により左右されず因果法則を超越するものだとすれば，刑罰という制裁によってこれに影響を与えることもできず，将来の人びとの行動をコントロールして犯罪を予防するという功利的効果を刑罰に期待することはできなくなる。
③ 非決定論的な自由を責任の根拠にすると，性格の傾向性から犯罪行為を説明できる程度に応じて責任は否定されざるを得なくなる。そうであれば，意思決定や行為の因果的な決定要因はつねに責任を否定する方向で作用するわけではなく，因果的決定要因のなかに責任を重くするものと軽くするものの二つが存在することを認めるべきではないかが問題となる。
④ 法的責任と道徳的責任とは区別されるべきであり，これを同一視すべきではない。

かくして非決定論に対しては，決定論を前提にして自由と責任を説く「**展望的・功利主義的責任論**」が対峙される。決定論は，人間の意思決定および行動は因果的要因により決定されており，したがって因果法則を用いることで原理的に説明ができるものと考える。このような立場を前提とすれば，われわれの意思決定と行動は自由ではありえず，およそ責任非難もなしえないことになる。「しかしながら，決定論のなかには，人間の意思決定および行動は因果法則により原理的に説明・予測可能である（したがって決定されている）としながら，それだからといって，人間が自由でないとか責任を問い得ないということにはならず，むしろ決定論のもとではじめて自由や責任というものは意味を持つとする主張がある。これがやわらかな（ソフトな）決定論（その「やわらかさ」は，被決定性と自由・責任とが矛盾しないとするところに存する）ないし両立可能説と呼ばれる見解である」(同書, 222-223頁)。本説によれば，刑法においては，非難を加えることによりその人の規範意識に訴え，将来の行動をコントロールすることが主眼となる。

この見解では，①刑法上の責任非難は，過去に向けられた回顧的叱責を内容とするものではなく，展望的見地から将来に向けて「より強い規範意識を持つべきであった」という判断を告知することによって，将来の行為者および同様の状況における一般人の犯罪を抑止するための手段である。そして，②行為者の規範意識が犯罪に親しみやすいものであればあるほど，すなわち犯罪がその反法律的な

規範意識の必然的な表現であればあるほど否定的評価も強まり，責任も刑罰も重くなると考えるのである（同書，223-224 頁）。

　井田によれば，この見解のすぐれた点は，道義的責任論に伴う難点を，とりわけ，証明することも反証をあげることも不可能な形而上学的前提を回避している点にある。なぜなら，この理論によると，意思の自由ないし他行為可能性の存否とは無関係に，行為の決定要因が行為者の性格に求められることが明らかにされるゆえに，責任を問いうることになるからである。犯罪行動にいくつかの因果的要因を考えうること自体は誰も否定しないが，犯罪の原因が行為者の規範意識に求められる限度で，刑事責任を肯定すべきだというとき，そこには一片の仮説もフィクションも介在しない。そればかりか，実はこの見解は決定論である必要もなく，「すべては決定されている」とか「すべてのことは原理的に予測可能である」などと主張することも不要で，ただ「行為者の規範意識が，意思決定ないし行為選択の一つの要因となっている」という経験的に証明可能な命題のみを前提とすれば足りるのである（同書，124 頁）。

　しかしながら，井田はこの功利主義的責任論に対しても以下に要約されるような問題点を指摘している（同書，225-226 頁）。

① もし選択可能性が排除された形で現在の性格が必然的にその犯罪行為を行わせたとすれば，これに責任を問いうるかどうかが疑問となる。劣悪な環境に育ったことを，責任を軽減する方向で考慮するためには，性格形成の場面における選択の可能性を考慮する必要があるが，それは非決定論的思考方法によらざるをえない。

② 決定論に基づく功利主義的責任論を採用するとき，従来の責任主義の原則をそのままでは維持できない。自由と責任による刑罰の限定は，犯罪予防目的からする功利主義的な科刑の要求を，功利主義的考慮とは矛盾・対立する原理によって遮断することを意味するから，責任概念に功利主義的考慮をストレートに持ち込んではならない。

③ 犯罪予防のために刑を科すことが必要であるかどうか，どの程度の刑を科すことが必要であるのかについて確実なことがいえるほどわれわれは刑罰の経験的効果について知らない。

こうした両説の検討を踏まえて，井田は**回顧的責任**の根拠と基準を求め正当化に向かう。彼は，このテーマについて考えるに当たって，われわれが人間の行動を記述する際に，行動を一定の方向に駆り立てる因果的要因の存在にも拘らず，通常の場合，ひとは動機づけを制御しうるものであることを当然の前提としていることを重視する。われわれは，外界からわれわれを一定の行動に駆り立てる因果的要因に対しても批判的に距離を保つことができ，同時に，決断に当たって選択の自由の意識ないし自律的決定の意識を持っている。そればかりか，行動を記述するためにわれわれが用いる言語と思考形式そのものが，本質的に非決定論的なものなのである（「…だから…した」という用語法とならんで，「…できたのに…しなかった」「…すればよかった」「…すべきであった」という言い方を普通にする）。そのことは，ひとは意識的に自律的な選択を行いつつ行為することはできるが，あえて意識的に因果的な要因に身をまかせ，すべて因果的に決定されているように意思決定しようとしても不可能であることに如実に現れている。

決定論はわれわれの「実践的行為の格率」にはなりえないのであり，いいかえれば，それほどに**非決定論的思考形式はわれわれの思考と行動に深く根差しているのである**（同書，226 頁）。このような意味において，「刑事責任の本質は，将来のための功利主義的な条件づけの手段であるところに求められるべきではなく，むしろ，**回顧的に見て行為の時点で別の意思決定ができたと考えられる限度で責任を問うべきであり**，責任非難の根拠に関する限り基本的に非決定論的思考形式を採用し，展望的責任論ではなく回顧的責任論を展開すべきである」と説く（同書，227 頁）。

たしかに，犯罪の原因としては，個人の責めに帰しえないさまざまな環境的要因もあり，犯罪に対し社会の側の負うべき共同責任も無視できないであろう。しかし，それでも法は，社会の構成員としての「類型化された要請」に応じることを行為者に期待せざるをえない。ここから，当該の具体的状況に置かれた行為者は社会の側からいかなる行為をどの程度に期待されるかという「**社会的期待**」の有無と程度が責任判断の基準となる。そのような「社会的期待」は，その違背に対し（単なる道義的制裁や社会的制裁ではなく）刑罰をもって臨むことが正当化されるようなものでなければならない。この意味で，ここでの責任論は法的責任論であり，すなわち刑法が予定する処罰に値する違法性の質と量を備えていることを条件とする可罰的責任論でなければならない。

上述した井田の見解は、一種の仮設を前提とした規範的判断を責任評価に取り込むものである。彼は、自由意思の想定を、責任主義を基礎づけ、国家刑罰権行使の枠づけに役立つものであると見て、人権保障のための「**仮設**」、つまり、もっぱらわれわれに有益な方向で働く**フィクション**と見なしている。言い換えると、「われわれが本当のところ自由かどうかはわからないが、決定論に立って刑罰制度を構想すると、個人を功利主義的な条件づけの客体としてしまうことになるから、むしろ個人は行動において自由であると仮定して制度を組み立てた方が国民の自由保障の見地からより適切だと考える」のである。このように考えると、そのような「仮設」を前提にすることが正当化されない場合、例えば、本人の責めに帰し得ない事情から、特に不良な生育環境に育ったというような「人格環境の異常性」は責任を軽減する方向で考慮されることになる。「この限度で、行為責任論に立脚しながら、人格形成責任論の趣旨を生かすことは可能であり、そればかりか、そのような余地を残しておいてはじめて行為者に対する回顧的非難が正当化される」と結論づけている（同書、229-230頁）。

井田の結論は、非決定論と決定論の短所を消去しようとする方向をとっており、そのこと自体、アリストテレス-トマスの人間観、「合成体」である人間存在の本質を踏まえている限り、穏当であると思う。ただし、結論を導く理論的背景には、未だ抜きがたい方法二元論が見えなくもない。人間が自由かどうかわからないので、規範的判断を人権保障のための「仮設」と見なしているが、自由意思の存在は、仮設であろうか。そうした見解は、遠くドイツのカント学者ファイヒンガーが「かのように Als-ob の哲学」で行った形而上学的問題の合理的解決を想起させる。自由意思は、理論に従事する自然-社会科学の合理的探求にとっては未知の課題 X であるかもしれないが、実践のさなかにあるわれわれにとっては直証の事実ではなかろうか。確かに、無限に続く因果の系列の中には原因の始点も終点もないであろう。しかしながら、これは科学者の学問的要請であるから、それはそれで系列遡及を徹底すればよい。

それにも拘らず、人間がその行為を規律する規範の下に立って因果系列の中から関わりある二要件を取り出して、帰責の始点と終点として独自に結合することは、実践理性の事実である。「自由」は「自分の思い通りに行動する可能性」のことではない。その意味での自由なら、成立しえない。それは、正しく言えば、「規範」に従う可能性である。因果律とは矛盾することなく、否、因果の知を前提す

るからこそ，帰責は可能となる。回顧的な帰責は既に自由意思の存在を前提している。その限り，自由意思は「仮設」あるいはフィクションではない。帰責の存在は人間の尊厳を証しており，帰責されないことが，かえって人間の尊厳を蔑(なみ)しているとも言える。理論上の不可知が，ただちに「〜かのように」のフィクションの仮設を生むことにはならないし，実践上の直証を否定するものでもない。

　ハンス・ヴェルツェルが言うように，「意思の自由が存在するかどうか」は問題ではなく，「意思の自由はどの程度に存在するか」が，結局，問題となる[53]。非決定論を極論すれば，先行行為と後続行為との間には何らの関係も持たなくなるので，自己の行為について責任を問いうる主体の同一性を破壊していることになる。かかる意味での「自由意思」を人間に想定する者はいないであろう。また決定論を徹底すれば，人間の決意や行為は一元的な因果の鎖列につながれて，それに対する賞賛や非難を「帰報」する主体の存在余地はなくなってしまう。おそらくヴェルツェルは，アリストテレス的目的論と新カント主義的価値論とを結合するような仕方で，したがって結果的にはニコライ・ハルトマンの人間把握に近い形で，両極端の間に，人間の実態により即した刑法学説の構築を試みるため，因果科学を超えながらもなお合理的たらんとする目的的行為論を提唱したのであろう。

　N. ハルトマンの人間的存在の実在構造に関する分析は，レーニングがしきりに，人間の帰責中枢として「意思」を置くことを避け，「人間全体」「人間の霊的全体統一」と語るのに似てくる。それは，アリストテレスが『デ・アニマ』で，人間の多様な欲求（願望 βoύλησις から欲望 ἐπιθυμία まで）を追求する魂間の衝突を玉突きの力学になぞらえて説明する仕方に対応しようとしたのであろう。しかし，力学の世界を動くのは盲目的運動でしかない。目的こそがそうした動きに「意味」を与えるのである。このとき，既に因果は目的に「被覆形成」（überformen：N. ハルトマン）されている[54]。

　帰責とは何かを答えるにあたり，志向される「目的内容」が手掛かりを与える。アリストテレスは，人間存在そのものが「合成体」であるとの理解を基軸として，行為者の多様性に鑑み，その性格や環境によって決定されていない行為については，非決定論の立場に立ち，そうした要因によって決定されている行為については，人格形成責任論によって，行為者の責任を分けて基礎づけているように思われる。人間的行為が層的多様性を示すため，また当の人間が年齢的・社会的限定を受けているため，帰責の基準に厳・寛の差異が現れる。しかし，いずれにせよ

実践的推論の大前提をなす規範認識が行為者にあって体得されているか，それとも腐敗しているかは，帰責の大きな分岐点である。刑法学者や裁判官は，具体的な行為状況の中で，「どこまでがわれわれの力の及ぶ範囲」であるかを勘案して，こうした帰責基準の明確化に努めねばならない。そして実際，アリストテレスは『ニコマコス倫理学』で，犯罪論の基礎となる帰責可能な行為についての綱要を提示して見せたのである。

彼は彼自身の帰責に関する理論的原則をできるだけ保持しようとしたが，当時の古代ギリシア法制の在り方も斟酌しており，これをどう取り込むべきかについて考えを深めようとしているが，未解決のままに終わっている。しかし，悪い心性への非難と社会的危険の出来，故意犯と過失犯，作為犯と不作為犯，いずれも未完ながら，現代刑法学の基本的問題に先鞭をつけていると言える。これらを体系に包摂できる整合的な解釈の可能性は今後も刑法学の課題たり続けるであろう。

なかでも論争の焦点をなす，「自由意思問題」は，「自由意思とはイリュージョンである」とする見解が，「科学主義的な自然主義」の立場に依拠する有力な神経生物学者によって主張され，そこから自由意思を前提とする刑事責任も，刑罰も無意味なものであるという結論が導き出され，「責任刑法の廃絶」というテーゼが強くなってきたとのことである。こうした「津波のように押し寄せる挑発」に果敢に切り返そうとする近著もある[55]。同書によれば「非還元的な生物学的自然主義」の立場に依拠して，自然科学の知見を踏まえたうえで自らの認識論的射程を慎重に確認しつつ，「その枠（言語ゲーム）の中で相互主観的なパースペクティヴから自由意思も責任も社会化されることになるという洞察に至る」[56]とされる。この背後には，いわゆる熟議的民主主義を基盤とする法治国家原理を目指すハーバーマスのコミュニケーション行為の理論が控えている[57]。しかし，こうした見解も，ヴェルツェルが言うように，「人間が，みずから責任を負担するものと決められた存在であり，存在的に，衝動への因果的依存性を，目的的に（意味に適って）被覆形成しうる」[58]という主張と，語用論的と意味論的との次元の差はあれ，基本的には同一の良識を語っているにすぎない。

人間の行為や不作為は，その奥を遡及してゆき，人間存在内部を構成する多様な世界の層に基礎づけられなければならない。因果関係によってのみそれを説明し去ることは，人間の物象化にも等しい所作である。しかし人間が"causa sui"な

る行為の第一原因でもないことも明らかである。それは，アリストテレスが人間を指して"σύνολον"（合成体）と呼ぶゆえんである。人間は「物」(res) と対するのでなく，人間を相手にするとき，相手は自由を有する目的自体としての「汝」であり，ここに固有の「人格界」が形成される。人格界には，弱肉強食や食物連鎖に連なる単なる自然界とは異なった「規範」が妥当する。それは，行為における「善美」を目的とするものであり，こうした「規範」はそれが基本的であればあるほど，われわれの生に先立って妥当し，その侵害が社会的に重大であればあるほど，自由行使の責任が問われる。

　人間は既に社会より教育を通じて，また自己のさまざまな経験を通じて，自己自身の中に，衝動を無意識のうちに統制する「徳」を積む義務を負うのである。徳への人格教育は，必ずしも権利ではなく責任主体を形成するための義務でもある。自己の衝動を陶冶し，対他的に人格承認の要請を充足するには規範主体となる努力が必要である。また自由な社会にはさまざまなリスクがあちこちに伏在している。それゆえに，各自が安心して行為することができるのは，相手が一定のルールを守っているとの信頼のうえではじめて可能である。しかるに不意にその信頼を損ない，不適切な行動をとって（あるいは適切な行動をとらずに）起こした事件に対してその責任は，原則として自分が引き受けねばならない。危険を予見し回避するために，普段から注意深く用意しておくことも，個々人の責任である。なるほど国家は，個人的法益を守ることを最大の使命としているが，それに先立って，共同体は国民ひとりひとりに，善き社会を建設するために，作為・不作為を通じてこうした遵法の努力を要請していることを忘れてはならない。

　表から見れば，われわれが法を自由に作っているように見えるが，裏から見れば逆に，「善く生きんとする」本性に促されて，人間の奥底にある人格性の否定的表現として，自然界の上に，規範的ア・プリオリの具体化によって実定法界を上部構築するのである[59]。実定法は，善く生きんとするために各人に与えられている自由意思に対し，**直接的に**はこれを阻害する他者ならびに他集団による自由の誤った使用に対して帰責するが，**間接的に**はこれを矯正して世界の創造に再協力せしめる機能を有する。責任を問われるのは，その者が尊厳の位格にあるからである。ヴェルツェルの目的的行為論のさらに根柢には，己れに先んじて法-内-存在にある人間のこうした存在論的社会体制が控えていると言わねばならない。

第5章　アリストテレス＝トマスの政治的知慮論

はじめに

　現代法哲学では,「法の不確定性」がしきりに論じられる。「法の支配」には,その背後に権勢のヘゲモニーをめぐるイデオロギーが隠されているという。とりわけ,ロールズ的正義論に反撥する批判法学やリアリズム法学は,法や正義が恣意的な性格を持つと主張するが[1],しかし法や正義はもともと恣意やきまぐれに対抗して,非恣意的な,任意に処分できない合理的な価値原理として探求されてきた筈である。法に密接に関わる知慮と正義の徳は,「それ以外の仕方でもありうる」行為的世界の中で,正しい道を発見し,これを踏み続けることで,曲がりなりにもそれなりの安定した生活世界を構築してきた。

　しかしながら,この二つの徳を習得することは困難である。なぜならそのためにはわれわれは相拮抗する課題を両方とも仕上げねばならないからである。例えば,法における秩序の整合性や恒常性を保持しつつ,個々の事例の独自性を考慮に入れねばならず,また,社会の安定性と不断の改革という反対の要求を同時に満たさねばならない。しかも,権力の恣意的行使を抑制しながら,他方では正義に力を付備させねばならず,さらに,法をして,正しさを超える親愛とも不即不離の関係に置くよう,さまざまな気遣いを余儀なくされるからである。

　世界に内存するこのような人間の本質を,ハイデッガーは大きく Sorge, すなわち「配慮」として捉えた。人間は丁度グラスの中にある水のように,空間的に世界の内に存在するのではない[2]。かえって,そのように見られた人間は,既に非人格的な抽象物である。人間が存在するということは,〈建てて住まう〉ということである。直接に与えられている具体的世界は,人間の「所有」(クテーシス, $\kappa\tau\tilde{\eta}\sigma\iota\varsigma$)になるものであり,人間によって織られた衣服の如きものである。人間の有する能力 ($\delta\dot{\nu}\nu\alpha\mu\iota\varsigma$) の活動 ($\dot{\epsilon}\nu\dot{\epsilon}\rho\gamma\epsilon\iota\alpha$) とは,その能力の「使用」(クレーシス, $\chi\rho\tilde{\eta}\sigma\iota\varsigma$)に他ならない。こうした使用の蓄積が人間の習性となり,そのときに出会われる世界は,「〜のため」(Worauf-hin, Um-willen) の様相を帯び,ある目的に対し有効

なものに基づき行為がなされる場となる。これをアリストテレス流に言えば、「それのためであるもの」($tò\ oὗ\ ἕνεκα$)、あるいは「目的へのてだて」($τὰ\ πρὸς\ τὸ\ τέλος$)の「目的」に対する適合性を表すものと言えるであろうか。世界の内にあるものは単に「眼前にあるもの」ではなく、「手許にあるもの」とハイデッガーによって言われるが、それは自己の生の充足を配慮するものとして慣れ親しまれているものであり、欠ければ不安を覚えるものである[3]。

　このことは既に、現存在が何かしら無に侵され、不安におびえる基本的毀損を内に抱えていることを予想させる。未来の見通しは不透明であり、現在の周りを取り囲む状況は複雑であり、過去は忘却の彼方に霞んでいく。しかも、歴史的時間は、瞬間の内に偶運に寸断される非連続性を抱え持つ。こうした具体化された社会的-歴史的世界において、人間の生存に妨げとなるものを除去し、しかも「善く生きる」ために確実で正しい道を、哲学者とは異なった仕方で、一般的かつ個別的に探求し、判断するところに政治家や法律家の使命がある。哲人タレースは、超人間的なこと（ダイモニア）を知ってはいたが、脚下の利害には疎かった（実は商才に長けていた）とされるのに対し、政治家ペリクレスは国政に長けた者と呼ばれる[4]。現存在の世界-内-存在は、今や法-内-存在に限定されうる。

　かくて国民一般に、とりわけ勝義で公的領域に携わる政治家や法律家には、性格に関し、情念に流されず己を持していく沈着の態度、慎重さや注意深さが求められ、その反面、不注意や怠慢が問題視される。また知性に関しては十分な思量と、その思量が善性に裏づけられていることが求められる。ドイツ語のゾルゲ（Sorge）の古義は知慮である。ソクラテス以降、古代ギリシア-ローマ人にとって、治国に関する政治術や法治に関する司法術の練成は、重要な課題であり続けた。この練成の習性が、「知慮」であり、「正義」の徳であることは言うまでもない。これらの徳は、勿論われわれ一人ひとりにとっても要求される習性であるが、公共の仕事（res-publica）に携わる者にはひと一倍強く身に着けるよう求められた徳である。ここまでは分かるが、それでは、両者の関係、つまり知慮と正義の関係はどのような色調を帯びているのであろうか。省みると、この方面の研究が今ひとつ分明でないように思われる。本章はこの問題を掘り下げて考えることを狙いとする。

　アリストテレス哲学の研究家の取り組むべき最大の課題の一つは、真理を開示する（$ἀρηθεύειν$）最高形態としての知慧（$σοφία$）と知慮（$φρόνησις$）との間の優位

第 5 章　アリストテレス＝トマスの政治的知慮論　193

関係である。ハイデッガーが 1924 年から 25 年にかけて行ったマールブルク冬学期講義において、このテーマが取り上げられていることはよく知られているが[5]、著名なアリストテレス解釈の碩学たちも、『ニコマコス倫理学』の解釈に当たって力をこめこの問題に焦点を当てている。それだけにかえって、「知慮」と「正義」（$δικαιοσύνη$）の方の関係あるいは優位関係は、哲学者の関心からやや退き次番のテーマにおかれてきた嫌いがなくもない。しかるにこのテーマこそ法哲学の頭首に当たる研究課題であると言えないだろうか。知慮が国家統治に関する政治的卓越性である一方、他方で法的知慮と密接な関係にある限り、そしてとりわけ法的知慮は、jurisprudentia として、行為や意思の正しさに関係する限り、知慮が、政治の領域と法の領域においてどのような働きをするのか、両領域においてどのような相互関係もしくは優位関係が現れるかは、一法哲学徒にとってとりわけ興味を惹くところである。本章は、諸哲学者の優れたテキスト解釈の所見に導かれながら、法哲学の本領にひき入れてこれを解明してゆくことを主題に扱うものである。

第 1 節　知慮と正義との関係

1　知慮と正義との並行関係

「知慮あるひと」は $φρόνιμος$、「正しいひと」は $δίκαιος$ と称される。両者は交互に入れ替えてみても、そんなに意味は違わないように見えるし、実際アリストテレスのテキストに即しても、そう解釈してもおかしくないほど緊密な関係にある。しかし、前者の有する徳は『ニコマコス倫理学』第 6 巻で、後者の有する徳は同著の第 5 巻で別々に取り上げられているとすれば、どこかで異なる意味が存在しているに違いない。ところで厄介なことに、アリストテレスによれば、正義は徳の中でも最も優れたものであり、「夕星も暁の星も」これほどまでに嘆賞に値しないと、エウリピデスの『メウニッペ』から断片を引用していたり、「正義のうちに徳はそっくり全部ある」とテオグニスの言葉を引用したりして、第 5 巻こそが本書の中央巻であるとの理解を是とするように思わせる。

ところが、第 6 巻では、棟梁的な立場からの認識は「政治術」（$πολιτική$）といってよいが、それは知慮というのと同一の「状態」（$ἕξις$）であるともされている[6]。棟梁的立場にあるということは、最高の徳であることを意味する。とすれば、第

6巻こそが中央巻であると見ることもできる。しかも，トマス・アクィナスの『アリストテレス註解』に依拠した碩学ヨゼフ・ピーパーによれば，知慮という徳は，正義・勇敢・節制といったあらゆる枢要徳の「産みの母」であり，形相的根拠であるとされる。知慮の徳に対立するような正義は存在しないし，不正な者は知慮を欠く。「全ての徳は必然的に知慮を有する」（Omnis virtus moralis debet esse prudens.）と述べている[7]。

　ところが，このように知慮は，支配者にふさわしい卓越性を示す器量でありながら，他方，自分にとって良い事柄，ためになる事柄に関して立派な仕方で思量しうることにあるとも言われる。この理解は当時のアテネ・ギリシアでの一般的な理解であったようであるが，この理解をアリストテレスは否定しているわけではない。何よりも自己一身についての知慮が，知慮というものの汎通的な名称を得るに至っていると伝えているまでである[8]。しかるに，正義の徳は，「他者に対する完全な徳」τελεία ἀρετὴ πρὸς ἕτερον とされ，「それがことさらに完全であるのは，これを所有するところの人は徳を他に対してもはたらかせることのできる人であって，単に自分自身だけにとどまらないというところに基づいている」（EN. 1129b31-33）。そこに，他人への関係を予想する「支配者的位置こそ人を顕示すべき鏡」（EN. 1130a1-2）というビアスの言葉が，正義を示すに適切なる所以とされる。こうした特徴づけを見ると，知慮と正義の両徳は，相互に交差しており，したがって，交換可能な意味を有しているとも解することができ，どちらの徳が最高なのか判然としなくなってしまう。しかるに，そもそも徳の中で最も優れているのは，どちらか一つでなければならない。われわれは，この問題に取り組むに当たって，アリストテレスにおける「魂の構造論」，それに基づく知性的徳と倫理的徳の相違と関係を踏まえながら，両者の関係を整理する必要がある。

　この関係を両雄相い並び立つと見るならば，それぞれの徳が異なる領域での首位者であると考えればよいかもしれない。なぜなら，知慮は知性的卓越性に属しているのに対し，正義は倫理的卓越性に属しているからである。ただ，前者は，種において他の知性と異なり，実践的な事柄に関する限りでの知性に属するのに対し，後者も，同様に実践的な事柄に関する限りでの，しかし意思に属する。実際，支配者にふさわしい卓越性は，さまざまな領域に働く知慮の中でも最高の徳であるように，他者に対する正しい態度は，さまざまな倫理的卓越性の中でも最高の徳であるという並行関係は，アリストテレスが同様の言葉を記していること

からも窺える。彼によれば，棟梁的な立場に立つ政治術は，知慮と同一のヘクシスであるが，「ただ両者は，その語られる観点を異にしている」にすぎない。これと同じような言葉は，いわゆる一般的正義についても倫理的徳との関係において語られており，「両者は同じものであっても，その語られる観点を異にする」とある[9]。原文では，「存在（エイナイ）を異にする」となっているが，ここには単に呼称上の相違に止まらぬ優位性が込められているものと見ることができる。この一般的正義は，算術的であれ幾何学的であれ単に対他的でしかない「均等」（ἴσον）に立脚する特殊的正義に対し，国全体のノモスに従う性格的徳であるがゆえに，遵法的正義（νόμιμον δίκαιον）と呼ばれる。これらいずれの徳も，人間的共同体の善へ導く力を有するという点で合致していることに注目せねばならない。

　アリストテレスは，知慮に属する部分について，自己固有の善にかかわる部分と，家政にかかわる部分と，国政にかかわる部分に分け，国政にかかわる部分をさらに立法と，評議と司法とを含む狭義の国政とに分けた。なるほど，知慮あるひとは，どのようなことが健康や体力のために良いかといったことについてではなく，およそ全般的な仕方で，どのようなことが「善く生きる」ために優れているかについて思量に長けているとはいえ，しかしアリストテレスにとって，自己一身の「善い」ということも，家政を離れて，また国の在り方を離れてはありえず，国の万般のことについて命令する政治に本来的な知慮が属すると考えられている（*EN.* 1141b23-1142a10）。

　これに対応して，対他の徳において完成した正しさは，国政上の正しさである。家政上の正しさ（夫婦関係）はこれに準じ，子供や奴隷に対しては，さらには自己自身についても存在しない。なぜなら，法を前提する正しさは，対他関係にあって支配し支配されることにおける均等性を前提するからである。一般にひとは，自分自身に無条件な意味での善を過多に配し，無条件な意味での悪を過少に配する傾向にあり（だからこそ後天的に「ことわり」に従う習性を身につけねばならない），一定の年齢に達するまでは子供は父親の「一部」のようなものであり，奴隷は家庭生活において有用な「生ける道具・財産」のようなものと見られる。なぜなら，「正」が語られる前提である法と均等性を欠くからである（*EN.* 1134a33-1134b17）。

　以上の点から，アリストテレスの基本的な考えは，人間が追求する善もしくは正は，究極的には，自己自身に関してよりも，より広い範囲において共通する普遍的な善あるいは正の方に顕れると見ることができる。この善における普遍性は，

形式論理学にいう抽象的普遍ではなく，ヘーゲル的な意味での「具体的普遍」，すなわち外延と内包が比例関係にあり，超越していけばいくほどそのカバーする範囲が広くなり内容が豊かになっていく立体的性質になぞらえることができる。この普遍性は，しかしながらこのように，単に「自己」にだけでなく，「他者」（共同体）に関われば関わるほど，卓越性に優れるといった側面を有するのみならず，単なる「一」（一切の関係性を抜きにした）によりも，「多」（あるいは「個別的な事柄」）に関わるほど，能力の特質がよりはっきりと明らかになることにも通じる。知慮とは，何が善であるかを一般的な形で知るのみならず，個別的な状況の中でも，「中庸を得た」うるわしき事柄を，善く思量し，判断し，命令できる徳である。すなわち，「しかるべき時に，しかるべき対象について，しかるべき主体に対して，しかるべき目的のために，しかるべき仕方において」（τὸ δ' ὅτε δεῖ καὶ ἐφ' οἷς καὶ πρὸς οὕς καὶ οὗ ἕνεκα καὶ ὡς δεῖ）認識する（*EN.* 1106b21-22）。

これに対応して，「正しいひと」は，そのような事柄を欲求する性格（たち）のひとである。ウルピアヌスが言うように，正義の徳とは「あるひとがそれに基づいて不動にして恒常的な意思を持って，各人に各人のもの（ユス）を返す習性である」。アリストテレスは，正義を，全般的正義と特殊的正義とに分け，さらに特殊的正義を，平均的正義あるいは交換的正義または「矯正的正義」（διορθωτικὸν δίκαιον）と「配分的正義」（διανεμητικὸν δίκαιον）とに分けているが，この三者は同一平面に並ぶ関係には立たない。なるほど，特殊的正義は他者に個別的に関わるのに対し，全般的正義が共同体に関わるとされているが，ここにいう「個別」とは，行為における具体的な人間関係（交渉）において，この人間関係の多様性を捨象し，純粋に「個人」間を対等とみなしたうえで，事物を交換する際の均等を目指す，あるいは均等に戻す抽象的正義である。

これに比べれば，配分的正義は，「価値に相応の」（κατ' ἀξίαν）見地から，当事者が均等でない場合においての事物の取得の正しさを求めるがゆえに，平均的正義が単に2項間で成立する算術的正義であるのに対し，4項間で成立する複雑な比例的正義である。ただ，正しい分け前は，価値相応のものでなくてはならないにしても，その言うところの「価値」に関しては異論があり，アリストテレスによれば，「民主制論者にあっては自由人たることを，寡頭制論者にあっては富を，ないしはその一部のひとびとにあっては生まれのよさということを，貴族制論者にあっては卓越性（アレテー）を意味するという相違がある」（*EN.* 1131a27-29）。それ

だけに，正しく欲求する態度を身につけることは単純ではなくなる。こうした中で，欲求や意思に正しい方向性を与えるのが，どこまでも共通の正しさを追求する全般的正義，すなわち法的正義である。

　トマス研究の権威，稲垣良典はその著『法的正義の理論』で，これら三つの正義の関係について注目すべき見解を展開した。稲垣によれば，全般的正義は特殊的正義に並列するのでなく，優越するより根源的な正義である。なぜなら，平均的正義，言い換えれば交換的正義は各人の分が既に確定されていることを前提したうえで，それを過不足なく与える正義であるのに対し，配分的正義はこれからまさしく各人の分を，**共通善**（本書では「共同善」）を配慮しつつ正しく確定せんとする正義である。これらが全体における部分に帰するユス（＝権利）の適切な配分を問題とするのに対し，法的正義は私的な人びとに属するものを**共通善**へと秩序づけることにおいて，**共通善**を確立することを課題とする正義である。われわれにとっては交換的正義が先であるが，それ自体においては法的正義が先であって，全般的正義が特殊的正義の根拠であるとされる。ここに登場する「共通善」という概念が，多様な善の相克の中にあって極めて重要な調和的役割を果たしていることは明らかである[10]。

　ただここの文脈でわれわれがひとまず確認しておきたいことは，法的正義もまた，政治的知慮と同様，自己一身に関わる諸々の倫理的徳や対他的な特殊的正義を超えて，共同の善を探求することにその力が発揮されるということである。以上の政治的知慮と法的正義との働きにおける**並行関係**を前提として，次に，両者間の**優位関係**を論じることにしよう。

2　政治的知慮と法的正義との優位関係

　われわれはまず，アリストテレスが「人間存在」を「合成的実体」として把握していたことを想起しよう。すなわち，人間的徳（$\dot{α}νθρωπίνη\ \dot{α}ρετή$）とは，「合成者の徳」（$\dot{η}\ τοῦ\ συνθέτου\ \dot{α}ρετή$）であるという基本に立ち返ろう。このとき，知性的卓越性と倫理的卓越性との関係，政治的知慮と法的正義との関係もおのずと明確な姿を現すであろう。アリストテレスは，『ニコマコス倫理学』第1巻第13章で，人間的魂を，有ロゴス的部分と無ロゴス的部分とに分け，後者には，無ロゴス的でありながら，それでいて或る仕方でロゴスに与っている部分を区分けし，これを，広い意味での有ロゴス的部分にも含める規定を行っている。優れた意味での

有ロゴス的部分は，自らの内にロゴスを有するのに対し，父親の言うことに素直に聴従する意味で，ロゴスを分有する有ロゴス部分がある。前者の賞賛すべき完成は知性的卓越性であり，後者の賞賛すべき完成は倫理的卓越性である（*EN.* 1103a13-b10）。

ところで，われわれは今，人間的善をめぐる実践的事柄について考察しているのであるからして，このような截然とした区分が成立しないことは推察される。なぜ，アリストテレスは倫理的性状を，無ロゴスと言ってみたり，あるいは有ロゴスに含めたりするのであろうか。また同じ知性的卓越性の中でも，思弁的知性と実践的知性とを区別するのであろうか。それは，両者とも，行為の源が知性からであれ欲求からであれ，共通に「人間的善をめぐる実践」に関わっていることに鑑みれば解決される。人間の魂は行為的現実において一体となっているのであり，アリストテレスが掲げた区分は理論的反省によるものでしかない。それゆえに，欲求部分は知性によって浸透され，知性的部分も欲求によって浸透されていると見るのが適切であろう。例えば，勇敢な兵士は定められた戦場を持ちこたえることによって，国の共同善に仕えることで正しいひととも称しうる。その限り，他の自己的な倫理的卓越性よりも優れているとも言えるが，この者は，目的と選択において自覚的に中庸に基づいて行為しているのであって，この中庸に居るということは，知性による媒介なしには生じないことである。

トマスは，『神学大全』Ⅱ-1 第58問題第3項で，ここに該当する文を次のように註解している。「知慮はその本質 essentia に即していえば知的徳である。しかし，それがかかわることがら materia に即していえば倫理的徳と一致するところがある。というのも，さきにいわれたように，知慮は為すべきことがらについてのただしい理性だからである。そして，この意味で知慮は倫理的徳の一つに数えられるのである。……倫理的なことがらに関して理性を善い状態におくところの知性的徳は，そこから推論が出発する諸原理，つまり諸目的に関して自らが正しい状態におかれるように，目的の正しい欲求を前提する。……二つの能力から発出するところの働きも，それら能力がともにふさわしい習慣によって完成されるのでなかったら，完全なものではありえない。例えば，『主要な作用主体』agens principale がいかに完全であっても，『道具』instrumentum が善い状態におかれていなかったならば，道具を用いる何らかの作用主体から完全な働きは出てこないのである。ここからして，理性的部分によって動かされるところの感覚的な欲

求能力が完全でなかったならば，理性的部分がどのように完全であろうとも，そこから出てくる行為は完全なものではないであろう」[11]。他の知性的卓越性は必ずしも倫理的卓越性を必要としなくても成立するが，知慮のみは，行為の善悪に関して正しい思量を行いうるために，欲情によってこの行為の発端（目的）と推論とが歪められないよう，習慣によって情念による障害が取り除かれているのでなければならない。これはまさに倫理的徳によってなされるのである。

しかし他方，倫理的徳も知性的徳なしには完成しない。なぜなら徳が善へと向かう自然的傾向は徳の始源とはいえ，いまだ完全とはいえない。アリストテレスは『ニコマコス倫理学』第6巻第13章で「もろもろの生来的な徳ならば，それは子供にも獣類にも見出されるのであるが，知性を欠いてはそれらはかえって明らかに有害であるように思われる。……例えば，視力を失った強壮な身体の持ちぬしが動きまわると，視力を持たないことのゆえに，その倒れかたも強いという結果になる」(EN. 1144b8-12) がゆえに，知慮なくしては勝義における徳である倫理的卓越性は現れないとして，「徳は正しきことわりに則った状態たるにとどまらず，ただしきことわりを具えた状態なのである」(EN. 1144b26-27) と明言した。

トマスは，この箇所を次のように敷衍して説明している。「倫理徳が知慮なしにありえないのはつぎの理由による。すなわち，倫理徳は選択的な習慣 (habitus electives)，つまり善い選択をなさしめる習慣である。ところが，選択が善いものであるためには二つのことが要求される。第一には，目的がしかるべき仕方で意図 (intentio debita finis) されることであり，このことは欲求能力を，理性に合致するところの善，つまりしかるべき目的 (finis debitus) へと傾かしめるところの倫理徳によってなされる。第二は，人が目的へのてだてたることがら (ea quae sunt ad finem) を正しく捉えるということであり，このことは正しく思案し (consilians)，判断し (judicans)，命令する (praecipiens) ところの理性なしにはありえない」[12]。

以上のトマスの理解に従えば，知慮は認識に，倫理的徳は欲求にのみ向けられているのではなく，目的のためのてだてに関し働く知慮が，その目的を立てる倫理的徳の形成に参与していることになる。一般に，アリストテレスならば，知慮は能動的にして規定し支配する形相因であるのに対し，倫理的徳の基体は受動的にして規定され随順する質料因であると考えられる。この意味では，知慮の領域において，認識作用は欲求に先行することは理解されるが，アリストテレスは，倫理的徳の領域では，欲求あるいは願望，正確には意思が知慮を導く前提となる

と述べている。ここにいわゆる知慮と倫理的徳との間の悪しき循環を見て、どのように整合的にテキストを読むべきか、多くの解釈者の間で論争を生じたことは周知のとおりである。しかも、テキストでははっきりと、「徳は標的をして正しきものたらしめるし、知慮はこの標的へのもろもろのてだてをしてただしきものたらしめる役割をはたすのである」(EN. 1144a8-9) とし、「怜悧は魂の眼であり、魂のこの眼に知慮という『状態』が与えられるためには、そこに徳というものを欠くことのできないものなることは既に述べられているところである」(EN. 1144a29-31) とし、「善き人間であることなしに知慮ある人たることの不可能であるのは明白である」(EN. 1144a26-b1) と、同書第 6 巻第 12 章で明言している。

　もっとも、『エウデモス倫理学』では、ロゴスの原理 (＝始源) は再びロゴスではなく、それよりももっと優れた神的なものが魂の中にあって全てを動かすことからして、「徳は理性の道具である」(EE. 1248a29) とか、あるいは「支配するものの徳は、支配される者の徳を用いる」(EE. 1246b11) とも述べられているところから、魂の有ロゴス的部分がその性質上、「命令する」(ἐπιτάττειν) 部分と「聴従する」(πείθεσθαι καὶ ἀκούειν) 部分とに明別されている点を考慮すると、知性ないし知慮の方が倫理的徳に優位しているように受け止めることができる。しかし、わが国のアリストテレス学者藤井義夫は、早くからイェーガーを思わせる倫理学成立の年代史的考究から、『エウデモス倫理学』が、アリストテレスの熟成した倫理学作品『ニコマコス倫理学』に至る過渡的性格を有しているにすぎないと指摘していた。この学説によれば、「知性的徳の倫理的徳に対する君主的地位は、この倫理学の『神法的』性格から当然の帰結」であり、「従って、『ニコマコス倫理学』におけるプロネーシスの倫理的徳に対する民主的地位への変革は、かの『原始倫理学』からの経験主義的倫理学への歩みを示すものに外ならぬであろう」とされ、両者は循環ではなく、「相互作用の関係」に立つと結論される[13]。

　ここに比喩的に用いられている魂の〈君主的地位〉と〈民主的地位〉とは、前者が一方的な支配の権能を有するのに対し、後者では支配されるものが支配する地位に立ちうることを示そうとするものであろう。この相互関係における事態は、人間的魂がそもそも合成体であることの帰結と見ることができるものの、魂間の優位関係は見て取ることができない。いみじくも、新トマス学者ヨゼフ・ピーパーは、倫理的生活は一個の有機体であって、それは自己自身の内に閉じた循環をなすとする解釈は、アリストテレス教説の明瞭性を損なうものとして退け、「輪とな

第5章　アリストテレス＝トマスの政治的知慮論　201

る蛇においては，くわえるのは頭であって尻尾ではない」と端的に述べている[14]。

　彼の理解は極めて明快であるように見える。その説くところを要約すれば，生の目標を見出すのは知慮の仕事ではない。知慮の意義は目標に至るにふさわしい道を，今ここで発見することに存する。正義や勇敢や節制が為されるべきことに誰もそんなに思量することはない。しかし今ここで，どのようにこれらの徳を実現すべきかについては長い慎重な思量と，決まったら即座に行動に移る俊敏な明察が必要なのである。この思量と明察は知慮の決定において重要な役割を果たしている。その際，ひとは現実からの呼び声に忠実に耳を傾け，それを正しく認識し評価できるのでなくてはならない。知慮あるひとは経験豊富なひとであると称される所以である。しかし，それにしても善へ向かう意思や欲求なくしては，どんなに怜悧な思量であっても，邪知に転化し，不正な行為を生み出しかねない。それゆえに，倫理的徳は，善の意思的肯定という基本的態度を意味する限り，知慮の基礎的予備的条件をなすとされる[15]。

　かくて知慮に基づく決定は，二つの基準によって構成されることが分かる。それは，善を愛しかつ意思する基本態度（intentio finis）と現実そのもの（ipsa res）である。私の決定が内容的に知慮あるものとなるのは，私が善を意思することによってではなく，具体的行為を取り巻く状況配置を冷静に認識し，正しく評価することによる。こうした事態を彼は次のように要約的に表現する。「知慮ある決定は，具体的な倫理的行為の基準である。このことの言わんとすることは，具体的倫理行為は，知慮ある決定から，己のWas, Sosein, Wesen, 内的真理と正当性とを受け取り，己のDaß, Dasein, Existenz, リアルな善性とを，意思の実現力から受け取るということである」[16]。

　しかしながら，このようなピーパーの議論にはいくつか不明な点がある。まず，彼の解する「意思」概念に二義が潜んでいるのに気づく。一つは，善へと向かう意思（intentio）であり，絶えず善を目的に志向する欲求であるが，それ自体は，認識の内容的真理や善き行いの何であるかを規定することはできない。他方は，認識したところを実存へと定立する実現力である。これは普遍的善に親和的であると肯定された内容を，今度は行為を介して現実の場に生み出す働きである。そうすると，知慮は，目標としての善の意思的肯定に依存しながらも，その善に適合する現実を内容として受け取れなければ，正しいと評価される行為に踏み出せないことになる。すなわち，知慮は，意思における善への適合と並んで，認識にお

ける存在との適合も要求されていることになる。言い換えれば，目標意思の実践的「正しさ」は，ロゴスの「真理性」との相即を意味するのである。オルトス・ロゴスはロゴス・アレテースと相即して語られる。このことは，不正な意思は，存在に適合する**真理**が行為の基準となるのを妨げることを意味する。かくして，冒頭に明言された「生の目標を見出すことは知慮の仕事ではない」としたら，それを善として把握する**実践上の知性**とは何であろうか。また，このことは，彼が冒頭に「知慮こそがあらゆる倫理的徳の産みの母，形相原理である」と述べていたこととどう矛盾なく説明できるのであろうか。

　この問題を考えるに当たって，アリストテレスの該当箇所を援用しよう。彼によれば，「知性における肯定と否定に対応するものとして，欲求においては追求と回避がある。だからして，いま，倫理的な卓越性ないしは徳とは『われわれの選択のいかんを左右する魂の状態』（ヘクシス・プロアイレティケー）であり，『選択』（プロアイレシス）とは，しかるに，思量的な欲求（オレクシス・ブーレウティケー）にほかならないとするならば，当然の帰結として，『選択』がよくあるためには，ことわりも真であることを要するし，欲求もまたただしくあることを要する。すなわち，同じものを，前者が肯定し後者が追求するのでなくてはならぬ。だからして，この種の知性の働き，この種の真理認識が実践的なそれにほかならない」（*EN.* 1139a21-26)。

　ここで，これまでの議論を整理すると，まず，アリストテレスにおいては，善を志向する意思の始まりは目的原理であるという第一段階と，実践へ向かう原理（＝始まり）は選択意思であるという第二段階との区別があるという認識である。次に，同じ知性であっても，観想的（真偽に関わる）でない実践に関わる知性なるものがあって，この部分は「正しい欲求」に見合うような真理認識でなくてはならないということである。ただし，後者の真理認識は，正しい仕方で欲求された目的に至るための「真なる」てだての把握に関わるのであって，これは第二段階の欲求的な知性認識である。しかるにわれわれが求めているのは，第一段階での意思の始まりを起動せしめる目的善の知性認識なのである[17]。

　アリストテレスにあって，欲求において志向される目的は，「欲求対象」（オレクトン）であり，欲情と異なり，理性的内容を含む場合は願望の対象である。「この種の理性」が人生において一般的な仕方で，欲求や行為において過多と過少を避ける中庸を「標的」（σκόπος）とし，「規矩」（ὅρος）とする。言うまでもなく，中庸

がオルトス・ロゴスの指示するところに従うということの強調は、『ニコマコス倫理学』第2巻第2章の重要な論点であり、「われわれの論述の基礎に置かなくてはならぬ」と言われる所以である（*EN.* 1103b31-32）。

かくて、上述の疑問に対する解決に関し、先ほど紹介した藤井の提説は明快である。それによれば、このオルトス・ロゴスこそが目的の原理であり、ただこのロゴスは人間の生き方の進むべき方向を大綱において指し示すにすぎないのに対し、個別的な具体的状況の中での「中」を決定するのは目的に至るてだてを思量するプロネーシスである。そして、行為へ向かうプロアイレシスにおいて**目的のロゴスと手段のロゴス**は「実践理性」によって統一される限りで、「実践理性」こそが**行為のロゴス**と呼んでよかろうと結論する。「実践理性」という言葉は、アリストテレスの議論で周到に論じられているわけではないが、かかる理性こそが、大前提をなす目的のロゴスと小前提をなす手段のロゴスとを統合し、結論において行為を命じるロゴスに集約される実践的推論（συλλογισμὸς τῶν πρακτῶν）の根柢にあって、人間的魂を行為に際し嚮導する秩序原理であり、物理的対象のように観察されないが、反省において確認肯定される目標を示すものであると提言する[18]。なるほど、トマスによれば、存在と善とは互換可能であった。とすれば、善に定位する「ロゴスの直さ」（オルトス・ロゴス）は、存在の真理に定位するロゴス・アレテースと不可分の関係に立つと考えることもできる。意思 intentio の中には、「ある種の理性」が潜んでいるとすれば、「蛇の頭と尻尾」とは、つまり、知性と倫理的徳との先行関係は明らかになると期待される。この問題を今少し延長して次節で論じよう。

第2節　知慮と倫理的徳との関係

1　自己形成としての実践的推論

このように実践理性が、働きの変化において名称が変わるものの、合成体としての人間の欲求や行為の根柢にあってこれを導く限り、オルトス・ロゴスに媒介された目的善が、倫理的徳に先行するということはできても、手段に関わるロゴスである筈の知慮が倫理的徳の産みの母親、形相原理であるということは、まだ明確ではない。なぜなら、倫理的徳が知慮に対し生の目標を指示し、知慮はそれに至るてだてを具体的状況の中で勘案するとも述べられているからである。ここ

において，正しい行為に至るに際し，アリストテレスが提示した実践的推論（三段論法）を，論理学との静態的な並行関係から解き放ち，彼が形而上学で明らかにしたデュナミス-ヘクシス-エネルゲイアのダイナミックな発展関係において捉えるとき，かの疑問は解消されないであろうか。徳の形成をダイナミックな観点から見る際，アリストテレスにおいては，われわれにとって後なるものが，それ自体においては先なるものであるという考えを抱いていたことを想起しよう。この視点は，知慮と倫理的徳との間の悪しき循環から逃れる脱出口である。

この試みに取り組むにあたり，われわれは，次の二つの問題を掲げることをもって出立しよう。その第一は，実践的推論というとき，文字通りに「実践＝プラクシス」（自然や技術と区別された限りでの）を厳格に解すれば，それは内容が倫理的な事柄に限定されるのではないかどうかということである。そうであるなら，その第二は，知慮は目的に至るための「てだて」をうるわしく思量する徳であるとされるが，この「てだて」を目的-手段図式において理解することが適切であるか否かという問題である。両者の問題は不可分とも言えるが，アリストテレスがもちだす事例は，はたして，自らが念頭に置いている筈の知慮の働きの特性を際立たせるに適切であるかどうか，ということも問題になる。

最初の問題から考えてみよう。アリストテレスは，『ニコマコス倫理学』やその他の著作でも，該当箇所で実践的推論の特色を説明するためにさまざまな事例を挙げているので，いくつか拾い上げてみる。

① 「もしひとが軽い肉は消化が善く健康にいいということを知っていても，いかなる肉が軽いかを知らないならば，このひとは健康を生ぜしめることはできない。それよりはむしろ，鳥の肉が健康にいいということを知っているひとの方が，身体に健康を与えることに成功するであろう」。(EN. VI. 1141b18-21)

② 「例えば『どの人間にも乾いた食物が健康に良い』という場合における如き。この場合『自分は人間である』，また『こうした食物は乾いている』とされることが可能である。だが，このものが，こうした性質のものであるか否かという，この後者の点に関してのみ，ひとは認識を有していなかったり，ないしはその認識を働かせなかったりするということが生じうるのである。だからして，これらの仕方の異なるにしたがって，たいへんな相

違が出てくるわけなのであって、この後者の意味においてならば、『知っていながら』ということも決しておかしくはないのであるが、しかし前者の意味においてならば、これはまことに驚くべき次第だと考えられる」。(EN. Ⅶ. 1147a5-7)

③ 「例えば、もしすべて甘いものは嗜食すべきであり、そして、このものは甘いとするならば、嗜食する力がありまたそれを妨げられることのない場合、必ずや、ひとは、このことを同時に行動に移すのである。しかるに、今、一方では、嗜食すべきではないとこれを禁止する普遍的な見解がわれわれの内に現存しており、他方、しかし、すべて甘いものは快適であるという別個の普遍的なそれが存在するとした場合、そして、このものが甘くあるとした場合、そしてたまたま、これに対する欲望が内在しているとするならば、このような場合にあっては、一方ではこれを避くべきであると告げるものがあると共に、他方、欲望はこれに向かって駆り立てる。欲望というものは身体の諸部分を運動せしめる力を有するのであるから。してみれば、無抑制に陥るということも、ある意味におけることわりとか推論とかいうものや見解に基づいているわけであり、ただ、この見解がただしきことわりに反したものなのである。反しているといっても、それ自身としてではなくして、むしろ付帯的な仕方においてなのであるが……」。(EN. Ⅶ. 1147a29-b3)

④ 「例えば、『彼がやってきたのは何のためか』。それは『お金をもらうため』である。そして、これは、『彼が借りていたものを返済するため』である。そしてこれは『不正を犯さぬため』である。このような過程を辿っていってそのことがあるのはもはやそのこと自体とは異なる他のものの故でなく、また他のもののためでもないというところまで達するとき、われわれはこのことを終極の根拠として……そのことは起こると言う」。(『分析論後書Ⅰ』、85b30-32)

以上あげた実践的推論は、若干のニュアンスの相違はあるが、目的論的性格のものであることが明瞭である。目的が推論的思考の端初を占め、この思考の終わりは行為の端初である。それは、『分析論』で研究された類の狭義の演繹的三段論法ではないが、実践的推論を説明するための比較として援用されているものと見

ることができる。ところでその内容は，特に①と②の例をみると，裏返しにした因果関係を述べているにすぎないことが分かる。軽い肉を食べることは健康を生み出す原因となることを述べている。食事療法や散歩，体操の例はどちらかというと技術的ポイエーシスの性格が強い。彼は，実践（プラクシス）とは，それ自身のために行われるものであって，あるとあらぬとの端緒が制作者に存していて，作られるものには存しないテクネーと明確に区別している[19]。

　ポイエーシスにおいては，その目標は制作者の外側にある。ところが，人間的実践の場合はどうであろうか。人間の行為においては形成するものと形成されるものとは同じ自己自身である。行為の目標も自己の把捉し企図するものでありながら，その行為によって自己が変えられる。このことは倫理的行為というとき，誰しもが「自己修養」を連想することからも知られる。それは善悪，正不正に関する価値判断を含む筈である。この点では③と④の例は，同じ目的実現に関してでも，オルトス・ロゴスに適っているかどうかが推論の要となっている。③は幾分倫理的葛藤が入っているが，④は明らかに因果関係には含められない内容を持っている。はたして，借金を返済するという行為は，不正を犯さないという目的の手段であろうか。また，戦場に踏みとどまるという行為は，勇敢にふるまうという目的の手段であろうか。しかし翻って①と②の例を考えるに，ここではプロニモスは普遍的目的を知るのみでは十分でなく，それを具体化する個別的内容を知らねば，決然とした行為ができないというコンテキストにあることに注意を要する。とすれば，アリストテレスの実践的推論とは，大前提を行為の普遍的目的の把捉とし，小前提を目的を実現する手段の選択とする，いわゆる目的−手段図式で捉えることは不適切ではなかろうか[20]。

　これは第二の問題の考察につながる。それは，むしろ普遍と特殊の独特の包摂関係にあると見た方が，アリストテレスの真意に沿うのではあるまいか。しかも，この関係は**普遍の自己限定**という形をとって行われたと見る方がもっと正確な言い回しになろう。言い換えれば，借金の返済は，正義の履行というオルトス・ロゴスの一般的希求に対し，状況に応じた具体的行為をもって，その形相を**自己自身の企図に基づいて**限定したことに特徴を有するのである。プラクシスは，テクネーのように他に何かの成果や作品を生み出すことを目標とするのではなく，善きことを善いがゆえに自由意思をもって欲求する習性を持つのみならず，それに対応する合理的にして具体的な行為の形態である。心の中にある目的の普遍的形

相が，現実の行為の中にある形相と対応している関係が，目的-手段図式に仮託され表現されているにすぎない。それは美術をとってみれば，デッサンの構図と彩色されて完成された絵画との関係，あるいは音楽では楽譜とそれを奏でる演奏との関係にでも比論しうるものであろう。いずれも，行為に対する目的に関しては梗概しか示さない基本的志向に残された空白が，行為によって充実されている関係である。

　この点できわめて示唆的な著作がある。それは，A.W. ミュラーの『アリストテレスから見た実践的推論と自己形成』と題するものである。同書において，アリストテレスにおいては目的論に三通りあり，自然の目的論，制作の目的論，行為の目的論が挙げられる。中でも注目すべき指摘は，**自然の目的論と行為の目的論との一種の並行関係**である。それによれば，生物は別の個体を生むが，生み出されたものは生むものの本質形相を共有する。こうした仕方で動植物は不滅性に参与する。新しい生物は，能力からいって生物の形相をもつに適切な質料から，この形相を既に実現している生物の影響の下に発生するのである。これに並行して，人間は，自分の子供の場合と同じように，行為の出発点であり生産者であると言う[21]。行為の内に，既に行為の出発点とともに与えられている形相が実現される。子供と行為との比較はどのような意味をもつかと言えば，生み出されたものの形相が，生み出すものの内に先在していることの共通性である。

　こうした理解には原文の支持もある。『ニコマコス倫理学』第3巻において「人間は行為の根源的端緒であり，子の親というのと同じ意味で行為の親たるものは人間である」(*EN.* 1113b17-19) とある。ただし，異なる点がある。それは，行為の出発点が自然的目的ではなく，行為者自身により構想された限りでの形相であり，このような形相を実践的に意図することで自己自身を形成するということである。この構想において人間を特殊な出発点にするのが，プロアイレシス（理性的欲求＝意思）である[22]。もっとも，願望に基づいて構想された目的規定は，この規定に対応する一定の行為への欲求，すなわち「企図」（これもプロアイレシスと同義）を制約するので，目的を立てるひとがどのような性情をしているかが，倫理上の評価に際し重要となる。正しいひとから正しい行為が，丁度，親から子供が生まれてくるように，生み出されるのはいかにしてかが，肝要の問題となる。しかし他方では，構想された形相は，現実界に向けて投企されるのであるから，目的-手段関係によって織り成される社会関係を無視しては実効的な行為の原理として機能し

なくなるであろう。プラクシスは現実においてはポイエーシスと不可分である限り，目的規定と行為とは分離されないが，本質において異なることも理解されねばならない。

　ここより同書では，人間的行為を解釈するに際して用いられる目的‐手段図式に，興味深い意味が込められる。それは，同じ行為を観る**観点の相違**に帰着する。同じ射撃でも，正義への愛から暴君を殺害することは，プラクシスの文脈に立つのに対し，射撃はいかにして成功裏になされるかはテクネーの問題であり，この際に作者の心術は問題とならない。これに対してプラクシスでは，行為者の心術が問われるのである。結局，現実における善き行為とは，企図されたことがそれに定位する「目的」（Worauf-hin）の善さに遡って評価されると言う[23]。実践的推論においては，究極目的（幸福と同一視される）と，その内容が「空位」であるため，それを充実すべくハビトゥスによって規定される（資格づけられる）目的と，これを実現する行為とは一体となっている。であるから，「現実での行為は，その目的がわれわれのためになるものが同時に制作でもあるような記述をも許すのである」。例えば，「節制のために生きる者は，同時に健康をも受け取る」という記述が可能となる[24]。

　同書の顰（ひそみ）に倣えば，医療行為はテクネーに基づくが，これはさらに健康への欲求によって秩序づけられている。そして恒常的な健康は，幸福という究極目的の空位を充実する一つとも言えよう。あるいは，「人は右，車は左」という交通規則は，倫理的に無記の性格をもつ人為的規約でしかないように見えるが，いったんそうと決まれば，それは交通の安全を確保することで人命を救う目的に仕える手段である。それはしかし，社会の幸福を満たす限り，生命尊重の倫理価値から評価されるがゆえに，社会道徳に属すると言える。

　いずれにせよ，自己形成（あるいは社会形成）において，欲求される目的が，意思において特殊化され（目的にふさわしいものとの資格を受け），現実適合的な行為となる実践的推論の一連の流れで，同一の形相を保持するということが，ミュラーの主張したい狙いであろう。しかし，ここで再び，アリストテレスが何ゆえにプラクシスを，親が子を生むような生産（自然に類似するが，技術とは異なる意味での）になぞらえていたのか，この点を考えるうえで，ヘクシスの持つ働きに着目する必要があるように思う。生物は出産によって親と同種の生命力を受け取るということは，子供もまた長ずれば，同様の生殖能力を発揮できるということである。こ

のことを行為の目的論と比論すれば、オルトス・ロゴスによって把握された目的が、プロアイレシスを規定し、これが生み出した善き行為が、本人自身の性情に同様の性向を生むような種子を落とし、この性情が習性(すなわち、習い性になって)、ヘクシスとして定着してより、以降同じような行為を生み出す原理となるということを意味する。善き行為の反復習慣から、正義の恒常的ヘクシスが生まれ、そこからひとはためらわずに、それ以外の動機を顧慮することなく、正しい行為を行うようになる。この行為は単に正しい行為ではなく、了解された納得づくの、すなわち自覚的に企図された正しい目的規定に即したものである。しかもそれが自然に遅滞なく行われるがゆえに、したがって、「第二の自然」の観を呈するがゆえに、アリストテレスは、プラクシスの在り方を生物の自然的生殖になぞらえたのであろう。

　アリストテレスは、周知のように、自然については、実践的真理にとっての重要性を相対的にしか認めておらず、それと並んで、習慣づけと理説（ロゴス）とを倫理的正当性獲得へ資格づける道として挙げている[25]。しかしまた単なる習慣づけだけでも、その行為を行うことの何たるかを会得しているのでなければ、本来的意味でのプラクシスには到達していない。それゆえに「何のための」の「何」が知性によって把持されてはじめて、真の実践と言われる行為が成立するのである。多くの自然的素質は中立的であり、習慣によって善にもなれば悪にも染まりうる。子供でも天性正しい者がいるかもしれないが、それは未だ自然的な倫理的徳でしかなく、自分の行っている行為の何たるかが了解されていないデュナミスの状態にあるので、後天的な習慣づけによっては、その反対のもの、つまり悪にも傾きかねない。しかし、そのように所有（クテーシス）された能力は度重なる使用（クレーシス）によって、やがて一定の方向を採って動かぬようになる。この使用がエネルゲイアであり、行為の実行たるエネルゲイアにおいては、善であると同時に悪であることはできないゆえ、その結果所有された性向は、もはやデュナミスではないロゴスを具えた「所有態」へと限定される、いわゆるヘクシスである。

　普通、所有してはじめてその使用が行われるのは、見ることによって視覚が獲得されるわけではなく、眼という器官を所有しているがゆえに、その使用によって視覚を生じることから知られる。しかし、倫理的な徳の所有はその逆である。われわれは正しい行為を為すことによって正しいひとになる。すなわち、活動を

繰り返すことによって徳を所有するに至る。このことを，アリストテレスは「ヘクシスは，それに類似的なエネルゲイアから生じる」（EN. 1103a26-b2）と述べた。とすれば，この活動がどのように年少の時から習慣づけられるかは決定的な重みをもってくることになる。「オルトス・ロゴスに従う」（κατὰ τὸν ὀρθὸν λόγον）のではなく，「オルトス・ロゴスを具えた」（μετὰ τοῦ ὀρτοῦ λόγου）人間へと成長することが肝要となる。しかし問題なのは，こうした習慣づけがどのようにして行われるかである。

　思うにそもそも，徳の形成は純粋に自己形成であろうか。われわれはここに，やはり他者による関与，すなわち「教育」が極めて重要な役割を帯びることに想到せざるをえない。それは生物において親は子供を生むのみならず，子供を養育してはじめて，子供は一人前になることに比論される。可能態にある自然的徳が，完全な倫理的徳になるためには，教師が必要である。さしあたっては親が自然的にみて愛と権威を兼備するがゆえに最良の教師であるが，「賞賛されるべき徳」（ἐπαινετὴ ἕξις）を具備するには，あらゆる倫理的徳を指導する知的卓越性を具えた「知慮あるひと」，いわゆるプロニモスの教えが最も適切である。

　可能態から現実態に至るには，その逆，現実態たる完成態が可能態に先立っていなくてはならない。これがパラドックスでないとしたら，ここに時間差を挿入せざるをえない。先在する完成態が，後続の可能態を新たな完成態へと引っ張り上げる（Erziehung），すなわち教育するのである。徳の形成は純粋の自己形成ではありえず，必ずや優れた者による介添えを要する。しかしこの目標がいったん達せられたら，もはや歩行器なしで，後見なしで実践理性はひとり歩きを始めることができる。すなわち自ら所有する徳に即して，具体的な状況の中で己のヘクシスに従い，自発的に「中」を採り，「善き行為」を産出することができるようになる。

　例えば，種子には大樹になろうとする傾向が潜在しているように，人間にもその本質的形相である理性の完成に向けて努める傾向がある。人間の場合，理性は自然として（ratio ut natura），したがって，身体を伴った理性として潜在しているのであり，自然的理性と呼ばれる。それは「為すべき事柄を目的にとる自然的傾向性」（naturalis inclinatio ad debitum actum et finem）である[26]。理性の正しい使用・活動が行われるためには，身体的基体をなす性情がそれを歪めないよう予め理性に秩序づけられていなければならない。この秩序づける方の理性は，同じ人物の理

性ではありえず，完成した理性の所有者でなければならない。しかし秩序づけられる者に，予めこの理性の声に同調できる可能性があればこそ，教育が可能であるとしてみれば，つまり，このためには性格がロゴスに従順であるよう習慣づけられているとしたら，議論は循環に陥ってしまう。実は，もっと根本的なところで，本性親和的なある種の知性的認識が受動的知性として人間に可能的に具わっており，ここに向かって能動的知性が教育による習慣づけを介し働きかけることではじめて，倫理的徳の所有に至るものと考えざるをえない。すなわち倫理的徳に至るには，儒学の聖典とも言われる『大学』を引き合いに出せば，**自然**に埋もれている「明徳」を，完成態たる聖人の教えによる**習慣づけ**によって明らかにする**理説**(明明徳)を要するわけで，アリストテレスが有徳に至るという三つの道は，その統合的要素であると言いうる[27]。

　アリストテレスにあって，この明明徳を所有した者が，「知慮あるひと」，プロニモスである。彼は合成体である限りでの人間の本質（理性的働き，エルゴン）を完成させた者であり，このような者として優れた行為の模範となる。彼は大前提における一般命題のみ知って，行為体験を経ることで蓄えられる個別状況を知らない単なる理論家でもなければ，小前提における個別的事態を知ることで効果的な行為成果をおさめうるが，何ゆえにそうすべきであるかそのロゴスを知らない単なる経験家でもない。プロニモスの直知は端初（ἀρχή）と端末（ἔσχατον）との両方を把持し，その実践的推論は両者を熟慮によって結合するいわば Abduction の巧者である。すなわち，intentio（こころ）と extentio（もの）との間で**演繹 deduction と帰納 induction との視線の往復**を重ねることで一定の detentio（所有）を獲得したとでもいえる者である。

　彼の定位して動かない標的は「中」である。ただし変化する状況に合わせこの「中」を巧みに移動させることで**均衡**をとるがゆえに，いみじくもその知は「動く知」[28]であり，この結果「動く中」[29]の精妙な把持となる。彼は「オルトス・ロゴスが命ずるごとく」振舞うことで，その善さは，存在的には「中間」に位置するが，価値的には「頂極」を表すと言われる所以である（*EN.* 1107a6-8）。このオルトス・ロゴスは善の実現を命令する「自己自身の中にある当為」であり，規範である。この能力が教育を通して，学習者に移植されるのである。植えつけられた種子がやがて立派な花を咲かせ実を結ぶように。それゆえに，一般に古代ギリシア人は，ひときわ「教育」や「ノモス」に，国民たる地位にふさわしい「知慮ある」人物

養成の期待をかけたのである。オルトス・ロゴスとプロネーシスを統合するプロアイレシスにおいて**個人の心的体制 constitution** が確立するように，国民のための立法とその執行によって**国家の体制 constitution** が確立する。

2 　共同善と対他的徳

　これまでの考察により，知慮と倫理的徳の関係を，自己一身の徳の自己形成という文脈から解放し，社会的文脈で考察する道が開かれる。本章の最初に提示した疑問は，アリストテレスが，知慮あるひとを，「自分にとってのいいことがら・ためになることがらに関して立派な仕方で思量しうる」ひとと規定したことに関する。しかし，このように言うとき既に，それはいかなることが善く生きることに役立つのか**全体的に思量する**という限定が施されていることを忘れてはならない。自己一身の完成は，既に家族環境や国家状態の善さ如何に依存している。善へ向かう意思が環境の倫理的善さによって左右されるということは，種子の良き発芽と生育が，土壌の肥沃さや日光の適度や風通し，場合によっては人間による手入れ（雑草の除去）等の条件に依存しているのと同様である。

　アリストテレスにとって，人間は「ロゴス的動物である」ということは，「ポリス的動物である」ということと同じである。否，『政治学』に説くように，「自然には（本性上は），国は家やわれわれ個々人より先にある，なぜなら全体は部分より先にあるのが必然だからである」(*Pol.* 1253a19-20)。丁度，身体全体から切り離された手は同じ名称をもってはいても，「石の手」というに等しくなるように。プロネーシスは，政治術において最も優れて「人間的な諸々の実践的善に関する真なるロゴスを具えたヘクシス」なのであり，とりわけ立法術（*νομοθετική*）にその優れた働きが現れる。これに対して，行政（*βουλευτική*）と司法（*δικαστική*）とを含む個別的な国政に携わる政治術は，通俗的な意味で知慮と呼ばれているが，命令を受けて職務を遂行する限り，職人的（*χειροτεχνή*）でしかなく，命令において棟梁的（*ἀρχιτεκτονική*）であることが本来の知慮の名にふさわしいのである[30]。

　ここより，立法において命令的地位に立つ政治的知慮と，その適用に携わる法的正義との優越関係が明瞭となる。このことはトマスにおいて次のように明確に述べられている。例えば，「立法において与えられている正義の諸行為に関わるあらゆる規定は，知慮の遂行に関わるものである」とか「正義の遂行は共通の善へと秩序づけられている以上，王の務めに属しているのであるが，これもやはり，

第5章　アリストテレス=トマスの政治的知慮論　213

知慮の指導を必要とする」[31]とある。トマスにあって，統治術は，**執行的たる正義の種**としてよりも，**指導的たる知慮の種**として措定されていることは明らかである。

確かに，アリストテレスの全般的正義，すなわち法的正義は，その他の倫理的徳に対し，「対他的」（πρὸς ἕτερον）という社会性を**必然的に備えている**がゆえに優越しており，さらにそれらを「使用する」（χρῆσις）立場に立つがゆえに優越するとされていた。しかも特殊的正義が，個人の帰属する分の配分において均等なことを意味する個人的な範囲の正義であるのに対し，全般的正義は共同善の追求において遵法的である点で，より普遍的な国の立場に立つ限り，高い価値を有するものとされる。しかし，アリストテレスは全般的正義について，「正しいひとは，支配者や共同体の他の属員（ἢ ἄρχοντι ἢ κοινωνῷ）にとっての功益あることがらを行うひと」（EN. 1130a4f.）と述べている。ここの「支配者や共同体の他の属員」の理解については異説があるようだが[32]，いずれにせよ，全般的正義の公益の享受者は，その法律が遵守される限りで，共同体の支配者であり，法律が適正に遂行される限りでの隣人であろう。

すなわち，法的正義を所有するひとは，ポリスの課すノモスの命令を忠実に履行することにより義務を果たす点で遵法的なヘクシスを有するひとを指すものと理解される。裏からいえば，彼は，共同体のためにならないならば，逆に「自己自身や親友に対しても」（ὁ καὶ πρὸς αὑτὸν καὶ πρὸς τοὺς φίλους）親切にふるまわない公正さ（依怙贔屓をしない）を固持する。この意味で正しいひとは，大前提における法律を厳正に適用する官吏や司法官の徳，あるいはペルシア大王の武力よりも法律の力を畏怖する公民の徳において明証されるのではあるまいか。そしてかかるひとは何ゆえに遵法的であるか，その理由を明かす「目的」（Worauf-hin, Um-willen, Weswegen）が，彼の行為の意味を開示する。それは，共同体の「功（効）益」（σύμφερον）であると読めるが，はたして，それがトマスのいう「共同善」（bonum commune）に当たるかどうか，またこの概念を媒介に，それが，いかに政治的知慮の下に置かれて不可分の関係にあるか，稲垣の前掲書『法的正義の理論』に再び尋ねることで確かめよう。

同書によれば，そもそも，アリストテレスにおいて，勇気や節制や特殊的正義などは，すべて国家の法律が目指すところに**含まれる限りにおいて**遵法的な事柄であり，そうした種々の有徳な行為を遵法的な正しさが共通の述語として述語づ

けるという意味で，遵法的な正義は全般的なのであるが，これに対して，トマスの場合「**法的正義はまず自らに固有の対象をもつ特殊な徳として規定される。その固有対象は共通善である**」(稲垣前掲書，146頁)。法的正義がその力において全般的であり，すべての他の徳の行為をその下に含むのは，太陽が全的な原因として光・熱，乾燥などの多様な結果をこの地上で生じるのに似る (『神学大全』第Ⅰ部第13問題第5項異論解答1を参照)。「これと同様に，法的正義はより優越せる徳として，他のすべての徳の行為を，自分自身の固有目的，つまり共通善へと秩序づけるのである。このような秩序づけは，他のすべての徳の行為を自らの力につつみこむことであり，その意味で法的正義は一般的徳と称せられる」(同書，146頁)。

それでは，一般的な徳たる正義が，なぜ「法的正義」と呼ばれるのか，その理由について次のように言う。「正義は常に他者とのかかわりを含むものであるが，他者は個別的にも一般的にも，つまり共同体の意味にも解されうる。ところで個々の人間は共同体に対して，部分対全体の関係に立つものであり，その限りにおいて個々の人間の完全性や徳は全体たる共同体の善，すなわち共通善との関連ではじめて成立する。つまり，共通善をもって固有の対象とする徳は，他のすべての徳を指導し，秩序づけるのであり，その意味で一般的な徳である」(同書，147頁)。

トマスは，一般に，理性的ということの尺度を普遍的ということに置いて議論を出発させる。つまり，「人間が理性的であるとされるのは，普遍的な有を認識し，普遍的な善を欲求する能力を有することに由来している。人間はかかる本性的な能力を行使してより普遍的な有の認識，より普遍的な善の欲求を重ねることによって，彼の理性的本性を実現し獲得しなければならない。それは第二の本性たる習性もしくは徳の形成という仕方でなされる。したがって，他の倫理的徳よりも，より普遍的な善を対象とする正義，なかんずく共通善を対象とする法的正義は，人間の理性的本性をより高度に実現するものであり，したがって，最も優越せる徳とみなされる」(同書，164頁)。

以上の考察を補って，正義と知慮 (同書はこれを「賢慮」と翻訳) との関係が次のように明記される。それによれば，「正義は本来，善の欲求にかかわるものとして執行的 (executiva) であるから，何らかの徳による指導 (directio) を必要とするが，これは賢慮によって与えられる。より普遍的な善の欲求としての正義の徳が形成されるためには，実践理性がより普遍的な善を認識しうるように完成されることを要するわけである。しかるに，実践理性の完成態としての賢慮は，より普遍的

な善，すなわち共通善について正しく判断しうるごとき能力である」（同書，165頁）。このように見ると，「トマスにおいて人間の完全性，つまり彼の理性的本性の高度な実現は，彼が共通善を認識し，追求しうる能力に相応すると解されていることがわかる。法的正義とはまさしくこのような能力に対して与えられた名称である。いいかえると，トマスにおいて人間の理性的本性の完成は彼の社会的本性ないし共同体性の完成と同一視されている」（165頁）のである。

正義は，**対他関係**から**対多関係**へ進むことによって，法的性格と理性的性格を濃くする。実際，『神学大全』によれば，「共通善へと秩序づけることが法に属するのであるから，右に述べた意味で一般的であるところのこうした正義は法的正義と称せられる。それはすなわち，この正義によって人間が，すべての徳の行為を共通善へと秩序づけるところの法と，一致する concordare からである」[33]とある。

「法的正義」に関する上記の文について，稲垣はさらに立ち入り，二通りの解釈が成り立つことを指摘する。約言すると，「法の下なる正義」と「法を超える正義」である。前者は，「法の字句に即してあるいは立法者の真意を尋ねて法を忠実に遵守することが共通善の実現につながると見る」理解で，この場合の法的正義とは適法性の謂いに他ならない。これに対し，後者は，共通善を認識し追求していこうとする態度である。この「内的態度が確立されていないところでは，人間はつねに個人や特定の集団，階級の利害の追求のみに専念して，真に共通善に対し心を開くことができない。この意味で，法的正義は法に先立ち，法の制定を可能ならしめると同時に，法にとっての基準でもある」（同書，148頁）。ここに言う法 lex は，もはや人間たる立法者の意志に由来するという意味での実定法ではなく，法律を超越する正義を意味する。

われわれは，ここまで辿ってきて，法的正義には，単に遵法に止まらない「端的な正」を求める探求的意味があることを知った。この点で，しかしアリストテレスにおいても，「ノモスに反して行動する者は不正である」と言うとき，「遵法的な行為はすべて**一つの意味における**正しい行為である」という条件が付されていることに注意したい。「遵法的正」と「第一の正」とは全面的に一致しているのではない。彼は，「法は……その他のあらゆる徳と非徳にわたって或いは行為を命じ或いは行為を禁じているのである。正しくつくられた法は正しい仕方で，また杜撰な法律はあまりよくない仕方で」（*EN.* 1129b24-25）と述べている。このこと

は，彼が「法」には形式的効力と実質的効力との二通りがあることを認識していたことを証明している[34]。前者の手続き的方向では，アリストテレスは，いわゆる「不正な」法もまた妥当を否定できないことを認めている。ところが後者の実体法的方向では，制定法を超え出ていく「ある種の正義」の妥当を認めている。これには二通りの仕方がある。以下，順次論及しよう。

その一つは，今日にいう「**条理**」という考えである。法は一般的な規定を有するが，なかでもハード・ケースと現代人が言う個別的事柄を処理するに当たっては，立法者がその適用を正当でないと認める場合，「宜」（エピエイケイア）に基づいてそれを補訂する「情理」（グノーメー）という働きがある。この「宜」は，思いやりとか同情といった意を含むが，「衡平」とも言われ，アリストテレスの『ニコマコス倫理学』第 5 巻第 10 章の正義論によれば，「正よりはよきものであるにも拘らず，やはりそれは正なのである」（*EN.* 1137b8-9）とされる。これは微妙な言い方であるが，「宜」は，法自体の改正ではなく，遵法的正義（ノミモン・ディカイオン）の補訂である。なぜなら「法は，だからといって，正しからぬわけではない。けだし，過ちは法にも立法者にも存せず，かえってことがらの本性に存する」（*EN.* 1137b17-19）からである。つまり立法者が残しているところを受けて補訂するところにその本領があるがゆえに，「やはりある種の正義」に止まる。彼は，変化する事態に適合すべく柔軟に発せられる政令の意義をこれに結び付けて述べている（*EN.* 1137b27-29）。

現代に移して言えば，新たに出来した環境問題に対応すべく固定的な法律を補訂して，「上乗せ条例」や「横出し条例」などが自治体により各地方の事情に応じて発せられるのに対応しよう。しかし，ここで注意しなければならないことは，情理や衡平は実は，知慮を論じる『ニコマコス倫理学』第 6 巻第 11 章でも，重ねて取り扱われていることである。それは，知慮ある立法者が，個別的事態に即応して，法的正義を補訂していることに顕れる。知慮は「第一の正」を目指しつつも，「今ここでの正」の視点を離れない。

もう一つの正義は，『ニコマコス倫理学』第 5 巻第 7 章にいう「**自然的正**」（ピュシコン・ディカイオン，*EN.* 1134b19），あるいは同義であるが，『弁論術』にいう「共通の正」（コイノン・ディカイオン，*Rhet.* 1373b6, 1375a32）なる「正」の観念である。それは，「至るところにおいて同一の妥当性を持ち，それが正しいと考えられているといなとにかかわらない」。ただしこの概念も，「人為法的正」（ノミコン・ディカ

イオン, *EN.* 1134b20-21) すなわち「こうであってもまたはそれ以外の仕方であっても本来は一向差し支えを生じないのであるが，いったんこうと定めたうえは，そうでなくては差し支えを生じるごときことがら」に関する正と並んで，「国の正義」（ポリティコン・ディカイオン）を**構成する部分**として位置づけられていることに注意せねばならない。「国の正義」はそれ自体変動しうるものであるから，その中でも，自然法上の「人を殺すな」などの命令の妥当性は普遍-不変的であるとはいえ，しかしポリス内の正である以上，ここでノモスが適用されるのは自由にして平等の市民間に限られていたという制約がある。しかしこのことは単に歴史的制約に止まらない理由がある。なぜなら，一般に立法においても，不文の自然法を成文法に内在せしめるかどうかの判断は，共同善を配慮する立法者の知慮に委ねられるからである。

　アリストテレスの法的正義には，制定法を内部から乗り越えていく「端的な正」（ハプロース・ディカイオン, *EN.* 1134a25）や「第一の正」（プロートン・ディカイオン, *EN.* 1136b24）の観念を欠いていたわけではないが，明確な名称を与えられず，未展開のままに終わってしまった。これに対して，トマスこそ，このようなアリストテレスの萌芽に止まった方向を「自然法」の導入によって明確に進展せしめたと稲垣は次のように言う。「アリストテレスの場合，どのような原理に基づいて衡平が法的正（ノミモン・ディカイオン）を補正するかは明らかにされていないが，トマスはその原理が自然的正であることを明言している」（稲垣前掲書，152 頁）。

　この法的正は人間理性の知慮によって自然的正に付加されたもので，自然的正に反してはならない。「衡平は，常に一般的なる仕方で定立される法の欠陥を補正し，指導するという意味で，法的正の上にあるが，自らは自然的正を原理とし，これに従う」（同書，153 頁）。ところで，法的正義は共通善を固有の対象とする正義であるから，自然的正は，共通善の実現に定位する知慮を媒介に実定法的正へと規定されることになる。「実定法は原理から結論が引き出されるような仕方で，容易に自然的正から導き出されることは不可能である。そのためには経験や賢慮が必要であり，経験と賢慮によって形成された法的正義が，自然的正からの実定法の導出を可能ならしめるのである」（同書，154 頁）。

　トマスによれば，「法はそれが正義の要素を有する限りにおいて法としての力 virtus legis を有するのである。しかるに，人間的なことがらにおいては，或ることは理性の規則 regula rationis にてらして間違っていないということからして正

しい justum といわれる。しかるに，……理性の第一の規則は自然法である。ここからして，人間によって制定された法はすべて，それが自然法から導出されている限りにおいて法の本質 ratio legis に与るといえる」[35]。制定法は実定的正を含むと共に実定的正を成立せしめるが，**自然的正については，それを含むとはいえ，それを成立させるのではない。自然的正を成立させるのは制定法ではなく，自然法である**[36]。

　このように述べることで，かのアリストテレスのポリティコン・ディカイオンに内在するピュシコン・ディカイオンの概念が，今や明確に超越的な客観法的基準としての資格を受けとる。かかる意味で，自然法は（超越的な）共通善への秩序づけにおいて自然的正を成立させる。このことは，どのようなことであろうか。稲垣によれば，トマスの場合，神が窮極の共同善であるから，個人的利害を超え出る社会的効益に止まらず，国家的公共善をも超え出るものと解されるゆえに，超越的な共通善とは，理性的・人格的な存在である限りの人間が欲求する普遍的な善に他ならないから，ここにいう自然的正は人間が人格的存在として尊重されることを意味する。いいかえると，共通的な効益（人間的善）の追求は，あくまでも人間が人格的存在たることと矛盾しないような仕方で行わなければならない，ということである（同書，177頁，189頁）。国家的公共善は究極目的ではない。

　稲垣によれば，ところが，トマスにおいて，正義の源泉としての自然法あるいは共通善についての認識は，かえって，実定法を通じて実現されるべき人間的正義の不完全さについての深刻な意識を生み出した。トマスの場合，自然法は単に実定法や人間的正義を基礎づけ，正当化するものではなく，それらに対する絶えざる批判をも意味していた。「人間的正義にとっての直接的基準たる実定法は，あらゆる個別的事例を考慮することはできず，大多数の場合に起こる事柄を一般的にしか考慮できない。このため，実際は不正であっても実定法に反しないとか，逆に，正義を実現するためには法の明文から外れなければならないこともある。このように，実定法によって実現される正義は，きわめて厳格なように見えながら，実際には極めて多義的であり，不明確である」（同書，191頁）。

　だが，人間が正義を実現するのは法に従って行為する場合である。これに対して，「神の意志は，その叡智の理念に含まれているもの以外のものへと傾くことはなく，常に正しい。人間の場合には，彼の意志のうちに，それが常に法に従って意志するような内的状態を形作ることが必要であり，これが正義の徳である。い

いかえると，人間の意志のすべての働きが法によって浸透されるに至ること，それが正義実現への道である。人間の意志は法による浸透に対しては未だ可能性の状態にあり，その現実化は困難であること，そこに人間的正義に不完全さが認められる」(192頁)。人間の社会的本性の完成態は神を共同善とする「愛徳」(caritas)であり，そこで人格としての人間も完成を遂げるのであって，法的正義という徳の段階に固執してはならない。

このように稲垣は，自然法の前での人間的実践理性の限界と，それゆえに自然法の実定法に対する批判的機能に重点をおき，愛徳の前にその独立的意義を相対化する。しかし，知慮は命令の働きにおいて卓越するということも確認しておかねばならない。それは，アリストテレスにおいて知慮がソピアとの関係に置かれたとき，知慮は，観想を目的とするソピアに**対して命令するのではなく**，ソピアという最高のエネルゲイアたる幸福（エウダイモニア）**のために命令する**ということと相通じるところがある。医学が健康を命令するのではなく，健康が生じるよう配慮するためにあるように，政治における万端の事柄に関して命令するからといって，政治が神々を支配するとは誰も考えないのと同様であると，アリストテレスも自覚している（*EN.* 1145a6-11）。

それゆえに，こうした人間的実践理性の有限性を自覚しながらも，どこまでも共同善を追求する（あるいは共同善の妨げを排除する）人間本性の傾向において，一定の形跡を残して（すなわち法律という形を残して）社会的安定性を築きながら，新たな局面に際してまた将来に道を切り開こう（法律という形を補訂したり，改正したりする）と努めるところに政治的・法的知慮の役割があると見ることができる。かかる知慮には，現にある己の作成した制定法を肯定してこれを実現していこうとする共同善保全方向と，新たな局面に直面してこれを包摂する豊かな法律を探す共同善探求的な方向との二方向が具わるものと思われる。

この二方向は，カントが認識における理性の使用に関して述べた構成的原理と統整的原理とのアナロジーを連想させる。カントが『純粋理性批判』で定式化したこれらの原理は，法廷審理とのアナロジーで説明できる。彼の超越論的演繹（Deduktion＝適法性審理）論において，構成的原理たるア・プリオリな法則（Gesetz＝法律）は経験において与えられる直観の多様を，生産的構想力の図式を介して包摂することによって，一定のア・プリオリな総合判断（Urteil, Erkenntnis＝判決）を確定することができる。これに対して，感性のいかなる対応する図式も与

えられていない事柄については、理性は、思弁的関心に基づき、経験を超えどこまでも体系的統一を求めて、法則を超えるある理念（仮説）を立てることで、多くの発見を可能ならしめる。これが理性の統整的使用である[37]。

カントは、あくまでも認識する理性の使用に関して、これらの二原理を論究しているにすぎないが、認識といえども真・偽という価値判断の一種であるがゆえに、法的判断とのこのような比論を持ち出しているとすれば、法律の適用論と立法論との間で、上述の実践理性、すなわち知慮の構成的使用と統整的使用との働きの差を別角度から証明できないだろうか。知慮は、一般的な形で定立された法律を、その定める構成要件という特殊媒概念を介し、今ここでの具体的状況の場に適正に適用するとともに、複雑な現実のハード・ケースに当該法律が適用できないときは、それを法秩序の体系内に整合的に収めるべく新しい立法への探求の道を進む。前者は、ト・エスカトンに立脚する行政官や裁判官の任であり、後者の道は、棟梁的なアルケーの立場に立つ立法官の任務である。

では立法や法適用の際に当局に求められる、あるいはまた公民たるわれわれが類似の事態にあってその涵養と具備を要請されるこうした政治的・法的知慮は、具体的にはどのような内容の働きを有しているのであろうか。またその知慮と正反対の悪徳、もしくは知慮と類似するがゆえに混同されやすい、それゆえにそれに陥るのを避けるよう努めねばならない悪徳とはどのようなものであろうか。この点については、既にアリストテレスにも論究があるが、知慮の構成要素の列挙、並びに欠陥状態に関する詳細な検討は、十分に尽くされておらず、無名称に止まっている。これに対し、トマスが加えた分析はそれを補って余りある豊富さと明晰性を具えている。われわれは、『神学大全』Ⅱ-2、第53問題から第55問題での論述に依拠して、知慮の欠陥態ともいうべき悪徳を挙げ、反対面から知慮の特性を考える縁としたい。

第3節　政治的知慮の必要条件とその頽落態
——トマスによる敷衍

1　政治的知慮の必要条件

まず、政治的知慮を構成する各部分の働きを、アリストテレスを豊かに敷衍したトマスに従って述べることとする。知慮は、過去の情報や現在の正しい見解を必要とする。すなわち**記憶**と**知性**とを必要とする認識であり、これは教示や発明

第 5 章　アリストテレス＝トマスの政治的知慮論　　221

によって得られる。そこから知慮の二つの構成要素が導かれる。すなわち，他人の教えへの**順応性**と，独特の探査のための**鋭敏さ**である。しかし知慮の活動のためには，認識とその知の獲得のみでは十分ではない。さらに，獲得された認識の習慣的な使用が必要である。そこから**思量の器用さ**も考慮に入れねばならない。しかしながら，知慮は行為を前提とする規範的な働きを備えているので，行為を目標に秩序づける**予知**，状況に気を配る見廻しの**熟考**，障害に気をつけ避ける**慎重さ**が不可欠である。

　特に，記憶と直観とが援助する知慮の主要部分が，命令である。記憶は過去を，知性は現在を，予知は未来を注視する。しかし，過去と現在とは，単に将来の見通しにおいて知慮の関心を惹くにすぎない。なぜなら，不断に生じる新たな事件は絶えずわれわれの生存を新たな行為へと駆り立てるため，将来の注視が必要となるからである。そして，われわれが記憶の内に過去から保存するものや，知性の直観によって現在のうちに発見するものは，予知において将来の計画を投企するために役立つ。それゆえに，将来の不透明な事柄について，われわれを導く予知が，いかに爾余の事柄を安定点に向けて秩序づける知慮の大いなる部分をなすかが知れるというものである。そしてこの安定点は，万民を統合する共同善の趣を有することから，知慮の統合的働きは，国家的共同善（＝公共善）において政治的光彩を獲得する。

　以上に挙げた働きは，いうまでもなくアリストテレスが『ニコマコス倫理学』第６巻で詳らかにしたものであるが，トマスは『神学大全』Ⅱ-2，第49問題で，より明確にしかもアリストテレスが言うべくして言いえなかった知慮の構成部分までも補充しており，こうした知慮の働きも加えたものである。知慮を構成する働きは，何も立法府においてだけでなく司法府においても見られる。法に関わる知慮が juris-prudentia といわれる所以である。以下，上述の諸要因に即して，広い意味での政治的知慮の働きを垣間見よう。

　(1)　**記憶**（memoria）[38]

　過去の記憶は将来の懸案について論議するための基礎として役立つ。もし記憶が，既に起こった事件の跡を保持していないなら，われわれは，何が突発するか分からない将来のことについて，われわれを方向づける準備としての道標を欠くことになる。かかる記憶が「生活体験」と呼ばれるもので，〈それ以外の仕方でもありうる〉生活の中で，かつて繰り返し秩序だって行われてきたことの認識と，

そこに闖入する偶然事に直面した際にどのように秩序を立て直してきたかの知恵とが沈殿し堆積してきた在庫のようなものである。知慮ある政治家は，記憶と体験とに優れ，過去を一身に属するかのように活き活きと相続し，とりわけ社会秩序の紊乱(びんらん)を出来した原因を忘れなかったおかげで，民衆を危難から救う具体的なてだてを講じえた。知慮ある法律家も同様に，過去の判例の蓄積に習熟し，これを現在の事案に活き活きと蘇らせ，過去を将来へとつなぐのである。歴史は政治の鑑であり，慣習は法の鑑と言われる所以である。

　(2)　**知性**(intellectus)[39]

　トマスは知慮の実践的推論において，人間的行為に関わる一般的原理を把捉する習性として，シンデレーシス，すなわち「良知」(アリストテレスでは，おそらくヌース・プラクティコスと呼ばれるもの)を立てた。しかし，この知は三段論法の大前提にあって，普遍的知を提供するもののその具体的内容は乏しい。なるほど，政治家は良知のおかげでどんな状況の中でも，「中」を忘れず国民を共同善に向けて統合していく大綱を認識するが，ではどのようにしてかという細部にわたる統治の手腕に関しては保証の限りでない。道徳的に優れているということだけで，政治家の使命を尽くせるのではない。しかるに，両者においては，ヌース，あるいはインテレクトゥスは，実践的推論の小前提において記述される個別的状況の中から，大前提で把捉される形相に対応する形相を抜き取る能力を持つとも述べられている。

　普遍的理念に立脚する政治家は，国内外のアクチュアルな政治状況に精通し，その中から理念に適合する「形」を限定されたものとして直観しうるのでなければならない。それは外的感覚においてわれわれが有する直観ではなく，価値判断を伴うある種の知覚のごときものである。羊が狼から逃げるのは，その色や姿によってではなく，それが敵だからである。それとのアナロジーにおいて，政治家は，他の政治家の発言や行動が，政治理念に親和的であるかどうかに照らし，国益を害するか否か，友であるか敵であるかを政局の中で，動物的な嗅覚をもってのごとく直観するのである。裁判官もまた，現在，法廷で与えられている多くの証言や証拠物件の中から，「法律」で示された一般的な形が伏在しているかどうかを洞察できるのでなくてはならない。判決が先にあり，理由づけが後で行われると言われるのも，長年の裁判体験で養われてきた「勘」のようなものが働くからであろう。

第5章　アリストテレス＝トマスの政治的知慮論　223

(3) 順応性 (docilitas)[40]

多様なコンテキストを持つ社会が生み出す問題は複雑なので，自分ひとりだけでこれを思量し，決断し，行為に及ぶことは不十分，否危険ですらある。自分を取り巻く周囲の正確な情報は，自分ひとりのみで吸収することはできない。それゆえに豊かな経験の中から蓄積された学知や世間知を有する他人，とりわけ賢老の言葉に耳を傾けることが有益である。ここから，怠惰によって賢者の教えを聞き流したり，傲慢によって無視したりせず，素直に受け止める心の準備がある者が柔順なひとと呼ばれる。権威ある政治家といえども，学習の必要性を免れるものではない。社会集団の頭に立つ人は，現実の複雑な襞（ひだ）に分け入るために，多様な職域での専門家の経験に耳を傾ける責務がある。なぜなら，権力を笠に着た傲慢の故に，専門家の勧告を軽蔑することは，政策上の誤りをきたす危険があるからである。裁判官もまた，要件事実の法的関係性の評価あるいは鑑定について，己の能力の限界を知るべきである。そして，その下す判決の重みを感じるなら，素心に立ち帰って「法の支配」に従う責務がある。他の社会的圧力集団の影響力には強く拮抗しても，法には従う柔順さによってはじめて公正を維持できる。

(4) 鋭敏 (solertia)[41]

柔順は，一般に教程において身に着ける規律のほどを指すが，知慮はさらに，事態を精査したうえでの固有の「発明」を要求する。それは学習における呑み込みの良さに止まらず，精神の敏捷さに基づく創意の素早さ，咄嗟（とっさ）の機敏である。それは通常人にはかけ離れているように見える諸々の事柄のなかから，「中」を発見することによりつなぎ合わせ，新しい大きな成果を生み出し得るいわばアナロジーの才である。優れた政治家が，突然に見舞われた状況の中で正鵠を射ることができるのも，好機を見るに敏であり，幸いなる推測ができるからに他ならない。ただし，この精神の活発さは場合によっては，賭けのような危険を伴うだけに，大成功を収める代わりに，犠牲を自分にも民衆にももたらしかねない。なお，法律家といえども，厳正に法の支配に服すべきとは限らない。ここにいう「法」が「制定法」を指す場合には，そこに包摂しえない新しい事態や局面の出来に対して，場合によっては法律の適用を排除し，衡平に基づく判断を下して，訴人を救済するのも，法の核である「正」を求める果断さがあるからである。

(5) 理性 (ratio)[42]

知慮は，しかし「勘の良さ」だけに最高の価値を置くものではない。これは即

妙の働きであるのに対し，知慮の本分は，やはり，時間をかけて正しい結果に到達する思量の善さにある。なぜなら，知慮が携わる偶然的な事柄にあっては，目的に至る決まった大道が無い（逆に言えば目的に至りそうな道は多すぎるほどある）からであり，われわれは，それぞれの特殊な状況（時間，場所，事態の配置関係等）をくまなく慎重に探査しつつ，目的実現に適った手段を選択決定せざるをえないからである。選択決定までの長い調査が，実践理性の仕事であり，換言すれば実践的推論であるからして，推論（シュロギスモス）とは，ロゴスの収集統一であるとの本義に戻れば，目的に対して役立つ事柄に関して，目的が正しいか，手段が正しいか，実行において時宜を得ているかを総合的に判断する働きである。政治家の場合，目的に対する手段の適合性が正当性に適っていなければ，マキャベリズムとも言われようし，状況次第で功利の観点から「国家理由」を持ち出せば，機会主義や御都合主義の非難を浴びよう。法律家もまた，とりわけ裁判官にあっては，判決に至るまでの理由づけにおいて，法廷で要する長い審理を見れば思い半ばに過ぎるものがあろうし，検察官においても，立件の可能性を確実たらしめるべく，証拠に基づいた事態の真相究明に多大の推論を要する。

(6) 予知（providentia）[43]

　知慮 prudentia は，イシドルスの『語源集』に述べているように，「遠くを見る」（porro videns）の謂いであるとトマスは記している。時間の二つの次元，過去と現在とは，既に人間の行為可能性から排除されている。そうであったものはそうであったのだし，そうであるものはそうである。現在は現在に関して二つの相い矛盾したことを同時に為すことはできない。「ソクラテスが座っているときには，彼が座っていることは必然なのである」。ここより，人間が所有する自由への突破口は，将来のために予期をもってわれわれに注意し準備させることとなる。特定の形に結晶する前に，まだ不安定で可動的なものを予料し統御の下に置くために，知慮に基づく予見がある。

　政治家に求められるのは先見の明である。もっとも，政治家の予見は，神の摂理 providentia が星辰の軌跡を統御するような必然的力をもつのではなく，偶然的で予測不可能な出来事の中で将来に向け一定の正しい方向づけを国民に与える。家族における，あるいは社会集団におけるよりも，国家の共同善の獲得のために，政治家のこうした能力，すなわち目的への正しい秩序づけが際立って発揮される。裁判官の場合は，自己の下す判決の社会的効果の予測が，今言った予見

に対応するであろう。ただし，その職務の本領は，あくまでも「法」に従うことにあるので，判決主文と異なった政策的内容を傍論で述べるような勧告的発言については慎重でなければならない。

(7) **熟考** (circumspectio)[44]

circumspectio は，ハイデッガーのいう Umsicht，周囲の見回しに呼応する響きをもつ。トマスによれば，「周囲の状況として存立するものどもは無限にありうるとしても，現実に周囲の状況として存立するものは無限ではない。それどころか，行われるべき行為に関わる理性の判断に変更をもたらすのは，ある僅かのものにすぎない」。遠くを見る予見の能力が知慮に属していたように，周りを見る熟考の能力も知慮に共に属している。予見によって把握された目的へのてだてがいかに正しくとも，それが周囲の状況にマッチしたものでなければ，時宜を得ずに失敗に終わることがある。知慮は何よりも実践に向かうに際し，周囲に存立する状況の配置を探る用心深い偵察の知であるのを本領とする。これに対し，囚人が抱く刑務所外での自由な行為は夢想でしかない。トマスの例に倣えば，政治家が他国に友好のしるしを表明することは，それ自体としてみれば，目的に適合した行為であるが，相手の心に高慢の，あるいは阿諛追従の疑惑を生じたなら，所を得ない業である。裁判官も，複雑な事件に取り組むにしても，彼の関心は法律の定める構成要件にあり，その視点から絞って事件を構成する状況配置を検分する。それに関係しない状況は論点から正当に切り捨てうる。

(8) **慎重** (cautio)[45]

正しい行いを為すに当たって，将来を見通す予見や周囲を見回す熟考のみではまだ十分とは言えない。非必然的な事柄に属する行為の領域では，ことがらの多面性のゆえに，善悪が混ざりうる。「善きものは大抵の場合悪しきものによって妨げられ，悪しきものは善の外見 species boni を呈しているのである。だからして，悪を避け，善を採るために，慎重が知慮に必要なのである」。人間にとって避けるべき悪の多くは，おおよそにおいて理性により把握されるが，予期されずまた偶然的に生じる悪の障害があることも否定できないし，これについては理性による把握は困難である。

宗教家にとって人びとの行為を慎重ならしめる究極の注意は，メメント・モリに帰するであろうが，政治家を慎重にすることは，自己の講じる政策結果に対する国民への責任であろう。政治的スローガンは共同善の仮面をかぶって声高に語

られるのを常とするが，共同善に似て非なるものを見分ける才が彼には備わっていなければならない。また政治権力自体，他人を操作するその快い外観をもって，これに関心を寄せる者を魅了するが，己の権力がその座にある限りのことでしかないことの認識は，政治に携わる者を慎重にするであろう。裁判官は，そもそも為された行為の正不正の判別をその職分とすることに本領があるのだから，判決の鍵となる証拠の真贋の検分において人一倍慎重でなければならない。その際，訴訟当事者の申し立てについて，うそ偽りがないか吟味を要する。怠慢による考察の欠如は，判決に欠陥を生み出すことになる。

2　政治的知慮に対立する悪徳

アリストテレスでは，思量（ブーレウシス）の活動の卓越性は，熟慮（エウブーリア）であるが，その欠陥はトマスによって，**軽率**あるいは**妄動**と名づけられる。これは先述した知慮の構成部分に当たる順応性と記憶と理性に欠けることに通じる。以下同様に，判断（クリシス）の活動の卓越性は，聡明（シュネシス）と情理（グノーメー）であるが，その欠陥は「**考察欠如**」と名づけられ，知慮の構成部分たる「慎重」に欠けるのが「**不用意**」，「熟考」に欠けるのが「**浅見**」と名づけられる。そして，知慮固有の活動たる命令自体の欠陥は，「**無節義**」と「**怠惰**」と呼ばれるが，構成部分たる「予知」と「知性」と「鋭敏」の欠如に通じ，それぞれ「**先見のなさ**」，「**覚知の欠如**」，「**鋭敏の欠如**」と名づけられている。

以上は知慮に帰属する「気遣い」（sollicitudo）の欠如に由来する「無知慮」（imprudentia）と「怠惰」（negligentia）という悪徳であるが，トマスはさらに，知慮に類似しているが，その悪用によって生じる悪徳として，人生の究極目的から逸脱せしめる「**肉の配慮**」と，或る目的に対し，それが善いものであれ悪いものであれ，それに到達するために，真なるてだてを用いず，人を惑わす見せかけのてだてを用いる「**奸知**」，「**奸詐**」，「**奸欺**」の悪徳，そして思量過剰な「**余計な煩い**」を挙げている。以下，われわれは，これらの悪徳によって，とりわけどのように似非政治家のいわゆる「知慮」なるものが，善き政治家の知慮と異なっているか，トマスの説明を聞こう。

（1）　知慮に反対の悪徳

①　**軽率**（praecioitatio）[46]　　トマスは物体の運動からの比喩によって，軽率を説明する。何らかの衝撃によって，物体が段階を追う秩序的な仕方によらずに高

い所から一挙に一番下へ墜落するように，魂の最も高い理性から，過去の記憶や現在の覚知や未来に対する鋭敏，比較考量する推理，年長者の見解に聴従する順応性といった諸段階を正しく思量しつつ下降し，一番下の身体による行為に到達するのでなく，意思や情念に駆り立てられ，かかる諸段階を経ずにいっぺんに行為へと踏み出すなら，それは軽率である。また情念の激動や高慢の根から，指導規則を軽蔑するところより妄動が生まれる。思量の探求は多数の個別的な事柄に関わるので，アリストテレスが，「思量するのはゆっくりしなくてはならぬ」と語る所以である。

② **考察欠如**（inconsideratio）[47] 　知性は物事を観て，ここから思考が始まる。判断は知性による何性 quiditas の把捉と概念形成に続き，反省において事物が知性の把握に合致しているかどうか肯定もしくは否定の判断を下すが，実践に関わる判断においては，一般的規則の把捉と，行為を取り巻く状況や時宜の注視が正しい理解にとり不可欠である。

③ **無節義**（inconstantia）[48] 　予め決めたことに踏みとどまることのない者が無節義と呼ばれ，『ニコマコス倫理学』第7巻に詳説される快楽に関して自制力のない者や苦痛に関して忍耐のない者がこれに属する。自制や忍耐は欲望や苦痛・気鬱に対して硬く踏みとどまる理性の命令である。無節義な者は，思量され判断された事柄を命令するという点で理性に欠陥を有する。

④ **怠惰**（negligentia）[49] 　以上が気遣いに欠ける無知慮と呼ばれる諸悪徳であるが，気遣いに対立する悪徳が怠惰である。ところで何よりも，知慮においては善く命令する最終的な首長的徳（virtus principalis）が重要であり，命令とはある種の秩序づけを伴った動かすことを意味する。したがって，選択しない者は，内的な活動の怠惰であり，これに対して，実行に至るまでの遅さが無精（pigritia），実行それ自体におけるある種の緩慢が愚図（torpor）と呼ばれる。怠惰は意思の弛緩から不労と手抜きを生じる。そこから理性は為すべき事柄を命令するよう気遣うことなしに放置してしまう。

以上のことから，政治家は，慌てずに目的に至るあらゆる通路を思案し，善であると判断することの告知において無定見ではなく，その執行に際し気まぐれではなく，注意深くかつ迅速であることが求められると言える。

(2) 知慮に類似した悪徳

① **肉（俗世）の配慮**（prudentia carnis）[50] 　確かに知慮は何らかの望ましい目

的への秩序づけを意味するので，道具が主たる能動者のためにあるように，肉体は魂の善へ秩序づけられている限りにおいて肉体を愛することは善い。例えば健康のために食事に気をつけることは，立派な目的に関係づけられているならば，肉の配慮とは言わない。しかるに，人生の究極目的が肉の善それ自体によって無条件で占拠されてしまうなら，それは秩序から逸脱した許されざる愛でしかないと言われる。

② **奸知，奸詐，奸欺**（astutia, dolus, fraus）[51]　トマスの規定によれば「奸知は善き目的のためにも悪しき目的のためにも思量することができる。だが，善き目的へ到達するのにも，偽りの，ひとを惑わす諸々のてだてによって為さるべきではない。そうではなくして，真なる諸々のてだてによってでなくてはならぬ。それゆえ，奸知はたとえ善き目的へと秩序づけられているとしても，罪である」。「奸詐」も「奸欺」も奸知の遂行（executio astutiae）である。ただどちらかと言えば，前者が「言葉」を用いてであるのに対し，後者は「行い」によってなされるところに違いが認められる。

　知慮は気遣いに関わるが，ここでも目的に適合した手だてに道徳性が備わらなければ，**理性の使用**という外観だけ知慮に似たごまかしが存する。イソップ童話に出てくるキツネのような悪賢さは，知慮に備わる気遣いとは正反対であって，「目的は手段を正当化しない」（ちなみに，欲求における不正は，**理性の不当な使用**であり，これは「貪欲」avaritia に由来し，快楽と欲情の強烈さゆえに**理性の全面的不使用**に追い込むのは，色欲 luxuria である）[52]。真の政治家と見せかけの政治家との判別は，「気遣い」という類義語によって紛らわしくなる。主張する内容で，時代の先覚者なのか，それとも世を惑わす騒擾者なのか，多くは歴史が後で証明するところとなっている。政治家は民衆への気遣いという偽計によって自己の政権を維持することも可能である。

③ **余計な煩い**（sollicitudo futurorum）[53]　知慮は確かに未来のことがらを予見することに優れているから，未来のことを気遣うことは立派なことである。しかし，トマスはここでも過剰を戒め「中」に落ち着く。彼は「周囲に存立する状況が適正なものとして整っているのでないかぎり，いかなる行為も立派なものではありえない」とし，「いかなる仕事にも時と好機とあり」と『伝道書』第8章を引いて言う。もし誰かが夏の時に，もう，ブドウ収穫のことを気遣っているとすれば，未来のことに対する取り越し苦労になりかねない。無用の心配である取り

越し苦労は中国では「杞憂」と呼ばれ，わが国には，「捕らぬ狸の皮算用」ということわざがあるが，いずれも無用な思慮である。

　アリストテレスとトマスにおける政治的知慮の考察を終えるにあたって，知慮の形成という観点だけに絞って言えば，東洋の儒学や仏教の唯識論に近似した所感を抱く。中庸論は言うまでもない。正しい実践的思考ができるためには，推論の条件に誠意があることが条件となる（ここが数学と異なるところである）。では「意」を「誠」にするにはどうしたらよいかは，儒学の根本問題をなす。荀子の「解蔽」は，明徳の蔽いを取り除くために，まず物をただすことを教えた『大学』と密接な関係にあるが，格物は窮理に通じる。これは，アリストテレスが，正しきロゴスに相即する真なるロゴスをどのように考えていたかという問題に連関するが，ストア派のような世界ロゴスとしてのコスモス観念を念頭に置いていたとは思われない。彼は倫理の問題を現実の行為に絞って考えたからである。

　しかし，アリストテレスのヘクシス形成論においてヌースのデュナミスとエネルゲイアとの関係を「種子」の性質に擬する見解は生産的である。いみじくも西田幾多郎は，制作の本質を「作られたものが作るものを作る」と規定した。この考えは，自然の産霊（むすび）や人間のプラクシスの構造を解明するうえで，存外に有効の射程距離が長い。種子は産み落とされるが，成長の暁は産む主体となる。しかも新たに産み落とされた種子が，また同じものを産む能力を具えるようにしてである。この生殖関係は別の主体の生産に関わっているが，プラクシスにおいては**別主体ではなく，同一の自己における**ヘクシスの形成に対応する。自己が自己を形成することについては，大乗仏教の唯識論に緻密な分析がある。唯識論は言うまでもなく，あらゆる存在者を心がつくり出した影像にすぎないと説くが，既に自己は仏であったことの自覚を生み出すことが教えの目的である。そこにはアリストテレスの習性形成論に対し，限定付きではあるが一種の並行した議論関係が成り立つようにも思われる。専門の識者による注目と探究を期待したい[54]。

　最後に「知慮」に関するこれまでの考察のまとめとして，アリストテレス注釈家ステュワートによる分類表を，儒学経典『大学』に対応させて，参考までに以下に示す。

第一部　法および政治における知慮

参考：ステュワートによる知慮の分類と『大学』の対応表

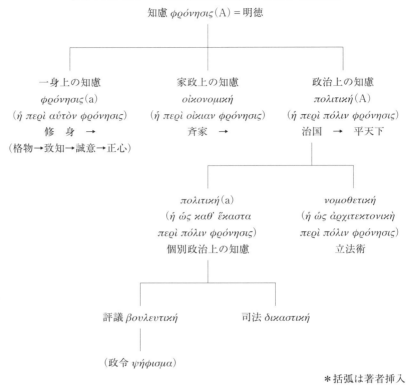

＊括弧は著者挿入

第二部　共同体における正

第1章　「正」概念の豊意性

第1節　「正」の多義性

　自然法の多義性を,「自然」概念と「法」概念のそれぞれの多義性を解析することで, その由来を明らかにしたのは, ドイツの自然法論者エリック・ヴォルフの『自然法論の問題―その方向づけのための試論』(1964年) であった。もっとも, ここで解析の対象とされた言語は, Natur と Recht であって, 後者には「法」というよりも「正」という意味が本来帰属する。彼は, 前者に12通りの意味が, 後者に10通りの意味が含まれることを指摘した[1]。人びとはその意味を無意識のうちに使い分けているので, その念頭に置く「自然法」なる概念が, 受け取る相手によってさまざまに異なってくることになる。自然法論に対する最も先鋭な批判者であるハンス・ケルゼンは, 自然法という言葉を冠する多くの著作を吟味し, 同じ自然法という名称の下に, 相反する意味が籠められて主張されていることを指摘し,「自然法」なる概念が, 異なったしかも相対立する内容を含むがゆえにいかに曖昧であり, かつ主張者の主観的イデオロギーを「客観性」の下に隠蔽しているかを指弾した[2]。エリック・ヴォルフの試みは, こうした批判的指摘に応えるため, その豊かな語学能力を駆使して, 改めて各国各時代において, この言葉がどのように理解され用いられてきたか, また用いられているかを整理分類したものと見ることができる。

　しかし, E. ヴォルフが同書を通じて目指した真の狙いは「自然法の諸々の思惟可能性を中立的ないし形式的に概観することを意味しているのでもなければ, またこの名称の下に良く知られた学説史的諸事実, およびそれらの諸関係を一覧するというようなことを意味しているのでもなく, 自然法論の諸々の対立を必然的対立として, すなわちその弁証法的基本感覚の展開として明らかにし, そのことによって, それらの相違を区別されながらも統一されたものとして認識せしめる正道の自己開示たらんことを意味するのである」[3]。E. ヴォルフにとって自然法論の「対立」は, 自然法の「混乱」を意味しない。政治的動乱・変革期であれ, 平

和時であれ、実定法の形式的実質的根拠を問うとき、人びとは、「正しい法」を求めざるをえない。その意味で、矛盾に満ちた自然法論史を自覚してもなお、「自然法」への問いかけが止まないのは、その妥当が人間的な存在・社会に不可分であることを暗示している。自然法は法学専門家の問題に止まらない。それは勝義には万人の問題である。

わが国の自然法論者阿南成一は、この E. ヴォルフの解析した自然法の「多義性」を、マイナスの意味にとるのではなく、「法および道徳のある基本原理が社会の状況に応じて多様に展開されるヴァイタリティ、多様な規範に現実化されて豊かな意味を持つ概念であるところに、かえって自然法の特色があるのではないか」とし、自然法の意味内容の豊かさを「豊意性」の名の下にプラスに評価した[4]。なるほど、ある概念が一義的であれば、その対象を明確にできるが、限定的であるため、その意味内容は発展的でなくなり、貧困である。しかるに、古代・中世の哲学者はアナロギア、すなわち「類比」という手法により、概念の適用範囲における意味豊饒性を確保した。ただし、適用される際、領域のカテゴリー上の差異を注意さえしておけば、類比は物事の発展的理解においてきわめて有効である。ひとの心の有様は形をもって十分に表現できないので、外界に当てはまる言葉で代用される例は数多く、「あのひとは暖かい」とか、「あのひとは固い」とも言われる。逆に外界を理解するときに擬人的な言い方がなされ、黄ばんだ芝生は「水を欲している want」と言うとき、むしろ「水が不足している want」といった自然科学的記述以上に真理に即した意味合いがこめられる。存在の類比は中でも最も基礎的であり、一義的言表よりも含蓄がある。

われわれが主題とする「正」とは、アリストテレスでは、ディカイオンと呼ばれるが、それ自体の語形変化や、類似語、他の言葉との結びつきで、意味がさまざまに変わり、その使われる文脈において、豊穣な意味可能性を秘めていることは、後世の学者たちの使用によって、多彩な方面に展開されていったことからも窺える。ディカイオンは本来、正義論として、倫理学で論じられるテーマであるが、法論や国家論、さらには経済論や社会論にまで、個人的徳目から社会制度原理にまで至る広がりを有する。本章は、まずアリストテレスの主として三つの『倫理学』書や『弁論術』に拠りつつ、その言葉の意義を明確にしたうえで、その応用された発展面や連関面を追求しようとするものである。

第 1 章 「正」概念の豊意性 235

1　古代ギリシアの「正」に関する議論状況とアリストテレスによる継受

　アリストテレスは正義概念の定義に当たって，従来の言語使用法の検討から出発する。実際『ニコマコス倫理学』第 7 巻で「抑制」と「無抑制」の概念規定に当たって述べているように，「われわれはここでも他の場合におけると同じく，ひとびとのあまねく懐抱する所となっている諸々の所見を挙げ，まずその間に含まれる種々の困難を吟味した上，そうする事によって，ひとびとがこれらの情態について容認して疑わない諸見解について―そうした全ての見解について可能ならば何よりであるが，そうはいかないとしてもできる限り多くの，最も有力ものについて―その真実を証示するという途をとらなくてはならぬ」（*EN.* 1145b2-7）という言葉は，「正」の規定においても当て嵌まる。ただアリストテレス自身の記述は簡潔すぎるので補う必要があるが，ここで，エリック・ヴォルフの大著『ギリシアの法思想』（4 巻 6 冊）に拠り，古代ギリシア社会におけるその意味変化を詳細に辿ることはできない。そこで，わが国の代表的なアリストテレス研究者高田三郎が，古代ギリシアの正義観史を簡潔に祖述しているので，往時のエートスを知るため，これを援用して論議の発端としたい[5]。

　高田によれば，ギリシア法思想の準備的前史はアテナイの法哲学以前に跡づけることができ，それはテミスからディケー，ディケーからテスモスないしはノモスへの発展となる。ホメロス叙事詩の世界では，神意の下に発せられる王の一方的な決定（テミス）はそのまま法（ノモス）であり正であることに疑いはなかった。しかし貴族政治に移って設置された集会・評議（ブーレー）において，現行の法秩序に対し何らかの精神的距離がとられ，法は正しい法であって法であるという新しい意識がディケーの名で語られ始める。これは権力者の驕慢（ヒュブリス）を排撃し，社会秩序形成に際し統治者に合理的反省をすすめる理想の法基準となる。これを謳ったヘシオドスでは，しかし，人間関係のディケー的秩序は依然大神ゼウスが人間に与えた掟であり，これを破った者はゼウスが罰するであろうとされている限り，彼のノモスはその源泉に関して言えば神に属している。しかし，ポリス共同体の構成員たる市民の範囲が拡大し，庶民層の権限が伸張するに伴い，人間的立法者を通じて人間が自分でノモスを設定し，それによって正（ディカイオン）を実現しようとする立法改革の歴史が始まる。とりわけ，アテネ民主政治においてはペリクレスの治下，ディカイオンは平等（イソノミア）として考えられ，当時の国風を支配した[6]。

これに対しペロポネソス戦役の進展につれて、ソフィストの台頭により、現行法たるノモスの批判基準として、普遍的に妥当すると称する自然本性（ピュシス）が対峙せしめられるにおよび、ノモス秩序は相対化し、その唱える「正」の人為性や恣意性が暴露され、ポリスの基礎は動揺する。寡頭制支配に対しては平等こそが人間の自然的本性であると弱者が唱えれば、民衆支配に対しては、卓越（徳や富や権勢の点で）による支配が自然的であると強者が唱える。このようにソフィストが批判のために用いたピュシス観念は論者の主観・願望を交えた多義的なものであったがゆえに、現行体制を批判するためであればその内容は何でもよいという無造作のものであり、実質内容に対する反省的吟味が欠けていた。こうしたポリスの思想的頽勢を背景にソクラテスは、国風再興のため、「正」とは何か、ノモスとは反自然的強制であるかどうかを市民たちに真正面から問うたのである[7]。

　ノモスが決して恣意的な人為の制定に還元できない人間行為の客観的規矩であることはいかにして証明されるか。この問いを継続して考えたのがプラトンであり、経験を超越した正義のイデアの哲学的認識こそが、そしてこれに基づく人間の心術の変革こそが根本的な解決をもたらすと力説した。最初はロゴスが人間化している（＝哲人王政治）が、後にはノモスの名で表現される「法の支配」を基に、国内において分裂の火種となる貪欲（プレオネクシア）を排し、各職業階層の踏まえるべき「分」（ディカイオン）を定め、こうして国家に伝統的なイソノミアを取り戻すことで、正義（ディカイオシュネー）の秩序を確立しようとした。もっとも、プラトンの場合ノモス批判の根拠として援用されるピュシスは、永遠のイデアという理想であった。したがって、彼の国家論は理性に基づく原理的考察であり、論理的構想の性格が著しいものであったと言える[8]。

　これに対して、アリストテレスは、「正」を個人のさまざまな倫理的徳の一つとして挙げながらも、その対他性のゆえに格別にノモス（全体であれ部分であれ）との関連に置く。ところで彼にとってノモスとは、プラトン同様理性の所産ではあるが、ポリスにおける共同関係の自然的発展の完成態として捉えられる。ここにいうピュシスとは、可能態から実現された人間的実践理性に他ならない。まさにその「人間的」という質料的な被制約性のため、ノモスは「正」から逸脱した方向をとるものもあれば、優れた高さに達するものもある。そこで彼のとった研究方法は、当時の国制の歴史実証的調査であった。「人間によるポリスとその法秩序の形成の業はアリストテレスにとっては歴史的過程であり、人間の経験と知慧の堆

積の上に立つ知性的操作がこの事業を漸を追って推進するのであって」，「プラトン的意味でのピュシス的国家が卒然として演繹される」のではない。しかしながら，この実証調査は資料の漫然とした蒐集と比較研究に終わるものではなく，実現可能な正しい国制に即応するノモスの立法術を志すものである。それゆえに彼の提示する「正」の理想は，あくまでも将来の是正に対し開かれたもので，最終決定的であることにこだわるものではない[9]。

　このことを証明するかのごとく，アリストテレスは，『政治学』への移行を準備する『ニコマコス倫理学』の終わり近くに，「実践的な領域に属することがらの真否の判断は，やはりことがらの『実際』とか，われわれの生活とかに基づかなくてはならない。なぜなら，これらのうちに真否に対する決定的なるものが存しているからである。上述したところも，だから，ことがらの『実際』とか，われわれの生活とかの上に適用して考察されることを要するのであって，もしそれが，ことがらの『実際』と調和するならば受け容れていいし，もし背馳するならば単なる『言論』にすぎないと考えていいのである」（*EN.* 1179a18-22）と述べている。

　これまで，アリストテレスまでの古代ギリシアにおける正義論の流れを高田の所論に従い約述してきたが，次に，アリストテレス研究の法哲学者 Peter Trude（ペーター・トゥルーデ）によって，正義論前史がどのようにアリストテレスに受容され，内部的展開を遂げていったか，やや重複するが，その過程を描くことで，アリストテレス正義論の特徴をさらに細かく浮き彫りにしよう[10]。

　彼によれば，ホメロスの叙事詩時代，「正義」δικαιοσύνη なる言葉は一般化しておらず，Δίκη（ディケー）という多義的名称をもって呼ばれたという。やがて都市に繁栄をもたらした植民地時代に，征服者の徳に対して正義の徳が台頭してくるようになる。この時代に，「正義」は後にアリストテレスでも見出される特質を現す。シモニデスは，正義を他人の財産の尊重，債務契約の履行として述べたが，これは現在の民法面からする理解と言えよう。ピタゴラス派は，刑事裁判人による不法行為に対する応報として述べたが，これは刑法面からと言える。またソロンは当事者間に立つ裁判人の規矩として述べたが，これは国法面からと言えよう。さらに，正義概念は拡大され，全国民の協力を要したペルシア戦争では，正義は法律に対する服従に存する徳となる。このことによって，正義は他の諸々の徳との関係では全く特有の地位を占めるに至る。なぜなら，正義は法律に対する服従を要求する限り，法律に含まれている限りのあらゆる徳の遵守をも要求するから

である。「正義は全徳を含む」という諺の現れる所以である[11]。

他方、「平等」（イソテース, ἰσότης）概念も正義概念と密接に関係しており、ホメロスの英雄道徳では、むしろ不平等概念が重要であったと言われる。しかしヘロドトス、ツキディデス、ソロンにおいて、万人が差別無く法律に服し裁判人の前で平等であることが、ギリシア民主制の合言葉となると、イソノミア（ἰσονομία）が重要となり、この平等観念は私生活面においても重要な意義を獲得するようになる。対等の人間関係にあっては、個別特殊な状況を顧慮せず、各人に等しいものを返すことで十分であるが、異なった事物の交換においては、等しさは価値に応じて比例的になり、犯罪に対する状況に適合した科刑も、能力に応じた官職の要求も、画一的ではかえって不平等になる。ここにおいて、機械的に均分的な正義と並んで、事物（レス）を価値に応じて各人に配分する別の正義が、おそらくピタゴラス派によって定式化されたであろうと推測される。この数学的原理を正義観念に結びつけ、国家の理想的体制を解明する手がかりとしたのがプラトンである。彼は人間の三つの魂部分に対応した三つの徳を統括する働きとして四番目の枢要徳に「正義」を置いた。この正義を大文字にしたのが、各魂の徳を拡大した三階級間の調和である国家秩序である。「各人は各人のことを為せ」ということが、つまり兼職の禁止が、正しい国家秩序維持の条件となる[12]。

トゥルーデは、アリストテレスが以上のような諸正義観を受けて、プラトンの影響下にあった「正」の観念から徐々に離れ独自の理解に達した過程を、初期著作『徳と悪徳について』や『トピカ』における記述の特色の指摘から始めて、経験主義的正義概念が盛られているという移行期の『大道徳学』を経て、後期に属するという『エウデモス倫理学』そして『ニコマコス倫理学』における記述の変化まで辿っている。著作の真贋や成立順に関して、以上のような理解が正しいかどうかは厳密なアリストテレス文献学の最新の成果を顧みなければならないであろうが[13]、その当否は筆者の能力を超えるので一応さておき、彼の所見によれば、アリストテレスによる「正」概念の確立は次のように行われたとされる。

まず『トピカ』では、『ニコマコス倫理学』でかほどまで精力的に「正義論」に打ち込んだ形跡がどこにもなく、正義が単純に一般的に述べられているにすぎない。そこでは魂と徳の調和原理として正義を語るプラトン的意味が引き継がれている。後期において正義の特徴として「他者のための善」（EN. 1130a3, ἀλλότριον ἀγαθὸν）と明記されるが、『トピカ』では、「正義は富や強さに対してそれ自体で既

に価値あるものに属し，他のもののためにではない」(*Top.* 116b38ff.)，「正義を，他人のために望ましいものを実現する，例えば法律を維持する徳として定義するのは誤り」(*Top.* 149b31ff.) とされ，正義は個人内部に働くもので，他者に向けられた徳としての正義観は認められない。したがって，この時期，正義概念には分配の「等しさ」の要素のみしかないと言う[14]。

『徳と悪徳について』でもプラトンの魂の三分説が踏襲され，プロネーシス概念はまだ知性的と実践的との思惟において未分化であり，ディカイオシュネーも魂全体に帰属するものとして同一化される（*VV.* 1249b28）。概して，後期のように言語使用上の経験を手がかりとするのではなく，正しく秩序づけられた人間の哲学的概念，すなわち理性から正義概念を証明しようとする「観念論的」姿勢が残っているとされる[15]。しかし，『大道徳学』に至ると，四つの枢要徳以外にも多くの徳を個々の魂部分に分類しようとする試みが，幾多の困難をきたした結果，魂三分説の放棄から魂二分説へ移行する主動因となり，全魂に関わっていた「正義」は，無理性的魂部分へ一括配属されることになる。理性なき魂部分の一部が理性的魂部分に関与するとされるとき，従来の魂独立説が限定され，無理性的部分に理性が帰属するのは，理性が前者に命令を下す限りにおいてであるとしたことは，正義が執行者の役割を果たすことを示唆する。

今や正義は，魂の調和的状態というよりも，諸々の徳の行使を命ずるノモスの遵守の働きとなる。もっともこの種の正義は，「自己自身との関係における」（καθ᾽ ἑαυτόν）人間に帰属するもので，「他者に帰属する」（πρὸς ἕτερον）正義ではない。しかしながら，他者との関係を前提した正義概念は，『トピカ』にいう「均等」（τὸ ἴσον, *MM.* 1193b19f.) 概念と同一視される。この「均等」と連関する正義は，プレオネクシアに関わる徳（獲得欲を規制する徳）であり，過多と過少との「中」を目指すことによって強められる。それは概念上，行為に際して他人との関係を要求するもので，内容上，比例的等（ἀνάλογον ἴσον）として「中」により規定され，交換取引や応報関係に適用される。正義はもはやイデアからでなく，用語法や経験に基づいて探求される[16]。

正義の「最近類」proximum genus は，初期と後期とを通じて同じ「徳」であるが，『エウデモス倫理学』や『ニコマコス倫理学』といった後期の徳論では，経験主義が正義規定における「種差」differentia specifica となる[17]。アリストテレスは，**「あらゆる人びとの解して正義（ディカイオシュネー）となすところのものは次のよ**

うな状態(ヘクシス)にほかならないのをわれわれは見る」として,「正義とは,すなわち,ひとびとをして正しいものごとを行うたちのひとたらしめるような状態,つまり,ひとびとをして正しきを行わしめ,正しきを願望せしめるようなそうした状態の謂である。不正義の場合もこれと同様に,それは,ひとびとをして不正をはたらかしめ,不正なものごとを願望せしめるような状態を意味する」(*EN*. 1129a6-9)と規定し,「**われわれも,だから,これをもってわれわれの論議のだいたいの基礎としたい**」(*EN*. 1129a10-11)と,おおよそに人びとの間で承認されている理解から正義論を出発させている。

ところが,正義並びに不正義はいくつかの意味において語られ,これらいくつかの意味が近似的であるためその異義性が注意されない。そこで彼は最も理解が一致しやすい「不正なひと」の意味の区別にとりかかる。ここで,まず「不正なひと」(ἄδικος)であると考えるものに二通りあると告げ,一方は「違法なひと」(παράνομος)であり,他方は,過多を貪りがちな「不均等なひと」とする。こうしておいて,そこから理解を反転させ,「正」(δίκαιος)とは「適法的」(ノミモン νόμιμον)ということと「均等的」(イソン ἴσον)ということとの両義を含むことを指摘する[18]。この指摘こそ,彼の正義論の,ひいては政治論の大黒柱を立てる礎石を置いたものと評することができる。しかし,彼のこうしたディカイオンの規定は,異なる文脈からさまざまに枝分かれして,それぞれに特別の意味を付帯することになる。次に,彼が「ディカイオン」について語るときに独自の意味を込めているその文脈を明らかにし,全体的な輪郭を描いておくことにする。

2 ディカイオンは多様に語られる

『トピカ』第1巻第15章では,「名」の多義性の区別を論じているが,「正しい」についても概説されている[19]。後に本格的に取り扱われる不文法上の「正しい」と成文法上の「正しい」は,同じ表記でもその意味内容が異なる。また『ニコマコス倫理学』第5巻第1章では,今述べたように,「不正なひと」という言葉はどれだけの意味で語られているかを尋ね,「法律に反するひと」と「貪欲なひと,すなわち,不平等なひと」という把握から,「正しい」には遵法性と平等性との二義があることを突き止めている。また,同第10章では,衡平は,同じ「正しさ」であっても,ある種の「正しさ」であるが,「無条件な意味での正しさ」よりも優れているわけではないとし,「正しさ」の中にも価値上の優劣があることが知られる。さ

らに，アリストテレスは，ディカイオンは他者に対するものであるとしながら，同第 11 章では，自分自身に対する不正の行為がありうるかどうかを探求しており，類似したところがあるという意味で「転義」に従って，自分の自分自身に対する関係ではないにせよ，自分のものである何かに対する関係において「正しさ」があることを認めている。『形而上学』第 11 巻第 4 章では，およそ反対のものは，いずれも同じ一つの学によって研究されるべきであり，その反対のもののうちどちらか一方は欠如態で言い表される。例えば，「正しいひと」とは，ある一定の持ち前によって「法に従順なひと」のことであるとして，「不正なひと」とは「ある何らかの点で法に従順であることに欠けるところがある」というだけであり，この限りにおいて欠如態がこのひとに帰せられるとされる[20]。もっともこうなれば，ここから遵法の説明については，「正しさ」の本質をなす「中庸」が必ずしも当てはまらないのではないかとの疑念も生じる。

　正義の特有な点は，他者に関係するものにおいて人びとを秩序づけることであるのに対し，その他の徳は，その者がそれ自身において観察される限りで，その者に帰属するものにおいてのみ，その者を完成する。正義を愛から区別する所以は，正義の状況において人びとは互いに分離した「他者」として，異他的なひととして対立しあうことにある。正義は相手方との差異性を要求する。しかるに，父子は全く分離した個々人ではなく，子供は父親に属し，父親は自己自身に対するように子供に対するがゆえに，厳格な意味での正義はここには存しない。愛される者は，本来，異なった者ではないがゆえに，愛し合う者同士の間には厳格な意味での正義は存在しない[21]。正しくあるということは，他者を他者として妥当せしめるということになる。正しい行いは「各人に」相対する。このとき，相対する「他者」とは誰かにつき，二通り考えられる。それは相手が，自己と同様の国民である場合と，自己を含む国家を最大とする諸共同体，もしくはその統治職，例えば立法官や行政官である場合である。

　また，アリストテレスは「行為」を，それを起動させる心情から独立させ，外側で現れた限りでの正しさ，その限りで客観的な正しさを問題にしている。正義の領域で果たされるべき有責性は，勇敢なひとや節制のひとが為すべく負っているものとは根本から異なっている。何が正しく正しくないかは外側から見て客観的に語られうるが，何が客観的に勇敢であり，節制であるかを問うことは無意味である。正義の実現は特に外的行為の内に生じるのに対し，勇敢や節制は，まず

人間の内的心制，第二に外的行為が熟考される。正義は外側から無関与の第三者によって認識されうる（例えば，「義憤」を感じる場合を参考にされたい）。

　外的行為があるところで常に正か不正かが起こる。行いが外的行為を意味するとき，「正しいことを為す」と「正しくある」とは別様である。「正しいこと」を，行為者の内的心制を度外視して名づけるならば，「正しくある」ことなくして「正しいこと」を為すという事態が考えうる。正義の領域には，行いと心情との分離がある。「正しいこと」を為すために，「正しくある」というには及ばない[22]。不正であることなくして，不正なことを為し得る。このことが可能なのは，**客観的に不正なことを論じうるからである**。なるほど「徳としての正義」では，正しいことを**為す**のみならず，正しくあることが人間の正当なことである。正しいひとが為す所を為すのは容易であるが，正義を所有しない者にとって，正しいことを正しいひとが為すように為すことは困難である。しかしながら，「正」の実現に際して心情は必ずしも十分条件ではない。事実的な外的行いの評価が肝要なのである。帰属するもの，負わされたものは「客観的に」探求され，正しく反対給付されねばならない。

　『ニコマコス倫理学』で扱う「他者」に対する正概念（特に，1131a14-b16）は，『政治学』のとりわけ第3巻第9章以下の導入をなす役割を帯びており，国家形態の正しさの探求に深い関わりを有している。ここでは国制の差異が「正＝等」（ディカイオン）についての見解の差異に基づいて検討される。国家は「善き生」を追求するために系統的な機関を抱えることになるが，誰がその正当な管轄者となりうるかが争点をなす。民主制論者は自由な生まれの「平等」を根拠に，寡頭制論者は富の「不等」を根拠に，国政上の管轄の権限を主張する。しかし立派な笛は優れた笛吹きに与えられるのが至当であるという見解は，アリストテレスの理想とする国制の在り方を窺わせる[23]。これは**人格の価値に即応した権力の配分の問題**であるが，このことは国家成立以前に存したと考えられる内部社会においても，必要に応じてさまざまな社会体が形成されており，その遂行に当たって，それぞれに**職分**の適性が要求されたに違いないことを推定せしめる。

　後の法諺に「社会あるところ，法あり」といわれるが，このとき，法とはius，すなわち「正」であり，社会societasとは「コイノーニア」である。言い換えると，職分の正しさが述語される範囲は，つまり広い意味で義務権利が語られうる範囲は，「コイノーニア」に限られるということを意味する。もっともそのとき，「コ

イノーニア」の範囲は一体どこからどこまでを含むかが問題となる。例えば，国家以前の私的経済流通の交渉の根底にあっても共通のコイノーニアが成立し，そのつどの**生活需要に応じた**商品の公正価格の決定にも影響する場合も考えうる。損益を回復する矯正以前に，交換取引上，異なる必要を貨幣によって通約したうえで，各人に各人のものを比例的に帰属せしめる商品の公正価格が問題となるのもこのためである。

　そもそも，アリストテレス倫理学において，すべての徳の探求は「中」に収斂するとされる。この「中」を得るためには，それが何と何の間の「中」であるかを知らなければならない。かくて，彼の考察は，「中」をめぐっての両極を知ることに向けられる。この両極とは，正義論の場合，不当利得と損失という両不正の間の中庸に他ならない。不正には，過多を貪ることと過少を取ることの両極があり，過多を貪る者が他者に不公正を強いているのに対して，過少の分け前を取る者は，自己に対して不公正をなしていることになる。それゆえに，正義がいかなる意味での中庸であるのかを示すためには，まずもって「不正」と呼ばれる行為を考察の始点に据えることが肝要になるのである[24]。

　ではアリストテレスにおいて多様に「正」と呼ばれる関係を，行為の不正の脈絡でのみ「中」という言葉で引っ括ることが可能であろうか。まず，民事上の財貨をめぐる不法行為ならいざ知らず，刑事上の犯罪行為までもが，「中」によって行為の正しさを説明できるのであろうか。笛吹きの名人のみが名笛を掌中にする権利を有するというとき，この「権利」を正と見るならば，それはどのような悪徳間の「中」であろうか。彼は，また商取引においても，異なる需要を同一のレベルに置くために，通貨の意義を唱えているが，これは比較可能な状態にするため，異質なものを等質なものに引き直すという意味を持つがゆえに，行為の正・不正関係とは別の脈絡において「正」という観念を理解しているように思われる。それゆえに，アリストテレスが，「正」や「中」を論じるときには，それらは一筋縄では捉えられないため，そこにこめられた意味の相違を明別しておく必要が出てくる。

　以上，アリストテレスが，ディカイオンに関して言及したさまざまな例を挙げ，そこに潜む問題点を見ておいた。彼はいろいろな角度から，それを名づけている。例えば，「無条件的な意味での正」，「厳密な意味での正」，「第一なる正」，「転用的な意味での正」，「正義」，「全般的正義」，「特殊的正義」，「遵法的正」，「均等的正」，

「配分的正」,「矯正的正」,「匡正的正」,「比例的正」,「算術的正」,「応報的な正」,「家政的な正」,「国家的正」,「自然的正」,「人為的正」,「宜としての正」,「正しきを行う」,「正義の行為をなす」等。これらの言葉につき彼はそれぞれに厳密な意味を与えているが，ある同じ事態における「正」を表現するために，同一の意味でありながら異なった表記を用いたり，異なった事態における「正」を表現するのに，「正」概念を類似に従って転用的に用いたり，異なった「正」表記を複数組み合せて用いたりする。その分理解しづらくなる憾みがある。今一度，彼の記述をもとに以下の視点から整理してみよう。

まず，一般に国を構成する**全体と部分との関係**から見ると，全体と部分，部分と部分との関係を支配する全般的正義と特殊的正義との大きな区分に基づき，全般的正義は遵法的正として，特殊的正義は均等的正として特徴づけられる。もっともアリストテレスの正義論の関心は後者の探求にあり，各人の主体における倫理的性向たる**正義**（ディカイオシュネー）よりも，客観的に知られうる「正」（ディカイオン）の意味を，日常用語を手掛かりに明別しようとすることにある。後者の均等的正は，**対等関係**から見て，配分的正と矯正的正とに区分され，数学上の表現を用い，それぞれ比例的正（幾何学的正），算術的正と呼ばれる。配分的正は，国を同じうする人びとに人格価値に相応して付与される公共の名誉や財の配分に関わる。これが官職（＝支配的地位）の配分に関わると公法上の問題として俎上に載せられるのに対して，矯正的正は，随意的（民法上）および不随意的な（刑法上）交渉において損じた「等」の正への回復を意味するが，他方，人格の徳性を括弧に入れ，ともかく犯罪行為で生じた被害を利得と損失との「中」に還元する「匡正的正」とも称される。それは，「等」を**事後の回復**と見るのみならず，**事前の調整**と見る含みも残すので，矯正的正（もしくは匡正的正）と並んで応報的正の意とを併せ持つものとの解釈を生み出した。この応報的正は，ひとによれば，いわば「第三の正」として独自の意義を持ち，とりわけ商取引における「交換的正」の意味を有し，交換に先立って異なる商品の間で比例に即した均等を図る流通経済の基礎とされる。

「正」を具体的な行為における**対他関係と対自関係**との区別から見ると，ディカイオンはすべて「対他」関係であるのに対し，人間は自己を対自化できるので，自己があたかも自己に不正をなし得るかと問うことができるように見えるが，無意味である。自分の妻との私通は意義をなさず，誰も自分の家に押し入りはしな

いし，自分の財布から金銭を盗むことも同様である[25]。「家政的正」は自己の延長で捉えられた正であり，本来的な意味ではないが，社会倫理関係の縮図たる意義を持つことから「**転用的な意味での正**」として論究することが可能となる。親愛と正義との並行関係もこの観点から説明される。勝義のディカイオンは，自由人の対等の共同関係（コイノーニア）であるポリスの場で認められるから，主従関係，すなわち奴隷制においてこれをうんぬんすることはできない。「国家的正」（ポリティコン・ディカイオン）が「**本来的意味での正**」のモデルとなる。

また「正」を**対外関係と対内関係**との区別から見るならば，「正しきを行う」と「正義の行為をなす」とが区別される。行為の心術とは無関係に，なした行為が結果的に正しかったかということと，プロアイレシスに基づいて均等を守る正義のひととは異なる。法の顧慮するところは，詐取したひと，姦淫したひとが善きひとであったか，悪しきひとであったかは関知しない。法は彼らを均等に扱い，その生み出された害悪の差に評価の焦点を絞る。

そして，**正の妥当**に関する範囲の広さの観点から見るならば，「無条件的な意味での正」＝「厳密な意味での正」＝「第一なる正」が，いやしくも「正」を考えるうえでの端的理念となり，次いで，おおよそに妥当する「自然的正」，一般法規の欠缺を埋める「宜としての正」，「国家的正」，協約的−技術的な，したがって，道徳性が希薄な「人為的正」の順に配列されるであろう。この系列を「国家的正」を，ひと先ず「正」を考えるときの**典型**としておき，両方向に延長すれば，ディカイオンに，さまざまなコイノーニアの範囲の広狭に応じて転用的に**拡張性格**を認めうる。

以上のように，ディカイオンはさまざまな脈絡関係において，さまざまな意味を有することが分かる。アリストテレスは，しかし，それらを随意に名づけ説明しているのではなく，当時の日常語の使用法から，厳密な意味を持った観念に洗練しようとした。そのことによって今日でも通用しうる「正」観念の豊意性を掘り起こしたと言うことができる。われわれはそのことを証明するために，主として『ニコマコス倫理学』第5巻に拠りながら，そこで提示された「正」観念の意味の相違に着目しつつ，「正義論史」において後にまで影響を及ぼすに至るディカイオン観念につき，彼の施した解明の豊饒なる所以を明らかにしよう。

『ニコマコス倫理学』第5巻の構成に注目すると，本巻は，大きく2つに分かれ，第1章から第5章までが，全般的正義と特殊的正義についての，第6章から第11

章までが実定法と法の具体化についての記述にそれぞれ当てられていると言える。前者について言えば，全般的正義は**法に適合する**という意味での「正」であり，第1章で取り扱われるのみで，主として特殊的正義の解明が本巻メインのテーマとされる。第2章で特殊的正義は，受け取る**分の均等**という意味での「正」として概論風に記述され，そのなかの配分的正は第3章で，財や名誉における分配問題として説明されるが，これは後の『政治学』でメインのテーマとなる国制論の伏線でもある。第4章は，随意的および不随意的交渉における不正によって損じた「等」を回復する矯正的正，第5章が応報的と名づけられてはいるが，異なる経済的必要に基づく財の等価交換に関わる正の記述に当てられている。ここでは自由市場の性質と役割，さらには通貨の有用性が論究される。

後半について言えば，第6および第7章で，法と法領域一般につき描かれ，家族関係における「転用的意味での正」に触れ，「正」を語るコンテキストの勝義の意味を明らかにした後，本巻の目的は「無条件的意味での正」だけではなく，具体的な正を求めるのを課題にすると予告して，現実の「国家的正」の分析に立ち入り，それが自然的正と人為的正とよりなることを突き止める。第8章から以降は，法の具体化と法の違反に関する前章後半の記述を受けて，邪悪な行為と犯罪性の程度に関する刑法上の議論に携わり，偶発性・過失・故意が区分される。第9章並びに第11章はいわゆる「受動的悪」の問題に専念し，ひとは随意に不正を働かれるか，分配において不正な者とは分配者かそれとも受領者か，ひとは自己自身に対して不正を働きうるかといった問題が究明される。そして第10章では，具体的事情の評価にあたり一般的規定による法律の不完全を補う「宜としての正」（衡平）が論じられる。これは単に法的正の矯正（回復という意味での）ではなく，その改善（第一義の正へ向かう）の意味を含む。こうした構成を踏まえ，正義論の大綱をなす全般的正義と特殊的正義のそれぞれの意味と連関とを明らかにすることが最初の課題となる。

第2節　正義と正に関する総説

1　正義と正に関する予備的考察

アリストテレスは『ニコマコス倫理学』第5巻冒頭で主導問題を設定している。それは，正義（ディカイオシュネー）と不正義（アディキア）がどのような性質の行為

第1章 「正」概念の豊意性　247

に関わるか，正義とはどのような中庸であるか，正（ディカイオン）とは何と何との不正（アディコン）の中（メソン）なのかに関する考察である。ところが第2章冒頭では，徳の一つとしての「正義」なる言葉が導入され，いわゆる特殊的正義（不正義）が，全般的正義（不正義）と異なる固有のテーマとして，以下長々と論じられる。そこで，アリストテレスが言葉の厳密な使用を心がけていたとすれば，われわれは，正義論において，正義（不正義）と正（不正）との区別，全般と特殊との区別の二通りの区別の組み合わせにおいて，全般的正義（不正義）と全般的正（不正）との相違とは何か，これに対して，特殊的正義（不正義）と特殊的正（不正）との相違は何かと問わざるをえなくなる。となれば，これら四通りの「正義」および「正」の概念，並びにそれぞれの否定面を示す四通りの「不正義」と「不正」の概念につき，明確な説明に取り組まざるをえなくなる。そこで，彼のテキストを頼りに，あるいは補いながら，概念区別がどのようになされていたのか能う限り再現してみよう。

　アリストテレスは，**「正義」とは「正」を自己自身のために行い且つ欲する人格の性向，習性（ヘクシス）である**ことを明記している[26]。ところが，この規定にもう含まれている「正」とは何であるかが明らかにならなければ，この規定の意味は不明瞭のままである。この肝腎の問題の取り組みは先に延ばして彼の言葉を続けるならば，正義は一応，倫理的「徳」という人間の特有の在り方，すなわち「習性」あるいは「状態」である。彼はこれまでの章で行ったと同じ方法で正義概念の普遍的定義を探求する。つまり，徳は中庸であり，そして二つの悪徳の中に立つ。人格は徳の助けを以て行為と情念とにおいて中庸を見出して選択する。その際正しい程度に達しないか行き過ぎてしまうところに非徳がある。

　この論法に従えば，正や不正に関してこれを行い意欲することのできる習性は，人間の一時的な決意態度ではなく，対応する行為の恒常反復に基づき確立された安定的態度となってはじめて，正義の徳と言われる。このような正義の徳が，正しい行為の基礎的条件である。正しいひとのみが正しい行為をなし能うのであり，不正なひとが正しい行為を遂行するにしても，それは偶然的でしかない。ここには既に，外側から見られた正しい行為（＝合法性）と，行為者の確定した意図を伴う行為（＝道徳性）との区別が見出されるが，正しい行為とは，当該人格が正しい行為を遂行する完全なプロアイレシスを有し，正しいヘクシスから行為するとき，現実に「正しい」行為となる。もっとも，正義の徳の確立にあたり，従来の論法

に従って，中庸を語ることには問題がある。なぜなら，正義の反対極としては不正義しか存在しないと考えられるからである。はたして，正義は行為の過多と過少といった量化のうえで把握できるのであろうか。この問題も今は未解決にしておこう。

　さて，アリストテレスは，「状態」（ἕξις）を学知（ἐπιστήμη）と能力（δύναμις）から区別してその意義を際立たせる。後二者は，反対にも関わるが，前者はその反対には関わらない。例えば，医師はその「知」を以って健康をも病気をも実現できるが，健康な「状態」からは，同様の健康な諸々の事柄が為されるのであって，その反対は為されない[27]。それと同じように，幾多の正しい行為を通じて対応するヘクシスをいったん体得したひとは，正義の徳を所有しているがゆえに，もはや不正に行為しない。正義を学知や才能に数え入れるなら，正しいひとは不正な行為をなしうることになる。アリストテレスは，このことを否定する。なぜなら，正しい行為を為し且つ欲することのできるように正しいひとを導く習性は，不正な行為を為し且つ欲するように正しいひとの性格を形成しえないからである。

　アリストテレスはこのヘクシスを認識するアプローチとして二つの方向を示した。一つは，その反対の状態から認識するもので，他の一つは，その主体（あるいは基体）から認識するものである。先の例でいえば，「善き健康状態とは」，肉体が虚弱であることからしてしみじみ分かるであろうし，「健康なひと」と呼ばれる諸要件を探ればそこから理解される。今取り組んでいるケースでは，正しい行為の認識は，不正な行為を探求する迂回を経てもくろまれるか，「正しいひと」と呼ばれるひとが生み出す諸々の行為の原因を突き止めることにあることになろう。

　ところで，アリストテレスは前者の方向をとり，正義の徳はその反対たる不正義を手がかりに解明され，さらに不正義の何たるかは「不正なひと」の意義から明らかにしようとする[28]。ところが「不正なひと」は多様な意味で語られているので，「正しいひと」という意味も多義性を帯びることになる。アリストテレスは，個々の不正な行為を単純に枚挙するのでなく，それらが与かる共通のメルクマールを問題にし，概念を消極的に規定した後，積極的なものに向かう。その結果，「不正なひと」とは①ノモスを遵守しないひと，②他人よりも多く持とうとしこのことによって不平等であるひと，という結論を導いている。後者に関して言えば，より多く持とうと欲することの反対は，より多く持とうと欲しないこととなるが，これも不正である。しかし，良く考えてみれば世情，この方の態度は必ずしも悪

として非難されないので，彼はその反対として「均等」という言葉を選ぶ。かくて，「正しいひと」とは，ノモスを遵守するひと，均等を尊重するひとである。このようにして，アリストテレスは，「正しいひと」という主体から抽象的な「正」（ディカイオン）を導く。すなわち遵法的なことと均等，その反対が，違法なことと不均等という基本的内容である。最初に提示された正義とは，いまや次のように具体化される，それは，正しきひとをして，正しいことを，すなわちノモスの遵守と均等の尊重とを行いかつ意欲せしめうるヘクシスであると。正義と不正義とは，正と不正と同様に多義的に語られる。

「不正」ἄδικον の概念の用法を調べると，「違法」παράνομον と「不均等」ἄνισον（「貪欲」πλεονέκτης），これに対して「正」δίκαιον は，「遵法」νόμιμον と「均等」ἰσόν として定式化される。しかし，ここに不審の点がある。一体，アリストテレスは，正義（不正義）と正（不正）とを区別しており，前者は人格の習性であった。この人格の習性から，今や，後者の抽象的な「正」原則が導かれる。それは，主体のさまざまな基体の性情から独立した，一般的，外面的，社会的な特徴を帯びるもので，その限り個々人の性向ではない。とすれば，法を遵守するひとは正しいと言われるが，肝腎の「法」が良くない仕方で定立されていると思われる場合でも，社会的に通用していれば，その法の遵守自体は，ノミモンとして「正」（ディカイオン）と呼ばれる可能性を否定しないものとなる。正義と正との概念は同一ではない。ドイツの John-Stewart Gordon が，『ニコマコス倫理学第5巻』に注釈しているように，従来の解釈者は，アリストテレスが正という概念に与えた二つの定義を，正義概念と同一視している嫌いがあるという批判もうなずける[29]。

　正義とは，正しいひとをして**正を為し意欲せしめうる**習性であったのに対し，正とは，法律を遵守し，平等を尊重することである。不正な者の偶然的に正しい行為は，アリストテレス的意味で正しい行為とも見なしえない。正は意欲され正しい習性から行われねばならない。行為者の心情が問題なのであって，結果ではない。しかるに，ノモスの遵守に存する正は，上位の規範体系の想定を拒否する法実証主義のテーゼを思わせるように，法律の内容にではなく，形式の方に焦点を合わせる。超実定法が存在しないため，人間自身が権利義務の創造者となる。道徳的評価を行うために，形而上学的価値基準に遡る必要がなければ，非人道的な法律の転倒を引き起こす危険に対し，アリストテレスはどのような態度をとる

のであろうか？

　また同じことは「均等」に関しても言える。取得に関し，自分の利害は度外視し，第三者に対し，公正な態度をとって，等しき者には等しきものを，等しからざる者には等しくないものを比例的に与えるひとは正しい。しかし均等配分が正しいことは，悪人の間での盗品の配分をめぐっていさかいが生じる場合のあることを考えれば，正しい心情とは独立に，均等には，倫理的な性格より**論理的**な性格があることを窺わしめる。悪人にとっても数学や論理学上の問題の正解は一つであるように。また，それ以前に，質の異なる物財やサービスの交換に当たって，おのおのの取り分が適正になるよう，当事者間に倫理的な公平をはかる以前に，それらの価値が比較できるよう**数量化**の措置をとることが問題となる。均等としてのディカイオンに関しても，平等（ノソノミア）としてのディカイオシュネーには還元できない客観的妥当性が問題となりうる。

2　正義と正における全般性と特殊性

　正義は，アリストテレスによれば，「完全な徳」である（*EN.* 1129b25-1130a13）。それは完全な正義であるが，無条件に完全な正義ではなく，**他者への連関を含む限りでの正義**である。或ることのアレテーは，そのつどのエルゴンの善き行い，性向における優れた型にある。**完全な徳**とは，他の倫理的徳を意のままにできる者がこれを自己自身のためだけでなく，他者に関しても「活用しうる」（クレーシス）器量を意味する[30]。ここが，それを自己の用件にしか用いない他の諸々の倫理的徳と異なり，正義が「完全な徳」と称される所以である。例えば勇敢の徳は，個人の力量として評価されるが，将軍の命に従い戦場に踏み止まって祖国のために戦うとき，この者は同時に公共の善に仕えている者として「正しい」。あらゆる倫理的徳はそれ自体としてみても優れているが，対公共善との関係に置かれる限り「正義」の内に含まれることになり，正義は全般的な範囲に及ぶと言える。

　ここにわれわれは，正義の徳が倫理的徳の中でもなぜ最高と呼ばれるかの理由を発見できる。それは，常に**他者との連関**を内在させながら，高い地位に立って他の諸々の倫理的徳を**活用**するからである。多くの人間は，徳を，自分自身の用件において適用できるが，他者との関係において行使することはきわめて困難である（*EN.* 1129b31-33）。ビアスによって「支配者的地位こそ人を顕示すべき鏡」とも言われるが（*EN.* 1130a1f.），とりわけ統治者は常に被治者の善を視野にいれ，官

職の遂行に際し他者に関して公正に振舞わねばならない。あらゆる徳のうちで正義のみは「他者のものなる善」である。あらゆる倫理的徳は「対他的にも」活用されうるが，唯一，正義の徳にのみ「対他性」を必然的要素として所有することが帰属している。正しいひとは，「**支配者や共同体の他の属員にとっての功益ある事柄を行う人**」とされる所以である[31]。

テオグニスの言葉「正義の内に徳はそっくり全部ある」もこうした脈絡の中で理解される。要するに，正義が**全般的正義**と呼ばれるのは，対他性において，完全徳（アレテー）であり，他の倫理的徳の活用（クレーシス）において高い地位に立つからである。全般的正義の射程範囲はあらゆる倫理的徳に関わり，このことによって，後者はそれ自体この正義の構成部分となる。道徳の全体は全般的正義と射程範囲を共有するが，異なったカテゴリーに属するので，両者はその「存在」（エイナイ）において区別される。全般的正義においてのみ必然的に「対他関連」が存するのに対し，その他の倫理的徳では必ずしもそうではない。

もっともここで，ヘクシスとしての正義に，アレテーとクレーシスとしての特性が新たに付け加わったことになるが，こうした説明は両立可能であろうかという解釈上の疑問が出されている。この問題を解くうえでアレテー（現実態）とヘクシス（可能態）との関係を探求している第2巻第4・5章に取り組むことが有益であることを，John-Stewart Gordon は示唆している。その示す解釈によれば「倫理的アレテーは，類の上からはヘクシスであり，種の上からはメソテースである」と結論される[32]。

アレテーの探求において，魂論にいう感情・能力（素質）・ヘクシスという三つの候補の内，前二者は拒絶される（*EN.* 1105b19ff.）。なぜなら人間は感情の故に評価されるのではなく，感情に対しどのような態度をとったかで賞賛され非難されるからである。倫理的徳はプロアイレシスによって意図的に選ばれるが，感情は意図に依存せずして人間を動かす。人格についての価値判断は，感情の能力に基づかない。人間は自然から善いあるいは悪いのではない。人間を一定の恒常的な行態の性向へもたらすものこそ徳や悪徳に他ならない。アリストテレスが，「倫理的徳は類の上からはヘクシスである」というとき何を考えていたのであろうか。倫理的徳は，類たる「行態の性向」のメソテースによって限定された種である。全般的正義の徳は，多くの可能な「行態の性向」の内の特殊例であって，とりわけ他者との関係で諸々の徳を正しく適用する活動（クレーシア）から定着してきた

アレテーである。

　ところでわれわれが問題としたいことはここにあるのではなく，なぜ正義がアレテーでありかつクレーシアである完全徳でありながら，「**全般的**」と言われるかである。アリストテレスが，「正しいひと」ディカイオスを，対他関係において，「遵法的なひと」ノミモスと呼び，「不正なひと」アディコスを「違法的なひと」パラノモスと呼んで，格別に法に関連づけ，正義を全般的と称しているのも，法こそが「万般の事柄を制定し」，「万人共通の功益を目指す」ことで，「国という共同体にとっての幸福またはその諸条件を創出し守護する」からである（*EN.* 1129b14-19）[33]。この意味で遵法的な行為はすべて正しいとされる。しかしながら，アリストテレスは，「正しいひと」の記述から，直ちに「正」ディカイオンの規定を引き出し，これを「遵法的」とし，「不正」を「違法的」としている。ところで，アリストテレスの最初の規定によれば，正義は正を行い且つ欲する個人の習性（ヘクシス）であった。これに対し，「正」ディカイオンそのものはヘクシスではない。それは個人の立派な性向ではなく，それに従うことで個人の倫理的徳を，私人のレベルから公人のレベルへと引き上げる何か善きもののことを指すに他ならない。それは**社会倫理**のカテゴリーにおいて考えられるかもしれないが，少なくとも人格倫理ではなく，擬人的な表現になるが，社会共同関係もしくは国なる社会体のエートスたるヘクシスに近い性質のものではなかろうか。

　同じことは，もう一つ別の正義，すなわち特殊的正義に関して，「不均等的なひと」アニソスから「不均等的」アニソンを，「均等を旨とするひと」イソスから「均等的」イソンを導いていることにも当てはまる。全般的な不正義の一部分として，何らかの邪悪に即する行為があり，**違法という全般的な不正の一部分として特に利得に関する不正**が存在すると言われる。狭義の不正義は名誉や財貨や身の安泰に関わり，利得に基づく快楽を目的とする。利得に関わる貪欲が特殊的不正義であるとすれば，不当利得は全般的不正義たる違法にも属する。このとき，ディカイオンとは，人格と事物との間の適正な帰属関係に存するのであって，それは財の配分において個人の公平無私な人柄だとか社会に占める地位だとかに左右されない。

　われわれはこうしたことを考慮するとき，ディカイオンの適訳には「**分**」の意義が込められてしかるべきだと考える。我と汝とわれわれとの間には，各々に帰属する「分」が正しく返されるところに，「正義」ではなく，「正」が成り立つ。

その「分」は今日の言葉でいえば，それぞれが共同関係において負う義務の負担分であり，それぞれが請求できる権利の要求分である。こうした義務と権利を規定するのが，共同の善に向けて個々人を秩序づけるノモスである。個人は，義務を果たしノモスに適「合」することで，個人を含むわれわれ，すなわち「社会全体」の善に寄与する。社会全体，そしてその最大の全体社会なる国は，こうした寄与なくしては存続できない。しかし，その反面，寄与に応じた「分」が，国から，その代表である統治職から価値相応に各人に返される。この「分」の配当者については社会的な，さらには国制上の争いが生じるが，それは直ちに正義の問題には解消されない独立性を有する。個々人はノモスに従って，全体に「合」し，その部分として適正な「分」を受け取る。

あえて簡潔に言えば，**ディカイオンとは国の全体と部分との間における分合の正しさである**。それは国民を**統合**する客観的な**秩序** τάξις であると共に，主体面から見れば，各法主体の負うべき**義務の分**であり，受くべき**権利の分**である。アリストテレスにとって倫理学は政治学に連結している。公共的な心遣いをする立法術は倫理学と政治学の両領域にまたがっている[34]。順序として倫理学が先立つのは部分の研究が全体のそれに先立つために他ならない。プラトンの議論に並行して，魂の心制 constitution の大文字が，国家の国制 constitution である。アリストテレスは，「正義」の考察から直ちに「正」の規定を引き出し，正義と同一名称とするにも拘らず，全般的であれ特殊的であれ「正」概念こそが，両領域，すなわち人格倫理と国家（社会）倫理を架橋する意義を有する。この意味で，両者の関係と相違とを明確にすることが肝要となる。

3 完全な徳としての正義と遵法としての正

従来，アリストテレスの正義論解釈において，全般的正義はあまり注目されなかった。法はすなわち正義の表現であり，遵法とは正しきものに従うことに他ならないなら，正義を遵法とするのはただ言葉の転換にすぎず，正義の厳密な意義はもっぱら均等の概念の方にあり，均等の思想がアリストテレスの正義の概念の中軸をなし，それに二つの種別のあることが詳説された。実際，彼は，第5巻第2章で「われわれは，だから，ここでは徳全般に対応するごとき正義，並びにそれに準ずる不正義はこれを論外に置かねばならぬ。またこれらに即しての正と不正とがいかなる仕方で決定さるべきかは明瞭であろう」とし，特殊な意味における

「正」と「不正」について論じることに集中している。これに対し，特殊的正義に関して成立する共通点や相違を出来るだけ正確に明らかにするために，全般的正義の概念を予め正確に再構成することが，正義概念に関する一般的理解にとって重要であるとし，詳細な解説を施したのが，ペーター・トゥルーデである[35]。

アリストテレスによれば，正義とは「完全な徳」（ἀρετὴ τελεία, 1129b25-1130a1）であり，正とはノミモンの謂に他ならなかった（EN. 1129b11-25）。ノモイに反して行為するものは不正，遵法を尊重するものは正しい。ノモイという概念は，古代ギリシアにおいて，成文法だけでなく，習俗や社会規範や協約等に関係するという従来の見解は正しいが，この言葉のそれぞれの意義にとってコンテキストが決定的な役割を果たすことが忘れられてはならない。既に紹介したゴードンの説によれば，第1章3節にいうノモイは，成文規定であると解するのが正しい（もっとも，ここから性急に，アリストテレスは，正と成文法との一致を考えていたと推論してはならぬが）。

『ニコマコス倫理学』1129b19-25 に挙げられている事例は，事実ある法律に対する違反のことである。犯行は共同善を侵害するがゆえに処罰される。数ある徳の中でもとりわけ勇気，節制，穏和の徳が問題とされ，隊伍を離れたり逃走したり武器を投げ捨てたりしないこととか，姦淫したり驕奢（きょうしゃ）に流れたりしないこと，ひとを打擲（ちょうちゃく）したり罵倒したりしないことであって，いずれも，徳と非徳とにわたって行為を命じたり禁じたりしている。ここで選ばれている非行は，道徳的な意味においてのみならず，社会の共同善を侵害しているがゆえに罰せられるものであることに注意を要する。これらの事例における犯行はアテナイの法規定に実際含まれていた。広い意味でのノモイ概念ではなく，かような犯行を処罰する法律規定は立法者によって定められていたのである[36]。

次に「あらゆる法律はある仕方では正しい」（EN. 1129b12）と述べていることは，法律と正とが全面的に一致しているのではないことを示唆する。彼は，成文法にいかなる限界も立てられないという無限界説ほどまでには行っていない。実際には人間によって作られた多かれ少なかれ善い法律条文の集成が存在する（EN. 1129b24-25）。アリストテレスは法律条文でも悪いものがありうることを認めているが，定義によって，それが正しいということを確定しているのみで，矛盾は無い。一見排他的に見える二つの陳述は，この意味での正が，道徳的な内容的正ではなく，形式的正の意味であって，形式的に正しく，内容的に不正な個別の法命

令はありうることを念頭に置けば整合する。

　ところで，法律はさまざまな国制の各々の統治職にとって有用なものを目指す場合に，「全てのことに関係する」(περὶ ἁπαντων)。「法律」と「全てのこと」とは何のことか。「法律が万般の事柄を制定しているのは，万人の共通の功益を目指すもの，ないしは卓越性に即してまたは何かそういった仕方で支配者の位置にあるところの人びとに共通な功益を目指すものである……」(EN. 1129b15-17) とあるが，目指される功益とは何か。誰がその享受者となるかが問題となる。その際，さまざまな支配形態のそれぞれの統治職（民主制，貴族制，僭主制等）の功益のことが考えられる。法律の対象領域は，道徳の全領域，文字に固定された法律の全領域という意味で「全般的」なのではなく，そのつどの支配エリートの功益に全くかかっている。法律では，ポリスにおける成文法が問題となっているにすぎず，常に支配エリートにとっての功益が利害関心の中心に立つ。ところが問題なのは，アリストテレスの「功益」概念についてである。

　国制の多様性に応じて各支配者エリートの異なった権利要求（徳，富，高貴等）が存する。法律，正義観，教育形態，国民の徳は，それぞれの国制や支配形態に依存して相対的である。このことは，「支配者にとって功益あることが被治者にとって正しい，統治者はこの功益を蹂躙するものを違法に振舞うものとして処罰する」というトラシュマコスの言葉を連想させるが[37]，アリストテレスの考えは果たしてそうだったのか。この疑問については，彼は「善き人間であるということと，ある任意のポリスの善き市民であるということとは必ずしも同じではない」(EN. 1130b21-29) と述べていることから，解決方向が示されている。アリストテレスにとって，任意の支配者の功益が問題なのではなく，究極的には，人間本性の理論的洞察に基づく最善の国制なるものが構想され，そこでの正しい支配者の目指す「功益」なるものが，真の功益なのである。そして，それは政治的知慮ある支配者の目指す「共同善」であることを示唆している。

　周知のごとく，国家諸形態については，経験的にさまざまな類型が確認され，民主制は「万人のため」(τοῦ κοινῇ πᾶσιν)，貴族制は「高貴な徳にしたがって」(τοῖς ἀρίστοις κατ' ἀρετήν)，寡頭制は「権勢力によって」(τοῖς κυρίοις κατ' ἀρετήν)，僭主制は「その他何らかのやり方」(κατ' ἄλλον τρόπον τοιοῦτον) で支配が為される[38]。アリストテレスは「われわれが正しい行為と呼ぶところのものは，一つの意味においては，国という共同体（ポリティケー・コイノーニア）にとっての幸福またはその諸

条件（モリア）を創出し守護すべき行為の謂いに他ならない」(*EN.* 1129b17-19) と述べているように，国民が遵法的正を果たすことは，国にとっての幸福を守護する責任を担い，その限りで統治する権限を行使する支配者の功徳，正確には「共同善」を促進することになるのである。これは，国家形態の経験的観察を超えて共通に確認される哲学的考察の結論である。

第3節　特殊的正の新展開

1　特殊的正義と特殊的正の諸相

　アリストテレスは，ここで学問上の新天地に踏み入り，伝統的な見方に新しい認識を統合する。現代の解釈者たちがこの学説を完全に理解しえていないと言われるのも，アリストテレス自身が問題のさまざまな側面を無規則な順序で取り扱っているからである。決定的な点は何度も繰り返されながら，相互の関連は認識しがたくなっている。アリストテレスはここでも正義の消極面から，すなわち「不正」アディキアから出発するので，彼の詳論は積極的補充によってはじめて完全に照明されることになる。

　彼はまず，**過多を貪る**とはどういう意味かを検討することから始める。例えば，怯懦（きょうだ）のゆえに楯を投げ出すとか，気難しさのゆえによく言わないとか，けちのゆえに財貨による救援を拒否するといった場合が挙げられる[39]。貪欲の動機からこれらの行為を行うとき，不正義のゆえに責任を負う。ここに不正義の別の形態，すなわちノモスに違反する全体的不正の一部である不正が存在するに違いないと推測される。ここでの不正は特殊的不正義との一定の関係に立つ特殊例でなければならない。特殊的事例とは，**利得欲の動機**に基づいて生じた不正な蓄財である（この場合の「財」は，物質的な財とは限らず，名誉や声望や官職や権力のような善益も含まれる）。これはノモス違反とみなされうるが，**平等違反にも関係させられうる**不正の表現である。彼は，利得を目的に姦淫によって金儲けをする人間と，欲情のゆえに金を使って損失を被る人間とを比較し，後者は貪欲の動機がないのに対し，前者は利得欲に基づく不正を犯していると指摘する。両者ともノモス違反（＝全般的不正義）であるにも拘らず，一方のみを不正と称しているのは，**利得欲から特殊的正義に対する違反を示すためである。情欲の場合は快楽欲からであって，「冷静な打算」（プロアイレシス）に基づく金銭利得欲の基準を満たしていないから，特

殊的不正義の意味で不正にふるまったとは言えない。

ところが、怯懦から戦場を離れ、安全を獲得する者も、貪欲の意味で行為する者とは言えないが、「狭義の不正義は名誉とか財貨とか身の安泰とかに関わり、利得に基づく快楽をその目的とする」(*EN.* 1130b1-3) という面から検討すると、怯懦の者も恐怖からだけでなく、戦場を放棄すれば他の兵士を危険にさらすことを知りながら、身の安全という不公正なシェアーを意図的に（プロアイレシスによって）目指しているのであって、身の安全という善に関して過多を貪っていることになる[40]。怯懦の者の非徳はさしあたって卑怯にあるから、全般的正義の違反で間接的に不正であるにすぎないが、一定の性向に基づき他者を侵害する行為の不正義に関して**利得欲の動機が直接的であるとき、不正であるとされる**。

特殊的正義も全般的正義も他者に関わるという意味を共有し、その存在においても同一である。しかし、全般的不正義は、善きひとの全てに関わるのに対し、特殊的不正義は、名誉、金銭、身の安全といった**分割可能な財**の利得欲に関わる。共同善のための知や善き行為は万人に利益をもたらすのに対し、財をより多く自分に要求すれば、他の者にとってそれは少なくなる。より多くを持とうとすることはそれ自体何ら悪いことではないが、自分の「分」を超えて他人に属するものを奪うことが、問題となる。したがって、**特殊的不正義の特徴は、単純な獲得欲ではなく、対他関係を支配する平等を超える利得欲に存する**ことになる。

ある者に特殊的不正義を帰責しうるためには、姦淫の例で示されたように、利得欲という動機が決め手となる。ここで「貪欲」πλεονεξία と「利得欲」κερδαίνειν との明別が必要となる。アリストテレスは、特殊的不正義の理解に際し、利得欲を明確に狭い基準として提案しており、広い意味での貪欲ではない。貪欲の全てが特殊的不正義の意味での不正なひとを作るのではない。利得欲の確固とした性向からふるまう者のみが特殊的不正義の意味での不正でもありうる。その際、**平等違反**が問題となる。自分に帰属しない利得を他人から自分に調達する限り、不正の意義が存する。特殊的不正義は、対他関係における平等の軽視にある。

「放漫なひと」はよきものを貪欲に追求するが、そのための出費については大まかなひとである。「吝嗇（りんしょく）なひと」は、蓄財に専念するため、必要な出費すらおしむものである。しかし、彼らは自己一身のことに関する限り、中庸を得た倫理的徳ある者とは言えないまでも、不正のひととまでは非難できない。そう言いうるのは、共同善のために課せられた財負担を怠ったり、他者に帰属する財を自己に

奪ったりした場合である。前者の場合は，義務違反による公益侵害としての全般的不正義であるのに対し，後者はとりわけ不当利得による平等侵害としての特殊的不正義である。

さて，以上の総論に引き続き，アリストテレスは EN. 130b30-1131a9 で，特殊的正義を二つの「正」に分ける。その一つは**配分的正** διανεμητικὸν δίκαιον である。それは，国家が国民たちに配分しうるあらゆる善の配分で，等しきものは等しいものを，異なるものは異なるものを受け取るのを原則とする。このことによって，或るひとは他人と不均等な取得を持つことも均等な取得を持つことも可能となる。配分において分割されるものは，共同のものの財（名誉，国有財産等），分割するものは国家（配分者は国家とは限らず，小共同体，経営企業体，大工場でもよいとも考えうる），財を受け取る者は国民，配分基準は国民のポリス共同体への貢献度，配分方法は幾何学的比例性である。

他の一種は，**矯正的正** διορθωτικὸν δίκαιον であり，国民相互間の交渉における秩序づけの侵害に対し，矯正の役目を果たす[41]。この場合，侵害した者の人格の評価は顧慮されず，帰属する事物の利得と損失に焦点を合わせ，その帰属分の均衡回復が問題となる。ところで，後者は人間交渉という中にも，随意的なものもあれば不随意的なものがある観点から分けられる。例えば，販売・購買・貸金・質入・貸与・寄託・雇用のごときものは随意的である。これに対し，不随意的交渉には，窃盗・姦淫・投毒・誘拐・奴隷誘出・暗殺・偽証といった隠密のうちに為されるものと，侮辱・監禁・殺人・強奪・残害・罵詈・虐使といった露骨に暴力的なものがある。

アリストテレスは実はここでは，二つの「正義」の形式ではなく，二つの「正」の形式について述べている。なぜなら，配分的正義は幾何学的正と，矯正的正義は算術的正とも呼ばれ，数学的原理が説明に援用されており，利害のからむ財の分配に関し「均等なひと」，「無私なひと」といった正義の性向が後退しているからである。「正」を「正義」という言葉で呼ぶことが慣用となっているために，各種翻訳や注釈書，研究書の類でもそんなに区別にこだわってはいないが，意識のうえでは区別に留意しておく必要があろう。なお，これらのアリストテレスが挙げた矯正的正義の対象となる人間間の交渉の事例は，いずれも現代風に言えば私法上の不法行為，刑法上の犯罪行為に当たるので，同時にノモス違反，全般的正違反でもあるが，ポリスを構成する個々人の間での部分関係における平等侵害に

あたるので，特殊的正違反とも言われる。

　ただ，後で触れるが矯正的正義に関しては若干の問題が提起されている。それは，随意的交渉と不随意的交渉との相違に鑑みれば，自由意思的交渉は，矯正的正義の対象ではないがゆえに，事前的調整における「正」と事後的均衡回復における「正」との区別を持ち込む必要上，「矯正的」という訳を不適切とする提案である。次に，不均等の回復と均等の確立を矯正的正の問題にするとき，このことを例えば殺人の場合に適用すれば困難をきたすではないかとの批判があり，利得と損失といった私法上の，それも数学的な加減の方法によって処罰の「中」を求めることの不適切さが指摘された。加えて，交換取引において適用される**交換的正** ἀλλακτέον δίκαιον は，異なったものを等しくする趣旨の説明に際し，算術的正と同時に幾何学的正をも用いるので，第三のカテゴリーとして，配分的正と矯正的正と相並ぶ特殊的正に含めるべきかどうかの問題がある[42]。

　また，配分的正義については，ポリス内に住む人びとの間で分割可能なものにつき，価値相応に配分するケースとして，功績に応じた官職の配分に連関して，国制論の脈絡で語られることが多いが，「善く生きる」というポリスの共同目的のために分化した諸々の職業（いわゆる子どもを産みかつ育てるといった「天職」のようなものも含めて）の遂行にあたりどれだけの貢献をしたかに応じ，それなりの賞賛や名誉や外的財が与えられる場合も考えられる。全体の共同目的遂行のために各国家の「部分」（公人としてもしくは私人として）が担当する役目が**職分**であるとすれば，かかる職分を遂行するに当たって求められる適正な能力を有するのは誰か，その責任の重さはどれくらいか，そして任務遂行に必要な財はどれ程かを決める際には，「異なるものには異なるものを」の原則が適用されるであろう。適材適所を旨にしたものが配分的正義ではあるまいか。配分されるのは，何も名誉に応じた官職だけでなく，職業目的の要求を満たした働きに対応する，優れた能力の賞賛と外的善である。しかるに，ポリスにおける各職業の働きは，多様化し異なっているから，配分の仕方は一律均等ではない。地上の資源の開発，加工，流通において，その衝に当たる者の努力や識見や手腕の多寡・優劣があるため，それが，ポリス内での役割の差異と受ける報償の差異を生み出すからである。

　なお，これまで国における職分について述べたと同様のことは，個人的な家族の生計維持の方針についても当て嵌まる。ひとは，その財産に関し，あるいは貧困であり，あるいは富裕（分限者）であり，あるいはその中間であったりする。し

たがって，対内的な家計維持と対外的な交際と余剰の施与とに当たって出費の比率は，それぞれに異なってこようが，財貨の用い方に関しても「善く生きる」という個人（家族）目的に照らし，比例的な思量を必要とするであろう[43]。アリストテレスは，ここまで述べていないし，また対他的関係に定位する「配分的正」の概念の正確な用い方からはずれるかもしれないが，財貨の徳である「寛厚」（エレウテリオテース）は，その人の財力に応じて施与するところに優れている旨の記述がある（『ニコマコス倫理学』第4巻第1章）。このことに照らしてみれば富裕者による社会を利する財の使用が，今日に提案される貧困者救済の「社会的正義」を連想させもして，彼の「正」概念の豊意性が窺われる。

2　コイノーニアとディカイオン

　アリストテレスにおいては，コイノーニアの概念とディカイオンとの並行関係が指摘できる。コイノーニアは何も共同体である必要はない。そもそも他人同士の共同関係があれば，そこに「正」を論じる余地が生じる。基本的には，自由な選択能力を有する個々人からなる共同関係が存在するところに，ディカイオンも存在することになるが，自由身分としての資格を有する国民間の関係以外の人間関係にも，これに**類似した**「正」が存在する。それは，家族に見られる「主従関係における正」（ディスポティコン・ディカイオン）と「父子関係における正」（パトリコン・ディカイオン）と「夫婦関係における正」（オイコノミコン・ディカイオン）とであり，最後のものが国家的正に似るとされる（*EN.* 1134a28-30）。

　『ニコマコス倫理学』でも第8巻に，広く，友愛（ピリア）は「正」が関わるのと同じ事柄に関わり，「正」が見出されるのと同じ人びとにおいて見出される。コイノーニアのあるところある種の「正」があり，そこにはある種の「友愛」がある（*EN.* 1159b26-28）。「個々人は，彼らの生活に要するものを供給しあうことで歩みを共にし，この功益のために結ばれたものが国という共同体で，国以外の諸々の共同体は特殊な部分的な仕方で功益を希求する」といった趣旨（*EN.* 1160a8-15）の対応する記述がみられる。「友のものは共なるもの」という諺が示すように，正の実現は，共同体に属する人たちの間に友愛が存在することを前提とし，この上に共同の善益を追求することでコイノーニアが形成される。「正とは共通の功益に他ならない」（*EN.* 1160a13-14）と言われる所以である。

　このようにして形成された共同の善が，しかしながら，比例的な仕方をもつな

らば、そこには一種の秩序（タクシス）としての「正」が求められる。その秩序原理は、共同善形成の際の供給に差異が認められる限り、個人に帰属する「分」がどの程度であるかに応じた比例的配分原理である。それゆえに、「正」（ディカイオン）は人間の個的存在と共同的存在との統一を図る比例秩序でもある。こうしたコイノーニアの最基底に愛を絆とする家族があり、必要を介して結合する市民社会があり、全体の功益を統合した最高のものが国家である。かかるコイノーニアは人間の自然本性のさまざまな顕れであるから、それぞれの共同関係を支配するディカイオン原理もまた、人間の自然本性そのものに類同的となる。

　ディカイオンは、人間が何らかの共同関係もしくは共同体を形成している場にはどこでも支配する普遍的な人間関係の原理であるが、その原理の適用は、人間が基本的には自由意思を持ちかつ平等な存在であることを前提している。しかし、古代ギリシアで見られた主人と奴隷との関係は、ディカイオンの適用に関しどう見るべきであろうか。『弁論術』第1巻第13章では「人びとが誰でも皆、たとえお互いの間に何らの共同関係も、また何らの契約も存していない場合にさえ、直感的に知っている何かある本性上の共通な正しいことと不正なことがある」(*Rhet.* 1373b6-9) と述べている。アリストテレスは、アルキダマスの『メッセニア人を讃える演説』を引用し、人間の平等性を自然的正に属するものと見ていた。それゆえ彼は、戦争による征服や強制に基づく奴隷制には反対した[44]。

　『政治学』でも同様に「なぜなら戦争はその起こりが正しくないこともあり得るし、また奴隷たるにふさわしくない者が奴隷であることを人は決して承認もしないだろう」(*Pol.* 1255a20-25) と述べている。これに対し、理性をわずかしか持たない人間にとっては、理性をもつ統治者によって統治される方が、有益になるという観点から奴隷制を擁護もしているが、その論理は、彼の魂論に由来している。「他の人びとと比べて、肉体が魂に、また動物が人間に劣るのと同じほど劣る人びと（このような状態にある人びとというのは、その働きが肉体を使用することにあって、そして彼らの為し得る最善のことはこれより他にないといった人びとのことである）は、みな自然によって奴隷であって、その人びとにとっては、もし先に挙げた劣れるものにも支配されることの方が善いことなら、そのような支配を受けることの方が善いことなのである。何故なら他人のものであることの出来る人間（それゆえに他人のものでもある）、あるいは、理性をもってはいないが、それを解するくらいにはそれに関与している人間は自然によって奴隷であるからである」(*Pol.* 1254b15-

23)。ただし，肉体が魂に服従するのと，感情が魂に服従するのとは区別されねばならない。奴隷は後者の方に似て理性を共有しないが，それを理解しうるのである。

さらに，「コイノーニアの存在する処，ディカイオンあり」の論法を一貫して，人間としての人間の関係の基底にまで降り立てば，「それぞれの自然に要求されて互いに結ばれた主人と奴隷との間には，共通の利益もあり，お互いどうしの愛情もある，しかしこうした仕方によってではなく，法により，力によって結ばれた主人と奴隷の間には，以上のものとは全く反対のものがある」(*Pol.* 1255b12-15)。同様の記述は『ニコマコス倫理学』にも既にあり，「事実，奴隷は魂を有する道具であり，道具は魂なき奴隷である。それ故奴隷は奴隷としては，彼に対する友愛は存在しない。**しかし人間としてはそうではない**。なぜなら，あらゆる人間にとって，法と協約を共有することのできるすべての人間に対するある種の正は存在すると考えられ，したがって，また友愛も存在すると考えられる。相手が人間であるかぎりにおいて」(*EN.* 1161b4-8)。そうであれば，奴隷もまた究極的には人間の尊厳を否定されていないことになる。

勝義のコイノーニアは国家において完成する。「国は，場所を共同にする団体でもなく，また互いに不正をしないことや物財交換のための共同体でもないことは明らかである。むしろ，それらはいやしくも国があろうとする以上は，必然に存しなければならない。が，しかしそれらがことごとく存しても，それで既に国が存在するのではない。いや，完全で自足的な生活のために，家族や氏族が善き生活において共同する時，初めて国が存するのである」(*Pol.* 1280b31-35)。したがって，「国的結合体は，共に生きることの為ではなく，立派な行為のためにあるとしなければならない。それゆえ，かかる共同体に最も多く貢献した者が，自由や生れの点では等しいか或いはより多くであるけれど，しかし国民としての徳の点では不等な者よりも，あるいは富の点ででは優っているけれど，しかし徳の点では劣っている者よりも，いっそう多く国に与かるのである」(*Pol.* 1281a2-8)。

かかる国家を構成するのが国民である。国民は均等な人たちであり，均等な人びとにおける均等な比例関係が「正」の根源的意味(*EN.* 1131a18-21)である。この「正」を作り出そうとする「心の傾き」(ヘクシス)が，「正義」(ディカイオシュネー)であり，人間として正しきを行わしめ，正しい事柄(タ・ディカイア)を願望せしめるような心の傾きを，国民を名乗るものは有していなければならない。国民は「正

義」によって心制を涵養されていなければならず，国家は「正」によって国制を与えられていなければならない。国民は厳密には国制の構成員であって，単にポリスの住民ではない。国民とは「国政評議と裁判に関わる権限（エクスーシア）を有する者」であるだけに，それにふさわしい徳を持つことが条件となる。国家とは，「生活の独立自存に十分なだけの，このような国民たちの集合体」であり，国民による国制（ポリテイア）への共同的参与（コイノーニア）である。そうであるとき，国制のエイドスにおいて異なり，相違してくるとき，必然的に国家もまた「同一のもの」ではなくなる（Pol. 1276b1-10）。国制（ポリテイア）に着目して，国家は正しく同一の国家と呼ばれる。

　国家の核心は国制がいかにあるかにかかっている。国制とは国家の諸々の統治職（アルコーン），とりわけ，あるゆる事柄について最高の権限を有する統治職を整序する秩序である。この統治職の整序の範囲と方法についての議論が，『政治学』第3巻第9章以下で検討される「正」（ディカイオン）に関する議論に他ならない。統治職の整序が国民間に正しく押し広げられることこそ，正しい国制を規定するものなのである。「善く生きる」という国家の目的に最も貢献した人物に，国政参与の権利がより多く与えられるという考えは，「善く生きる」という目的に国家の統治職の正しい配置がかかっていることを示している。このように国民が統治職の配分を受ける根拠理由そのものについても「正」（ディカイオン）という語が用いられる。

　ここでアリストテレスは，国についての根本的な哲学的論究にディカイオンが関連することを，『倫理学』を想起させ強調する。「ひとは何らかの善きものにおいて卓越していれば，たといその残りの凡ての点においては他の国民と何らの相違もなくて同様なものであるにしても，その卓越に応じて国の諸役を他の国民に等しくない仕方で分かち与えられなければならないと言うであろう。何故ならそれぞれ異なった人びとにとっては正しいもの，いや値打ちに応じた正しいものというのはそれぞれ別なものであると言うだろうから。だが，もしこのことが本当だとすれば，色であれ，大きさであれ，またその他どのような善きものであれ，それらに関して卓越している者はそれだけ余計に政治上の権利の分け前に与かることができるだろう」（Pol. 1282b23-29）。

　しかし，アリストテレスは，笛吹きの仕事に対して富や生まれの善さに関して優っていることが，この者に名笛を与えねばならない理由をなすものでないと述

べ，笛吹術に卓越した者に優れた笛が与えられなければならないと主張する。足が速いことは体育競技に際して名誉を要求できるが，国の諸役に就く権利を要求する理由とはなりえない。したがって，国の諸役をそれぞれの者が競って要求する際，その理由とするものがさまざまな卓越性であっても，みながみな考慮に入れられるわけではなく，「善く生きる」ことを目指し共同して国家を構成する者の働きの内に基準があると言う。

　それは国民と呼ばれる者の中で，「国があることをうる」ための必要条件と，「国が善く治められることをうる」ための本質条件である[45]。まさにそれゆえに，生まれの善い者や自由人や富裕者が，名誉の公職を要求するのは当然である。なぜなら，国家には，自由人や納税者がいなければならないからである。だが，もしこれらの人びとを必要とするならば，正義の徳や国民としての徳もまた必要となる。実際，これらが無ければ，一国の統治もありえないからである。かくて公職に就く請求の「正しさ」は，国家統治の職分を担いうる根拠として，他の国民に己の要求を尊重させるだけの正当な資格，すなわち正義の徳と政治的徳の所有を前提する（Pol. 1283a15-22）。もっとも，かかる徳において**平等な**国民がいれば，支配の交替が行われるのが正しいが，もし，徳において**傑出した**者が現れれば，このような者を支配することは，皆の力で諸役を分かち合ってゼウスを支配するに等しい要求であり，陶片追放が無条件に正しい方法とは言えない以上，「かような人は王として身を終わるまで国のうちにある」ことが自然であるとされる[46]。この意味で，公職の配当は比例的平等に基づく配分的正を背後にしていることが分かる。

　アリストテレスは，国の存在とその目的との両面から，諸役の要求の正当性を考察しているが，後者の面では，自由や富もさることながら，教養（パイデイア）と徳（アレテー）こそが，統治職に関し最も正当な要求権を持ちうる。なぜ，正義の徳が，かかる要求権を持つことができるかといえば，ディカイオシュネーこそが，とりわけ人間の共同的結合において卓越した働きをし，まさに，この正義の具わるところ，他の全ての徳も必然的に伴い来ることになるからである（Pol. 1283a24-31）。アリストテレスにおいては，「国家の正」は，共同の善に向けて統治の働きに与る国民たち各種の要求根拠として前提される。しかし，この「正」は，あくまでも個々の国民の個人的な「正義」という徳性に関わることであったから，この文脈での「正」は，公職に就ける前提資格という意味で「平等な権利」を持つというに止まる。かかる「正」の平等配分は，ただし算術的ではなく，幾何学

的であり，決定権限は，請求者側にア・プリオリに存在しない。

　かくて個人側の「正」と統治職要求との関係について約言すれば，「正」は，それに関与する物（財であれ，地位であれ，名誉であれ）と人との比例関係であるが，それは「正」に関係する人の評価を伴うものであり，その評価が相互に均等なものとして了解されなければならないものの，この了解は往々にして一致しない。「正」が実現されるためには，さらに正義を求める人間の関係が整序され，その整序の結果，整序を安定化させる制度化が，さらにはその制度を一般的に普遍化するための「法」が制定されねばならない。この整序が実現されるとき，その整序の担い手を支える根拠が，権利としての「正」，すなわちディカイオンである。正の不安定性を克服しより安定的な正を確立するために，強制力を持った整序化としての法が形成される。エートスとしての正義からタクシスによって保障される「正」への展開において国制（ポリティア）が形成され，ここにおいて，「国家的正」（ポリティコン・ディカイオン）が成立する。「ポリティコン・ディカイオンとは，自足ということの成立のために生活の共同関係に立っているところの，自由人たる身分を有しており，比例的にまたは，算術的に均等であるひとびとの間における正なのである。……正ということは，およそお互いの関係を規定する法の存在しているごときひとびとにとってのみ存在する」（*EN.* 1134a26-30）。

　しかし，ノモスを分有する個人の「正」は，それ自体，国務に参与できる資格として実定的な権利と呼ぶことはできても，国民個人に内在する固有な基本的権利と呼ぶことはできない。自由人としての資格は，国民の国家帰属によってはじめて付与されるのであって，アテナイ国民である身分からこそアテナイ国民としての各種の権利が生ずるのである。正義の徳性が，真に個人に内在的にかつ個人の自由意思によって形成されたとき，そのことは，直ちに国における統治職を要求する権利を持つことにつながるのではなく，それに臨む機会がいつでも与えられるという可能性を開いていると言うに他ならない[47]。ポリテイアを構成するポリテースは，ポリスにおいて住まうその住民とは異なる。

3　いわゆる「第三の特殊的正義」に関する考察

　アリストテレスは，特殊的正義について，第5巻第2章の最後に近く，特殊的正義ないしはこれに即した「正」について，配分的と矯正的との二種しか挙げていないのに対し，矯正的正義に随意的と不随意的との二種があるが，哲学者の山

内得立は，彼の代表作である『ギリシア哲学』第5巻の「アリストテレス」の箇所の執筆において，そのうちの随意的正義の意味には，事後的矯正のみならず事前的調整の意味もあるとして，法的正義のみでなく独自の経済的正義も含まれるとする旨を，バーネットの解釈に従ってこめた[48]。アリストテレスの「矯正的正義」に関する叙述に素直に読めば，διορθωτικὸν δίκαιον という言葉に，かかる異質の意義をこめる提案が，はたしてアリストテレスの本意であったのかどうかは疑わしい。山内の立論を少々長くなるが引用し，以下に検討してみよう。

 διορθωτικόν という語は普通に匡正的（correctiva）と訳されているが，これは適切ではない，むしろ此の如く訳されるから重大なる誤解が生ずるのである。ディオルトーティコンには二つの意味があって，第一は correctiva（匡正的）であるが，第二は directiva（整正的）であって，この語は広い意味を持っている。correctiva に該当するものはむしろ ἐπανορθοῦν であって，ディオルトーティコンではない。後者は取引の前たると後なるを問わず，一般に「調節する」（to adjust）ことを意味するのである。ここにわれわれは重大なる区別に当面する。すなわち匡正的正義（correctiva）は既に出来上った過去の取引について過不及を匡正するものであるが，整正的正義（directiva）は取引の際に，又は取引に先立って不正のないように調節し指導するものである。この二つは明かに異った行為であり，殊に商行為に於いては後者が重要であって取引に際して不正なからんことを旨とする。いったん契約してしまえばこれを匡正することは至難であり，之を敢えてするならば商道徳に悖り，信用を失い遂には商取引が不可能とならざるをえない。この directiva を確保するためには商取引は勿論随意的であり自由でなければならぬ。強姦とか強盗とかは一方的意志によるものであって相互の任意に基づいてはおらぬ。そのような不随意的交渉にあっては不正の償いは暴行後に匡正せられ得るのであるから単に correctiva であるにすぎない。これに反して正常なる商取引は相互の随意に基づくべきであって，自己に不利と見たらこの取引は事前に中止することもできる。それは明かに directiva であって correctiva ではあり得ない。それゆえに商取引（スナラグマ）の行為は一種独特なのであって，そこに求められる正義は単なる匡正の正義ではなく，第三の新しい正義すなわち流通の正義でなければならぬこととなる。そしてそれは商行為に於いてあらわれる経済的正義であった。経済現象と法律現

象とは必ずしも同一ではなく、したがって、それらを支配する原理も亦異ったものでなければならない。(中略)

アリストテレスの用語 διορθωτικόν はむしろ retaliatio と訳せられ、その中に correctiva と directiva とを区別し、そしてこの後者にこそ一種の新しき正義が認めらるるべきではないか、そしてそれを流通の正義として把握すべきではないだろうか。

山内の言う「流通の正義」とは、今日にいう「交換的正義」δικαιὸν ἀντιπεπονθός である。それが第三の種類として立てられるのは、流通の問題は匡正の正義に属し、商取引は価値の均等によって可能となるがゆえに、その均等は算術的でなければならぬように見えるが、商取引は単に匡正的均等にのみ依って行われるのではなく、ある意味で比例的でもあるからである。そもそも、交換取引における均等は価値の均等であるが、価値の普遍的尺度は欲望であり、全ての交換は欲望から起る。たといそこに価値があってもわれわれの必要がなければ、無価値に等しい。交換行為は必要または欲望に比例して実行されるがゆえに、この正しさは配分的な性格を帯びる。丁度、配分関係においては均等が**功績に応じて**(κατὰ ἄξιαν) 配分されるのと同じように、交換取引においては**必要にしたがって、**(κατὰ χρείαν) 交換されるべきである。この点からして流通の世界は匡正と配分との両者にわたり、いわばこの二者の混合であり、否、匡正とも配分とも異なった「第三の正義」であると解するわけである[49]。

しかし、διορθωτικὸν も ἐπανορθοῦν も、ὀρθόω (曲がりを直す) という動詞に接頭語が付加されて生まれた語であり、「後で」という意義が含まれる。アリストテレスは明確に、矯正的正義は随意的と不随意的との両局面に顕れると述べているのである。一方は民事的な行為に属する法行為であり、他方は刑事上禁じられている犯罪行為である。その各々に、ノモスに関する違反が起こった場合は、現代風でいえば、詐欺や加害に対する損失回復を、その際に行った人物がどのような性格であるかは度外視して行うのが、ここにいう正の固有意義である。「矯正的」を誤訳だとして、retaliatio を包括的概念とし、本来そこに含まれていた**報復の意義**を取り除き、correctiva という事後的矯正観念と相並んで、directiva という事前調整的正を含め、流通における「正」を説明しようとする試みは困難である。かかる「正」は別個に取り扱われるのが適切である。なぜなら、アリストテレス

がここで述べている**特殊的正義**は，遵法的正を指す全般的正義の部分であることを忘れてはならないからである。

「不均等的ということは，しかるに，違法的と同じでなくして，部分が全体に対するごとくにこれとは異なるものであるから」（ἐπεὶ δὲ τὸ ἄνισον καὶ τὸ παράνομον οὐ ταὐτὸν ἀλλ᾽ ἕτερον ὡς μέρος πρὸς ὅλον：113010-12）。言い換えれば，ノモス違反は必ずしも平等則違反とは限らないが，平等則違反はノモス違反の性格を帯びる。したがって，アリストテレスが列挙しているものは，いずれも矯正的正が適用される具体的事例であるのでなければならず，しかも民事上であれ刑事上であれ，利得に関して社会上格別に重大な「平等」あるいは「均等」違反なる特徴を有するものと考えるのが自然である。随意的交渉であっても，売買において詐欺などによって違反行為が為されたとき，両当事者を均等なものとして取り扱い，両者間に失われた均等性を回復することに，すなわち不当利得の返還請求に，矯正的正の本来の機能を見ることに何ら妨げはない。

アリストテレスが，ディカイオンの観念を求めるに，「不正」観念の使用例から出発しているということは，矯正的不正にも，何か非難に相当する非徳の要素がまずあり，矯正的正は不当な損失を後から回復するのにその機能を発揮することを示唆する（もっとも，その際に人格の性向の善悪は捨象されるので，刑事犯罪も民事と同じ扱いを受け，数学的な処理のし易さに換算されるが）。それゆえに，そこに貨幣を中項とする比例関係において成り立つ「経済的正義」を導入することは，法的な範疇における〈全般-特殊〉の体系的整合性を損なうことになりはしないであろうか。広義での正は法の規定する諸行為，つまりノミマにあるが，経済的な正は貨幣，ノミスマによる価格評価に従うのである。

山内によれば，商取引を表わすシュナラグマータ συναλλάγματα は，一方，匡正的でありながら同時に配分的でもある。交換取引なる経済的行為でも「正義は単に(1)過多の利を占めないのみでなく，(2)過少の損にて済まさないことが必要である。多くを貪ることは不正であるが，不当なる損害に泣き寝入りをしないようにすることも正義の命ずるところである。それは法的正以前に成立しておくべき経済道徳であった。シュナラグマータ（取引）の本領はこのように不正を事前にさけ，正しき関係に於いて交渉することにある」[50]。

アリストテレスによれば，「交易的な共同関係」においては互いに対し応報を得ている「正」というものが存するが，それはピュタゴラス学徒の言うラダマンテュ

ス的な報復の「正」ではないとされる。後者の意味での正は，「なしたところをなされてこそまがりのない正義の審き（ディケー）という」矯正的正であるのに対し，交換的正においては，前提となる糺（ただ）されるべき「不正」の要素はない。そこで問題となるのは，必要に応じて**異なる**商品を**共通の**評価に「引き直す」という意味での「正」であり，正確には「直す」という意味での「正」に他ならない。そうした手続きは，異なった人びとの間で比率を異にする商品もしくはサービスが交換される場合に，評価価格を通「分」して共通「分」母をまず求め，その基準に従って，各商品の評価「分」を定め，需要者に比例「配分」することで「均等」を得るのに似ている。

　交易的な共同関係（コイノーニア）では，異なった人びとの間で取引対象物の評価比率上の「正」が問題となる。それは商道徳上の仁義のようなもので，「給付と反対給付との価値関係が立てられねばならないとき，それは交換が行われる前にであって，行われてしまった後ではいけない」ことが肝要なのである。この文意は第9巻「友愛」の第1章を参照するとき分かる。要約すれば，誰しも自分の所有と給付とを高く評価し，相手のそれを低く評価しがちである。しかも自分にとって需要のある相手のそれをいったん獲得してしまえば，いっそうそれを低く見積もる。このことによって比例の本質をなす平等は損われる。したがって，「得たのちにおいて自分にそう見えるだけのものに評価すべきではなく，得る以前において評価していただけのものに評価するのでなくてはならない」（*EN*. 1164b20-21）。

　こうした議論は，配分的正義では共同の資材に基づく配分において，**人間の価値区別**を考慮に入れる幾何学的アナロギアが見られるのに，交換を目的とする経済の領域では，同じ配分的正義でも対応給付において**事物の価値区別**しか考慮しないというアナロギアの特殊性を際立たせているにすぎない。法思想に造詣の深いアリストテレス学者ザロモン（M. Salomon）の見解によれば，交換的正はこれまで遂行してきた正義論の「付論」の意味しか持たず，正義に関する数学的説明は，テーマからの脱線で，数学に関心を寄せる聴講者のための「傍注」のようなものとされる[51]。アリストテレスは「正」の客観性を数学的原理に求め，これに即して特殊的正を説明して行くが，二つの数学原理が混じる経済的正義の特殊性を説明するうちに法的正に関する議論からずれていったのではないか。高い労働の質を持つ商品と低い労働の質を持つ商品とが交換されるとき，対角線的な給付，すなわち反比例的な給付によって公正さが得られる。このことが独特の「正」と考え

られたのであろう。しかし，第6章以下では再び法を基礎とする「正」の議論に戻っている。

　もっとも，「正」概念を最も広くとるなら，かかる特殊なコイノーニア関係の事例に適用される交換的正義をもそれに包摂できる。すなわち，当時アテナイ社会で行われていた商慣習の根本原理たる交換的正義も，その配分原理たる「必要」は単に当事者の願望ではなく，取引の対象物に当時の経済社会が与えていた評価基準が一応あり，それが民事法上の問題に類推適用されていたことに鑑みると[52]，慣習を含むノモスの全般的正のなかに，配分と矯正と並ぶ第三の特殊的正義として交換的正を位置づけること（アリストテレス自身はそうはしていないが）も不可能ではない。コイノーニアの成立に対応してディカイオンが存立するが，コイノーニアという言葉が共同関係から，共同体にまで，そして究極的には国家にまで完成されていく過程の中で，随意に用いられていることから，それに応じてディカイオンも多様な意義を孕みうる。商品価格決定の「正」は，成文法に従うという意味での遵法ではなく，また国家的正に含まれるのでもなく，国内での経済活動においてノミスマ（貨幣）を共有しつつ独自に従われた商慣習としてのノモスにある。ただ商事紛争が生じた場合に，この「正」は法廷で解決を求める裁判人によって参照されていた限り，全般的正の中で「均等」に関する第三の特殊部分を占める「正」と言えるのではなかろうか。

4　「分」としての「正」──要約に代えて

　正義の最単純の公式をプラトンは「各人に各人のものを」と表現した。人間が人間に彼に帰属するものを与えるということに，世界におけるすべての正しい秩序は基づいている。あらゆる不正は，人間に彼のものが与えられないで，止め置かれるか，奪われることを意味するが，それは不運，不猟，火災，地震によってではなく，人間によってである。この，suum cuique の観念は，とりわけローマ法を経て，西洋法思想史の共同財産となっている。正義の徳とは，恒常的意思を以って各人に各人のものを返す習性である。ところで，どのような根拠に基づいて或るものが人間に帰属するのか。何に基づいてそもそも suum が存在するのか。この肝腎の答えは，正義の働きに先立って，それによって或るものが各人に彼のものとなる働きが先行していることを認識することにある。この点で，カトリック自然法論者ヨゼフ・ピーパーの見解は明快である。彼によれば，**「正義」は二番手**

であり，それに先行して帰属を定める「法」がある[53]。人間に，或る事が彼のものとして帰属しているとき，この帰属自体は，正義によって成立するのではない。正義の働きは，相手に或る事が帰属していることを認める法を前提にしている。

　石や動植物について，厳密な意味で「帰属」を語りえない。非精神的な存在者は，本来，自分に帰属するものを持ちえない。suum の担い手が，自分に帰属するものを自分の権利として請求しうるような類の者であるときにのみ，完全な意味での権利がある。動物に或るものが不可欠のものとして帰属しえないのは，正義や正の前提が成立していないからである。「無条件の意味での正」という概念は，それより上位の概念に遡りえない原-概念である。とりわけ「法的正」は，ひとが，他者に，負わされている「分」（物財や行為や不作為）を排他的に要求して許されることである。帰属のこの不可侵性は，帰属分を尊重しない者は自己を損ね，歪めていることを意味する。では不可侵の帰属，正義の前提は何に基づいて成立するのか。協定，契約，法律規定があるが，私的であれ，公的であれ，人間の取り決めは，「事物の本性」ex ipsa natura rei に反してはならない。或るものが帰属するところの者の本性の内に，帰属の不可侵性がある。**人間本性の概念がなければ，正義や正が何に基づいているかを述べえない**のである[54]。

　アリストテレスが『ニコマコス倫理学』第5巻で意図していたことは，実定法批判ではなく，実定法をありのまま記述することであった。実際，さまざまなコイノーニアの中でも，国法においてディカイオンは典型的な完成を遂げるからである。しかし，それをありのまま記述することは，必ずしも法実証主義の精神に忠実であることを意味せず，反対に，こうした実証主義的態度の方が，実定法の正しい記述に失敗するのである。自然法という言葉を用いず，「自然的正しさ」とか「宜」とかの表現を用いたのも，実定法が善い仕方であるいはまずい仕方で作られているからという事実の指摘によって，「無条件的な意味での正」ἁπλῶς δίκαιον を追求する人間本性の促しを反映したものと言えよう。実に，この ἁπλῶς δίκαιον こそ「正」概念の豊意性を生み出し続ける源泉ではあるまいか[55]。

　共同体の完成態は国家である。そこにポリティコン・ディカイオンが成立するが，それは「正」を考えるときの原型である。しかし，そこに含まれるピュシコン・ディカイオンは，国家成立に先立って妥当するコイノーニアにおける正であり，立法者の知慮により，国法内に取り込まれノモス規範となったものである。個別的事態に対し成文法の適用が不適切な場合は，それを補訂するために衡平と

いう基準が導入されるが，これも一種の正に他ならない。それらは，ノミモン・ディカイオンに限定されない正概念の豊意性を示すものではなかろうか。そしてこのことを可能にする言葉が ἁπλῶς δίκαιον であろう。

例えば「環境国家」を宣言するために追加されたドイツ連邦共和国基本法第20a条では，「国は，来るべき世代に対する責任を果たすためにも，憲法に適合する秩序の枠内において立法を通じて，また，**法律および法**の基準にしたがって，執行権および裁判を通じて，自然的生存基盤を保護する」と規定されている。ここにいう「法律」と並べて書かれている「法」の概念は，法律では書き込むことのできない事態を想定して対処するために援用される執行・裁判基準に他ならない。政治的共同体のディカイオンは，究極的には「無条件の意味での正」に照らすことで，無限に多様な事態に適切に対応できるようになる。それは，その下である現象が「正」に帰属すると呼ばれるに不可欠な諸条件を確定する最小の要求である。近年，法が対人関係から対自然関係をもカバーする規範的意義を帯びるに至っているが，そうした方向も「端的な正」を求めんとする人間本性に定位するからであろう。

山内得立は，その著『實存と所有』で，「法」ノモスの原義を探るため，動詞 νέμω に遡り，それが「分かつこと」に由来していることを以下のように指摘した[56]。

　自然は分割されることによって人間的なノモスとなる。垣根をめぐらし境を分かつことによって牧場が生じ，自己の耕地を他人の領地から区分することによって田畑が生じる。分かつということは単に全体を部分に区分することのみでなく，自然を人間の世界に転換することである。地理的事物を社会的または経済的対象に変換することである。単なる事物を『財』とすることである。自然の原野は区切りなく境界なきものであるが，それが個人に分かたれ，何人かの所有となることによって牧場となり田畑となることは，自然の事物に対して人間の秩序を作り上げることである。そしてそれがノモスであった。法が殊に人間の世界，すなわち社会の秩序であることは，自然がまず個人に分かたれ，各人の具体的なる所有，または財となり，その所有を確保し保護しみだりに他の侵害を許さざらんとする役目を持っているからである。法の概念は所有の事実から出発している。そして所有の事実は分割の作用に基づいているのである。

第 1 章　「正」概念の豊意性　　273

　確かにノモスを「分」という視点から説明する着眼は優れているが，しかし，自然の原野を人間の財となすことは，直接にはノモスによるのではなく，それに加えられた労働による。ノモスはむしろ，個々人の所有関係を相互に認めて秩序づけ，各人の帰属「分」を互いに侵さないよう強制力をもって保障する規範的役目を果たすに至ってはじめて本来の意義を発揮する。山内は，法を所有財産の保障からしか説明していないが，法が「分かつ」ものは，何も財物のみではないし，分かたれた「善」が帰属するのは何も個人とは限らない。法は個人に対し一定の作為または不作為を命じ，命ぜられた職「分」の遂行を求めることに「正」を有する。そして命ぜられた「分」が個人から返されると満足する。また個人同士はコイノーニアの関係において既に，相侵されざる所有分を有するであろうが，侵された場合の秩序の回復は，コイノーニアの完成たる国家共同体においてノモスにより確認される「分」に基づく。

　ところが，このように万人が「善く生きる」ことを可能にするポリスは，個人のような自然人として最初から「存在」（第一実体）を有するものではない。それが「存在＝成立」を得て，国民の間にふさわしい生活の「正」を維持するためには，個々人には，その「存立」（すなわち第二実体）に向けて，すなわち共同善の蓄積に向けて絶えざる寄与が求められる。これは国家に帰属する正当な権利「分」であり，ノモスの遵守によって国民はその「分」を返すことが正しい義務である。ここのディカイオンは，個人側では「権利」というよりも「義務の分」である。国家は公共善実現のために個々人に基本的義務を課す権限を用いる。「ディカイオン」は，後のラテン語の翻訳で ius（権利）と翻訳されるが，実はキケロも言うように，officium（義務或いは職分）の意義まで含む言葉でもある。ディカイオンは，古代人にとって，ius と debitum との両義を表裏合わせ持って解されていたことが忘れられてならない[57]。義務や権利について論議しうるには「正」なる言葉が共通に知られ，通用している民族間でなければならない。各国民の「分」の原理たる「正」の根底には，各国民の統「合」の原理たるコイノーニアがある。共通のノモスに与る彼らは，これを分有する限りで，自由にして平等な有徳の人間であり，一方的な隷属関係に無い仲間と称しうる。

　アリストテレスは「共同体」に対する違反と「共同体の一員に対する違反」とを区別する。そして，『ニコマコス倫理学』における全般的不正義は，前者の「共同体に対する違反」の中に示されており，それは，違法者をしてポリス構成員全

員に対して有責ならしめるものである。「法」に反することが全般的不正義であることは，当時の民主制社会のもとで人びとが合意または承認している「国家的正」（「自然的な正」と「人為的な正」とを含む）に対する違背である。彼らがある行為を有害かつ不正であると判断するとき，それは，単に倫理的非徳を表明しているわけではなく，それ以上に，その行為が，国に対する加害として，訴追の対象となりうるということである[58]。

　これに対して，特殊的不正義は，事物においても，人びとにおいても等しい方法で分けられるべきなのに，平等な複数の法主体間にあって，帰属分が不均等になっていることにある。もっとも，事物の分割の平等性については意見が一致するが，分与されるべき人びとにおける平等性については意見が分かれる。配分的正においては，国に対する貢献に応じて個々人が地位や名誉や財産の配分を統治職に請求する「権利の分」の性格を帯びるが，配分基準については評価の対立を招くがゆえに，今日にいう厳格な権利の意味は持たず，統治者の裁量に委ねられる。配分的正が，ひとの「価値」を顧慮するのに対し，これを無視するのが矯正的正である。配分的正は，善に対しては善を比例的に報いるのに対して，矯正的正は悪に対しては悪を均等に報いるのである。後者においては，「法の顧慮するところはただその害悪の差等のみであり，……一方が殺し他方が殺されるという場合にしても，するとされるとで不均衡に区分されることになる。裁判官は，一方から利得を奪うことによって罰という損失でもってその均等化を試みるのである」(*EN.* 1132a4-10)。

　矯正的正は，加害の違法性よりも，行為の結果から生じた損害の方に注目する。これは，アリストテレス自身単純化した言い方であることを認めているが，当時は刑事事件であっても，「被害者（側）による復讐にかえて損害賠償の支払いで済ませるために，加害者側からの提訴を惹起するものであった。同時に，そのうちの幾つかは，当時のアテナイにおいて，（一般市民の告発にもとづく）公的色彩をおびた訴追原因となるものでもあった」[59]。今日の刑事事件と民事事件との明確な区別が存在しなかったという訴訟遂行の在り方に鑑みれば，「中」に「正」を求めるためこうした数量化的手法をとることが裁判慣習として行われていたのであろう。アリストテレスの「正」分類の発想は，以上のような理解に従うときその趣旨を正しく捉えうるようになるのではなかろうか。

　さて，矯正的正は，当事者間における利得の事後的な均等回復の「正」である

のに対し，交換的正は，とりわけ財物評価に関する事前的な均等調整の「正」である。もっとも，自然的正が国家成立以前に社会全般に妥当しているが，時宜を見て立法者により国家的正へと取り込まれることがあるのと同様に，交換的正も国家成立以前の経済社会において通用しているが，裁判人によって紛争解決のため法廷審理へ取り込まれることがある。後者は商取引に紛争が生じた場合，裁判人が参照する基準を提供する限りで，遵法的正の特殊部分をなすと見ることもできるが，その種の「正」は，基本的には国という共同体が決定するものではなく，商業取引に従事する当事者が居住するコイノーニアの中で慣習的に形成されたものである。それはいわゆる「公正価格」の決定に関わる経済問題で論じられるにふさわしい。

　以上，第5巻正義論を第6章までの記述に沿って体系づけてきたが，肝腎の「国家的正」（ポリティコン・ディカイオン）については，暫定的な言及に止まり，これまで論じてきた「正」体系のどの位置においたら適切かという問題が残された。遵法的正と国家的正との関係，自然的正の可変性，それには，「無条件的意味での正」，「自然的正」，「衡平」なる諸観念との関連の究明も連関している。なお，第8章以下の主観的観点から，正しくあるためにはどのようにして正しいことが為されねばならないかという個別問題も論じ残した。法は，全体としての人間，すなわち，無条件の徳に関わらない。「正しいひと」とは「善きひと」ではなく，むしろ国民にとっての共同関係と対他関係に限って重要な事柄のみに関心を寄せた場合に言われるひとのことである[60]。しかし，正義がコイノーニアにおいて友愛と不可分の関係にあることで，補完されると言われるとき，友愛関係における他者とは，**「他なる我」**（ἕτερος γὰρ αὐτὸς ὁ φίλος ἐστίν, EN. 1170b6-7）である。アリストテレスにおいて倫理主体と法主体とは不即不離の関係にある。「法」を中核にコイノーニアに展開する「正」の分合関係は，次章で論究しよう。

　なお，本章を終えるに当たり，いかにアリストテレスが「正」を多様に，しかしながら恣意的にでなく用いているかを示すために，ペーター・トゥルーデによるその体系概覧表を紹介することで，全体を通覧しえなかった叙述の不備を補っておこう[61]。

276　第二部　共同体における正

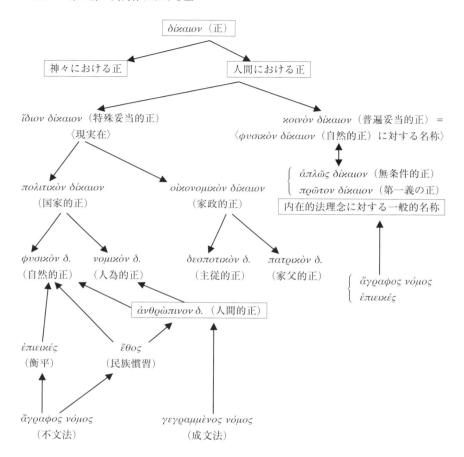

第2章 配分的正とその連関

はじめに

　アリストテレスにより特殊的正義としてまとめられた正義理論は，古代ギリシア時代における長い正義探究の顕著な業績である。それらは配分的正義と矯正的正義そして交換的正義と呼ばれる。これらは個人と国家間もしくは個人間において妥当する正義であり，時代を超えて受け継がれてゆく不変性を有するとされる。等しからざる者には等しくないものを，等しい者には等しいものを，質的に異なる物を交換する場合，受け取るものが等価でなければならないこと，この規範はその原理性において否定しえない。ただ，具体的な配分や矯正の段に入ると，その基準をめぐって信奉する国制の在り方如何につき内争が起きたり，罪に対してどのような刑が相当であるか司法権威の裁量に委ねられたり，また交換に際して貨幣が本来の役割を逸脱したりするとの問題が出来する。

　しかし，忘れられてならないことは，アリストテレスが特殊的正の「正」を語るとき，それは全般的正の「法」を背景にしていることである。この法，すなわちノモスは，共同善の実現を目的に，すなわちテロスに掲げているのである。特殊的正の特質は，幾何学的であれ，算術的であれ「等」に定位するとき，各人にはそれにふさわしい「分」が返されるが，その「分」は，究極的には，不文であれ成文であれノモスに従って，共同善に向け秩序づけられねばならない。アリストテレスにあっては，「正」は**対他関係**（プロス・ヘテロン）においてのみならず，**対共同体関係**（プロス・コイノン）の脈絡の中でも把握されているのである。

　アリストテレスにおいては，その関心が，倫理学から政治学へと移っても，どちらかと言えば，ポリス全体の全般的正によりも，統治職に関する特殊的正の探求に向かっていたため，ポリテイアの価値評価を配分的正の基準にしようと努めていたように思われる。これは「国民団」と呼ばれるポリテウマ（πολίτευμα）を構成するにはいかなる資質を持つ者が適切であるかという問題に通じる。しかしながら，配分的正の問題は，いわゆる自由かつ平等なポリス国民間に限定されず，

ポリス住民の職業生活にまで広げて展開できる可能性を含むものではなかろうか。このことを理解するためにはアリストテレスの形而上学で展開された基本概念を想起する必要があり、この補助線を引いた延長上で再び配分的正を捉え直す必要がある。

その基本的概念とは、人間存在におけるエネルゲイアとデュナミス、エイドスとヒューレー、十分条件と必要条件、本質と基体とのそれぞれつながりのある重要な区別を含んでおり、これが、ポリス生活に占める各人の地位とそれに基づく活動の範囲と限界を定めるに際し、配分的正義の適用の可能性を拡張しうるように思われるからである。「善き生」を可能にするために多くの人びとが集住し、制度的・職業的に支えあう種々の生活が公私を含んで秩序づけられる場合にも、「多から合としての一」へと向かう視線（πρὸς ἕν プロス・ヘン）と、「一から分としての多」へ向かう視線（ἀφ' ἑνός アポ・ヘノス）の往復において、「等しくないものには等しくないものを」という幾何学的比例配分の正義は有効に活かされるのではなかろうか。

この意味で、統治者と被治者とを全体として国の究極目的へと秩序づけたアリストテレスの考えを、天地人の宇宙的規模にまで拡大し、神の下に立つ〈人―物〉の**職分関係**を支配する正義論を樹立したのが中世の神学者トマス・アクィナスであると称しうる。彼によって、国の構成部分のみならず、国の成立条件をなす人びとの活動に、すなわち、国の内に住む人びとの社会活動や経済活動に対し、より注意深い眼が注がれるようになった。その中で確立していった彼らの職業倫理や経済倫理が、全体としての国家的正の中でトマスによりどのように位置づけられるようになったか、そしてその考察成果は後世にどのような影響を及ぼすようになったのかを追求するのが本章の課題である。それを浮き彫りにするため、われわれは、アリストテレスが書き残していた、公的生活に関わる政治術のみならず、社会的職業生活に関わる分限、私的生活に関わる家政術や取財術や貯蓄術の研究成果を、社会背景の歴史的推移があるものの、トマスが「正義」の観点からどのように発展的に継受していったのか、さらに現代では民主主義的傾向に上乗せしているが、新トマス主義にも同様の傾向がないかどうかを探ることが適宜であるように思う。

また、職分思想は中世ヨーロッパだけでなく、東洋においても既に同様の展開を見ている。宋の朱子の思想は、後に、朱子学の名で深められていくが、わが国

の江戸時代に幕府の正式の官学と認められるにおよび，士農工商という身分の固定化による秩序維持に仕えることになった。しかしここに，赤裸々なイデオロギーのみ見るのではなく，いくばくかの正義があるとすれば，朱子の説く「理」の意味には，アリストテレスのポリテイア論やトマスの職分思想との並行関係が，それらの思想の長短共に備わって見出せるのではなかろうか。本章は併せてこの比較研究にも立ち寄ってみる。

第1節　アリストテレスの配分的正論の射程

1　『政治学』におけるポリテイアの考察に見る配分的正義の適用

　標記の問題に立ち入る前に，アリストテレスにおいて，そもそも配分的正とはどのように理解されていたのかを確認しておく必要がある。『ニコマコス倫理学』第5巻で，それは「名誉とか財貨とかその他のおよそ国の公民の間に分かたれるところのものの配分におけるそれ」と定義される[1]。この定義から覗くに，アリストテレスは，配分的正を，共同の国民体（正確には国ではない）を構成する国民の間での善益，すなわち，名誉や財貨やその他のものの配分をモデルとして念頭に置いていたことが知られる。

　ただ問題として残るのは，この正を，個人としての権利と見るべきかそれとも義務として見るべきか，それも配分する者の側にあるのか，それとも配分を受ける者の側にあるのかは，はっきりしていない。ただはっきりしていることは，二人の人間がいて，異なった善益が配分されるが，その差異は，比例の観点に立てば，等しいものとして正当化されるということである。もし配分を受ける者に権利があるとすれば，配分する側は義務を負うことになるのだろうか。また，配分者は団体なのだろうか，それとも個人なのであろうか。これらは未決定ではあるが，一応，ある団体があって，その運営に責任を有する代表者がおり，彼が，当該団体の追求目的に貢献したとする評価に従って，その団体に帰属する地位や名誉や金銭や土地を配分する際に，比例的均等を守っている正しさ，という理解が穏当であろう。ひとまずこのように理解する立場から議論を出発させよう。

　さて，以上見た配分的正は，『政治学』では第3巻の第9章で著者自身が言及しているように[2]，国制の相違が，人びとの間で配分の相違をもたらすのを正当化する場で登場する。まず，「国家」はどのように理解されていたかを見ておく必要が

ある。彼によれば，「国は，ちょうど全体ではあるが多くの部分から合成されたるものどもの他の何かのように，合成されたるものどもに属している」が，「或る数の国民である」とされる（Pol. 1274b38-41）。そしてこの「国民」とは，検討した結果，端的には，「審議の役かもしくは裁判の役かに与る権利を有する者」（ᾧ γὰρ ἐξουσία κοινωνεῖν ἀρχῆς βουλευτικῆς καὶ κριτικῆς）であるから，国家とは，端的に言って，「生活の自足を確立するに充分なだけ集まったものである」（πόλιν δὲ τὸ τῶν τοιούτων πλῆθος ἱκνὸν πρὸς αὐτάρκειαν ζωῇ）（Pol. 1275b18-21）。この規定によれば，国家が，市民に国政評議と裁判に関与することを可能にする一定の政治制度を固有に持つことを不可欠の特質としている。したがって，ある一定の土地に同一の人的集合体が，歴史的に継続して居住していたとしても，国民の関与する政治制度が根本的に異なったものに変じた場合，そこに国家の同一性を想定することはできなくなる。

国家を規定するものは，一定の国民数と彼らが住む土地だけではなく，国民の基本的生活様式たる国制（πολιτεία ポリテイア）のあり方であった。ここで肝腎のポリテイアと呼ばれる国家体制をアリストテレスは次のように規定している。「国制は国のもろもろの役，特に凡てのものに対して至高の権力を有する役を秩序づけたものである」（Pol. 1278b8-10）。ここで言及されている「役」（τάξις タクシス）とは，本来「秩序づける」という動詞に由来する。したがって，国家体制は，上は最高の統治職から下は民会員に至るまで統治に関わる「**職**」を秩序づけるものとなる。この官職の秩序づけに関する議論こそが，配分的正に基づいて行われるべきであると，アリストテレスは説いたのである。

役職の秩序が国民間に正しく行き渡るためには，一定の基準がなければならない。それが，オルトス・ロゴスを具えて「善く生きる」という国家目的に最も多く貢献した者ほど，より高い統治の職が与えられる理由となる。このように，国民が配分を受ける統治職に対し，国民の側から配分を請求できる根拠そのものについても「正」（ディカイオン）の語が用いられているとき，それは，アリストテレスが『政治学』第3巻第9章で，『ニコマコス倫理学』第5巻第3章の参照を求めているように，配分的正のことを指すものと見ることができる[3]。

ここにいう「正」（ディカイオン）は，国政を担う根拠としての，正当な資格請求権を指す。この文脈では，政治上の権利と訳される「ポリテイコン・ディカイオン」は，皮膚の色や身体の大きさではなく，生まれ，自由人たる資格，富，多数

性に求められているが，アリストテレスにしてみれば，それらは国家が存続していくための不可欠の**条件**でしかない。国家が善く統治されるためには，正義と政治的徳（πὸλτικη ἀρετή）がとりわけ不可欠の**部分**をなすのである[4]。

　　（政治上の権利の所有に関しては――著者補注）むしろ国を構成するものどものうちに要求の根拠をおかなければならないのである。それ故，生まれの善い人びとや自由な人びとと富裕な人びととが栄誉を要求するは当然である。何故なら自由な人びとと税金を支払う人びととは国にいなければならないから，というのは国はそれを構成する人びとの凡てが貧困であることのできないのは，ちょうどその凡てが奴隷であることの出来ないようなものであろうから。だが，もしこれらの人びとを必要とするなら，明らかにまた正義の徳や国民としての徳とを必要とする。何故なら，これらのものなくしては国は決して治められることを得ないからである。ただし前者がなくてならぬのは，国があることを得るためであるが，後者がなくてならぬのは，国が善く治められることを得るためなのである。

　アリストテレスにあって，国家の存在はとりわけ「善く生きる」目的の実現に依拠していたがゆえに，統治職への参与を要求する根拠の中でも，とりわけ正義と政治的知慮の徳が，重視されることになるのは，まさに配分的正の意義によるところが大きい。目的の実現にふさわしい能力を持つ者が，その目的のために組織されている官職にふさわしいポストをそれぞれ占めるべきなのである。官職に就くことも「善き生活」という点から，「教養と徳が最も正当な要求権を持つであろう……何故なら正義の徳は，それにその他の凡ての徳が必然的に伴い来るものであるが，それをわれわれは共同体において働く徳であると言っているからである」（*Pol.* 1283a24-31）。

　もっとも，アリストテレスは，この文脈できわめて慎重に，「ただ一つの点でのみ等しい者が全てのものを等しく持ってはならないし，また一つだけ不等な者が全てを不等に持ってはならない」と述べ，一方，権限の一極集中を排除しつつ，他方，完全無権利の不当性を唱えることで，基準となる「等」自体の適用を絶えず共同の善という「全体」の観点から調整する柔軟な知慮の働きを根底に置いていることに注意する必要がある。以上より，アリストテレス政治学において，配

分的正は，国における統治職に与る国民の要求根拠として理解されていることが分かる。しかしこの「正」は個々の国民の個人的な政治的徳に依存するがゆえに，この正は，ポリス全体の課する義務的な「正」（＝合）のことではなく，個人の有する対価請求的な正（＝分）ということになる。

　このように，配分的正義を語るとき，ポリスの共同善への貢献という目的を忘れずに，「善き生活」の実現に向けてという視点が基軸に置かれる。この場合，善き生とは，現行のギリシア的選出方式で統治の職に就く者の生とは異なり，哲学的な考察に従って，政治的徳に即した理性の活動と解される生に他ならない。こうした活動ができる者が統治職に就く資格を有するとされるわけである。ところで，国政は納税力のある富裕者と生産に携わることから免れた自由民とより運営されるが，国民に正義と政治的徳がなければ国が善く統治されることもない。国の善き生を目指すとき，国民は，多額の納税や優れた文化・芸術活動等によって自分の国へ何らかの貢献をなすことで，共同財産からの報奨が得られる請求権を持つにしても，国の統治に関しては，巧みな笛吹きに名笛が与えられなければならないように，その「職分」を立派に果たし得るような知慮ある人物が統治職に就くべきである。アリストテレスは，配分的正義を語る場合でも，このように，共同善を志向する全般的正義を根柢に据えて，統治「職」の職分を，推奨もしくは請求に値する正しい「分」（ディカイオン）であると忘れずに考えている。

　しかし，アリストテレスの説くポリスにおいては，人間本性の傾向に従い，男女の結合から家を構成し，そこから村や，地域社会の結合を通して，必要な生活条件を満たしたうえで，「善き生」を目指す国家の秩序が述べられていることも事実である。この国家が成立した時点で，「正」もまた本来的に現実化する。とすれば，共同善の実現に仕える「**職**」として，「市民の善き生」を配慮する統治職は求められるにしても，そもそも彼らの生存を支えるポリスに住む人びととの「業」に帰属すべき「分」が考慮されなければならないのではないか。既に，中国の荀子においても職と業との相違が，しかも価値的差別において自覚されていたが[5]，分化した職・業は一体となって「善き生」を実現することになる定めは，人間的生の合成体たる内在的制約に拠るのであろう。この「分」が身分的に固定されるとき，いわゆる「封建体制」（もっとも歴史学的には不適切な物言いだが）との非難が出てこようが，アリストテレスの哲学的に考えられた理想国家は，ポリスに住まう人びとが，単独では不可能なため協力して「善き生」を実現するために果たすべ

き仕事の役割分担，すなわち「機能」の「職分」指定であって，階層間で移動の困難な「身分」的固定を肯定するものではない。もっとも，往時のアテナイの国制は現実的には，ポリス内の万人が「善き生」を享受できるような体制にはなっておらず，参政権のない者や奴隷が居たことは周知のことであるが。

プラトン哲学では，統治者と軍人と平民との間でそれぞれ固有の職業の役割が「正義」の名において，兼職の禁止原則によって各階層に分かたれていたが，アリストテレスにおいては，統治者の資格を持つ（現に持っているとは限らないが）自由にして平等な者の間で，ポリスの善益への功績に応じて，共同財産から報奨を得，しかるべき公職に就く「要求権」が認められた。もっとも，いかなる貢献に対してどれだけの地位や名誉を返すべきか，「国民」と称しうる範囲はどこまでを含むか等は，「国制」の在り方に左右される（この争いの発生理由を分析し解決方策を示したのが『政治学』第5巻である）が，いったんそれが定まれば，この価値基準に基づき地位や財の分配を適正にするのが配分的正である。

ただし，彼の場合，統治者の仕事についての配分理念は語られてはいても，ポリス内で被治者の職業に関する目的理念への注目度は弱いと言わねばならない。なぜなら彼が「国民」という場合，この国民は，統治者の可能的資格を有する者全体を指すのであって，生産や手工業や技能，流通商業をもって生業とする者は除外されるからである。後者はポリスを構成する「部分」ではなく，ポリスを成立せしめる「条件」であり，配分的正に基づくポリスの秩序づけは，相互に友愛の関係を前提として共同の善を追求する国民間のコイノーニアにおいて可能であった。それではポリスの国民と住民との階層的差異はどのように正当化されるのであろうか。このことを次に考察しよう。

2　ポリスにおける国民 πολίτης と住民 κατοικοῦντοι との区別

アリストテレスがポリスの構成を考える場合に，人間的魂の構造を参照していたことが手がかりを与える。彼は人間存在の構造法則をデュナミスからエネルゲイアへの発展として捉え，「人間的」魂の最高の活動を，ポリスの中核をなす統治活動で発揮されるプロネーシスに求めた。これに対し，「職人」χειροτέχναι のテクネーである制作知や制作活動を，無生物や動植物のような完全性の点で人間に劣る存在者に関わるものとして，ヒエラルキーでは下層で捉えていたことが，参考になろう[6]。手工業者の用いるテクネーは，他の生産目標に到達するための手段

でしかないのに対し，プロネーシスの活動は，活動自体が目的であり，すなわちロゴスを具えた魂の実践活動，エネルゲイアとしてその完成を含んでいる。テクネーは「単なる生存」のために必要かつ有用な生活を可能にする手段を調達するに止まり，「善く生きる」ためにポリスの統治活動に即して完成されるプロネーシスに至る途上に存するものである。アリストテレスにとって，最高の仕事は「人の支配」であって，「物の管理」ではない。

このような人間的魂の構造におけるプロネーシスとテクネーの区分は，善く秩序づけられたポリス内の垂直原理となって，同時に経済的階級の上に立つ政治的階級の区別にも通じる[7]。それは国民と非国民との区別を認識する原理のように見えるが，アリストテレスは，自由で平等な人びとの間では国を保全するために報奨的な等しさが求められる以上，統治にはローテーションで万人が就任できる機会を保証するのが望ましいとしている。しかしながらこれは，民主制という特殊な国制をとった場合を前提しているわけで，国制の如何によって，統治職に就ける国民層の範囲が異なることを忘れてはならない。

彼は，ローテーションは，丁度，靴工と大工が入れ替わるようなもので，「（職における熟練を考えれば―著者挿入）もし出来るなら，同じ人びとが常に支配することの方が善い策である」(*Pol.* 1261a34ff.) と述べていることに鑑みると，プラトンの『ポリテイア』で提唱された「一人一業」の原則を踏襲しているように思われる。もっとも，プラトンはいわゆる第三身分も国民に含め，土地所有者としているが，アリストテレスの説く国制では，徳を有することが国民を称する前提とされる。その基準は，人間的活動の特殊性，すなわちプロネーシスをどの程度具え，発揮することができるかどうかに懸っていると言える。それゆえに，統治に必要な政治的徳に与れない俗業に日々追われる人びとは，国民団に入れない。

しかし，アリストテレスは最善の活動に携わることを可能にするポリス全体の住民について，負担すべきさまざまな職分のあることを忘れているわけではない。ただ注意すべきは，「全体」に対する「部分」という言葉である。彼は，自然物であれ国の場合であれ，全体がそれなくしては存在しえない「それ」とは，必ずしも全体の部分を称しえないとしていることである。「部分」は共通のものに与るが，一方が手段，他方が目的であるとき（大工術と家との関係），それらを全体の部分にする共通のものはない。財産は国家に必要であるが，それの部分ではない。国家は相互に同様な人びとの共同体で，共通の唯一のものは，獲得できる最善の生活

を共に遂行することであって，多くの者はこれに与れないのである。徳や幸福に達しえないような者，例えば「生ける財産」以上の何ものでもない者は，最善の国家の部分とされない。

　アリストテレスは，必要な職能と高貴な職能とを区別する。必要な職能は全体として，自然的であろうとなかろうと，自由人にとってはふさわしくない。それは徳を磨くことに不都合であり，他人のために営まれるからである。いわゆる俗業（βάναυσα ἔργα）は自由人の身体なり魂なり知性を，徳の使用や実践に対して役立たないようにしてしまう恐れがある（Pol. 1337b8sqq.）。徳を磨き，政治活動に携わるためには閑暇が必要になるが，職人や商人や農民にはこれが欠如する。したがって，彼らは理想国の国民たりえない。

　アリストテレスにとって，「必要な仕事」に携わる「手工業者」ἀνδραποδώδει は，魂に対する肉体の関係に見るごとく，目的に仕える道具のように，高貴なことの何事も知らない者として，自由な国民団の外に立つ。必要な職能は高貴な職能を持つ本性の者に割り当てられてはならず，それぞれ異なった手に置かれるべきで，前者に携わるものが国内に居るのは，高貴な職分を果たす者を支えるためである。国家は最善の生活を営む目的を持ち資格を有した人びとの連合体である。彼らは徳を，それがもたらす外的善のためにでなく，それ自体のために愛しかつ行う。こうした条件を満たしえない必要な職分に携わる者を国民のメンバーに入れるのは間違っているのであり，彼らは，最高生活を営む共同目的に参与しえず，したがって，国家の支配へ参加できず，国家もまた彼らの利益のために統治されえない。

　このようなアリストテレスの教義が成り立つのは，国民が，およそ優秀な人たちから構成されている場合に限定される。彼らは他人の都合のために自己犠牲の生活に没頭するのではなく，人間に特有な有徳の活動に携わるのであるが，これは自己自身のためである。ただし，この「自己自身のため」という言葉の理解には注意を要する。それは，単なる生存や儲けのために仕事に携わるのではなく，そのことを行うことが人間的魂の核をなす理性にとって麗しいがゆえに，身体の必要にとらわれず損得を度外視して実践することを意味する（『論語』憲問篇にいう「古之学者為己，今之学者為人」に近い意味であろうか）。これが，いわゆる「自由な行為」ἐλευθερία である。アリストテレスは，必要に迫られての労働と，それ自体望ましいという理由のみで選択されるべき行為とを対照するために，「必要に迫ら

れて」$ἀναγκαῖον$ と「それ自体で望ましい」$αἱρετὸν καθ'αὑτο$ とを区別する。ただし，こうした職能の分化は，一方的に閑暇階級に有利になることで成り立っているのではない。必要な職種に携わる者は，閑暇を得ず，己の徳を磨くゆとりが無いが，高貴な職種に就く者に仕えることによって，彼らとの接触から，自分では達成できない倫理的レベルへと己を高めることが可能となるのである。

　以上の考察から，アリストテレスの構想する国家は，手短に言えば，政治的上部構造と経済的下部構造により構成される。政治的上部構造は，ポリテイアを構成する国民団である。ただし，その中でも統治に直接携わる部分が能動的国民で，ポリテウマと呼ばれる。彼らは，アルコーンの位階において国政評議や司法に携わるが，これらに携わらない被治者は，受動的な一般国民ポリテースである。この範囲は，ポリテイアの特殊性によって変動する。こうした国民団を構成しないがポリス内に住んで彼らを経済的に支える者たちが，ポリスの住民である[8]。彼は，国家において配分の基となる各職能の**部分**を，官職と俗業とを区別無しに広義に述べるとき，「ポリスの部分」$μέρη τῆς πόλεως$ と呼び，官職の**部分**を「国制の部分」$μόρια τῆς πολιτεία$ と呼んでいる[9]。

　しかしながら，アリストテレスの上述の議論には致命的な問題点が潜んでいる。彼によれば，「国民」の資格は，現実の国制の在り方はともかくとして，哲学的に考察すれば，血筋や家柄や財産や技能にあるのではなく，人間的本性を実現しているかどうかといった価値論的な議論の中で求められていた筈である。とすれば，この基準は，人間としての人間すべてに当て嵌まるわけであり，職分が生産に携る者でも，たまたま運悪く奴隷になった者でも，政治的知慮を備える可能性は排除されていないのである。ただ，肉体労働での過酷な消耗のゆえに，十分に理性的能力を開発するゆとりが無いという事実上の困難さが存するのみで，この困難の除去にアリストテレスは向かわずに，現状の単なる追随に止まっているという批難を招こう。しかしこうした批判以上に問題が残る。なるほど事態が改善されて，万人がいわゆる有徳な者となったとしたら，つまり「善く生きる」というポリスの最高目的を全員が達成できるとしたら，彼としては困ったことになってしまう。なぜなら，最高の理想国家においては，万人はみな閑暇を享受する代わりに，生産を担う部分がまったくいなくなるからである[10]。これは全労働を機械に担わせるユートピア社会であろうが，例えば，仕事を道楽にする E. ブロッホに向けた H. ヨナス「労働の尊厳」の強調は十分に傾聴に値する。

このような問題点は，彼が個人の魂の構造上の区別（理性と肉体，あるいは目的と手段）を，国家における統治の構造の解明にスライドさせるところにある。このアポリアから免れるためには，政治の職能と経済の職能との働きに相違のあることは否定できないが，その相違は直ちに人間における徳の完全性の達成度における相違，また頭脳労働と肉体労働との相違，閑暇と必要との相違を意味しない，と解しなければならない。人間個人が理性と肉体との不可分の合成体であるように，その有限な人間たちが集住するポリスもまた政治と経済の不可分の合成体である。価値的には「単なる生存」のために働くポリスの部分は「低く」見積もられるかもしれないが，生活資料の供給なくしては，そもそもポリス全体が成立しない限り，それは「強い」価値を有するのである。

しかしこうした働きは，その勢力の拡大によって，ポリスにおける人間本性の実現に向かうことを妨げる要因となってもならない。「善く生きる」ことこそ，禽獣的な生活から人間的な生活を際立たせる本来的な「高い」目的となる。ただし，かかる自由な生活はある程度の質料の充足に依存する限り，価値において「弱い」性格を帯びる面があることも忘れられてはならない。この意味で，両者は持ちつ持たれつの関係にあるが，アリストテレスにあっては，デュナミスはいつでもエネルゲイアへと高められる可能性を有する。とすれば，両者間の垣根は，社会における職の機能としては区別されるが，一身上は開かれている筈である。

「善く生きる」という目的に向かって，人間社会は時間をかけ複雑な職分を有機的に構築してきた。そこには一定の秩序が成立し，その秩序は通常は遵守される。ただしこの職分を誰が担当するかは，生まれや財産等によらず，それぞれの職の目的に適合した人間本性の充足方向に基づくのが望ましいとするところに「配分的正」を適用する根拠がある。職に就ける可能性（デュナミス）において垣根を越えるきっかけを与えるものこそ，既にロゴスを自覚的に所有した，この意味でエネルゲイアに達したプロニモスによる「人間教育」に他ならない[11]。この教育を受ける機会は万人に均等に開かれていなければならない。

第2節　トマスにおける職分論への展開

「等しからざる者には等しくないものを」という幾何学的な配分的正を，共同善の実現に仕える方向に適用して各職務を秩序づける試みは，アリストテレスに

あってはポリテイアの部分とポリスの部分との区別において，前者の間での，したがって，統治職の配分での考察に重心が置かれていたが，神に仕える窮極目的の観点から職分を捉え，統治職と生産業との間でのサービスの交換の中で，とりわけ経済方面に展開したのがトマスの社会経済思想である。トマスにおいては，「人間は社会的・政治的動物である」。これは，アリストテレスが与えた定義「人間は政治的動物である」と異なり，内包が拡充している。トマスにあっては，その時代背景を反映して，統治思想のみならず，社会経済思想にも考察の範囲が及んでいるものと見ることができる。こうしたトマス思想の全領域をつらぬく一脈の太い幹線として「職分」という観念に着目したのが，わが国のトマス主義経済学者上田辰之助である。

アリストテレスの配分的正につき，トマスは『神学大全』II-2 の第 61 問題で論究してはいるが，その場合あくまでも『ニコマコス倫理学』の祖述に止まっている。しかし，アリストテレスの『政治学』やトマスの『君主統治論』を参看するとき，配分的正は，統治という「職」に考察の重心が置かれるが，トマスにあっては「職」観念にはそれ以外にも豊かな内容が込められていたことが知られる。この点に着目して，トマスの社会経済思想を解明したのが上田の独創である。

職分とは，キケロの『義務論』にいう officium のことが念頭にあったかどうか，ここでは分からないが，これはあくまでも公人として弁えておくべき道徳的義務のことに他ならない。しかし経済学者上田は，この officium を職業全般の文脈内で理解する。上田には創作のインスピレーションを絶えず与え続けた「職分」に関する論文は数多いが，本節では，その主著『トマス・アクィナス研究』（『上田辰之助著作集 2』みすず書房，1987 年）に拠りながら，アリストテレスのディカイオン（正＝分）が，トマスの「職分」思想の中にどのように活かされているかを探求してみよう。問題点の一つは，職分が義務的性格を帯びるとなれば，配分的正が権利的性格（国から相応の名誉や地位を請求できる）を帯びていたと見うるアリストテレスの理解から生じる矛盾をどう解消するかである。

1 物の職分について——トマスの所有思想

トマスによれば，「職分」とは全体の共同目的遂行のために各部分が分担する役目である。しかし，彼にあって，全体とは社会国家を指すこともあれば，自然秩序を指すこともあるという風に，大きな文脈で理解されていることに注意する必

要がある。したがって，一方，社会の一成員あるいは国家の国民としての**人間の職分**が考えられると同時に，他方，**事物本来の職分**についても語りうる[12]。もっとも，こうした観念は確かに異様に見えるが，実は，アリストテレスでも既に，事物や生物の「徳」(アレテー)について語っているのである。建物を堅固に支える重い石は**良い石**であり，迅速に走る馬は**良い馬**である。これらの自然的事物は人間の目的から見れば良い「職分」を果たしているのである。こうした意味で理解される職分社会の理想的経済観は，トマス社会思想を特徴づける顕著な傾向のみならず，時代の古今や洋の東西を問わず，宇宙秩序に自分の生を秩序づけるような人びとに見出されるものである。

さて，トマスにおいて，物と人との両世界を通じて職分観念を成立せしめるには両者を結合し，それらを統制すべき共同目的の存在，すなわち，人間社会および自然界の上に君臨するひとつの絶対的統制力を前提する。それは，上田によれば「神法」であり，「自然法と人定法との背後にあり，これらを権威づける神慮」[13]であるとされる。このトマス法理解は厳密に言えば正確ではなく，「神法」というよりも，「永久法」であろう。神法は，永久法から人定法に至る緊密な法体系の流れに突如として垂直に割り込んでくる啓示に近い。上田によれば，「最初に神慮（＝永久法の摂理：著者注）に支配される崇高目的が存し，その実現のために，人間生活が存し，人間生活の条件として社会組織が与えられ，社会組織の基調として経済秩序が考慮され，さらに経済秩序の基礎として物資を包含する一切の自然条件が問題となる」[14]。

上田はかかる経済秩序を**天地人の関係**になぞらえ，天とは最高目的，地とは自然的条件の一切，人とは自然的条件の上に立脚し，これを経営しつつ終局理想たる神，すなわち天を仰望する宗教的あるいは倫理的な経済生活者であると見る。彼はこれを尖塔の形をもって表現する。「尖塔の頂点には神，基底には物資の総合体があり，基底と頂点とを結ぶ線のうちには人類の全部が包容される。ここに物資と人類とは同延であり，前者の総合体の上に後者の全部が生活し，しかも神を頂点として一体のヒエラルヒヤが形成される。この仕組みの支柱となるものが職分観念である」[15]。

トマスのいわゆる存在秩序はヒエラルキー的組織をなすものであるから，これに属する万物には組織内にそれぞれの場所が予定され，価値づけの高低がある。上田はこうしたトマスの基本的理解に基づき，順位の低いもの（より不完全なもの）

は高いもの（より完全なもの）のために存するのが原則であって，下位のものは上位のものの用に供せられると説く。つまり，自然界の被造物は，最高の被造物たる人間の下位に置かれている限り，人間のために存し，人間はその上に自然の支配権，すなわち広義の使用権を授けられている。そういうわけで，「ある種の殺生さえも人間生活に必要とあれば正当化される。ただ，その場合，諸物に職能の成就を期待する人間は，常に理性の光に導かれて」そうするのでなければならない。なぜなら，理性は人間的活動を永久法に方向づける指針であり，これによってはじめて経済生活の合目的化と規範化が可能となるからである。このように「理性的動物たる人類に奉仕することが被造物本来の職能職分」だとされる[16]。

　上田によれば，物の職分を端的に表現するものは「財」（bona, τὰ ἀγαθά）の観念である。この言葉から知られるように，良い財物とは人間の欲望を満足させうる一切の善き事物を意味する。トマスは「よきものの本質はそれが何らかの望ましいものであることに存する」と定義する。それゆえに，「財」は「身体的善益」と同じではない。人間の欲求は，生活に基礎的な物質に止まらず，個人の幸福，社会の公益，国家の平和，そして人生究極の浄福といった高度の「善きもの」にも向かう。ゆえに，広義の財は物財（res）に限らず，望ましい心の状態をも含む。しかし，なかでも，経済的な財は，外的な生活目的に合致し，その達成に資するに有用な働きをなすため価値あるものとされる。

　およそ財の善たる所以は「善き目的」への手段たることにある。その善き目的とは何かといえば，人間の生活基盤の支持である。さらに生活基盤の支持がなぜに善いかといえば，それは人間の最終目的たる浄福を追求するのに**必要な条件**だからである。経済的財は，浄福追求に究極目的を有する「善き生活」の物質的基礎を形成するがゆえに善い。外的富は，われわれがこれをもって肉体を支え，他の人びとを助けるから，徳の善にとって必要である。目的へのてだては，その目的より善性を受けなければならない。それゆえに，外的富は人間にとって，究極的ではないが，第二次的な善である。目的は原則的に善であるが，他の諸物は目的にふさわしいてだてとなるところに従い善となる。この点より，一部の人びとには，徳は人間の最大善であるのに対し，外的富は最小善であると思われたのである[17]。

　多くの物が押し寄せて精神を煩わし，霊的生活の支障となるなら，かえって人間の善き生活を助けるという本来の職能を果さず，マイナスの効果を生ずるから，

おのずと悪になる。むしろ経済活動の卓越性は，共同生活を可能にすべく他の人びとを助けるために，自然や他者から多くの物財や給付を調達する工夫を行うことにある。特に霊的生活に入る余裕のないほどひどい貧困やその他の苦難に見舞われている者にとって，生活維持のために物やサービスを利用でき，そのことで余裕がもたらされるなら，使用可能な物財やサービスが用意された社会状態を維持することには重大な意義が存するのである[18]。

以上より，生産に携わる者と彼らに施されて生活する者との間で果たされる「物の職分」は明らかである。後者は，必要な限りでしか生計のため現世の物財を受けないのに対し，前者には精神的な事柄に関し償ってあまりある利益が与えられる。「トマスの考える任意的貧困とはあくまでも現世の営みよりの解放を意味するのであり，だからと言って，生活充当の否定まで意味するものではない。その点では，彼の思想は明らかに積極的である。自分の財を節用し，貧者を救い，寺院に寄進するのはキリスト者の義務とされている。しかるに，この重い義務よりもさらに重い一つの義務が課せられている。それは，自己および家族の生計維持である。**生活は施与に優先する**。人は必要物資をもって施与するには及ばない」[19]とはっきり説かれる。ここにわれわれは，人間の政治的生活のほかに，霊的生活と社会生活の在り方に目が向けられ，それぞれにおいて名誉と必要財が，その職分を果たすうえで適正になるよう異なって配分されていることを理解しうる。

2　人の職分──トマスの協同体思想

トマスは，人間が先天的に社会的かつ政治的動物たることをしばしば説いている。その場合，アリストテレスを超えて，人間の社会的本性を，政治的目的以上の最高目的に結びつけ，これを達成するために与えられた人格の倫理（内的）・法（外的）の道と見る[20]。かくて，社会生活は各個人にとって「善き生活」への手段となり，条件となる点にその最大意義を有する。このゆえに，社会はいわゆる「目的による統一体」と言われる。トマスにとって，団体の統一性はそれ自体においてはさしたる意味を有せず，目的達成に役立つ程度において意味を有するのである。とはいえ，統一的な社会生活は，トマスの価値世界において絶対的ではないにしても，事実世界においては，人間にとって不可避の必要性を有する。トマスは個人の価値，すなわち，人格を高めると同時に，その個人は先天的に社会的かつ政治的本能を賦与され，社会生活のうちにいわゆる「善き生活」を営むべく運

命づけられた動物であることを前提としている。こうした両側面が，**人格主義に立脚する団体主義たる協同体理想**に統合される[21]。協同体理想における配分的正は，キリスト教の平等の要請を守ると共に，現存のヒエラルキー秩序を正当化する原理として機能する。

このように，社会が単なる目的団体であるのみならず，協同体であるとされた結果，その社会内部の関係としては，配分的正義を求める社会対個人，および法的正義を求める個人対社会の両関係，そして交換的正義を求める個人対個人の関係，すなわち，社会成員間相互の正しい交渉を規整する諸正義原理に対して多大の関心を誘発した。ここにいう個人間の正しい交渉とは，社会の共同目的に向かって調和と統制のとれた有効な協同的作業を意味する。アリストテレスの場合，共同目的は国家の善であるのに対し，トマスの場合，それは神への共同奉仕を介する社会愛である。トマスの協同体思想は有機的社会を予定するから，各個人間の社会的分業を最も重視する。上田によれば，これが「職分社会」の主張である。ただし，この主張は彼においてはもっぱらキリスト教的であって，アリストテレスには見出されない。なぜなら教会内の職分が社会組織の典型とされるからである。キリストを頭とする教徒の活動が秩序立って遂行されねばならない。トマス職分観念の典拠はパウロの次の言葉である[22]。

　体は一にして肢は多し，体の肢は多くとも一の体なるが如く，キリストもまたしかり。一体は一肢より成らず，多くの肢より成るなり。……足もし『我は手にあらぬゆえに体に属せず』というとも，これにより体に属せぬにあらず。耳もし『われは眼にあらぬゆえに体に属せず』というとも，これにより体に属せぬにあらず。もし全身，眼ならば，聴くところいずれや。もし全身，聴く所ならば，臭ぐところいずれか。げに神は御意のままに，肢をおのおの体に置き給えり。もしみな一肢ならば，体はいずれか。げに肢は多くあれど体は一つなり。眼は手にむかいて『われ汝を要せず』と言い，体は頭にむかいて『われ汝を要せず』と言うことあたわず。いな，からだの中にてもっとも弱しと見ゆる肢は，かえって必要なり。体のうちにて尊からずと思わるる所に，物をまといて殊にこれを尊ぶ。かく我らの美しからぬ所は，いっそうすぐれて美しくすれども，美しき所には，物をまとうの要なし。神は劣れる所に殊に尊栄を加えて人の体を調和したまえり。これ体のうちに分争なく，肢々一致して，互いに相

顧みんためなり。……すなわち，汝らはキリストの体にして各自その肢なり。神は第一に使徒，第二に予言者，第三に教師，その次に異能ある業，次に病をいやす賜物，補助をなす者，治むる者などを教会に置きたまえり。

　人体になぞらえた教会組織における「この職分の観念を一般社会的，とりわけ経済的活動に適用したものがトマスの職業論である。ただこの場合，直接の目的が完全社会と称される国家の経済的充足にあることが教会の組織の場合と異なる点であるが，組織の完全性を目標とし，各人がその確立および維持のため，職務を分担する点は両者に共通である。ゆえに，職業は社会的分業であり，同時に一種の奉仕と見なされた」。上田は，聖書の一節を援用するのみならず，さらにトマスの『君主の統治について』からも同旨を援用している[23]。

　上田によれば，「協同体社会の各員がそれぞれ一定の職業に傾向づけられ，彼らの全活動の総和をもって社会生活の要求が完全にみたされることを神の摂理に帰するところはたしかにトマス独自の立場である。これらの点において，彼の職業観は，たとえ人間の社会性の議論をアリストテレスに借りてはいるが，アリストテレスに直接関係がない。後者の社会組織においては，統一的精神は社会体各肢の上に君臨するが，各肢間における相互的関心および全体の利益を目的とする協力については多く考えられていない，すなわち，キリスト教職分思想に特徴的な純社会的相互主義よりもむしろ政治的思惟たる全部および部分の関係に重点を置く傾向が著しい」とされる[24]。しかしながら，アリストテレス『政治学』においても，当時における社会的分業化の未発達の理由もあるが，職業（神の「召命」ではないが）に関する精細な分類がなされている。この面の論及は，彼の経済学（＝取財術）に関する別稿を必要とするので，ここでは割愛する。

3　トマスの職業観

　次に上田は，トマスの職業観念を理解すべく，その背景をなす完全社会，すなわち「都市」を一瞥する。「トマスは都市の完全性を二因に帰する。すなわち第一に，そこに経済上の自給自足があり，第二には精神生活の充足，すなわちよき生活がある。しかし，およそ物の完全性は自足性に存するのであって，他力の補助を要する程度においてその物は不完全とされる」。霊肉両生活の充足はいずれも都市を完全にするための本質的要件であるが，とりわけ第一の経済的自足性はト

マスにおいてことさら重視される。生活資料のすべてにわたる生活自足は完全社会たる都市において得られるのみならず，都市はあらゆる人間社会の中で最も完全なるものと称される。なぜなら，都市には各種の階級や組合などがあり，それらの協働をもって生活の自給自足に当たるからである。このように都市の経済性を力説することは明らかに中世ヨーロッパ社会の実状に即するものであって，アリストテレスと行論が類似しているにも拘らず，実質的には著しい違いがある，と上田は指摘した。

　トマスにおいて civitas は「都市国家」ではあるが，「都市」という地理的・経済的側面に要点が存するのに反し，アリストテレスは「都市国家」を主として政治組織として考察し，経済生活の問題は第二次的にしか取り扱っていない。この対照はアリストテレス『政治学のトマス註釈』中に明白に現われている。「人間は先天的に政治的動物である」というアリストテレスの公式に対し，彼は「政治的・社会的・都市的」な動物と敷衍し，特に人間が原則として都市居住者たることを論じ，都市生活の外にある人間は非人間的となると述べた[25]。都市社会は配分社会である。職分は当然報酬を伴う。生活の保障あってこそ社会の職分がきちんと履行できるからである。かくて両者は不可分の関係にある。トマスは各人の生存権を強く主張するのみならず，その身分に相応する生活権をも擁護する。したがって，職分に対する報酬の標準もそこに置かれている。「身分相応」ということは，職分相応を意味するから，報酬は各職分が持つ社会的重要性によって決定されることとなる。それが配分的正である。配分的正であるから，算術的均等はない。それゆえに，「職業に貴賤なし」という観念はなかった。トマスは『君主統治論』第１巻第９章で次のような職業観を披瀝している[26]。

　　またあらゆる技能ないしは知識において他者をよく治めることのできる人びとは他者を単に力によって支配する人びとよりももっと称賛に値する。というのも思索的知識においては，他者によって教えられる事柄を単に理解することよりも，他者に教授することによって真理を会得させることのほうが重要だからである。また技能においても，建物物を設計する建築士はその設計にしたがって手足を働かせる職人よりも高く評価され，より多くの報酬を支払われるものである。戦時においても，勝利の暁には兵士の勇猛さよりも将軍の賢明な戦略のほうに栄光がもたらされる。いまや集団の支配者の立場はその集団の成員た

ちの有徳な行為との関係においては，諸学における教師，建築における建築士，戦争における将軍と同じ関係に立っている。そういうわけで王は，臣下が彼の支配下でどんなに善く行為するとしても，臣下を善く支配するということにおいてより一層多くの報酬に値するのである。

「能動」が「受動」よりも，また「指導的」なものが「実行的」なものよりも，高位に置かれるべきことはアリストテレスと共にトマスのとる立場であるが，職分に対する報酬においてもその格付けが現れる。たとい国王の位に関しても，それは統治と称する一つの高い社会的職分と考えられるから，当然それに対して相応の報酬が配慮されねばならない。その報酬は浄福という精神的のものであると共に，現世的な富貴でもある。トマスはこれを「いわばその給料」と言い，国王の場合においてすら「職分」と「生活保障」との相関的関係を明らかにしている[27]。

第3節　朱子学における職分論

トマスにおける統治職は社会的職分であり，その働きの高さゆえに応分の報酬をもらえる。これは職分の精神的高さの観点からというよりも，経済的な観点からの論理的帰結であり，近代的な発想すら窺えるものであるが，東洋にも同じような，「気」に属する欲望に対する「理」の優越支配と，それに対応する政治制度を説いた朱子の思想が見られる。朱子が理想とした国制は，周代の家族自治を重んじる封建体制であり，後の秦代に見られる官僚的な中央集権体制ではない。また朱子が理想と仰いだ人物は聖人であるが，それはいわば例外的卓越者であって，追求努力の模範は賢者・君子である。アリストテレスで言えば，ロゴスに即したプロニモスである。

政治学者丸山真男は，この思想を，皇帝による国の統治体制を正当化する働きを担うものと捉え，江戸時代初期の朱子学者に共通する根本的な政治観の特徴を検討した。彼らにあっては実は，制度論や機構論が欠如し統治者の個人的人格の姿勢のみが，すなわち精神論のみに終始していることが指摘される。しかしながら，陽明学と異なり，朱子学には，精神論もさることながら，合理的な政治・経済社会制度の考究があることも報告されている。まずは，丸山が『講義録・日本政治思想史1948』で論じた「朱子学的自然法論」に対する批判を追ってみよう。

1 制度論・機構論の欠如

　丸山によれば，朱子学の基本テキスト『大学』における「修身，斉家，治国，平天下」の主張は，政治における一種の精神主義であり，政治固有のものである非合理性に対する認識の欠如を意味する。このことの反面として，政治における客観的な規範や制度・機構に対する根本的な軽視が生ずる。丸山は，中江藤樹の『文武問答』を引用し，「君ノ心明カニ道ヲ行ヒ給ヒヌレバ，法度ハナクテモ自ラ人ノ心善クナルモノナリ」といい，また林羅山が「政をなすに徳を以ってすれば，則ち云ふことなくして四海化して行はる」というように，政治における精神主義からする政治的機構に対する蔑視は，伝統的な東洋的政治思想に内在し，近世全般を通じて強力に支配していると指摘した[28]。

　丸山の分析によれば，このように制度論や機構論が欠如していることは，実はそれを出現させる契機を，当時の社会そのものが未だ持っていなかったことに由る。被治者の側に政治的主体性が欠如していれば，政治を客観化するといった要求は初めから起りえない。「権力の濫用」を阻止せんとして，はじめて政治を客観化する姿勢が生れる。近代人の政治は，権力の濫用をいかにチェックすべきかという関心から，その手立てとして制度＝機構論に向かうのである。

　ところが，「家産制的要素の支配するところでは，政治が客観的な関係で運営されることなく，より多く人格的な関係で運営される。そこでは君主の直接の部下ないし行政幹部と君主とのパースナルな人間関係が政治の中核となり，政治が客観化される要素に乏しくなる。一般に人事行政が，ザッハリヒな関係によるか，或いは縁故情実関係に基づくか，これが政治全体の公的性格を確定するためのメルクマールとなりうるものといえる。この点は，さらに遡って，根本的には社会的分業が極めて低位にあることと関連を有する。つまり，他の営為から離れて，政治家特有の技術性をもつことが少なく，且つまた，そのような必要が少ないのである。分業の複雑化はこれに反して，必然的に政治における技術性を高度に要請することになる」（同書，100頁）。

　丸山は，このような意味で，政治における制度論・機構論の登場自体に，近代化のメルクマールの一つを見ている。それは，民衆が，政治に直接間接に参加できる民主主義体制の成熟を前提にする。民衆の政治参加の可能性が，独裁における権力の濫用をチェックする手続き機構の台頭を促すというのがその趣旨である。しかしながら，アリストテレスや朱子は，おそらく，政治参加の条件として

「有徳性」を不可欠と考えていたがゆえに，支配者の資格範囲が限られていたということにも留意せねばならない。政治参加に際して格別に教育に重きが置かれた所以である。

　ところで，権力行使の監察制ではないが，朱子学の重んじる儒教経典の『周礼』の中心的意義をなすと見られる「均」という観念は，アリストテレスの言う配分における「等」の観念に類似しているように思われる。それは，中国において徒に精神主義を強調するものではなく，政治の運営や体制，身分体制，土地分割，財政運営，税役，法運用，音楽（近年に湖北省で出土した「編鐘」，その他の管弦楽器の音律の調和には度量衡の数学的区別が知られている）といった場で理想の状態とされていたことも指摘しておく必要がある[29]。「均」の理念は，中国の政治・経済・法制の根幹となってパーソナルとは独立の中国社会を動かす駆動力となっていた。例えば，前漢時代の「均輸平準」，北魏以降の「均田制」や「均賦制」，北宋時代の「均輸制」，モンゴル支配下の元での「均賦役」，明時代での税役均等徴収のための「均田」や「均徭」などの具体策では，「均」理念が下敷きとなっており，この「均」理念が著しく破られるとき，革命や反乱を正当化する社会変革の理念としての機能を果たしたのである。

　人は群れしないでは生きていけないが，互いの分を弁えなければ争いが絶えなくなる。かくて争乱を治め秩序に導くには職分の確立が必要である。農民は田を分けて耕作し，士大夫は職務を分けて政治をとる。これが礼法の大分とされる[30]。ただし，天下太平のための職分は，中国では，上下の固定的な身分階層となり，富の配分も上に厚く下に薄いのが当然とされる（この点では，プラトンの理想国家とは反対であり，ここでは，統治者は被治者に扶養されるから，被治者は富裕でありうるのに対し，統治者は富に対し廉潔でなければならない）。

2　封建的被治者の「分限」思想

　丸山は，〈朱子学的自然法〉のなかに職分の観念が内在していることを，朱子学的世界像と封建社会との照応関係に見出す。太極＝一木一草の理といって，個物は全体の宇宙的秩序に占める一定の地位によってはじめて価値を得る。有機体的統一とは，「各々その処を得させる」地位の差別に基づく統一に他ならない。各人が分を守ることが全体の秩序の円滑な運行の基礎となる。それは朱子学に限らずおよそ有機体的思惟とそれに基づく位階制的社会秩序観には必然的に随伴する観

念であるとして，丸山は，ここにトマスの議論との並行関係を指摘する。「個物が全体の中に有機的に組み入れられている所では，それはマクロコスモスの全価値を，それ自らの裡に分有するミクロコスモスとなる。したがって，ここでは個物は，全体の法則から予め指定された地位において，自らの分有する価値を実現することにのみ，その存在理由（根拠）をもつことになる。これが職分の観念である。職分とは，個物の機能という如きものではなくて，個物を個物たらしめるものであり，同時に個物を全体に媒介せしめることによって全体の有機的活動を保障するものである。故にこうした世界像において職分の倫理は中心的地位を占める」（同書，101-102頁）。

彼は，貝原益軒の言葉を引用して，「汎物皆職分あり。地は生じやしなふを心とし給ひ，天ほおはひ地はのする，これ天地の職分なり。万物の微細なるも皆各職分あり。雞の晨をつくり，犬の夜を守るの類，みなその物に生れ得たるわざをつとむるを以って，其物の職分を行ふとす。人は万物の霊なり。……若人として身に備わりたる理を行はずば人の職分をむなしうすといふべし。人を以って鳥獣にだもしかざるべけんや」（大和俗訓，巻二）とも述べている（同書，102頁）。ここでも「職分」の字が「物」についても当てられる語法に鑑み，トマス社会経済思想の上田解釈に対応するのが興味深い。

丸山はこの文章に「各人が各人の分を守るという，この思想が位階的社会秩序の下層部に適用されるとき，そこに『分限』思想が生じ，これが統治者に適用されるときに，いわゆる『仁政思想』が生れる」と註し，仁政主義は，まさに君主という地位に指定された者の職分に他ならず，「仁政が政治的指導の自然法的制約であるとすれば，『分限』という思想は主として政治的服従のそれであった」と要約している（同書，102頁）。「分限」思想が封建的社会秩序そのものの必然的要請であった限り，それは必ずしも朱子学者の独占的な教説ではなかった。実際，全徳川時代を通じて，学者の著述のみならず，文芸や随筆から無数に類似の観念を拾い出すことができる。

それにも拘らず，丸山が初期朱子学者をあげるのは，分限思想がいわゆる「朱子学的自然法」（自然的秩序思想）のうちに最も強固な理論的基礎づけを持っていると考えているからである。封建的秩序のなかにあって，個人はいかにしてその分限を遵守すべき人格にまで自己を形成するか。「らしくあること」，それはひとえに，恣意―感覚的欲望（人欲）の天理（本然の性）による抑圧によってである。例

えば，林羅山の言葉を引用して「人といふものは兎角わたくしなる欲心によりてわざはひがいでくるぞ。君をころし父をころすもみな欲よりをこることぞ。さるほどに仁者は欲心をはらひたてゝ天理の公にかなへるぞ。天理の公とは義ぞ。義は心の制，事の宜也。制とは法度の心ぞ」[31]と立証する。

「人は自らの内部にある反社会性を抑圧し，社会秩序に服従することによって真の自己（本然の性）を実現すると同時に『天理』すなわち宇宙的秩序に於ける自己のレーゾン・デートルを実証する」（同書，105頁）。丸山は，ここに，客観的法秩序のうちに人倫の顕現を見て，法に服従することが人間精神の本質であり，人間の内面的価値の実現であるとするヘーゲルの考え方との外見的一致があるように見えるとしながらも，しかし両者を決定的に分かつものは，「自由」の概念の有無であることに注意を促している。

「ヘーゲルにあっては，法は自由の対象化，具体化であり，それゆえにこそ法への服従はすなわち，抽象的自由のヨリ高度の段階に於ける実現とされるのである。実体的統一の否定としての個人的自由を自らのうちに契機として含むところの共同体的自由がそこで考えられている。しかるに，上のような羅山的な思惟方法にあっては，そもそもこの実体的統一（天理即五倫）よりの背反が即私欲であり悪である（実体的統一への帰一！）。そこには否定媒介がない，否定の積極性が認められない。個人にとっては単に自己のなかにある反社会性を抑圧し，自我を無にして自然＝社会秩序に帰依する途があるのみだ。それが同時に個人の本然的な姿への復帰（復性）にほかならぬ。ここではいかなる分離をも否定する磐石の如き実体的統一が支配しているのである。天理の公（義）による人欲の私（利）の一方的な否定！」（同書，105-106頁）。

この禁欲主義は，「理」の超自然的性格に根拠を置く筈であるが，丸山によれば，原理的に言って自らの中に破綻の種をかくしている。かえって，ヘーゲル的な観念論の説く理念的自由の超越性を欠くため，結局は自然的な所与に束縛されるに至る。そこでの「理」は人間の一切の行動に対し，例外なく妥当するという一貫性を欠くため，至るところ人間の自然的傾向との妥協を行わねばならぬことになる。かくて，慣習，伝統等，社会に内在する非合理性を克服する力は，かかる「理」には存せず，むしろそれらに自分を適応させてゆくよう強請される。超越的であるがゆえに価値批判の根拠ともなりうる「理」は，今や自然的なもの，したがって，非合理な慣習や伝統を温存させていく働きを務める。例えば，「天理を存して，

大欲を減す」という禁欲主義の徹底にも拘らず,「夫婦は人倫の大本」として,性欲は人間の自然的生存という合目的的観点から是認されねばならなかったとされる。丸山はここに,「原理的な禁欲主義と,人間が自然的存在としてあることからする現実的な合目的性との背理」(同書,107頁) を指摘する。

　こうした批判には丸山のヘーゲル思想と儒学思想に対する早まった思い込みが見られる。ヘーゲルは,コスモポリタン的なカント的自由の超越性に由来する抽象性の危険を批判して,国家における「人倫」において自由が完成される所以を対峙させたわけであるから,むしろ保守的な傾向を指摘されている。「理」の否定的媒介機能の強調は,「特殊」を軽視して破壊に行きつく近代啓蒙思想の最たる特徴である。また反対に,儒学は原理的な禁欲主義あるいは自由主義(無為自然)を唱えているのでもない。人道を排して天道に帰一する道教的な絶対的自由を排し,天道とは異なる人道の固有性(アリストテレスの「徳」)を重視するがゆえに,後天的な「礼制」を敷くことの意義を力説するのである。朱子の思想が理一元論でないのは,気質の清濁の不可避である現実の人間本性を踏まえるからである。トマスは,恩寵は自然を廃棄せず完成する,と説いたが,その趣旨は朱子思想にも当て嵌まる。道徳は自然から独立した世界に求められるのではなく,自然から生まれ自然の不完全(欠如態)を埋めていく**後天的努力**の中に存しているのである。自然に反してではない。

3　封建的統治者の職分(義務)としての仁政

　分限の遵守が被治者の倫理であるなら,「心を正す」ことが統治者の行動規範として表現されると「仁政」の倫理になる。それもやはり宇宙的秩序における万物の生育を政治的秩序に移したものとして観念される。天地がものをはぐくみ育てる心を以ってするところの統治が仁政である。それは初期においては,なお仏教思想の影響の下に慈悲とか慈愛とかいう言葉でも表現されていた。「仁と云ふものは天理にありては物を生ずるの心ぞ。人にありては慈愛の心ぞ」(羅山,春鑑抄)といい,「天の本心は天地の間にあるほどの物を,さかゆる様に,あはれみ給ふなり。かるがゆえに人となりては人に慈悲をほどこすを肝要とするなり」(千代もと草)という如く。しかしながら,丸山によれば,この慈悲慈愛の政治は具体的な形においては,民衆に対する苛斂誅求の否定,および為政者の私的享楽の抑制の教説となって現れるとされる[32]。

丸山の描いた江戸初期の朱子学政治思想では，被治者には分限を，統治者には仁政を心がけることが要諦とされた。各職分にはまたそれに応じた倫理があり，評価があるので，それを逸脱しないことが国として安定した全体の秩序を維持することにつながる。士農工商の身分区別が，アリストテレスやトマスのいう人間的本性の倫理的完成度に比論できるかどうかは，比較思想といった別の研究を要するであろうが，知足安分には生き方としてマイナス面ばかりではなく，誰しもが人生の絶対的境涯を意識するとき，身分差を超える何らかの超越者に向かうため，それほどこだわる問題ではなかったろう。現代のように，誰もが職業選択の自由や移動の自由に恵まれるとき，一攫千金や立身出世の魅力に惹かれて生地を離れ，ビジネスマン（多忙人），つまり「心」を「亡う」ままに生涯を終えることもあろう。

　江戸時代では高位の者には息苦しい礼儀作法や重い責任が課せられる半面，庶民の生活，とりわけ幕末から明治にかけての庶民の生活は，他身分への羨望のないのどかな美しさがあったと伝えられている。巷間に反響を呼んだ渡辺京二の『逝きし世の面影』は，偏りのない外国人の目からこうした世相を活写している[33]。これは，あながち，儒教という〈阿片〉を吸引していたからとも言えない理由があるのだろう。社会人としての務めは，人間本性の多様な現れに応じて，多種多様にならざるをえない。仕事の機能面から上下の秩序関係も生じよう。しかし，誰もが上位の職に就けるわけではないことは，トマスも言うように，人体においてどの器官も「眼」の高位を占めれば，人体自体が生きていけない道理である[34]。手足も無ければならず，またそれが無ければ生存の充足を失う。どの職業に就こうとも，「人としての務め」が何であるかを問うことが肝要なのである。務めには，追求目的として，人為的に立てる当為と，自然的に課せられている当為がある筈である。朱子はこうした根本問題に取り組むなかで「職分」を考えていたのではなかろうか。

4　朱子「職分」思想の正しい理解に向けて

　上に要点を紹介した丸山の朱子学理解は，朱子の説いた思想そのものであったかどうか，それ以前に，そもそもわが国に輸入され，継続して研究された朱子学自体が朱子の思想と同じであったかどうかが先決の問題となる。この点で従来の読み方に異を唱え疑問を投げかけた著作がある。それは，木下鉄矢『朱子─〈はた

らき〉と〈つとめ〉の哲学』(2009年) である。同書は，職・理・事・命・性といった重要な語彙の註解を手がかりに，朱子がどのようにそれらを理解していたかを通じて，従来の封建的な大義名分論のイデオローグとしてのイメージを覆そうとしている。配分的正としての職分思想をテーマとするわれわれとしては，これらの言葉の解析は，アリストテレスやトマスの社会思想のつながりにおいて多くの関心と期待を抱かせる。木下はいかなる読み方を呈示しているのか，この点の摘述から配分的正に通じる道を探りたい。

　木下は，周の二代目の王・成王の言葉の記録『尚書』の「周官」篇から，「六卿，**職**を分かち，おのおのその属を率いてもって九牧を倡（みちび）き，皇（おおい）に兆民（たみくさ）を成す」，また『周礼』から「これ王，国を建つ。方を辨（わ）かち位（ところ）を正す。国を体（わ）かち野を経（くぎり）す。官を設け**職**を分け，もって民の極（よりしろ）と為す」という文章を引用し[35]，「職」は国家作用の分節肢であることを示そうとしている。また，『史記』の「秦始皇本紀」に見える「職」の字を探り，「皇帝，位に臨み，明法を作制し，臣下脩飭（しゅうちょく）す。……貴賤は分明に，男女は礼順し，慎みて**職事**に遵う」，「方伯**分職**し，諸治経（とこしえ）に易（たいら）けし」，「**職臣**は分に遵い，おのおのの行う所を知（つかさ）み，事（わざ）に嫌疑するなし」，「**常職**既に定まれば，後嗣業（わざ）に循（したが）い，長（とこしえ）に聖なる治を承（つ）がん」，「初めて法式を平かにし，審（つばらか）に**職任**を別（わか）ち，もって恒常を立つ」等を列挙している（同書，71-72頁）。

　これら一連の史料から，彼は，「『職』の集合体として国家を整備することによりその統治作用を盤石の，個々の皇帝の生死を超えて存続するものにするという国家観を見出すことができるだろう。国家を特定の帝王を中心に動くパーソナルな人間集団としてではなく，パブリックに設定されている『職』の体系＝機関として捉える国家ヴィジョンである。生身の人間の生死を超えて存続し作用する『国家』という独自の存在が人間の思考の〈中に／前に〉立ちあがったのである」と結論方向を示した（73頁）。この考えは，ドイツの国家学者G. イエリネック風に言えば，いわゆる皇帝主権説ではなく，国家機関説を連想させる。彼はこのような理解の正当性を裏づけるために漢代や宋代からの史料も援用するが，実際「国家が元来果たすべき作用を分担する分節『職』の体系＝機関と捉える『国家機関説』の考え方が進めば，国家はもとより皇帝の所有物ではなく，むしろ皇帝も国家作用の一分節肢に『つとめる』存在であるという理解が起こって来る」と力説する

（同書, 74頁）。個々の機関が法作用であるならば，国家はそれら法作用の全体統一となる。

　木下の文献渉猟は徹底しており，1069年，青苗法に関する神宗と司馬光と呂恵卿との語らいの記録である『資治通鑑長編紀事本末』巻52から，「宰相以下の職の体系＝機関として存在する国家のその出来具合と活動内容に皇帝は容喙出来ない。出来るのはこの機関の各部署にそれぞれの職務に適する人材を任じ，賞罰をもって各人の働き具合を評定してこの機関が実際にうまく機能するようにすることのみである。それが，司馬光の理解では，皇帝の職分であった」という問答の本旨を引き出している（同書，78-79頁）。

　さらに官吏の職分については，『史記』の「循吏列伝」と「酷吏列伝」とを対比して，すなわち「法令は民を導く所以なり。刑罰は姦を禁ずる所以なり。文武は備わざるも，良民の懼然として身修まるは，官未だかって乱さざればなり。職を奉じ理に循うもまたもって治を為す可し。何ぞ必ず威厳もてせん哉」という言葉と，「孔子曰く，これを導くに政をもってし，これを斉えるに刑をもってすれば，民免れて恥ずることなし」という言葉とを比較し，**奉職循理**を治民の要諦としている（同書，80頁）。ここで，職と理との緊密な関連が看取されるが，木下は，循理という言葉は『荀子』から『史記』の著者が採った語と見極め，その出典を次のように挙げる。『荀子』議兵篇によれば，「義者は理に循う。理に循えば故に人のこれを乱すを悪むなり。かの兵なるものは暴を禁じ害を除く所以なり。争奪するに非ざるなり」（同書，82頁）と。

　かくて「循」は「順」であり，「理」に通じるという近縁関係が指摘される。これは，清の段玉裁による『説文解字注』を参考にしている。「およそ物の，その治める方を得るは，みなこれを『理（おさ）む』と謂う。これを理めてしかして後に天理焉（ここ）に形（あらわ）る。条理焉に形る。空中に理ありと謂うに非ず。性即理と謂うに非ず。『順』なる者は『理』なり。これに順うはこれを理む，いまだ民情に順わずして能く理むる者に非ず」（同書，83頁）。理とは，玉の原石に手を入れて玉製品を作り上げる場合，手を入れる行為の対象にぴたりの「方（しかた）」を得てその対象に手を入れていくことをいう。経験的な試行錯誤の過程を通してそれぞれの対象の実情に寄り添うことで「理」は明らかになる。この理解は，理を「性即理」なる言葉から形而上学的な実在とする朱子学の批判を意味する。この従来の朱子学研究に由来する解釈を解体するのが著者の狙いである。

また，奉職循理に関して，『荀子』（非十二子篇）より，「いにしえのいわゆる仕士なるものは（中略）**事理に務る者なり**」という言葉が引かれるが，これに唐の楊倞は「事をして条理あらしむに務む」と注していることから，職＝事＝理が導かれる（同書，85頁）。木下は職と事が関連して出現する例を『荀子』（君道篇）から次のように引いている。

「至道大いに形わるるとき，礼を隆（とうと）び法を至（おこな）えばすなわち国に常あり。賢を尚び能を使えばすなわち民方（ゆくえ）を知る。……然る後に明らかに**職を分かち，事業を序**（つい）じ，技を材（もち）い，能を官にす。……人の百事は，耳・目・鼻・口のもってあい官を借る可からざるが如きなり。故に職分かれて民慢（おこた）らず。次（じ）定まりて序乱れず」（同書，86頁）。彼はこの言葉を次のように解説している。「国家作用を『職』群に分節し，その実現すべき『事業』を秩序立てて列べ，それぞれに技ある者，能ある者を配置して行く。人間の行うたくさんの「事（しごと）」は，耳・目・鼻・口の感官が互いに働きを分担し合って取り替えが利かないように，それぞれが不可欠な者として働きを分担している。だから「職」が分かれていると民はそれぞれ全体の中で分節される不可欠な職を与えられて怠慢にならず，『しごと』全体の体制が整っているので『しごと』の流れが乱れることなく進み国家作用が順調に実現される（同書，87頁）と。

以上の引用と解説から分かることは，まず「職」とは，予め部署として分節して指定されている職務のことであり，「事」とは，職務について実際に人間が動いて実現する仕事のことであり，「吏」とは民を治める職務であり，「理」とは，職を与えられた人間が実際にその「事（しごと）」を進める際のその仕事が円滑に進んでいく段取りを指すことになる。トマスのいう公的活動に優れた「職分」officium は，イシドールスの字解によれば，作用 efficiendum に由来し，efficium から一字を変じた語であるとされる[36]。したがって，職とは社会的有能性のことであって，木下の解する朱子の「職」概念によく呼応する。「尚賢使能」は国家的官僚制における人材登用の儒学的原則であった。ヨーロッパでは，officium は生まれながらの身分の高さとは必然的な関係にはなく，近代化の過程で，公務遂行における能力の卓越にふさわしく返される名誉の意味合いが濃厚になる。

木下は，以上の理解が正当であることを，朱子『四書集注』の中から，「大学章句」と「中庸章句」の朱子による註解テキストを第二部で解読に努めているが，これ以上の詳細に立ち入ることはわれわれの目的を逸脱する。ただ「性」と謂わ

れる「天の命はなお令の如きである」という言葉において,「天命は天道の流行して物に分賦するもの」で,「令はこの割り付けられた仕事内容を示したもの」であるという説明に注目したい。「理」とは職務に努め,おさめることであるが,同時にそれは天道に即することでもあるというニュアンスが込められる。こうした理解に基づき,天性とはアナロジーにおいて一種の職務条項を指すに他ならないと解釈できる。この点で,天地人が内に区別を含みながらも一体化した職分秩序を形成することにより万物が存続すると見た上田のトマス解釈にあい通じる見方を,朱子においても確認しうるということで満足しよう。もっとも,この「天命」思想は,アリストテレスが『政治学』で論じた官職の「配分的正」には見られず,朱子やトマスによる後世の形而上学的展開と見なければならないが。

　ただ残る点は,トマスも朱子も**職**の「分」の方へ考察が傾き,**業**の「分」,すなわち「分業」への考察が疎かになった点は否めない。アリストテレスにおいても『政治学』においていわゆる俗業への細かな観察は見られるが,言うまでもなく関心は公職への参与の正当化にあった。分業に対する学問的関心の高まりは近代における産業社会の発展と商取引の自由化を俟たねばならない（この面での論究は拙稿「アリストテレスの取財術」に譲る）。これは「自由」に関する観念が近世以降転倒することに大いに関係してくる。かつて古代‒中世人にとって,あるいはその思想の系譜をひく近代人にとって,動物的欲望に拘束されない理性の自律こそが人間にとって自由の証であった。しかし,生活における快を調達するため,あらゆる服従を毛嫌いする活動好きが,私企業を興隆させる駆動力となるにおよび,人間の理性は,世俗的目的の実現をいかに効率よく達成できるかを算段する技術的理性となる。理性の公共性は,世代を超えて引き継がれていく伝統的価値によりも,独立した私人間の功利的な合意に求められる。名誉を担う伝統は拘束であり,実を取る創業こそが自由である。近代以降本格化する民主化の流れは,公私の価値評価を相対化させ,政治が経済によって左右される事態を生み出していったと言っても過言ではなかろう。このような事態は,「善き生」に関する見方が,**国制**の変化,**国民**を名乗る範囲の変化によって,配分的正の基準を移動させたことに由来すると考えられる。天地を崇め徳を養う**閑暇**が,天地を改造し富を蓄える**多忙**にとって代えられる。

第4節　現代トミストの職分権論

　朱子は「理」の働きを「職」の意味において理解し，理一分殊の気質の差異から，多様な職分が現れ，各自がそれぞれの仕事に専念することで，天道が調和的に行われると考えたが，この思想は，トマスの社会思想の本髄を有機体の組織原理になぞらえ，「職分」にあると見た上田辰之助の解釈に東西呼応するものと見ることができる。もっとも，彼の職分論は，法理論の枠組みにおいてではなく社会経済理論の枠組みの中で構築されている。この点ではアリストテレスが政治理論を枠組みとしていたのとはやや趣を異にする。ところで，この職分論を，法理論の枠組みで考えることで，トマスの社会思想を精緻にした議論が現代に現れた。これはベルギーのネオ・トミストである民法学者のジャン・ダバンによる。彼が，その主著『権利論』で確立した「職分権」観念は，しかし，フランスの法社会学者レオン・デュギーが『憲法論』(Traité de droit constitutionnel，第3版，1927年)で展開した権利概念に対する周到な吟味を前提にしている。そこでわれわれは，デュギーの社会連帯主義で提唱された「客観法」の理論をひとまず垣間見ておく必要がある[37]。

1　デュギーの社会連帯主義

　デュギーは，自立した個人を前提する人間観をある種の形而上学に立つ見方として排除するとともに，「社会連帯」ないし「社会的相互依存」の事実を科学的人間観として提示する。「社会連帯」は単に革命の反動として主張されたものではなく，人間は本来当該社会の伝統や文化等により涵養されて存在するという本性的傾向を指摘した。人間はお互いに共同の必要を持つと共に，また各自の異なった必要をも持っており，このゆえに，必然的に社会を形成する。こうした人間観は，アリストテレスの昔から周知の共通理解であった。

　ところが，デュギーは，社会学者E. デュルケムに従い，人間は，一方，類似的才能の共同行使によって「共同の利益」(biens communs) 実現のために互いに協力する一方，おのおの異なった才能と異なった必要を持ち，おのおの他者のために自己の才能を寄与しながら勤労の交換をなすと主張する。前者が「類似性による連帯」であり，後者が「分業による連帯」である。これらの社会連帯関係は国

家以前に生成し存在するもので，社会に生活する個人大衆の意識の状態に還元されうる。彼にとってキー概念になるこの**客観法** (droit objectif) は，国家に優越して存立し，統治者の立法行為を拘束する。この意味では国家主義をも排斥する。こうした人間観を復活させようとする企ては，フランス革命以降，排除され続けてきた**中間団体**の意義を再認し，積極的に法理論のなかに取り入れようとする社会観の基礎に存すると見る解釈もある。「デュギーは，国家と中間団体とを相対化することにより両者を含めて社会連帯を理解しており，したがって，客観法は，国家においてと同様に中間団体においても存在する」[38]とされる。

　客観法は，社会において各人が多かれ少なかれ直接に承認している「規範的法」(droit normatif) とも呼ばれ，この法を間接に保障するため国家が第二次的に作成する「構成的もしくは技術的法規」(droit constructif ou technique) から区別される。したがって，中間社会を規制する経済的規範や道徳的規範も法規範の内容をなす。ところが，この法規範の妥当根拠が「社会性のサンチマン」と並んで「正義のサンチマン」と呼ばれるにおよび，デュギーの社会観は，あれほど形而上学的概念の排除に努めながらも自然法論の立場に通じる様相を呈示するようになった。彼は，権利や権利主体の概念を「形而上学的」として否定しながら，中間団体への利益の帰属を認める。ただし，一定の利益が中間団体に帰属するのは，中間団体が権利を有するからでも権利主体を認められるからでもなく，人間の多様な社会的本性に基づく「社会連帯」ないし客観法に内在する「目的」に適合し，正義のサンチマンに従い，配分的にあるいは交換的に秩序づけられるからである。

　デュギー研究で知られる畑安次の理解によれば，「デュギーによれば，正義のサンチマンは二重の対象を有する。一つは配分的正義である。それは，全ての個人はその集団において彼が演ずる役割や彼がその集団に与える役務に応じた地位を得るべきであるという感情である。いま一つは交換的正義である。それは，社会的絆を保持し，分業による連帯を実現するところの価値や役務の交換において，できるだけ両者に平等がなければならないとする全ての人びとの意識に固有の感情である。デュギーはこれらの二つの正義感情をめぐって，『全体と部分』という観点から展開されたトマス・アクィナスの正義論に着目する。それによれば，『全体と部分』の関係を問題にする場合には，部分対部分の秩序と全体対部分の秩序を考えねばならない。前者は私人の他の私人に対する秩序である。それは交換的正義によって確定された秩序であり，その正義はこのような人びとの相互関係を

規律することを目的とする。後者は共同体とそれを構成する諸個人との間を支配する秩序である。それは配分的正義によって支配される秩序である。この正義は一定の割合に応じて『共同の利益』(biens communs)を配分することを目的とする。正義の一般的形態は平等であるが，その平等は一方では幾何学的関係（配分的正義）に従うのに対し，他方では算術的関係（交換的正義）に従う」[39]。

今引用した中で「共同の利益」と訳された biens communs をトマスの思想系譜の内に読み込むことは問題であろう。なぜなら，トマス的共同善は，社会的な制約を受けない超越的な人格をその中核に置きつつ，万人の等しい実存目的実現を志向するからである。人格概念は，形而上学的ニュアンスを除けば，心理学的な性格概念となってしまうし，実存目的を除けば，任意な中間団体が随意に設定する利益目的が構成員の自由を制約できることになる。しかしながらデュギーのいう配分的正は，市民社会における分業体制で社会的連帯に貢献した評価に応じるがゆえに，連帯維持に向けて職分を立派に果たすことに比例する。そしてこの義務を全うすることが，「真の」自由保障を意味することになる。例えば自己の所有する物財を公共の利益増進のために充当する義務が，職分としての自由となる。「かくて社会連帯という根本事実に由来する客観法は，統治者に対しても各個人に対しても，社会的奉仕者としての**義務的地位しか認めない**ことになる。今や，統治者の権利の代わりに『公共役務』(service public) なる言葉が，個人の権利の代わりに『**社会的職分**』(fonction sociale) なる言葉が現れる」[40]。

社会的連帯の一方の極が国家であるとすれば，他方の極が個人であり，共通分母は中間社会団体の絆であると言えよう。なるほど，国家はその歴史的起源において強者と弱者との分化に基づく事実的支配関係に他ならなかったが，統治者も一定の社会において生成する客観法，すなわち「生ける法」に服さねばならず，実際，歴史的発展と共に，統治者による統治は「公共役務」に変化してきた。その結果，今日において国家は，「統治者によって組織され統制される公共役務の協力体」として理解されるようになった。その中で，軍事的役務，警察的役務，司法的役務，文化的役務これら四種は，いずれの国家にも見出されるが，これらの間には何らの区別もなく，公共役務の遂行に当たって，一様に個人たる公務員の責任が問われる。つまり，国家という法人への帰責はなく，だからといって支配される個人の側に利益享受の請求権があるわけでもない。「そこに見られるものは公共役務の組織とこれを公正に確実に恒常的に執行すべき公務員の義務の体系

のみである」[41]。

　しかし，職分を担うのは何も公務員に限らず，またこのように社会的連帯を法的義務として解するとき職分を遂行する者のイニシアティブ（発案に見られる自由）の契機が希薄になるおそれが出てくる。**他者への愛が職分の遂行に創意工夫の命を与える**。単なる義務の遂行では，アリストテレスが称揚した財貨の贈与に関する「寛厚」（ἐλευθεριοτης）の徳や，トマスもその驥尾に付して力説する「厚施」（magnificentia）の徳が輝き出し，国家公共より有徳の名誉を授けられる機会を失うであろう。

2　ダバン固有の職分権論

　自由主義経済破綻の兆しを背景に，「**法律の社会化**」[42]が進む中で，デュギーは，その元凶である権利中心的な個人主義的法体系を否定することにより「社会的職分」なる観念の提出によって，法学界に旋風を巻き起こしたが，その思想的影響はラディカル過ぎるゆえに一代限りに終わった。古典的な義務観念が含む道徳的意味 devoir は，単なる合理的法概念 obligation へと萎縮する。しかし，権利と義務が輻輳する領域において，この観念はベルギーの民法学者 J. ダバンにより批判的に摂取され，「**職分権**」という一つのカテゴリーを形成するに至った。これは，通常「権利」から区別されるものであり，権利は，権利主体自身の利益のための自由行使に委ねられる。権利が存在するためには，団体は要求されず，二人の人格を前提することで足りる。団体の課す規範以前に正義の規準が二人の間の関係を支配するからである。ただし，配分的正においては，基本的には公務員と私人との関係で成立するところに特徴的区別がある。

　これに対し，職分権は私人間ではなく，権利主体以外の利益のために行使するように権利主体に付与された権利をいう。それは権利行使でありながら，共同善の管理と分配を背景に負うため，自己のためではなく他者の善の実現を目的に持つ。しかしながら，共同善は何も国家を前提せずとも，家族においても存在する筈ではないか。とすれば，職分権は，一般に団体と権利行使者と受益者との間で考えられるものと言えよう。最後に，ダバンにより「自己中心的目的の権利」と「職分的権利」とから「職分権」がどのように区別されるかを辿ることによって，現代の職分権概念において伝統的な配分的正の概念がどのように継受されているかを探ってみよう。

第一に，**自己中心的目的の権利 droits égoistes** とは，資格ある権利保持者が自らの物質的・精神的要求を満たすために与えられている大抵の権利を意味する。例えば，生命や身体の保全，種々の自由など多くの側面において人格性の保持や発展や開花の目標となる諸権利のみならず，有体的・無体的な外的事物に対して認められる物権，並びに債務者をして債務の内容を為す一定の給付を履行させる債権がある。これらの権利は，それが保護する諸価値の目的が，「その資格ある保持者の善益に奉仕することであり，この保持者は正当な利益受取人又は受益者である」という意味で「自己中心的」なのである。

　しかしながら，権利の保持者は，自分のためにそれを行使する自由をもってはいるが，利己主義を脱却し，他人の利益のために用いて，人格的に己を豊かにすることを何ら妨げるものではないし，道徳的にはその方が望ましいとも言える。ただ，権利が社会的利益によって限定されるという事実は，権利そのものが先ず保持資格者に与えられているという本質を変えるものではない。この意味では，「権利は結果として社会的職分なのであって直接的な仕方でそうではない」とダバンは結論する[43]。

　第二に，**職分的権利 droits fonctionnels** とは，原則としては先の自己中心的目的の権利と同じ性質のものではあるが，その享有主体が法人とされることにより，法人自体の目的のために行使されると同時に，その構成員の善益のために行使されるという職分的性格をも有する権利を意味する。ダバンによれば，法人は，自然人と同様に独立した権利主体性を有し，法人自身の善益を追求することができる実在であるとされる。ただし，法人の実在性は，ひとえにそれが設立される基となった目的に懸っているため，法人の諸権利はこのような法人の目的に仕えること以外の名宛人を持たない。かかる制約の下にありながら，法人の諸権利も，法人自身の善益を追求するという自己中心的目的の性格を帯び，この限りで自然人の場合におけると同様に受益者である。

　他方，法人による自己中心的目的の権利は，その本来の働きからして職分的性質も有することが忘れられてはならない。なぜなら，法人は「他の人格者，つまりその成員達や集団的目的の受益者達の善益のためにのみ実在をもち，したがって権利を持っている」からである。法人は独立の権利主体性を有するとはいえ，「それらの活動とその資力とを無関係な目的に捧げることは許され」ない。「法人の場合は，主体自身が職分的性格を持つのであり，その諸権利は職分的存在とし

てのその性格に与ってのみ，権利なの」である。ここに自然人の諸権利とは異なり「職分的」権利と称される所以がある[44]。

　第三に，**職分権 droits-fonctions** とは，自己中心的目的の権利や職分的権利とは異なり，「法人又は自然人たるその資格ある持ち手に仕えるためでなく，他人に仕えるための，他人中心的目的の諸権利」を意味する。職分的権利の場合，法人は自己のものである財に対し所有権を持ち，その目的財産から受益できる。ところが職分権の保持者にとって，「彼が管理すべく呼び出されている諸財は，かれのものではない。彼はそれについて享受をもたず，依属をすら持たない。かれは他人のために，機関あるいは道具としての名目で行動するのである」。職分権が見られるのは，他人に対する義務の単なる遂行にではなく，ことに集団の関係においてである。外科医が患者に手術するのは，職業上の義務を果たしているまでで，職分遂行者（フォンクシオネール）の身分をもつことにはならない。

　それよりも，家族における父親や国家における公務員においてはじめて固有の職分権が語られうるのである。まず，家族は，法主体ではない一個の共同体であるが，父親は家族を守るために諸々の権能を有する職分を負う。ここで得られる善益は父親一身のものではなく，妻や子供のものである，否，家族の共同善に帰するのである。また，国家は法人であり法主体として，精神的・金銭的な「職分的権利」を有しているが，公務員を名乗る自然人を介してしか行為できない。「国家の名でもってするこの命令の法的能力が職分権である。それは国家に奉仕しなければならず，公共善を獲させることにある国家の職分の遂行の手段として用いられねばならない」。このことは，統治者についてだけでなく，被治者が投票する場合にも当て嵌まる。なぜなら彼が公権力に参加する権利は，国益のために果たすべき職分権であって，投票者の自己一身的な利得をはかるために与えられているのではないからである[45]。

　権利概念と職分権概念をダバンが明確に区別したきっかけは，権利を否認し社会的職分の義務性を力説したデュギーの社会的職分論にある。ただダバンは，権利のみ主張して社会的職分の概念を否定したり，逆に権利を否定して社会的職分しか認めなかったりするいずれもの一元的理解に対し，個人的権限として分析される権利と真の社会的職分を構成する権利との二つのカテゴリーの区別を主張したのである。このように，デュギーが権利の体系に代えて義務の体系として法規範を捉えた社会的職分の概念は，職分権という権利の一カテゴリーとしてダバン

法理論の中で維持されることになった。ここに，職において義務と権利が融合する独得の性格を持った「正」（=「分」）概念が現れる。

　以上の観点に立って，デュギーとダバンの関係を深く追求した論文に高作正博「客観主義の権利論」がある。本論文は，「デュギーは，社会学主義の方法論により形而上学的法概念を否定することに固執するあまり，社会的職分の権利的構成の可能性を吟味しなかった点が，彼の社会的職分論の限界ということとなろう」[46]と批判し，ダバンが，義務としての社会的職分を権利として再構成しえた点を高く評価した。同論文は，ダバンにおける理論的問題として，社会的職分が権利概念を構成しうるかどうか，**義務と権利との両立可能性**という点について改めて検討し，「職分の保持資格者が，職分の担い手としての資格とその実質を獲得・保持することを万人に対して主張しうるという職分への権利という側面，また，こうして得られた職分の保持に基づいて，自らが責めを負う利益のために最善と考えることを行う自由という側面，の二つの点において権利概念が現れている」[47]ことを確認する。

　この考え方の背後には，当然に権利の定義に関するダバン独特の理解が潜んでいるとして，ダバンの権利概念の基底をなす「依属-支配」説を紹介する。「権利の存在が肯定されるためには二つの要素，すなわち自然人や法人などの主体に一定の物質的・非物質的諸善益ないし諸価値がさまざまな態様において帰属する状態自体を意味する『**依属**』の要素，および依属により生み出される事物に対する自由な処分能力を意味する『**支配**』の要素が必要とされる」が，職分権はこれらの要素をいずれも充たしていることを，子供の利益のために働く親の職分，あるいは公共利益のために働く公務員の職分を例にとって説明している[48]。職分権もまた，それぞれの共同体にあってそれぞれの共同善が定位する諸目的に眼を見やりつつ，権利保持者が己の依属-支配するところを遂行することにおいて妨げられない権利の定義を充たしている。

　高作は，ダバンに従い，権利と職分権との区別の実益を求めて，両者における濫用の統制手法の相違に注目した。権利に対する統制手法としては「権利濫用」が用いられる。権利濫用とは，「加害意思をもって為される権利行使をいう。この権利濫用の基準は道徳的な性質を持つものであり，道徳的正当性のない権利行使はもはや法的に見ても正当なる権利行使とはみなされない」[49]。これに対して，職分権に対する統制方法は，コンセイユ・デタないし行政裁判所が行政権に対して

用いてきた「権限濫用」である。職分権に対してこのような統制が許されるのは，処分権が「職分に仕えること，職分により現実化すべき善益に仕えることに他ならない一定の義務拘束的利用との関連でのみ，設けられるもの」[50]でもあるからである。権限濫用によれば，「客観法によって課された他人の利益の維持・促進・保護という目的と，実際の権利主体が権利の行使の際に抱いていた目的との離齬の有無が判断の焦点をなす」[51]。

客観法の定める職分は利他的な奉仕であるが義務ではない。配慮を受ける者はそうすることを要求する権利を持つものではない。この奉仕は，厳格な羈束的命令に服するのではなく，職分保持資格者が相手のために目的にふさわしいだてを知慮をもって自由に選択できる裁量の余地ある配分行為である。しかしこの権限は，職分の客観的目的によって拘束され，裁量に限界が置かれている。「権利はそのためにそれが設けられた当の目的の観点からのみ利用されうる」[52]のではなくてはならず，他の目的に仕えるなら法規の基礎を失い，職権の歪曲となる。

以上，高作論文を援用して，デュギーの社会的職分論批判から，ダバンの職分権論の特徴を取り出したことにしよう。さて，問題は，この職分権論をアリストテレスの配分的正の脈絡にどう取り入れるかである。コイノーニアあるところに広い意味で配分的正があるかもしれないが，勝義の意味で，配分的正が論じられるのは，自然本性的な目的を履行するために共同体によって，自己一身のためにでなく共同善実現のために権利を行使すべく呼ばれた責任ある者についてであることが推察される。その課題は名誉に関わることであるだけに，責任もまた重い。最後にこの面を述べることで本章を締めくくろう。

われわれは，アリストテレスによって定礎された配分的正の観念を概念史的展開の側面から辿ってきた。その結果，彼の考えでは，配分的正は，何らかの善益を配分される者の人格的評価が前提されるという解釈が通説であった。その評価基準は，当該国家の採る国制の活力増進にどれだけ寄与したかという貢献度による。名誉や地位はそれに対する褒賞として授与される。ところでアリストテレスによれば，国家において「公共に対していかなる善をも致さないひとは尊敬されない。公共的なものは公共のために善を施すひとに与えられるのである」（*EN*. 1163b7）。したがって，この配分的正を，個人が自己の実績をもとに何らかの善益，例えば名誉や地位等を国に対し求める請求権であると見ることはできない。ひと

は，国の配分に対し不当性を覚えるとき，異議申し立てを行っても，そのことの論証は困難である。名誉に対する評価は，それを受ける者にあるのではなく，それを授ける側に委ねられているからである。

　小沼進一の『アリストテレスの正義論』によれば，名誉は国民として享有しうる特権や特定義務の免除などに現れるこの上ない価値であり，不名誉の烙印を押され，名誉を褫奪されることは，当該個人にとって，まさにポリス生活上の「死」を意味した。「名誉は，ポリスでの最も美しい行為に与えられる褒賞なのである。それゆえに名誉は，要職にある人びとが熱心に求め，一般大衆も強く希求したものであった」[53]。配分的正とは，程度を超えて名誉を欲する者に対し，また反対に過小にこれを欲するものに対し，比例的な中に基づいてしかるべき仕方で名誉を授けることにある。

　ところで，トマスは，アリストテレスの場合政治的公共の文脈に置かれていた配分的正を，都市国家社会におけるさまざまな職業の配置に関する適正さへと拡張する。否，それは朱子もそうであったように，世界を構成する各存在者の働きを「職」と捉え，その職を全体から部分へと分節していく条理として捉える。職を用意するのはなにも商工業や国家のみではない，天地もまたそうするのである。各人は自己自身の存在に固執するのでなく，こうしたことは「私への執着」として蔑まれ，職・業において「〜としてある」役割存在において特有の意義を発揮するのが勧奨された。各部分は特定の機能しか果たさないが，それを欠けば全体が「善くある」ことができなくなるがゆえに，全体的意義と価値性を有するのである。社会の一隅を照らすことは，自己一身の利益の享受ではなく，同時に公益の充実に通じる普遍性を持つ。

　こうした機能別の職階制は，しかしながら現実には，文を崇め，武を蔑む貴族制に適し，人格的移動の少ない身分制や，能力とは無関係の世襲制と重なりながら，特権化し適任性を失っていく。だがこの間実力を蓄えた「武」が，やがて「文」を凌駕し，「職」を独占する下剋上が中世社会の確立へ向かわせる。ここにおいて名誉体系における「分限」が再考されるものの，社会の身分構造は武断政治の下に温存され，その壁に阻まれて人間の能力はそれを発揮する機会を抑制される。

　これに対し，ヨーロッパで市民革命によって賦活された近代の産業社会は，基本的に万人に能力の開花を保障する機会を均等に与える法体制に支えられる。教養と才能が分離し，教養があっても才能の裏づけのない者は没落し，野卑であっ

ても才覚（とりわけ商才）に富む大胆な者が高位に上る。こうした実力本位の競争社会は，生産の効率性を求めて分業体制を発展させる。各種の利益団体が乱立し，さらに圧力団体となって，私業界の代表者を公職に送りだし，政権を壟断しようと争う。そのとき，共同善管理へのまなざしは失われ，国庫からどれだけの配分利益を受け取れるかが関心の的となる。

　デュギーが個人主義の過剰を抑止するテーゼとして，個人間の絆である社会的連帯の義務化を訴えたのも，こうした社会的背景を背負ってのことと考えられる。わが国の刑法学者にして自由法学を導入した牧野英一はデュギーを評して，彼の権利否認説はこれを拒むけれど，その意図するところには大いに賛同し，その理由を，法を権利本位から社会化へ導く進化の流れに気づいていち早くこれに棹差した先見の明に認めている。われわれから見れば，デュギーは，社会の構成単位をアトム的な個人に置くことを前提としたいわゆる「生まれながらの権利」観念を否定するまでで，そのことに誤りはない。また，法の本質を客観法に求めることも間違いではない。ただ法が帰属する主体に義務しか見ず，権利もまた等根源的に客観法に根拠を有するにも拘らず，これを啓蒙的観念の下に捉えて形而上学的迷妄として退けたところに思い込みがある。団体に帰属する個人の果たすべき義務が，同時に権利として行使される論理が成立しないわけではない。それが，ダバンが他人のために行使する「職分権」と名づけたものである。

　ここにおいて，アリストテレス＝トマスの配分的正の概念で蔽われていた，共同善という目的観念が顔を覗かせる。他人というのは共同体を構成する成員であり，この共同体が有する公共の善が，成員のそれぞれの存在資格に見合って，存在充足のために配慮する権限をもって，その代表機関によって配分されるのである。配分的正においては，伝統的に，配分を受ける者と配分される物との4項の比例関係のみが前面に出ていたが，職分権という概念の登場によって，隠されていた配分する者の権利義務と配分の目的が明るみに取り出されたと言えないだろうか。配分者は，管理維持している共同の善益から，共同善の増大に貢献したと判断する者に，ある種の栄誉を授ける権限を持つと共に，その目的を逸脱する権限行使は越権の責任を問われるのである。

　この法理は，公益に定位する国家公務員，社会益に定位する企業主，家族益に定位する親にも同様に当てはまる。彼らは自己のためにではなく，団体構成員のために，団体の管理する善益から，構成員による団体目的の促進または遅滞に照

らして，衡平に配分する権限を有する。この目的によって限定された職権を逸脱しないことが彼らの義務である。ただし，団体が追求する目的が経済的な性格であれば，行為の評価は有用性に関して比較的確実に近くなるから，受け取る善益の質や量も確定的なところがあり，それをめぐる諍いもやがては終息する公算も高い。

　これに対して，道徳的・社会的・政治的といった経済外の諸目的については，これに貢献する職員の努力の評価をめぐって重大な対立が起こりがちであり，評価する配分者自身が利己的な配分から無縁でいられるか，そしてそのことは職権逸脱を誘いやすいといった懸念も残る。「廉直たるべき公務員」の収賄罪や，「善良なる家父」による子供虐待のケースを思い浮かべれば，権限に伴う自由裁量には，団体成立の目的が授ける規範性からコントロールを受ける可能性がいっそう強調されざるをえない。権限行使の自由度が大きいほど，目的違反に対して負わされる責任もまた大きくなる。配分的正は，価値相応の分け前を，共同のものから受け取るところに存するが，これを正しく評価し，衡平に授ける配分者の正しさは，もはや配分的正そのものにあるのではなく，権限行使に当たって絶えず共同体の善の維持を視野に置くよう配分者に命じる全般的正としての法的正（重大な逸脱に当たってはサンクションを用意する）に存する。配分的正が法的正の内容決定に依存すると言われる所以である。

第3章　交換的正とその連関

　アリストテレスの交換的正に関するメインのテキストは、『ニコマコス倫理学』第5巻第5章と『政治学』第1巻第8-10章に見出せる。合わせてもごく短い記述でありながら、交換的正に関する論述は、後世の理論家や解釈者たちに多くの論議を呼び起こした。それは交換的正が特殊的正の中に占める固有の意義と、のちの経済思想の展開に与えた意義とに関連している。つまり、彼の議論は、純粋に正義に関する議論の枠と経済に関する議論の枠とが重なり合った形で展開されているのである。しかし、『ニコマコス倫理学』の主題は正義のさまざまな形式を区別することに焦点が合わせられているので、経済的分析は、当面の主題への探求中における副次的産物でしかないと見るべきである。とりわけ取財術において重要な貨幣に関する経済倫理的考察は別途の検討を要する。したがって、両者の枠を一応区別して取り扱う方が議論の混乱を防ぐために有効な方法である。以下、本章では、前者の方に焦点を合わせて、すなわち経済的交渉の場で「どのような正義が存在するか」という『倫理学』内で設定された問題関心に合わせて考察を行うことにする。

第1節　『ニコマコス倫理学』に見る交換的正の特徴づけ

1　『ニコマコス倫理学』に見る交換的正への移り行き

　アリストテレスは特殊的正義を分かって、配分的正、そして矯正的正へと叙述してきた。ところがこれら二種類の特殊的正の分析を終えた後、突然「余談」であるかのように、交換的正の分析に移っている。その「余談」というのは、矯正的正における応報的正の話をきっかけにしている。彼は、正義は一般に互酬性であるというピタゴラス学徒の見解を吟味することから、交換的正の特質を得るべく議論を始める。その手がかりを与えるのが $ἀντιπεπονθός$、つまり「応報」というピタゴラス学徒の正義観念である[1]。

　なぜ応報に適用される正義が交換における正義の考察を誘発したのであろうか。一般に、正義は「等しいものに等しいもの」を返すことの内にあるが、応報

は「悪に対しては悪を」返すことが正しい。その正しさは不正を**強制によって正す矯正**である。これに対し，経済的交換は自由な互酬性を旨とする。互酬性もまた「等しいものに等しいもの」を返すことに正しさを有するのであるが，「善に対しては善を」返す正しさである。つまり，応報ということには，先行する犯罪に対し釣り合いのとれた処罰を「返す」という含みがあるが，交換もまた，自分が受けた物に等しい物を「返す」際の正しさである。ただし，おのおの異なった価値を有する物財やサービスを交換することに，この正義の難しさがある。その交換がどちら側にも不利益とならないように，物財やサービスの価値が**矯正されなければならない**。そこで交換の結果が等しくなるように，双方の所有する例えば物財の価値の交換比率が定められる必要がある。この「異なったものを等しくする」経済的**調整**行為の内に，アリストテレスは矯正的正義に似てはいるが，それとは異なる独自の形式を認めたがために，議論を余談に脱線させる必要を覚えたのではなかろうか。

　財の交換の随意的交渉において正義の適切な形式は互酬性の形をとる。それは，比例に基づくのであって，平等に基づくのではない。古代ギリシア人が正義の本質として挙げた同害報復であるラダマンテュスの単純な応報とは異なる。タリオの法は社会的地位の同じ者の間で成り立つが，支配者が平民を殴る場合と，平民が支配者を殴る場合とでは，応報の程度が異なる。また応報の関わる行為は，随意的でなく不随意的である。これに対して，経済的な交換的正義には矯正的正義とも，また配分的正義とも異なる独自の特性が備わっている。その特性とは何であるかを探ることが課題となる。

2　共同体を維持する正としての交換的正

　アリストテレスは「国の維持されてゆくのは比例的な仕方でお互いの間に『応報』の行なわれることによってなのである」と言う[2]。「交換」という言葉に連動するこの「応報」という言葉のニュアンスをもっと掘り下げて考えねばならない。彼は，応報がきちんと正しく行われていることが，国が維持されていくうえで重要なことだと述べている。不正を被ったならば，これに甘んぜずに報いを返すことが大切なことであって，さもなければ，それは奴隷的な態度に等しい。こうした不随意的な交渉において，懲罰を与えることは国を維持するうえで正しい。そうであるならば随意的交渉，すなわち交易的な共同関係においても，それに対応

した等しさにおける「正」が考えられてしかるべきである（もっとも，それは算術的な比例ではなく，幾何学的な比例の上にあるとされるが）。このような「正」こそが「交易的な共同関係」において異なった人びとを結合する絆となるのである（ἐν μὲν ταῖς κοινωνίαις ταῖς ἀλλακτικαῖς συνέχει τὸ τοιοῦτον δίκαιον.）[3]。

上述の「共同関係」，すなわち「コイノーニア」を，たんに物財やサービスの交換関係のように理解すれば，その持つ言葉の真意が見失われる。アリストテレスにおいて，コイノーニアとはその最高の形態であるポリスから，航海中の船乗りや戦場の兵士，そして物財交換の当事者にまで及ぶ。その意味では，結合度が高いレベルでの community から，低いレベルでの association まで包括する。一つの単語をもってコイノーニアのスペクトルを尽くすことはできない。経済学者 M. I. Finley は「アリストテレスと経済分析」(1969) という論文で，コイノーニアが成り立つ条件を次のように挙げた[4]。①メンバーは自由人でなければならない。②彼らは大なり小なり，遠かれ近かれ共通の目的を持たねばならない。③彼らは共通のものを，場所・物財・儀式・食事・善き生の望み・負担・苦しみといったものを分け持たねばならない。④彼らには「友愛」，つまり相互行為における「公正さ」に還元される「正」がなければならない。

古代ギリシア人が携わった交換行為には，こうした観念を底におき理解する方が適切である。それゆえに，商業的な相互給付においても公正さに基づいて行われなければ，人びとは結びつきを失ってしまう。されば，アリストテレスは言う「カリス（＝好誼）の女神たちの社殿が人目につく場所につくられるのもこのゆえなのであって，すなわち対応給付の行われんがためである。事実，対応給付を行うということは好誼に固有なことがらである。好誼を尽くしてくれたひとに対しては，すなわち，これに報いるべき奉仕を行うし，さらにまた，自ら端をなして好誼を尽くすのでなくてはならないのだからである」[5]と。

好誼を尽くしてくれたひとに対しては率先してこれに報いることが対応給付における交換的正であり，この交換者間の正義は，他の特殊的正義の形式に優先する。なぜならポリスの生活において，他のいかなるものよりも基礎にある「友愛」（φιλία ピリア）の形式を提供するからである。ポリス内に，否，ポリスの成立以前でさえ，二人の間に人格的対他関係があるなら，交換的正義が現れる[6]。応報的正が，友愛の侵害に対する回復として現れるなら，交換的正は友愛をもとに契約を誠実に履行することに現れる。交換においては自分の利益の主張のみならず，自

分の利益が相手方の利益によって制限されることを明示的に認めること，したがって相手を相手として尊重するという姿勢が求められるからである。相手は自分と対等の人間である。自分とは無縁であっても，自分の利益とは競合しさえする全くの他者に対しても，彼に帰属するものを多すぎもせず，少なすぎもせず返す誠実な態度が，ポリスにおける異なった人びとを「結合する」（συνέχει）のである。

3　友愛と交換的正

　交換は同時になされることもあれば，やや時間をおいてなされることもあったであろう。しかし，交換の基礎には友愛があり，互酬を共同の目標としていた。経済活動には近代の商業取引における自己欲求の満足以上の倫理性が伴っていたといえる。アリストテレスは，友愛が互酬的であり応報的であることを，友愛と正とが並行関係にあると論述した『ニコマコス倫理学』第8巻においても説いている。そこで彼は，愛に三つの種類，すなわち卓越性に即しての愛，有用のゆえの愛，快のゆえの愛との三つを区別しているが，その中で，交換的正に関係の深い友愛は，「お互いを愛する人びとが，相手かたにとってのもろもろの善——その愛情の性質の異なるにしたがって，それぞれ異なった意味での——を願望する」「有用のゆえの愛」ということになろう[7]。それは「善を願うにしても，相手方からも同じことがなされていなければ，たんに一方的に好意を寄せているにとどまる。相互応酬的な好意であってこその愛なのである」[8]。

　愛はこのように基本的に「相互応酬的な好意」（εὔνοιαν ἐν ἀντιπεπονθόσι）という構造的特質を有するが，この「アンチペポントス」は，第5巻第5章で主題となった「取引の応報」と同じ言葉である。「もろもろの愛は均等性の上に成立する。というのは，双方から同じものが得られるし，お互いに同じものを相手かたが得ることを願うというふうであるか，さもなくばお互いに異なるところのものを交換するわけなのだからである」[9]。この交換するという行為は自分に欠けているものを他から供給してもらう意味で有用さを目的とする。ただし，有用を目指した交換における友愛は，「真」であると言われる道徳的友愛とは区別されている。われわれが考察している取引における互酬の愛は，有用に基づく愛であろう。なぜなら，「有用のゆえの愛は市場的なひとびとに属する」[10]とされるからである。

　ところが「有用のゆえにお互いを愛するひとびとは，相手かたを相手かた自身に即して愛するのではなく，自己にとっての或る善が相手かたから与えられるか

ぎりにおいて相手かたを愛している」[11]にすぎない。「有用を交換するひとびとに至っては愛の程度もいっそう低く，持続しがたい。有用のゆえに友たるひとびととは，功益の消失と同時にその愛を解消するものだからである。彼らはお互いを愛する友だったのではなく，便益を愛する友だったのである」[12]。アリストテレスによれば，優れた意味での愛は，善き人びとの善き人びとたるかぎりのものに限られるのに対し，有用のゆえの愛では悪しき人びと同士においても友たりうる。悪しき人びとは，お互いの人間自身に悦びを感じることはないが，何らかの利益が得られるというのであれば友たりうる。また，有用のための愛は，互いに非類似の当事者間に見られるものだが，とりわけ正反対の人びととの間に生まれやすいとして，貧しいひとの富めるひとに対する愛や無学なひとの識者に対する愛を例に挙げている。ここでは，ひとは欠如しているところのものを他から希求し，その代わりに別のものを他へ贈るのである。

しかし，このような互いに非類似的な当事者間に見られる交換は，苦情や難詰を生じやすい。当事者は愛において均等な立場に立っていても，交換される財はその価値において均等とは言えないからである。なぜなら，人間的な卓越性のゆえに相手方自体を愛する善き人びとは，お互いの幸福をはかることに熱心であるため，財の交換における苦情は生じえないのに対し，「お互いを実利のために利用する友人たちは絶えず過多を要求するものであり，自分は相当するところよりも少なくしか得ていないと思いこむ。そして，自分は値するところがあって要求しているのだのにそれだけのものにあずからないといって，お互いを難詰することになる」[13]からである。どちらもが相手よりもより多くを得るべきことを主張する結果，愛は解消へ導かれる。

一方的な優越の上に立つ愛は，親子・長幼・夫婦・支配者被支配者間等でさまざまな態様があるが，このような愛情においては愛し方もこれに比例したものとなる。これに関連する言葉を引用すれば，「相手かたよりすぐれたひとは，自分が相手かたを愛する以上に相手かたから愛されるのが当然である」，あるいは「不均等なひとびととの間においては相手かたの優越に比例するだけのものをもってこれに報いなくてはならない」とある[14]。アリストテレスがここに言う「不均等なひとびと」とは，身分や地位の相違を含むものであるが，この比例的な愛は，「より多く実利を与える位置にあるひと $\omega\varphi\varepsilon\lambda\iota\mu\omega\tau\varepsilon\varrho o\nu$ とか等々の場合もこれに準ずる $\dot{o}\mu o\iota\omega\varsigma$」[15]とされる。この言葉をもっと詮索すれば，ひとはその身分や地位の尊貴

な価値に比例して愛されるが，有用の愛においては，ひとがその実利を与える価値に応じて愛されるとき，ある意味の均等性 $\iota\sigma\acute{o}\tau\eta\varsigma$ が成立するという可能性に注目すべきであろう。

つまり，有用の愛においては，人物の優越的価値に比例するのではなく，むしろ人間関係の量的な $\kappa\alpha\tau\grave{\alpha}\ \pi o\sigma\grave{o}\nu$ 等しさ（*EN.* 1158b31），おおよそ対等な人間関係が問題となることが知られる。そしてその比例性とは，むしろ所有する**財の価値の差異**を指すと解されるべきである。アリストテレスにおいて，「正」における均等は何よりもまず，「価値に応じての」それであったが，まさにこの価値（人のではなく，財の）に応じた比例に基づく交換の正こそが，「有用のゆえの愛」に潜在する解消への道を防ぎ，結合を維持するものとなる。公正な交換は相互給付の形をとるが，その相互給付は，交換者に関しては均等であるが，交換される物財に関しては比例に従うのである。ここでは，人と人との優劣が問題となるのではなく，その差異は背後に沈む反面，物と物との価値の差異が表に現れ出るのであり，この差異を等価に均すことが問題となる。なぜなら交換の当事者は，社会的地位を度外視した対等の人間だからである。

アリストテレスは「有用のゆえの愛」にも，道義的（エーティケー）なそれと法的（ノミケー）なそれとの二種あることを指摘している。「法的な愛」というのは明言された条件のもとに立つ愛であって，「そのまったく市場的な形態のものは手から手への取引であるし，もっと自由人にふさわしい形態のものは時間の間隔を許すが，しかし『何の代償としての何』という申し合わせの内に立っている」。道義的な愛は明言された条件のもとに立たないものであるが，事情が変わったため，交渉時と態度を異にして，「あれは贈り物ではなく用立てたものである」と苦情を唱える場合がありうる[16]。われわれはここで，有用のゆえの愛を，さらに法的な愛という側面に絞って，アリストテレスの考えを追考していくことができる。それは，「市場的な取引」に見られ，「明言された条件のもとに立つ」とされていることを手がかりとする。

4　アリストテレスがいう「交換」とは何か

アリストテレスの『政治学』の一節によれば，事物には二通りの価値があるとの指摘がある。それは使用価値と交換価値である。「さてわれわれが所有している物の何れにも二つの用がある。そしてその両者ともに，物そのものに即している。

しかし，物そのものに即していると言っても同じような仕方でではない。何故なら，一方の用は物に固有なものだが，他方の用は固有ではないから，例えば，靴には靴として履くという用と，交換品としての用とがある。両者いずれも靴の用である。というのは，靴を欲するものに対して，貨幣或は食糧と引換にそれを与える人でも，やはり靴を靴として用いるのだから。しかしそれは固有の用い方ではない。何故なら靴というものが存在するに至ったのは交換のためではないからである」[17]。

　財は実体としてはその特殊目的によって規定される。それがその財の「本性上」そうであるものである。この本性は，使用価値を備えるものであるが，それをもとに比較すると，靴と家との間を通約するものはない。これに対して，靴を売って家を購入するとき，靴は，自分が使用するためではなく，自分の望む家を手に入れるための交換価値を有するものとなる。この価値は，したがって，何ら財の本性上の価値ではなく，交換によって偶然的に新たに獲得する価値であって，物財に付随する異なった価値であると言える。

　彼はここで，財はある特殊な目的を実現すべく使用される価値ともに，物々交換や市場での交換における価値をも有することを指摘した。この使用価値と交換価値の経済学的な意味の吟味は一応さておいて，使用価値とは異なる交換価値の確定がいかにして可能であるかがわれわれにとって問題である。異なった財をいかにして等しいものに直したうえで交換するかが，正義の観点から問題となるからである。

　交換に従事するひとは，異なったひと，等しくないひとである。そもそも交換されるものは，同種のものに対して行われるのでは意味がない。自分自身が所有していない財の必要を覚えるときに有意義となるのが交換である。共同関係が生じるのは，二人の医者の間ではなく，例えば医者と農夫との間においてである[18]。ただし交換の当事者は，異なった相手であるというとき，相手は人間として対等であることを前提とする。したがって，神や君主や智者など恩恵の点で一方的な関係にあるもの，隔たりの大きいものの間には，交換は生じえないし，また交換的正を論じえない。もっと言えば，交換において交換者の身分・社会的地位の上下は問題にならない。

　かつての通説では，交換されるべき財の価値は，その生産者もしくはその所有者の価値の差異に従うとされていた。例えば10足の靴が，穀物1升と正当に交換

されるというとき、このことは農作人が靴工よりも10倍だけ価値があると考えるなら、それは甚だおかしい言い方であろう。アリストテレスはこのようなことを考えていたわけではない。売主と買主の人格は無関係であるのが市場経済の第一原理である。医者が農夫とあるいは大工が靴工とであれ、どのような**人物**が交換するかは**財**の交換において何ら役割を果たしていない。財の価格は、生産者や所有者の価値から得られない。むしろ、大工と靴工の関係とは、実は大工の技能と靴工の技能との関係に他ならない。大工の生産物が靴工の生産物と比較されるのである。交換する当事者の人物間には均等性（$ἰσότης$）が成立し、財間には比例性（$ἀναλογία$）が成立すると言える。どちらにせよ自分の存在充足を目指し、自分の所有に欠ける異なる財を調達しようとすることに交換の意味がある。もっともこの「正」は必ずしも国が成立するための十分条件ではないが、必要条件ではある[19]。

　ここで注目すべきことだが、アリストテレスが挙げる交換の例は、大工と靴工とか医者と農夫というふうに、暗黙の内に職人と商人とが区別されており、両者に介在する筈の**商人**が考察の視野から除かれている。彼はおそらく「手から手への交換」が当時の財の支配的な循環形式ではないことを知っていたであろう。それにも拘らず、彼は『倫理学』において、当時のギリシアで用いられていた商業用語を用いずに、「交換」という中立的な言葉に固執した[20]。確かに、アリストテレスがここで注釈したプラトンの『国家』では、農夫も職人も商品を市場へ持って来るときにはいつでも交換すべき相手を見出すことをあてにできないので、商品を貨幣と交換する商人をポリスは必要とすると述べている[21]。しかし、交換的正を求めることを課題とするアリストテレスにとって、それは「各人が各人のものを持つ」ときに、つまり「一方の所得が他方の損失とならない」ときに達成されるのであるから、必ずしも商人の介在を要しなかった。したがって市場価格の理論を探究することは直接の関心外にあったと言えよう。問題は、異なった財が取引後においても、交換者の所得に変化をもたらさないような正しい交換の物差しを提供するのは何であるのかである。

第2節　交換における通約可能性の問題

1　貨幣と必要

　同じ靴工どうしがそれぞれ自分の作った靴を比較するなら，どちらが優れているかを語ることはできる。ところが家と靴とは，実体のうえでは異なっているので，比較のしようがない。それにも拘らず両者が交換されると言うのなら，交換されるものが「**何らかの仕方で比較可能**」でなければならない。このように言うとき，両者が共有するものに注目しなければならない。この点につき，イギリスの経済学者 Scott Meikle はその著『アリストテレスの経済思想』で，興味深い哲学的な注解を与えている。それによれば，「両者が共有するもの」は，実体についてではなく，実体に付属する性質カテゴリーにおいて発見できるとされる[22]。

　ある事物が多様で異なった性質を持つにも拘らず，通約可能であるというとき，類似によって比較が可能となる。他の点では似ていないが，ある点では似ているその性質を際立たせる類似によって性質は比較できる。量は等しいとか等しくないと言われるが，性質はそのように言われずに，似ているとか似ていないと言われる。アリストテレスが「5台の寝台と1軒の家とが等しい」という例を挙げるとき，この表現は，実は，等しさの関係について述べているのではなく，質的に見て類似しているものの量的な比例関係を述べているにすぎない。事物は使用価値，実体の観点からみれば非通約的であるが，交換価値としては通約可能となる。では交換価値とはどのような種類の量かが問題となる。

　大工と靴工（あるいは寝台製作者）とが，1軒の家と1足の靴（あるいは1台の寝台）とを交換することは公正とは言えない。1軒の家が1足の靴（あるいは1台の寝台）に対して「より以上のもの」$κρεῖττον$ であると言うとき[23]，財の「質」で比較して言うのか，それとも製作者の社会的「地位」を比較して言うのかが問題になるが，アリストテレスは，一貫して「量」を問題にしているのであって，財の品質の差異や製作者の地位の差異は論議していない。必要または使用される財はその品質が劣っているか，欠陥があるかどうか，そのことを相手かたに告げる必要があるかどうかといった法的問題とは一応無関係に交換可能であることを前提として，議論を進めている[24]。

　まず交換されるべき靴と家との比例が等しく（$ἰσασθῆναι$）されねばならない。

そのうえで比例が互換される[25]。なぜ交換に先立ってかと言うと，交換後では，一方は自分の所有物やサービスを高く評価すると同時に，相手かたの所有物やサービスを低く見積もりがちになるからである。したがって一方は与え過ぎてかつ受け取りが少ないと考え，相手かたが二重に利益を得ると見てしまう。それゆえに，他方からの給付が正しく評価されるのは，それがまだ欲求の対象であり，双方とも自分自身のものを手放さずに持っている限りにおいてである[26]。アリストテレスは，給付がなんらかの交換条件を含む場合，「なるべくは，その価値に相応するとどちらの側においても考えられるごとき，反対給付が行なわれなくてはならないのであるし，またもしそうはゆかないとすれば，受けた側の人がその価値を決定するのが，止むをえないことであるのみならず，また正当なことである」[27]と述べている。一般に自分の財の価値を他人のそれよりも高く見積もる心理が働くにしても，他人の財がなおも欲求の対象となるならば，交換以前の価格を交渉して決めねばならない。代償は「得たのちにおいて自分にそう見えるだけのものに評価すべきではなく，得る以前において評価していただけのものに評価するのでなくてはならない」[28]。

　こうした仕方においてのみ双方の共同関係は均等的であるが，それでは財間の比例の均等はいかにして果たされるであろうか。このことが成り立つためには，二つの財は「ある仕方で比較可能」となっていなければならない。まず二つの財間の「通約」($συμμετρία$)が前提となっており，この通約が可能となってはじめて交換が行われ，交換が行われることによって，両者の共同関係が成立するのである[29]。かくして問題の焦点は，いかにして通約が可能となるかを説明することにある。ここでアリストテレスは，事物の本質ではなく，交換において——まさにこのことによって異なる人間間に共同関係が成立するのであるが——事物に付属する価値を捉えるために，事物を通約すると考えられる二つの方法を挙げて，それぞれ十分に説明できるかどうか吟味している。その一つが「**貨幣**」であり，他方は「**必要**」($χρεία$)である。前者から調べてみよう。

　交換されるものはある仕方で比較されると言うとき，「すべてのものは貨幣において表現されることが必要である」($Διὸ δεῖ πάντα τετιμῆσθαι.$)[30]。異なる財に共通の測定基準が存在すれば，通約が可能となり，財の均等化ができる。しかし，アリストテレスはこうした考えは不十分であるとした。なぜなら，尺度となる基準を設立すること自体が，それ自体で非通約的な事物間の通約化を創り出すわ

第3章　交換的正とその連関　　327

けではないからである。まず，ある共有された特性に関して，事物が通約可能となっていなければ，そもそも計ることができない。例えば，物差しが空間的延長を創り出すのではなく，ある物が空間的延長に直されてはじめて，物差しをあてがうことができるようなものである。貨幣は通約されたものを後から量的に表現する手段でしかなく，貨幣が計られる財の価値を創り出すのではない。貨幣を基準とする計量が可能となるためには，異なる事物間の通約がまず可能となっていなければならない。すなわち貨幣が存在する前に，財の等価交換が行われていたのである。

　財は貨幣とは独立に通約可能である。貨幣自体は，既に確立されている交換関係の発展の所産であって，交換関係が存在する条件ではない。物財がまず通約可能となっていなければ，計量は不可能である。アリストテレスの例を持ち出せば，まず1軒の家が5台の寝台と交換される取引慣習があったに違いない。その後，1台の寝台に相当する銀の量がどれだけか，例えば1ムナと定まる。かくして5ムナで家の価格が決まる。問題は，家と寝台がいかにして等価交換されたかということであって，貨幣はそれを量において表現する便宜上の計量手段でしかない。1軒の家が5台の寝台に実物交換される代わりに，それだけの価格に相当する貨幣と交換されるかはどうでもよいことである。このように，アリストテレスは，なるほど貨幣は異なる財を通約可能にする表現手段であることを認めはするが，貨幣が通約可能状態を作り出す力を持つのではなく，その前に比例的な交換が行われていたことを指摘して，解決策として貨幣が十分ではないことを明らかにした。

　アリストテレスの関心は，全ての物が計量される「ある一つのもの」が何であるかにある（δεῖ ἄρα ἑνί τινι πάντα μετρεῖσθαι.）。この場合，**すべてのものを計量する「ある一つのもの」**とは，貨幣のことを指す。しかしその後に続く文で，この「一つのもの」とは，「本当は」τῇ μὲν ἀλεθείᾳ，**あらゆる場合を包むところの「必要」** χρεία であると述べているのである（τοῦτο δ᾽ ἐστὶ τῇ μὲν ἀλεθείᾳ ,ἡ χρεία, ἣ πάντα συνέχει,）[31]。あるいは，後の箇所でも同様に，「かくも著しい差異のあるいろいろのものが通約的となるということは，ほんとうは不可能なのであるが，需要ということへの関係から充分に可能となる」（τῇ μὲν οὖν ἀληθείᾳ ἀδύνατον τὰ τοσοῦτον διαφέροντα σύμμετρα γενέσθαι, πρὸς δὲ τὴν χρείαν ἐνδέχεται ἱκανῶς.）[32]と述べている。すなわち，実体的に異なるものを量的に通約することは「本当は」困難なのである

が，「需要」すなわち「必要」という関係から通約可能性が十分に（*ἱκανῶς*）生み出されると言う。それでは，交換において通約可能なものの候補として検討される需要者の「必要」*χρεία*とは何であろうか，そして「十分に」という言葉は何を意味するのかが問題となる。

　一般に人びとは互いに必要を覚えなければ，交換はしない。「いわば単一な何ものかとしてあらゆるものの場合を包含しているのが需要である（*ἡ χρεία συνέχει, ὥσπερ ἕν τι ὄν*）ということは，次のことによって明示される。すなわち，相互的な需要が存在しない—双方または一方に需要が存しない—場合にあっては交易は行われないのである」[33]。トマス・アクィナスは『アリストテレス「ニコマコス倫理学註解」』で，*EN*. 1133a25-31 の解釈にあたり，アウグスティヌスの例示に倣って「ものはその本性の尊厳に従って評価されるのではない。さもなくば一匹の鼠が，感覚を付与された動物というわけで，生命なきものである真珠よりも大きな価値を持つこととなる。けれども，それらは，人間がそれらを自分のために使用したいという必要に応じて価格を与えられるのである」[34]と述べている。交換においての価値づけは，被造物の内在的価値にではなく，人間相互の必要に準拠する。財の価値は先天的に決まっているのではなく，交換者の必要が決めることになる。

　異なった物財（あるいはサービス）が交換されるのは，「あらゆる場合を包む」（*πάντα συνέχει*）必要に基づくというとき，ポリスを「共に保つ」（*συνέχει*）という意味で理解されるべきである。つまり，分業と交換がポリス生活を統合し維持していく基礎的条件である。実際アリストテレスは，「国の維持されてゆくのは，比例的な仕方においてお互いの間に応報の行われることによってなのである」（*EN*. 1132b33）と論じている。

　χρεία を「必要」と訳したが，従来，英訳では demand として，和訳では「需要」と多く訳されてきた。普通は，「需要」（*χρεία*），つまり相手方の財の有用さを享受できる期待が，需要と供給の交換ゲームにおいて価格（*ἀξία*）を決定すると理解される。買い手が支払う用意のある価格は，基本的には，期待される有用さあるいは享有に従って測られると言われる。しかし内外の最近の研究によって，こうした訳語は近代的な功利的経済観念を読み込むものであるという観点から，不適切であるとの指摘がなされている。「なぜなら家職人にとっての靴の必要性は，市場における靴の需要の変化に左右されず，一定だからである」[35]。靴も家も，国家生活を維持していくために**必要な**不可欠の基礎的財である。ポリスにおいて十分な

生活を維持していくことがアリストテレスの第一の関心であって，厳格な通約可能性の探究は二次的な問題である。「いかにして異なった財が通約可能となるか」という問題は，「いかにして異なった財は，共同のポリス生活を維持するに足りる程度に，通約可能なものとなるか」という問題として立てうる。ポリス維持にとっての「必要」という観点から一応「十分に」財価値が定まることになる。

　交換の当事者が保有する財の異なる「分」は，物と物との移転を求める相手かたの「必要」において流通市場で「通分」され均等化される。それを量化して表現する手段が「貨幣」である。アリストテレスによれば，貨幣は必要（クレイア）の協約的な（コンヴェンショナルな）代表物でしかなく，必要は通約可能性の基礎であり，貨幣はそれの尺度である。必要は便宜的に貨幣によって代表されるようになった。このために，貨幣はノミスマと呼ばれる。なぜなら，それは自然本性（physis）によってではなく，慣習（nomos）によって存在するからである[36]。貨幣と必要とが結合するとき，両者は通約可能性と価値尺度とを供給できることになる。とすれば，「必要」に基づく価格決定は，必ずしも買い手の心理的要因が決定的であるとは限らず，必要物に対するポリスにおける合意あるいは申し合わせ，つまり「通り相場」なるものがコンヴェンショナルに定まっており，これが貨幣によって代弁されていたと見ることができるのではなかろうか。

　ところで他方，アリストテレス自身，必要のあるなしを超えて，交換において厳密に公正な等式がいかにして可能であるかという問題に専念していたふうにも見える。なぜなら，この等式が成り立たなければ，交易も共同関係もありえないからであって，このことは，財がなんらかの仕方で均等なものでないなら不可能となる[37]，と考えられたからである。こうして見ると交易と共同関係の成立において再び，財の価値尺度の安定性を保証する貨幣の機能が重要になるようにも思える。彼は，「貨幣は，たとえ，われわれが今のところは何ものをも必要としなくとも，もし何ものかの必要が生じたときにはそれが手に入るという未来の交易のためのいわば保証として役立つ。貨幣をもっていけば所要のものを得られる筈だから」[38]と述べている。つまり，双方の「必要」があってはじめて交換が成り立つが，今のところ「必要」が無くとも，財に価格を付けておけば，交換はいつでも可能になるメリットを貨幣は持つと言える。このような即物的でないいわば「抽象的な」取引は，文明がより発達したポリスで生活する自由人にふさわしい交渉方法であると思われたのである。

Meikle が整理して言ったように，通約可能性を説明するに当たって，貨幣に基づくアプローチと必要に基づくアプローチとの二つの解決方法があるが，双方ともに一長一短がある[39]。貨幣は，物財を通約しえないが，単位を持つので価格尺度たりうる。これに対し，必要は，物財を通約するが，単位を持たないので価格尺度たりえない。前者のアプローチは，通約可能性に関しては弱いが，価格基準論としては強い議論であるのに対し，後者のアプローチはその反対である。アリストテレスの最終的な答えは，エピステーメーの目的にとって，家や寝台や食糧は全く通約可能になりえないが，実用目的 $\pi\varrho\bar{\alpha}\xi\iota\varsigma$ のためなら，クレイア（必要）が，一応は通約の可能性を与えてくれる。ただし学問的な基礎づけを保証するものではない。公正な交換の理論を手に入れる試みは，いずれのアプローチを以ってしても不十分であることが，アリストテレスによって認識されていたと言えよう[40]。

2 交換的正を説明する数学的図式

ところで，『ニコマコス倫理学』における議論の目標は，とりわけ経済的交渉に現れる独自の正義の特徴を浮き彫りにすることであった。それを明らかにするために，アリストテレスは，大工と靴工，あるいは農夫と靴工との間の公正な交換を求めて数学的な図式を用いた。こうした手続きは，そこに何か厳密な正しさの追求がなされうるような印象を与える。しかし，アリストテレス法思想に関する解釈学者として著名な Max Salomon によれば，それをまともに受け止めるには及ばず，聴講者に分かり易く説明するための補助手段であったこと以上の意味を有するものではないとされる[41]。確かに，過度に数学的厳格性を求めることは不適切であるが，しかしながら，この補助図式は，交換的正が配分的正や矯正的正とは異なった性格を持つ所以を明らかにするうえで役立つものであることが分かる。このことについて以下に説明しよう。

アリストテレスによれば，正義には少なくとも4項が含まれる。配分される者が2，配分される物が2で，この4項の間の比例（アナロギア）の公正さに「正」は存する。比例とは ratio の均等であって，二人と二つの物との関係の間の均等である。二人の人物 A と B が等しければ，二つの物 C と D とは等しく，A と B とが異なれば，C と D とは異なる。矯正的正は，A と B とが均等であると考えられるケースにとって正しい。A：B は形式的で1に等しい。だれがだれの財産を騙し取るかに差異はない。なぜなら法律は不正の際立った性格にしか着目せず，当事

者を均等として扱うからである。例えば，他人の財産を奪うことは，「不正を働く」ことと「不正を働かれる」こととの関係とされ，「不当利得」 κέρδος とは自分に善を多く，悪を少なく取ることであるのに対し，「損失」 ζημία とは善を少なく悪を多く取ることと理解され，この両者の「中」をとることが損益間の矯正となる。つまり受け取る二つの「分」C と D の比は 1 に復する。民事上の不法行為も刑事上の犯罪も，その応報は善の過多と中と過少の三者の量的な損害賠償問題に還元され，算術的に処理可能となる[42]。

　これに対し配分的正は，当事者である A と B とが等しくないケースの類に適用される。当事者が均等でないならば，彼らは均等なものを取得すべきではないのであって，均等でないひとが均等なものを配分されるならば，そこに闘争が起こる。そこで「価値相応の」（κατ᾽ ἀξίαν）という観点から，一定の比例に即した公共財や名誉 C と D の配分が正しい分け前となる。『政治学』でも，国制の差異に応じて重視される「価値」（アクシア ἀξία）が，自由・富・生まれの善さ・徳とみなされたりするが，どんな区別もが平等にとって重要となるわけではない。例えば笛吹きに卓越したものが良い笛を受け取るべきで，富裕者あるいは生まれの善い者がそれを受け取る資格があるとは言わないであろう。アクシアは，それに従って，比例的平等が計られる実質的な評価基準である。どのような人物にどのような笛が配分されるべきかは，笛の人間に対して置かれる関係の**目的**から決められることである[43]。配分の目的が，配分にとって基準となる「価値」を認識させると言える。アリストテレスの理想とする国制では，官職の配分は徳と教養という価値の高さを基準に行われることになろう。なぜなら国家の目的は「善き生」であり，国民全般の共同善を公正に配慮できるプロニモスに最高の地位と名誉とが与えられるべきだからである。

　配分的正が「職・業」のうち官「職」に関する上下の評価基準であるとするならば，交換的正は俗「業」に関する財やサービスの評価基準であると言える。このときのアクシアは「人物」の社会的価値ではなく，「財物」の必要価値である。さて交換的正も正義の一般的規定のもとに服する以上，交換した後でも双方どちらも不当利得をえずまた損失も被らないとき，自分自身のものを持つことになって正しい。A が得るものが彼が与えたものと等しいとき，同じことが B にも言えるなら，交換は正しいことになる。以上をアリストテレスに従って図式化し，A は大工，B は靴工，C は家屋，D は靴とすれば，大工は靴工から靴工の所産を獲得

し，それに対する報償として靴工に自分の所産である家屋を給付しなくてはならない。このとき「比例的な対応給付が行われるのは対角線的な組み合わせによる」（ποιεῖ δὲ τὴν ἀντίδοσιν τὴν κατ' ἀναλογίαν ἡ κατὰ διάμετρον σύζευξις.）[44]。

つまり大工は自分自身の生産物を入手するのではなく，交換において相手かたの生産物よりも多い量を入手するので，交換的正は対角線で結合される。このことは自分に帰属するものは自分に返されるとする配分的正や矯正的正においては，各項は平行関係で結合されるのとは異なることを示している（比例が算術的であれ，幾何学的であれ）。前者は交差する結合であるのに対し，後者は平行する結合である。ところで，AとBは人物であり，CとDは物財であるから，同様に大文字で記すのは理解のうえで不便であるし，また誤解を招きやすい。それゆえに，CとDは小文字のcとdで記す方が適切であろう[45]。以上のことを図示すれば次のように描ける。

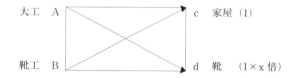

ここでアリストテレスは，AとBとは不均等であると言っているが，このことは不平等であるという意味ではなく，異なっていると言っているにすぎない。配分的正の場合，AとBとは社会的地位において不平等であり，それゆえに名誉や公共資産等，共同体に属するものを，それに応じて等しくなく配分することは正義に適ったやり方である。ところが私有財産の交換はこのような仕方で行われるものではない。AとBとは平等であり，その比率は1対1である。したがって問題は，交換されるべき異なる質を有する物財間の価値の比例を決めることである。このことによってはじめて，交換される物財の量がそれぞれ決まり，もって人物における1対1に均されるのである。すなわち等価交換が行われる。

このような交換的正には，配分的正と矯正的正との混合した特徴が見て取れる。まず，それは人物の価値に即した平等を目指すのではなく，それを捨象して物財の価値に即した平等を目指す点で，矯正的正に似ている。AとBとは平等であり，それぞれの所有分は等しい。矯正的正は，人物に帰属するもの（広義では生命や自

由も含むが，通常は財産）の量的等価関係を目指すものである。したがって，一方が他方の所有物を侵害したときには，その侵害分を返還して元の中点に返すことが正しいと言われる。このようにして，不当な利得と損害は相殺されて，自分に帰属する分はふたたび自分に復帰する。かくして，AのCへの帰属関係はBのdへの帰属関係に平行する。あるいはAとBとは同じ価値であるからそれを無視して，4項を用いずに，cとdを両端とする線分を描いてその「中」点に「正」を求めるというふうに表記もできる。

　応報がこうした性格を持つとするなら，交換における報償もまた，応報の性格に類似して，反対給付の態度をとる。一方の能動的提供によって，他方は利得を得るのだから，今度はそれに見合った分を返すことが正しい。後者の提供は，一方の作用に対する反作用であり，しかもこれまた能動的な対抗作用である。作用と反作用とが釣り合いのとれている状態に戻ることが正しいことは，矯正的正に類似するであろう[46]。そもそも「報い」という言葉は，正の意味でも負の意味でも共通に用いられる言葉である。悪事には悪い「報い」があると言われるように，善いことには善い「報い」があると語られる所以である。かくして応報律は善と善，悪と悪との平等原理と同一視される[47]。

　しかしながら，矯正的正の場合，人物におけるA対Bは1対1であることを反映して，それぞれの所有善益c対dもまた1対1であることを前提に成り立っていたことが忘れられてはならない。ところがアリストテレスは，罪を犯した場合，その者の社会的価値を捨象して，加害分と等しい分が応報として返されるのが「曲がりなきディケー」であるというピタゴラス学徒への反論として，身分の異なった者への殴打に対する応報はそれと違っていることを話のきっかけとして，交換的正は応報が単純に算術的でなく，幾何学的な比例に基づくことを導こうとしたのである。

　双方の幾何学的な比例分与は配分的正の原理である。それが，双方の均等な二分を原理とする矯正的正と異なる所以である。ところで配分的正の比例とはどのような性格を持つのであろうか。配分的正は長方形の平行関係にあるのだから，A対Bの関係は，c対dの関係に正比例する関係に立つと言えよう。あるいはA対cの関係はB対dの関係に正比例すると置き換えることもできる。これは対角線的な組み合わせではなく，平行線的組み合わせであるが，配分される量が均等であるのではなく，配分する比率が均等なのである。それゆえに，座標軸を設定

し，AとBをx軸に，cとdをy軸にとれば，三角形OAcと三角形OBdとは相似形をなす。A対Bの比はc対dの比に等しいが，Aに分与されるcの量は，Bに分与されるdの量とは異なる。しかし異なるとはいえ，それが正しいのが配分的正である。なぜなら「異なる者には異なるものを」返すことが正しいことだからである。

ところで，交換的正もまた「比例的な与え返し」($tò\ ἀντιπέπονθὸς\ κατ'\ ἀναλογίαν$)であると言われるが，そのとき，配分的正と同じような意味で比例していると見るわけにはいかない。なぜならAはdに，Bはcに結びつく対角線的な組み合わせが比例しているとされるからである。これを定式化すれば，A：B＝c：dではなく，A：B＝d：cと表せる。ところが，交換的正においては，AとBの価値を重視する配分的正と異なり，AとBは同じ価値であるとされるので，対角線的組み合わせという説明は，あまり意味を持たず，問題は，cとdとの比例関係，つまり幾足の靴が一軒の家屋に等しいかを計る問題に収斂する。すなわち大工も靴工も交換後，手に入れるものは等しくなければならないから，その比は1でなければならない。そうなるためには靴と家屋の比もまた1でなければならないので，xd÷c＝1，あるいはxd＝cとなる。ところがこの問題をクリアーするためには，cをdで割ったときに得られるxの値が得られていなければならない。言い換えると，1足の靴の価格と1軒の家屋の価格が分かっていなければならない。こうしてはじめて質的差異を量的差異へ還元できる。

そのとき，AとBを人物の価値とするのでなく，交換される物財のそれぞれの価格とすれば，対角線的な組み合わせは，A（1軒の家屋の価格）：B（1足の靴の価格）＝d（交換される靴の量）：c（交換される家屋の量）というふうに置き換えうる。そうするとこの等式は反比例関係であることが分かる。Ac＝Bdであるから，Aの価格が高くなればなるほど，Aが提供するcの量は少なくなり，Bの価格は低くなればなるほど，Bが提供すべきdの量は多くなる。

こうして同じ比例であっても，配分的正が正比例関係において示されるのに対して，交換的正は，反比例関係において示されるとするときに，その独自のあり方が理解できる。先行するアリストテレス文献学の考証を踏まえながら，こうした特徴をとり出したのが岩田靖夫『アリストテレスの倫理思想』（267頁）である。同書は，初期ペリパトス学派に属する偽書と伝えられる『機械論』で用いられた「反比例する」（$ἀντιπέπονθεν$）という語法に着目し，梃子と重さとの関係について，

「動かされる重さが動かす重さに対する関係は、支点からのそれぞれの梃子の長さに反比例する」と述べている箇所に言及する[48]。ここにいう反比例関係は重さと長さであるが、交換的正においては、物財あるいはサービスの価値（人物の価値ではない）と交換される物財の量あるいはサービスの労働時間がそれに当たると言えよう。この関係、すなわち梃の支点からの長さをAとB、それぞれ両端につけられた錘の重さをcとdとすれば、Acの積とBdの積とは常に一定である。この関係を図示すれば次のように描ける。

3　交換と自給自足

以上のような比喩的図式にも拘らず、A÷B＝d÷c＝xで言い表されるxの値がどのように決まるかという肝腎の問題はアリストテレスによって解決されていない。われわれには、交換する両者の間の「所産」（エルゴン ἔργον）の比例に即した等しさが与えられ、そのうえで取引の応報が行われると告げられるのみである。このエルゴンは、生産に要した労働時間や労働力、費用を価格に反映するものと普通解釈されるが[49]、トマスの『倫理学註解』における次の解釈がオーソドックスなものであろう。「一方においてまず、靴の一定数が家1軒等しくなるようにというのは、大工は家を作るのに、靴工の靴作りよりも大きな労力を負っているから、比例に即した均等が定まり、次に大工が家1軒に等しい沢山の数の靴を受け取り、靴作りが家1軒を受け取るように釣り合いのとれた応報がなされるなら、言うところの対角線の組み合わせに即して定められた報償がなされることになる」[50]。これは労働費用説に基づくとも言われる。ここから後にいわゆる「公正価格」の理論が形成される道を開いたものとされるが、アリストテレス本人がそうした目標をじかに望んでいたとは思われない[51]。

むしろ、アリストテレスは、この所産の比率は、「善く生きる」ための必要（クレイア χρεία）に比例しており、その必要に応じて価格が定まると述べていたことに注目しなければならない。このクレイアとは必ずしも主観的な欲求の意味では

なく，善き生を営むために必要な生活資料に対する需要であり，価格の変動とは相対的に独立におおよそ定まったもので，当時の市場における取引協定で定められた価格をもって代示されたものと思われる。

　ハンガリーの経済人類学者カール・ポランニーの独自な解釈をひきつぐわが国の経済学者森岡邦泰「アリストテレスの経済思想」(1995年) によれば，「アリストテレスやプラトンの描く社会的分業もこのクレイアを充足するための組織であって，分業の結果生じる財の交換も共同体の一員として生活資料を入手する手続きにほかならない。そこから交換的正義の原理が生じてくるのである。例えば靴工も大工も共同体に必要な生活資料を生産している。かれらは共同体に貢献した割合に応じてその取り分を受け取らねばならない。幾足かの靴が家屋一軒に等しいのであるが，その交換比率は，両者のエルゴンに比例してなされなければならず」，さもなければ交換も共同関係（コイノーニア）も成立しなくなるだろうと述べた[52]。適正な交換が行われるとき，一方の生産物は余剰となり，他方の生産物が欠如するといった事態はなくなり，こうしてポリス全体の成員の必要が満たされる。

　ポランニーは，その代表作『経済の文明史』の第8章「アリストテレスによる経済の発見」で，アリストテレスは自給自足を回復するために必要な交易を自然的なものと考えたという解釈の基軸を固持し，市場と交易とを別々の分離した制度と考えた。価格は，市場における需要と供給によって決まるものではなく，むしろ習慣や法律や布告によって生み出されるものであり，儲けを生む交易は「不自然」であると考えた。「自然な価格は，交換される財の非人格的な評価などではなく，生産者の地位の相互評価を表現するものである」とした[53]。しかし，この解釈を採れば，確かにアリストテレスの政治学全体の見取り図に適合した交換的正の理解をもたらすかもしれないが，交換的正が，人物評価に基づく配分的正の全体に含められてしまって，『倫理学』で目指した配分的正と交換的正との境界が不分明になるおそれが出てこないだろうか。

　ポランニーは**交換とは共同のものを分与すること**を意味したとし，次のように述べる。「アリストテレスによれば，交換とは，成員が共同の所有物を，元来共同に使用していた様な，拡大家族の必要から生まれたものである。成員の数が増加し，別々に住まなければならなくなった時，以前は共同に使用していたもののいくつかが，不足する様になり，そこで，必要なものをお互いの間で入手し合わなければならなくなったのである。これが結局，相互的分与（ミューチュアル・シェア

リング）というものになって行った。簡単に言えば，分与の互酬性は，物々交換の行為を通じて実現し，そこから交換が生まれたのである。つまり，交換比率は，共同体を維持して行く様なものでなければならなかった。ここでも再び，個々人の利益ではなく，共同体の利益が，支配原理であった。異なる地位の人びとの技術は，おのおのの地位に比例した比率で交換されなければならなかった。例えば，建築師の仕事は，靴直しの仕事の何倍かの物と交換された。そうでなければ，互酬性が損なわれ，共同体は保持されなかったのである」[54]。

　家族の規模が拡大した結果，その自給自足体制は終焉を迎えねばならなかった。そこで家族の不足を補うために生まれたのが等価物交換の制度である。それは，「すべての家長が，その時たまたま所有している基本物資と引き換えに，一定比率で，必要な基本物資に対する分有権を持つ事を保証する為に，つくられたものである。と言うのは，かわりに何も受け取らずに，ただ求めに応じて自分の財をやってしまう様な人は，誰も居なかったからである。事実，かわりに差し出すべき等価物を何も持っていない貧者は，自分の負債を働いて少しずつ返済しなければならなかった。かくして，物々交換の起源は，生活必需品を分有する制度であり，物々交換の目的は，すべての家長に対して，生活必需品を，自給自足の水準に達するまで供給する事であり，すべての家長が義務として，余剰を，たまたまその必需品に不足している他の家長の誰に対しても，求めに応じてその不足分だけ，（しかも必ずその限度内で）渡す事が，制度化されていたのである。そして，その交換は，相手の家長がたまたま（余剰の）供給分を持っていた基本物資によって，確定した（決められた）比率（等価性）に基づいてなされたのである。家計支持者の義務は，物による取引によって果たされ，請求者の実際の必要に応じて，その程度が限定され，貸借なしの等価比率にもとづいて遂行され，すべての基本物資を含んでいたのである」[55]。

　アリストテレスは，『ニコマコス倫理学』の中で，交換される財は，等価であっても，当事者の一方，すなわち，取引を提案する方が利益を得ることになると述べた。しかし，長期的には，次の機会に，もう一方が利益を受ける番になることもあるから，この方法は，結果として相互分与になる。ポランニーはこのことをテキストから論証しようとし，メタドシス $\mu\varepsilon\tau\acute{\alpha}\delta o\sigma\iota\varsigma$ を「交換」と翻訳することが誤りであり，「**分与**」と訳すべきだと提案した[56]。この訳語に従い，さきに引用した「カリスの神殿」に関する『ニコマコス倫理学』の箇所（1133a3-5）を次のよ

うに翻訳した。

「国家の存在そのものが，この様な比例的な互酬性の行為によっているのであって，……それが行なわれなければ，分与などは生じ得ないが，われわれを互いに結び付けているのも，その分与行為なのである。それ故，われわれは公（おおやけ）の場所に，美徳の女神の神殿を建立し，親切は受けたら返す事を，人びとの胸に，銘じさせるのである。というのは，他人からの奉仕に返礼するだけでなく，次には自分から進んで奉仕をする事が義務であるからして，親切を返す事こそが，美徳の際立った特徴となるからである」。ポランニーは，この説明ほど，互酬性の意味をよく示しているものはないとし，「ここでは，交換は，互酬性の行動の一部をなすものとして，考えられており，互酬性の観念に付随する寛容や美徳とは正反対の性格を，物々交換に与える様になった，市場的な考え方とはまさに対蹠的である」[57]と述べた。

アリストテレスの交換に関する理論のポランニーの分析は，古代アテネの経済状況がどのようなものであったかの時代背景の実証的な研究に裏付けられている。当時の地方市場はまだ成長の途上にあったが，しかし物々交換の段階から脱け出そうとしていた。当時新種であった交易による利潤獲得は，アゴラにおける小売り商人によって担われていた。しかし，アリストテレスはそこに，やがて普遍的となりうる「金儲け」の生き方を感知して，反撥を覚え，共同体の維持という政治的目的の中で，交換の経済倫理的意義を指摘しようとしたのである。この意味では，互酬性の背後には成員の自給自足を目指して共同善を分与する友愛の精神があったと想定しうる。

しかしこれは，『政治学』と併せて理解されるべき「経済倫理」の問題である。われわれは『ニコマコス倫理学』でアリストテレスが取り出そうとした「交換的正」の独自な特徴に注目するならば，ポランニーが述べた「異なる地位の人びとの技術は，おのおのの地位に比例した比率で交換されなければならなかった」とする理解は[58]，あるいは「自然な価格は，交換される財の非人格的な評価などではなく，生産者の地位の相互評価を表現するものである」とする理解は，あまりにも人物の社会的地位の差異を踏まえた配分的正に偏り過ぎた説明であるように思われる。他方，ポランニーはむしろ，互酬性における友愛を強調しているのであるから，交換後に達せられる過不足なき均等性に意義を存する，交換的正の独自性は，今度は希薄になってしまうであろう。

交換的正はたしかに比例的正であるがゆえに，それを本質とする配分的正と重なり，また互酬の均等であるがゆえに，応報を本質とする矯正的正とも重なる。思うに，そうなるのは，友愛に基づく古代ギリシア共同体における「正」観念の未分化の形跡を残すものだからだと考えれば，それこそが「正」の最も古い型を示すものであり，そもそもどのような交渉においてであれ「お返し」をするということがそこに内在する「原理」だったからではなかろうか。ポランニーが念頭に置いていた交換的正とはまさにこの古代ギリシアにおける未分化の「正」観念であったろう。しかるにアリストテレスは後期の著作『ニコマコス倫理学』に至って，この古義の「正」観念から分岐独立した他の二つの「正」，すなわち配分的正および矯正的正とを区別した。その際にこれらの両「正」観念と古い「正」観念との間になお残る相違をあらためて明別しておく必要を覚えたがゆえに，交換的正を経済的意味に特化せしめて，その特徴を際立たせるため別途に言及すべく，いわゆる「脱線」（*EN.* 1132b21-1133b28）したのではなかろうか。われわれはこの推測を確かめるため，次節でアリストテレスの「正義」に関する考察の発展史的研究から，三つの異なる「正」の配置を考えてみよう。

第3節　『大道徳学』解釈に見る特殊的「正」概念の発展

1　『大道徳学』における記述との比較

　前節末で掲げた問題を考える手がかりとして，われわれは，さきほど挙げた岩田靖夫『アリストテレスの倫理思想』の所論をとりあげよう。同書の結論から先にいえば，交換的正義の根底には「能力に応じて取るのが正義である」という思想が読み取れるとし，「そこに配分的正義と通底する」根本姿勢を見ている。そして「この点をはっきり示しているのが，『大道徳論』の議論であって，この書物を著わしたペリパトス学派の氏名不詳の学者は，多分粗雑さの故に配分的正義と交換的正義とを混淆して議論を立てている」[59]と述べている。

　例えば「大工は靴屋よりもはるかに価値のあるものを自分の作品として作り出すのであるから，靴屋にとって大工と交換することは困難な仕事となった。靴1足の代わりに家を取得することは不可能であったから」[60]という文の中に，人間間の価値の相違が能力の相違として明確に述べられていると言う。また「多くの所得を得た者が多くの税金を払い，少しの所得を得た者が少しの税金を払うことが

比例的である。同様に，多く労働した者が多くのものを取得し，少なく労働した者が少しのものを取得するのは比例的である。……なぜなら労働の多に対する比率は，非労働の少に対する比率と同一であるから」[61]という文では，労働もまた人間の能力の一つであり，労働力に応じて取得するという主張があるとして，そこには能力に応じて取るという原則を読みとっている。岩田説では，交換的正も，実力主義という観点からみれば，実力という価値に正比例して受ける配分的正（この場合は地位という価値）の一種とみなされる。「こうして，『等価のものを交換することが正義である』という交換的正義の原理は等価のものを産み出す各個人の能力の差異，すなわち人間の不平等性をそのまま容認することを含意」すると言われる[62]。

　ところで以上の『大道徳学』からの引用のうち，前者は対角線的組み合わせで，交換のケースを取り扱っているが，両者の能力と稼ぎ高との観点で比べれば正比例の関係にある。また，後者の引用でも，税負担の額や稼ぎ高も能力の観点に立てば正比例する。しかしながら，後者の例は，比例的正の例ではあっても，明らかに交換的正の例とは言えない。前者の例では，「異なったもの」を等しくすることに交換的正の本質的特徴があるにも拘らず，正比例の関係をそこに読みとれば，「自分にふさわしいものは自分に返されるべきだ」という自己の権利主張が認められるのみで，交換による互恵あるいは互酬の好誼といった態度が読み取れなくなってしまう。相互が余剰のものを提供し不足のものを補充しあうことでうるわしい共同体を作り上げるような態度が，「国家を結合する」のである。そこで成り立つ比率が，「実力主義」によって決められるとするのは，近代経済学的色彩の強い解釈ではなかろうか。

　こうした点を顧慮して，われわれは『大道徳学』のテキストの成立事情の研究を通じ，そして『ニコマコス倫理学』での構成と記述とを比較することにより，特殊的正一般について別の解釈が可能となるのではないかどうか，示唆に富む先行研究を手がかりに考えてみることにしよう。

2　『大道徳学』の成立年代と特殊的「正」に関する記述

　『大道徳学』の成立年代はイェーガーの提唱する有力な研究法に従って，「テオプラストスが学頭であった以前の人ではない或るペリパトス学者の著作であって，アリストテレス倫理学の思想を縮め明確にして再現したもの」[63]であるとされ

ていた。上述の岩田説もまた通説に従っている。しかしイェーガーの発生的分析の手法に対する批判が高まるにつれ，一部の有力な研究家たちは，『大道徳学』がアリストテレスの早期に書かれた真作であるとも提唱している。アリストテレスは生涯の途中で自説をさらに展開し，一部は変更しているとして，体系の矛盾もしくは偽作が問題なのではなく，個々の著作が所属するアリストテレス思想の発展を跡づけることが問題であると説いた。はたして『大道徳学』は後人の手によって『ニコマコス倫理学』を短縮した杜撰な作品であろうか，それとも『ニコマコス倫理学』が『大道徳学』を拡大精緻化しているのであろうか。

アリストテレス正義論の研究を深めた者に，Peter Trude というドイツの法哲学者がいる。彼の『アリストテレス法＝国家哲学における正義の概念』という著作は，先行する法哲学者 Max Salomon『アリストテレスにおける正義概念』に対する稠密な批判的吟味によって書きあげられたものである。いずれも原典に即した正義論の正確な合理的再構成を試みたものであるが，トゥルーデの著作の特徴は，ザロモンに欠けていた歴史的考察を導入して，初期アリストテレスの正義概念がプラトン的理想主義的であるのに対し，後期正義概念では，その確立に際し従来の用語法の分析に基づく経験主義的方法論が顕著であると指摘したことにある。この中で，『大道徳学』の成立年代は，アリストテレス注釈で名高いゴールケやアルニムに従って，初期から後期への移行期にできあがった作品ではなかろうかと推定している[64]。

この点の評価は著者の能力を超えるが，イギリスのアリストテレス研究家 M. Hamburger も『道徳と法──アリストテレス法理論の成長』という著作で，アリストテレスが記述した道徳および法に関する箇所を，他の二つの倫理学，すなわち，『エウデモス倫理学』と『ニコマコス倫理学』の記述箇所と比較して，その発展過程を論証した結果，同じように，『大道徳学』がアリストテレス自身の手によって比較的早い時期に書かれた著作であると確信している[65]。われわれは後で見るような理由からひとまず同書に依拠して，特殊的正は最初は比例的正と応報的正とに大雑把に区分されていたにすぎなかったが，**法的関心が増大するにつれ**，同じ「正」の中でも性質を異にするものの意味が明確となった結果，これらを明別する必要を覚えたのであろうとの推察に基づき，特殊的正に収められた交換的正の格別の位置について推考してみよう。

同書は，『大道徳学』と『エウデモス倫理学』と『ニコマコス倫理学』の三書か

ら，法に関係する箇所を取り出し，第1部「犯罪論─随意的行為と選択」，第2部「法論と正義論」，第3部「友愛論」として，それらの記述の構成を並べて比較している。そのうえで，三書の真作・偽作の問題や，成立年代の判定に踏み込んでいる。交換的正を含む特殊的正に関する記述は，第2部「法論と正義論」に現れているので，そこで提示された『大道徳学』と『ニコマコス倫理学』(『エウデモス倫理学』も内容は同じ)の対照表を，われわれの考察に必要な範囲で次に掲げておく[66]。

『大道徳学』(第1巻)	『ニコマコス倫理学』(第5巻)
A．一般的正義─遵法と完全徳，研究の主題はしかしわれわれの仲間に関する正義（Ⅰ，33，1-3）	A．一般的正義─中庸，性格の情態，合法性，公正，遵法，全徳の総体（V.1, 1-20）
B．特殊的正義はわれわれの仲間に連関しながら公正の内に存し，中庸を構成する。（Ⅰ，33，4-8）	B．特殊的正義はわれわれの仲間に連関しながら，公正の内に存する。すなわち不正な貪欲に対立するものとして，善の適正な分け前以上のものを受け取らない。また次のことに関わる。（V.2, 1-13）
(1) 比例的正	(a) 仲間の間での名誉と富の配分
a．$δίκαιον = τὸ\ τῳ\ ἀνάλογον\ ἴσον$ $A:B=c:d$ の幾何学的比例を含む。 これらの4項は二人の人間の二つの事物	$(τὸ\ ἐν\ ταῖς\ διανομαῖς\ δίκαιον)$
b．地位・能力・奉仕に関する比例，すなわち多く（少なく）持つものは多く（少なく）貢献すべきであり，多く（少なく）働いた者は多く（少なく）受け取るべきである。	(b) 法律関係の矯正 $(τὸ\ διορθωτικὸν\ δίκαιον)$ ・随意的交渉（契約法） ・不随意的交渉（欺罔と暴力とを含む，犯罪と私犯）
c．価値に従った物財の交換	(1) 配分的正 $(τὸ\ διανεμητικὸν\ δίκαιον)$
d．貨幣，価値の尺度，必要の代理（代用）（Ⅰ，33，9-13）	─能力に応じて配分されるべき二人の二つの事物を含む中庸，幾何学的比例（3.1-17）
(2) 応報 $(τὸ\ ἀντιπεπονθός)$	(2) 矯正的正（法的矯正）
a．単純な応報ではなく，比例的応報	$(τὸ\ διορθωτικὸν\ δίκαιον)$
b．比例は含まれた人格の状態に依存する。 例えば自由人と奴隷 比例はまた関係する不正の種類に依存する。例えば正当防衛で負わせられた不正。 （Ⅰ，33，13-14）	─社会的交渉における法的均衡の何らかの妨害がそれによって矯正されるべき算術的比例（V.4.1-14）
	(3) 応報（交換的正）$(τὸ\ ἀντιπεπονθός)$
	a．「眼には眼を」という意味での単純な応報ではなく，比例的な応報
	b．サービスの交換，交換価値をどう決めるのか。必要の便宜的代理（必要の代用）および価値基準としての貨幣（V.4.1-16）

前の対照表から分かるように，特殊的正義に関して『大道徳学』では，比例的正と応報との二区分しか存しないのに対し，『ニコマコス倫理学』では，配分的正と矯正的正と交換的正の三区分が見られる。もっとも交換的正は前二者の特徴を具えるので，配分的正と矯正的正の二区分であるとみて，これに還元することができるし，実際アリストテレスの記述は一応そのようになっている（*EN.* 1130b30-1131a1）。ともあれ，ハンバーガーによれば，交換的正は後の思想として『ニコマコス倫理学』に導入されているのではない。既に『大道徳学』において，比例的正の第二の形態として触れられているのが，『ニコマコス倫理学』では分類の最後に置かれている。これに対して，矯正的正は，『大道徳学』に触れられていない後の思想と考えられてよかろうと言う[67]。

なるほど『大道徳学』では比例的正の一部として応報が述べられ，その特徴づけは『ニコマコス倫理学』にも持ち越されているが，特に，裁判官がその判決に際して人格の区別を見ずに損害の差異のみに着目する形態の応報につき細かに言及しているところは，『ニコマコス倫理学』独自の特徴である。この形態は，ポリス内で同等の権利を持つ男性完全市民にのみ関係するとはいえ，やがて近代になって多くの国で裁判の中立性というスローガンのもとで定着するようになった先進的な思想である。『大道徳学』では，応報思想は言及されているが，当事者間の平等が破られたときに，裁判官はただ害悪の程度のみに着目して，当事者の社会的地位は考慮しないといった厳正中立の態度はなく，自由人と奴隷の地位の差異を考慮に入れた比例的応報が論じられている（『ニコマコス倫理学』では，高級官職者と平民の地位の差異が例示されている）。

ハンバーガーの考察を著者なりに整理すれば，アリストテレスは，『ニコマコス倫理学』を作成する際，『大道徳学』の第1節「比例的正」のうちcとdを取り出し，第2節「応報」aとbの短文をその前において，第3節とし，第2節として矯正的正の項目を新たな議論として挿入したのではなかろうかと推測している。つまり，アリストテレスは配分的正を広い比例的正から切り離し，交換的正を比例的正の特殊カテゴリーに限定し（比例的応報の修正的概念を結合し），矯正的正を付加したと見るべきではないかと考えている。

ハンバーガーは，『大道徳学』の二分法が『ニコマコス倫理学』では三分法に拡張されているという事実，また『大道徳学』は διανεμητιχὸν δίχαιον（配分的正）と διορθωτιχὸν δίχαιον（矯正的正）という言葉を用いていないという事実から，『大

道徳学』の方が年代的に『ニコマコス倫理学』の成立に先立っていたに違いないことが証明できると推論している[68]。実際，後人の手になるとしても，アリストテレス正義論において確立されたこの重要な区別を無視して一緒くたに述べるほど，「粗雑」であったとは思えない。むしろハンバーガーが言うように，アリストテレス自身の研究の中で法的関心が増すにつれ，特殊的「正」の観念が次第に明確になっていったと考える方に一理あるように思える。

　交換的正は配分的正でも矯正的正でもなく両者を含むとすれば，そこには最低限のあるいは最大公約数的な「正」の定義が示されているに違いないと見ることができる。それは「比例に即応した等しさ」（τὸ τῳ ἀνάλογον ἴσον）であり，応報（τὸ ἀντιπεπονθός）における「返しの等しさ」である。「受けた者はきっちり返す（たとえ時間差はあっても）」，このことが国家をはじめとする共同関係（コイノーニア）――おおよそにおいて等しい人びとの間で構成される――を維持するうえで最も重要な「人としての行為」であると考えられていたのであろう。「返す」という言葉には，「お返し」と「仕返し」との両義が含まれる。前者は受けた恩恵に対する報酬という意味であり，後者は受けた被害に対する報復という意味である。返し方が，比例的であれ，算術的であれ，いずれも「等しい」ということが特殊的「正」の共通分母をなす意味である。アリストテレスはこれを「応報的正」と述べ，そもそも「交換的正」という独自の名称をつけていない（後にはじめてトマスの『倫理学註解』の synopsis で見られるように，iustitia commutativa と名づけられた）。それは古代ギリシアに古くから続く人間間の「交渉」一般の正義原理であったからであろうが，今や彼はこの名称を経済関係を特徴づけるために特定したのである。

　トマスは『神学大全』中の項目「正義について」で，『ニコマコス倫理学』第5巻 (1132b13) に言及し，「正義に属することがらにおいては，すべての過多 superfluum は，より広い意味において『利得』lucrum と呼ばれる。ちょうど過少 minus が損失 damnum と呼ばれるように。その理由はといえば，正義は買・売 emptio et venditio におけるように，事物の随意的な交換において，**より先に** prius 行使されたのであり，また**より共通的に** communius 行使されるからである。すなわち，これら随意的交換において『利得・損失』という言葉は本来的に用いられ，ついでこれらの言葉は正義が関わりうるすべての事柄へと**転用される**のである」[69]と述べている。「転用」という言葉が示唆しているように，アリストテレスの思い描いていた特殊的「正」の特徴は，殺人等の「不正」が一般的正義，

すなわち法的正義との関係で違法であるのに対して，各人の分が各人に均等原理に従って帰属させられている状態にあったであろう。その原型はまず「事物の交換」にあり，その経済領域で慣習的に従われていた応報としての「正」が，特殊的正に関わる事柄全般を貫く共通原理へと洗練され高められていったものと推測される。

ハンバーガーが論証しようとした「正」概念の年代的発展の議論の驥尾に付して言うならば，アリストテレスは「道徳」に関する前期の作品『大道徳学』において，特殊的「正」の概念を，比例的に返す（報いる）「等」の概念と同一視していたため，配分的正と矯正的正と交換的正とが未分化の内に融合していたと見ることができないであろうか。それゆえに特殊的「正」の適用される領域が，行政的領域や経済的領域や司法的領域の明別なくひとまとめに述べられていたと推測しうる。しかし，『エウデモス倫理学』を受け継いだ『ニコマコス倫理学』に至って（両書は「正」に関する論述と構成に変化はない），「応報」には異なる二義，つまり経済的と法律的との二義があることを明別し，その返す仕方にも幾何学的と算術的との二義があることを明別するようになった。その結果，特殊的正には，地位に応じた幾何学的比例による公共財の配分と，算術的比例による地位を無視した狭義の応報との二種が含まれることを確認した。ところが応報に似ている交換が当事者間の対角線的組み合わせであって，単純な算術的比例ではなく，幾何学的反比例による，しかし地位を無視した互酬であるため，しかも法的でなく経済の領域にわたるため，独立のものとして言及する必要を覚えたのではなかろうか。

3 『ニコマコス倫理学』における特殊的「正」の配置

アリストテレスは，矯正的正の記述に関して語源考証のようなことを行い「正」が δίκαιον と呼ばれるのは「折半」の意味を持つからだと述べている[70]。その意を邦訳に汲むなら，「正」とは「分」という訳語が適切ではなかろうか。「分」によって自分と他分の区別を生じる。それは全体から，あるいは本性上，正当に分けられている「分け前」であるがゆえに，何人も侵害しえない自分に帰属する分であり，あるいは全体の善のために履行を命ぜられている自分の義務，つまり本分であり職分である。不当に分けられるなら正当な「分」に復するべく矯正されねばならない。その役割を果たす典型が裁判官である。

しかしながら，配分的正においても，「折半」という目標は当て嵌まるのではな

かろうか。ソロンの改革にも見られるように，彼は立法者として，「中」を踏まえ，対立する社会勢力間の均衡を図った。「中」は真ん中とは限らない。対立項の不均衡を是正するために，均衡を求めて「中」は移動する。裁判官が「生きた正」δίκαιον ἔμψυχον と呼ばれる (EN. 1132a22) のも，動く「中」の位置を正確に定め，もって当事者の「分」を定めうる能力を有していることによろう。こうした能力は何も矯正的正義をこととする裁判官に限らない。国民の間に公共財の比例的配分を考える政治家もまた，コイノーニアの追求目的（＝価値基準）に照準を合わせつつ各人の受け取るべき「分」を言い当てるうえで卓越していなければならない。「正」に関わるのは，第三者として利害に左右されない習性を完成させた倫理的卓越性を具えた人物がふさわしい。彼こそが「他者のための善」を図りうるディカイオスである。

　「分」には「ぶん」という読み方と「ぶ」という読み方がある。「分」（ぶん）には官職を遂行する権限・義務という意味があるし，各自由人が享有する権利・義務という意味がある。これに対し，「分」（ぶ）は比率の単位であり，全体を比例的に配分ないし分割する際の切点であり，全体に均衡を生み出すための秤の支点の位置である。「分」（ぶ）は「分」（ぶん）が量化されたときに関与者に配当される「比」である。「分」（ぶん）は，この比によって切り分けられた自分の権利－義務分である（江戸時代では破産者は「分散人」と呼ばれたが，「分」から外れた者は共同体の仲間から差別を受けた。その反面，自己の「一分」を立てる意地は権利意識の表れでもあろう。「分」（ぶ）は長さ・重さ・貨幣の単位を表す名称でもあった）。「正」とは，各自の受け取る「分」に関して，この「比」が，順比をとるのであれ逆比をとるのであれ，等しいということに他ならない。

　アリストテレスは，「国の維持されてゆくのは比例的な仕方でお互いの間に『応報』の行われることによってなのである」と述べた。この一節は交換的正についての論述であるが，しかし，われわれはこの趣旨をあらゆる特殊的正に敷衍できると考える。コイノーニアは結「合」体であり，なかでも最大のコイノーニアである国家は国民・住民の最高の統「合」態である。切り分けられた分が正しく各人に帰属し，侵害されても回復できることが国家の維持される所以である。これは，「分」が「正」の応報によってふたたび「合」に復する (συνέχει)[71] ことにより，国民の間に友愛が可能になるということを意味する。価値に応じた官職の配「分」において，各自の善の帰属「分」の認定において，「分」業社会における交換にお

いて,「等しき者には等しきものを」と「異なる者・物には異なるものを」の正義原理に基づき,アリストテレスはポリスの「職・業」全体に関する垂直・水平の社会構造を描いたものと見ることができる。そして実際,この正義の思考法は,のちの『政治学』講義にも大きく活用され,さまざまな成果を生み出しているのである。

　『倫理学』で論究された「正」は,実は,『政治学』で追求された「人間はポリス的動物」であるという命題の究明をもって,その意義を全うする。「善き生」を求めて人間は国を形成する本性を有する。その根底には,人間は孤独で生存するのではなく,集団をなすことによって自己の実存的諸目的を果たそうとする社会的傾向が本性としてある。人間の実存的諸目的は実に多様で,具体的な状況の中で追求されるために,社会は複雑な「分」岐を遂げる。この社会化の傾向は,生存維持に直結する諸々の「必要」（クレイア）を充足し,集団全体の利益を共同善へと方向づける指導（アルケー）部分を形成した結果,支配－被支配の統治体制を構築し,分業的・連帯的な社会体制を産み出す。すなわち生業を通じて共同善の実現に協力する集団成員と,そうした努力を指導して統「合」し,必要とあらば法規範の制定（立法）によって各人の「分」を定め,侵害されたときに対応する専門の機関部分（司法）との分化が現れる。

　このようにして分化した諸機関の配分と役務の交換を含むのが国家である。特に,権威部分は国民全員によって同時に享有できないため,誰がそれを担うに適正であるかが問題となろう。極端な民主制では職人と政治家との区別がないが,これに反対して分業体制の必要を訴えたのがプラトンであった。「各人は各人の本分を果たす」ことが理想国家を指導する正義である。このことは同一人による「兼職の禁止」を意味する。兼職の禁止,言い換えれば分業体制こそが実効的な作業の秘訣であるのみならず,その統合の不可欠な条件だったのである。この分業体制の方向づけにおいて則るべき準則が正義であった。それゆえに正義は「国制」,すなわち $πολιτεία$ において如実に表れる。国制は国家が自らの運命を決める根本的な生活様式だからである（*Pol.* 1289a15, 1295a40）。統治と防衛と生産のそれぞれに携わる者が各階層をなして国家を構成するが,これらの相異なった成員を,プラトンのように「哲人王」というよりも,完全な徳を具えたひとたち（$σπουδαῖοι$）の評議によって共同の目的へ向け活性化することがアリストテレスにとって肝要となった。

アリストテレスが取り組んだ課題もプラトンを引き継ぐもので、国家の成員すべてがどのようにして「善き生」に携われるかの原理を模索することであった。特殊的正とは、国家の構成民と所属民とのそれぞれに帰属する分に関する国制の十分条件と必要条件に相当するのではなかろうか。とりわけ国家の権能の割当に関わる配分的正は、国家の目的の正しい評価とこの目的への各人の寄与の正しい評価から立てられた国制に表現されるため、アリストテレスの注釈で著名な W.L. Newman はその大著 *Politics of Aristotle* において、配分的正が国家第一の徳であるとして、交換的正と矯正的正をその補完的地位に置いている[72]。それは統治に携わる国民間における政治的正の構成条件である。もっとも、貢献とそれに対する報酬との均衡をつくり出すことが国家の理想であるが、最善国家では報酬を気にかけず為すべきことを行う国民の動機は、「美」 $τὸ\ καλόν$ と称賛される。

矯正的正は、国家の統治や立法というよりも、成員個々人間の権利侵害に関する司法的介入に関わる。それは「正義」という美徳に属するが、紛争解決の「必要」に拘束されるものである。その限りでは、国民の法的‒倫理的生活に不可欠な正である。これに対して、交換的正は、物質的‒経済的生活に必要な領域に関わる。そもそも、人間間の類似性が政治的統一を十分に保障するのではなく、むしろ相違する者の間での生産物や役務の交換が国家生活の経済的基礎をなすのである。

利得を目的とする商人による必要物の交換は、まだ直接的なテーマとなっていないが、家長（家司）はその責任において、その所有財産の過不足を知り、交換によって「有徳な生」に携わりうる生活条件を整えねばならない。こうした交換による獲得が「家政術」の課題である。この意味で交換的正は、自足した国家体制において有徳な「善き生」を営むための「必要」条件をなすものであった。それは、国家的生における最高の正ではないが、生活一般においてまず踏まえなければならない第一の基礎的正であると言えよう。ただし、交換が等価でなく、一方が「過多を貪る」場合は、矯正されなければならない。このとき、同じ交換的正は、法的正の一部である矯正的正に服することになる。

以上、特殊的正のそれぞれについて、その特徴を述べたが、この論述を踏まえ、最後に三つの「正」の特徴を比較できるよう表にしておく。ただしこれはあくまでも、『倫理学』で行われた区分であって、『政治学』を背景とした規定（これは全般的正義の問題点、言い換えると「共同善」を直接背景にする法的正義に関わる）と、とり

わけ交換的正に関する問題点，つまり『政治学』第一巻で集中的に取り扱われている貨幣と商業活動のポリス生活に及ぼす問題点については，別に論じなければならない。

	配分的正	矯正的正	交換的正
当事者	公民としての個人（人物の社会的価値の差を重視）	随意的・不随意的私人間交渉（人物の価値の差の度外視もしくは特殊ケースでの重視）	私人間交渉あるいは家長（家司）間（人物の社会的価値の差を度外視）
目的	名誉や財貨を公民間に価値に応じて配分	不正に対する応報（損害賠償や刑罰による）	異なる財を等価に調整したうえで交換
「等」の確保の方法	幾何学的（正）比例：等しくない者には等しくないものを（能力において優越した者が多くを受け取る，あるいは責任を負う）。	・算術的比例（人物の地位を無視して不正の回復に注目）：等しい者には等しいものを ・幾何学的比例（地位の異なる者の間では応報に差異あり）	幾何学的（反）比例（質の異なった物財を交換した後の財貨の等しさに注目）：異なる者に等しいものを
数学的比喩	大小相似の三角形の比 A：B＝c：d	2項を持つ線分（「中」は線分を二等分する所にある）	秤の釣り合い（「支点」は線分の真ん中にはない）
主な適用領域	行政領域— 官「職」の配分	民事・刑事司法領域— 裁判による権利保護あるいは秩序維持	経済領域— 分「業」体制の維持
社会関係の特徴	ヒエラルキー的（ただし上部階層へ参入する機会は開かれている）	自由人同士は水平関係，しかし，自由人と奴隷もしくは高官位者と平民との間は垂直関係	友誼に基づく（後には貨幣を介する）水平関係

おわりに

　著者は学生紛争のさなかに大学時代を過ごしたが，法学部に籍を置きつつも哲学への関心が強かった。休講の続く中，カントの『純粋理性批判』を読み，特に，超越論的図式論（ただし時間図式）の中核をなす「産出的構想力」の概念に多くの関心を抱き始めてから，ここを基軸として，それと連関する一連のハイデッガーのカント解釈書を読み，わが国でこうしたドイツ哲学の議論を反映した西田幾多郎の「場所の論理」（対象化できないものの知）と田辺元が提唱する世界図式としての「種の論理」（ヘーゲル『大論理学』における類Ａと個Ｅの媒介としての種Ｂ）へと手を伸ばしていった。これらで学んだことは，大学院に入って法哲学を専攻するようになっても変わらぬ思索の導きとなり，今日に至っている。なぜかと言えば，産出的構想力の持つ豊かな媒介機能と共に，媒介が可能ならそれに先だって異なるものを統合するものの潜在的な直知が具わっていなければならないと考えられるからである。それは，いわば全体をアプリオリに先行的に直観するヌースであって，それこそが人間の奥底にあって動物と異なる本性を証明する創造的な働きを導くように思われたのである。

　概念の能力である悟性と直観の多様を受容する感性とを媒介する産出的構想力は，超越論的統覚の下に普遍的な自然認識を産出する働きを有するが，法の世界に移せば，予めヌースによって把握される自然法の妥当を地上へ架橋して法律を産出する立法者の，さらに法律を個別的な事件へ媒介・適用して判決を産出する知慮・プロネーシスに当たるのではないだろうか。地上に産出された実定法は，心理現象から独立に上部構築された「客観的精神」（N. ハルトマン）である。大学院に入って取り組んだテーマは，恩師水波先生の勧めによるケルゼンの純粋法学であった。ケルゼンの研究方針は，法学を厳密学となすべく，実定法の徹底的な内在理解に限定するもので，この方法的戦略は，超越的な無政府主義理念を掲げて実定法批判を繰り返すもろもろの「高等」イデオロギーに対し，何ゆえに実定法が存在するかの根拠を合理的に説明する上でかえって成果があったものと思う。観念的な自然法論よりも，妥当のための仮設的な根拠に立脚するとはいえ，法規範の核に「強制」が，法適用に「創造」が存することを一貫して説き支持を得た

ことは，人間の抜きがたい本性を洞察していたからである。そこには人間本性の「部分的毀損」という伝統的自然法論の教説に通底するものがある。

　ケルゼン研究より学んで新たに課題としたことは，法実証主義の正しい精神をいかにして伝統的自然法論の枠内に取り込んで，これを整合的に〈改釈〉するかということであった。ケルゼンによれば，法学の本来の課題とは，法がいかにあるかを確認することに存するのであって，いかにあるべきか，造られるべきかといった法政策に関知しない。法の内容を選ぶことは集団の機関によって代表された法的権威に属しており，法学者はこうした権限を欠く以上，法学は，実定法の形式に関する価値を，つまり法の定立と適用を支配する権限や手続きにつき，それらの妥当性を確証することに尽きる。これに対し，水波先生が高く評価する新トマス主義の法哲学者ダバンは，法実証主義を受け継ぎながらも，いずれの時代でも，いやしくもその名に値する法律家ならば，法内容を満たす配慮を法的権威に委ねておいたりはせず，法内容の問題に関心を持つものであり，共同体内での実定法固有の役割から法律的に見て最善である内容を引き出すのに最も適した方法が何であるかを問う一切の権限を法学者に拒むいわれはないとした。

　それでは法学が科学でないなら，どのようにして実定法について万人が納得できるような認識に到達しうるであろうか。ここに法学 jurisprudence という名称に含まれた prudence の持つ独特の「認識能力」が，可能性の手がかりを供給する所以がある。prudence，つまり「知慮」は理性としては実践に関わり，意志としては認識に関わる。ケルゼンのように「実践理性」を自己矛盾の言語と評すること自体が，すでに人間において一体化している理性と意志とを対象化して抽象的にしか見ていないしるしである。知慮が担う重要な任務は理性的かつ意志的でもある選択（プロアイレーシス）にある。ダバンによれば，選択することは法学者が原則を受け容れる場合にも，例外を作る場合にも，同じく造ることである。さまざまな状況・時・所に応じて一歩ごとに安定性の方向をとるか正義の方向をとるかを選ばねばならない。この選択の権限を持ち，責任を負うのは，自然法や正義の理論家たちではなく，為政者たる法律家たちである。法律家は道徳の決するところを，法固有の規範をすべて予め備えもった所与として受け取るのではなく，むしろ新しい平面において，自己独自の仕事すなわち立法に従事する知慮の規範に規定されつつ，法的所与を利用するのである。知慮は，あるいは道徳的所与に法的強制の裏打ちを命ずるかもしれないし，あるいは反対に，所与への新しい介入

の拒絶を勧めたりするかもしれない。知慮こそが、偶然性に委ねられた世界において、所与に基づきつつ問題に「解」を与える、つまり造る主権者である（水波朗訳『法の一般理論』創文社刊参照）。

以上に紹介したダバンの見解は、著者にとって、「知慮」の概念こそが実定法の本質を殺さずにその形式と内容の両面にわたって、自然法との連続において認識の領野を開く可能性を秘めるのではないかとの信念をさらに強める動因となった。とりわけ、ケルゼンによって法学研究から追放された実定法の中心たる「目的」（条文では普通第１条に置かれる）、言い換えれば「共同善」への視向が再び重視されるようになるからである。実定法の定立と適用に際して合わせられるべき共通の標的が法の「目的」であり、それを認識して有効な規範的・技術的てだてを講じるのが知慮の働きである。ここまで来れば、アリストテレスの説いた「目的」（ト・フー・ヘネカ）と「目的へのてだて」（タ・プロス・ト・テロス）という重要な概念の理解へは今一歩である。

もっとも、この両概念の理解には誤解に基づく論争がある（アリストテレス自身の記述の仕方にもその責任はあるが）。なぜなら、「目的」（テロス）という同じ言葉のもとに、規範的意味と自然的傾向性の意味とが含まれているからである。彼は、選択すべき具体的な行為は、ある価値を担いそれを体現するものであると共に、いやしくも現実に実現されうるためには、実行可能性と期待可能性を備えること、この両要件を実践理性の下に統合的に充たすことが肝要だと考えていたのである（ちなみに、ト・フー・ヘネカとは、「何ゆえに」warum その行為がなされたかの問いを終わらせる最終理由を与えるもので、アンスコムの言う intention に相当しよう。それは本人にとって非対象化的認識であるが、相手方に納得を生み出させる答えである）。二つの「目的」は、規範適合と現実適合との両方向に照らして知慮により統合される。「実定法」とは、人間存在に含まれる自然的諸傾向性を全的に把捉するヌースに定位しつつ、これを潜在的なものから現実的な形を与えるべく、知慮の産出的構想力による技術的てだてが産み出した成果（ケルゼンは、法要件-効果「図式」と法段階「図式」とを実定法の狭義の普遍型とした）ではなかろうか。著者のこうした理解は、アリストテレスにより基本が明確化され、トマスが詳細に描いた「知慮」の概念の解明に取り組む中で固まっていった。

他方、本書の柱をなすもう一つの概念は「正」（ディカイオン）である。アリストテレスによれば、「正」は「中」にある。そしてこの「中」に居ること（N. ハルト

マンの言う価値総合）が知慮であり，このことがいかに困難であるかは，アリストテレスの力説するところであるが，この言葉は，遠く離れた中国で影響力を持ち多くのの註釈が施されてきた『中庸』に見事に呼応する。著者は，及ばずながら儒学にも関心を持つものであるが，「宜」という言葉が，法および正への観点に立って行う東西思想の比較研究の上で，生産性のある言葉だと考え，関連文献を渉猟した。荀子は「宥座の器」の比喩を以って「宜」の平衡的意味を示し，仲尼篇で「知者は，原を宗として変に応じ曲に宜しきを得るひとである」旨を説いた。また朱熹は『語類巻67, 易3』で，易経につき「中は正よりも重く，正は未だ必ずしも中ならず」と述べた程伊川の言葉に註して，（易の説く「中爻」の趣意からは外れると思うが）形而上学的な意味を与え，「蓋し事の斟酌宜しく理に合うべき処，便ち是れ中を得れば，則ち未だ正しからざる者有らず。若し事正しきなりと雖も，之に処するに時宜に合はず，理に於いて当たる所無くんば，則ち正しきと雖も中に合はず。此れ中未だ正しからざる有らずして，正未だ必ずしも中ならざるなり」（試訳）と論じた。この見解によれば，正に適っていても中でなければ不正に陥ることがあるわけであるから，中に居る宜である正は，厳格を旨とする正よりもより「上級の正」（ベルティオン・ディカイオン）であると説いたアリストテレスの言葉に符合する。古代ローマの法務官法や英米法のエクイティの形成などはその必然的反映である。

　「中」は確かに価値的に優れた「正」であるが，他方，真ん中にあるがゆえに異なるものを媒介しうる位置にもある。橋はこれまでまったく行き来のなかった両岸を架橋することによって交流を可能にし，無関心に住んでいた人々を引き寄せ，ここに新しい豊かな統合の世界を開く。これは水平関係の媒介であるが，京都の「天橋立」のように股から逆さに覗けば垂直関係の媒介になる。すなわち，天と地とを，言い換えれば神と人とをつなぐ懸け橋，あるいは階（きざはし）となる。「存在」への驚きから生まれた古代西洋哲学で問われ出したことは，天なるイデアと地上との「間」をいかに媒介するかということであったが，それが産出的構想力を駆動する源だったのではなかろうか。天なるイデアを地上に下ろす知的道具が発明される。知慮，すなわちプロネーシスこそ，イデアを把捉する知性，すなわちヌースの機関として地上にこれを馴染ませる媒介の役（情念をロゴスに服従させる徳の形成を通じて）を務めるのである。その媒介を「形」において定着させるのが図式の産出である。

カントは認識批判の場で，後には美学や生物学の場で合目的的判断力の名の下に，構想力の意義を重視したが，それはあくまでも「認識」の産出でしかなく，勝義に言えば，構想力とは創造力であって，技術的ポイエーシスにおいてこそ，本来の意味があるとも考えうる。実定法の創造のみならず，言語・文字や貨幣の創造ということひとつとって考えても，そうではなかろうか。眼前に広がる空間にある事物に名前を付けて意味を際立たせ，また異なる人々の必要を充たし，相争う人々を結びつけ，ここに新しい場を設けうるのは，社会的本性の根柢にある構想力が産出した象徴的産物によるものと思われる。それらの起源は，いずれも人間に内在する神性を表現していることが学者によって伝えられている。何もなかった舞台に登場人物が現れ，劇が始まる，すなわち歴史が始まる。毎日昇降する太陽の動きは，動物にとって無意味であろうが，人間にとっては和歌に詠まれ宗教や芸術の意味を担うものとなる。この「意味」は，感官によって把握されえない。それはヌースによって把握されるが，言葉や文字という「形」に表現される。貨幣や成文法も経済的・法的アプリオリの同様な表現と考えるほかない。西田が言うように，「作られたものが作るものを作る」世界が開展していく。

　著者は，大学赴任後，ケルゼンに取り組んだルネ・マルチッチの新自然法論（ハイデッガー存在論の影響著しい）について，数本の論文を連載していたが，「急がば回れ」のことわざ通り，執筆を中断して，「知慮」と「中」の思想的源流を尋ねるべく，アリストテレス研究の必要を覚え，30歳代前半にギリシア語の勉強を始めた。幸いなことに，その後二度にわたりフライブルク大学に留学と研究休暇で滞在する機会に恵まれ，そこでアリストテレスに関連する古典的文献に接しえたのみならず，ハイデッガーが『存在と時間』を公刊する以前に専念したアリストテレス研究の諸文献を読み，その註釈において楽屋裏を覗いた感じを得た。現存在の核心に置かれた Sorge（配慮・気遣い）という言葉（『存在と時間』で紹介された「クーラ神話」を参照）は，キルケゴールと重なって実存哲学に取り込まれたプロネーシスの変容ではないかと思われる。プロネーシスの及ぶ射程の範囲は広く，ゾルゲは法哲学界においても今日注目される機会を持った。それは，事ごとに「区別」を設ける「正義の論理」に対して，融和を求める「ケアの倫理」の意義を立てたことで，少なからぬ反響を呼んだことにある。ケアはアリストテレスにあっては「情誼」（グノーメー）に通じるものである。そしてこの情誼は，今日，看護倫理学において，医師の携わるキュア（治療）に並ぶケア（看護）の意義の対等化に向けて重

視されるようになっている（プロネーシス観念の研究を深め「ケアの倫理」を提唱するに至った葛生栄二郎『ケアと尊厳の倫理』法律文化社刊参照)。

　以上が，著者の研究関心の履歴紹介を兼ねた本書の成立事情であり，著者の貧困な思索の楽屋裏である。本書はそれぞれの専門家，とりわけアリストテレスの訓詁に厳格に従事する者にとっては単なる素人の覗き見ほどにしか受け止められず，法律専門家にとっては，領外に遊ぶいたずらな詮索好きとしか見えないかもしれない。しかしながら，アリストテレスへの関心は，従来，形而上学や倫理学そして政治学に集中しているのに対し，その法思想については意外なほど文献が少ない。実際彼自身それに関する論述が多くないせいもあるが，さすがに「正義論」については，法哲学書において引用される頻度が多い。本書はこの面では原典の裏打ちを持つ啓蒙書の類でしかないが，アリストテレス研究の専門家の議論に混じって，いささかの卑見も提示したところがある。そのため，本書全体の記述につき繁簡宜しきをえない印象をお持ちになる読者もあろうかと推察する。後世の学者に対し，どの分野でもアリストテレスが敷かなかった基本路線はなかったとも言われる。多くの先行研究者の著作に接するつど，日々新たな認識の発見に驚かされ，非力を覚えるなか，本書を刊行するにあたり，引用で受けた数々の学恩を謝し，改めて「棒ほど願って針ほど叶う」とか「竜頭蛇尾」という諺の真なる所以を理解する。

　本書は，南山大学が毎年企画する学術叢書出版の助成を認められ，公刊に及ぶものである。「南山大学学術叢書」への仲間入りに際し，在外研究の機会をはじめこれまで数々の研究の便益を賜った学園関係者に少しでも恩返しができれば念じている。また，本論考を査読して下さった審査委員の方々には，修正点の指示と改善への助言をいただきこの場を借りて厚くお礼申し上げる。予想されるコミュニタリアニズムへの言及が少ないとの批評に対しては，本書の成立事情にも述べたように，著者の問題意識が古く，まだ「実践哲学の復権」だとか「反リベラリズム」の運動が本格化する以前に属していたこともあり，期待を裏切られたかの印象を与えたかと思う。こうした運動のフォローは一応してはいるものの，執筆方針がある程度固まり，それに関する文献ばかり読んでいたために（関連する重要な新刊書の存在も後で知った），本書に十分反映し得なかったことは認めざるをえない。またギリシア語に未熟な著者の誤表記を丹念に指摘し修正して下さった委員には，費やされた多くの労力と時間のことを思うと感謝に堪えない。岡目八目と

はよく言ったもので，叙述の仕方についても読者への配慮に無頓着であったこと，著者の独り合点でしかないことを気づかされた。公刊に当たり，平易な文に変えたところもあるが，不十分であると言わざるをえない。数々の貴重なご提言は今後の改善課題として肝に銘じておくものである。

　最後になったが，不況の中でも本書のような学術研究書の出版を即断下さった成文堂の阿部成一社長のご見識と計らいに心よりお礼申し上げる。早速，編集部の飯村晃弘氏と出版の打ち合わせができ，後は，篠崎雄彦氏に校正を担当していただくことになった。氏の迅速な対応に対し，こちら側の原稿返却が遅れ，またその都度きれいにできあがったレイアウトをたびたび壊す変更を加えるなど，氏には大きな面倒をおかけしてしまった。公刊の最終段階を締めくくるに当たり，改めて感謝の意を表する次第である。

　2015 年 12 月

　　　　　　　　　　　　　　　　　　　愛知の寓居にて
　　　　　　　　　　　　　　　　　　　　　　高　橋　広　次

【註】

はじめに

1. Luc Wintgens, *Legisprudence : Practical Reason in Legislation*, Ashgate, 2012, p. 139ff., p. 193ff. 本書は「法の支配」を現代ノミナリズムに根拠を置く窮屈な rule-following の視点から，リアリズムをも射程に入れた柔軟な rule-making の視点へと解放しようと試みる点で，Shuklar の投げかけたリーガリズムにおける問題意識を継承している（p. 263）と見ることができる。
2. R. Bodéüs, *Le Philosophe et La Cité*, 1982, p. 16ff., 79, 93, 115ff., 120ff., 131f., 221ff.

第一部 法および政治における知慮
第1章

1. Giambatista Vico, *On the Study Methods of Our Time*, translated with an introduction and notes by Elio Gianturco, 1990, p. 12-20. ヴィーコ『学問の方法』上村忠男・佐々木力訳，岩波文庫，26-37 頁参照。
2. *Ibid.*, p. 34. 前掲訳書，58 頁。
3. *Ibid.*, p. 35. 前掲訳書，60 頁。この件りは，実はデカルト批判とは言えず，むしろデカルトは実践哲学の方法論としては既にヴィコと同じことを語っていたことに注意せねばならない。『方法叙説』（小場瀬卓三訳）『世界の大思想』河出書房，83 頁参照。
4. *Ibid.*, p. 52. 前掲訳書，97-98 頁参照。
5. *Ibid.*, p. 54-55. 前掲訳書，102 頁。
6. *Ibid.*, p. 63. 前掲訳書，116 頁参照。
7. アリストテレス『トピカ』第1巻第2章第2節-第6節，『アリストテレス全集』第2巻，村治能就訳，3-5 頁参照。Aristotelis, *Topica et Sophistici Elenchi*, W.D. Ross, Oxford Classical Texts, *Top.* 100a25-101a17.
8. *Top.* 101a11-12, 104a8-10.
9. アリストテレス『デ・アニマ』『アリストテレス全集6』山本光雄訳，特に第3巻第1章および第2章の議論を参照。
10. たとえばプラトンの『パイドロス』(267a-d) また『ゴルギアス』(454f.) を参照（『プラトン全集5』藤沢令夫訳，および『同全集9』加来彰俊訳）。特に後者における「弁論術」の位置づけに関する表として 57 頁参照。
11. アリストテレス『弁論術』，『アリストテレス全集16』，山本光雄訳，特に第1巻第1章第3-9節で，これまで学問的に取り扱われることのなかったレトリックの研究意義が述べられている。
12. 前掲書，第1巻第3章第1-3節を参照。*Rhet.* 1358a38-1358b1.
13. アリストテレスは，『弁論術』ではエトスやパトスも重要な契機であるが，とりわけ中心に立つのは「立証」にあると見て，聴衆の説得も結局は「事柄」Sache を巡るべきであると

解しているように思われる (1354a14-16)。なおこの点につき，レトリックを学知と詭弁術との中間を占めるものとみることによって，政治的言論の合理性を救おうとする試みとして，Larry Arnhart, *On political Reasoning*, 1981. を参照。

14 アリストテレス『ニコマコス倫理学』高田三郎訳，岩波文庫，*EN*. 1140a31-b6. を参照。

15 ヌースについては，*EN*. 1141a7, 1142a25 を参照。ヌース（直知）はプロネーシス（知慮）と対照的に，「それについては証明の存しない定義」に関わる。

16 *EN*. 1113a2-14. この点においてプロネーシス（知慮）はブーレーシス（思量）と異なる。

17 *EN*. 1114a23-29. デイノテース（怜悧）がアレテー（徳）を欠くときパヌルギア（邪知）となる。

18 *EN*. 1143a8.

19 Ch. Perelman, Ce que le philosophe peut apprendre par l'étude du droit, in: *Ethique et Droit*, éditions de l'universite de Bruxelles, 1990, pp. 444-446.

20 Ch. Perelman, Ce qu'une réflexion sur le droit peut apporter au philosophe, in: *Ethique et Droit*, p. 431.

21 *Ibid*., p. 435.

22 *Ibid*., pp. 434-435.

23 *Ibid*., pp. 432-433.

24 *Ibid*., p. 436. ペレルマンは別のところで，人民民主主義国の憲法は前文で，その立法時に以前の全法体系を廃棄する代わりに，僅かの公法規定を廃棄したのみで，それ以外の古い法文は社会主義の精神で再解釈するよう，新体制の裁判官に指示したと述べている（*Ibid*., p. 441.）。

25 *Ibid*., p. 438.

26 *Ibid*., p. 442.

27 *Ibid*., p. 442-443.

28 Ch. Perelman, *Logique juridique—Nouvelle rhétorique*, p. 5. ペレルマン『法律家の論理―新しいレトリック』江口三角訳，木鐸社，15 頁。ペレルマンはここでエンギッシュの定義に対する論評の連関で vrai, correct を équitable, raisonnable, juste と対比させている。

29 *Ibid*., pp. 105-107. 前掲訳書，185-189 頁。

30 *Ibid*., p. 122. 前掲訳書，219 頁。

31 *Ibid*., pp. 117-118. 前掲訳書，209-211 頁。

32 Ch. Perelman, Droit et Morale, in: *Ethique et Droit*, pp. 365-366.

33 Ch. Perelman, Cinq-leçons sur la justice, in: *Ethique et Droit*, pp. 190-191. 同種のプロネーシスに関する手段的理解は Considérations sur la raison pratique, in: *Ethique et Droit*, p. 406. にも見られる。

34 ペレルマンにとって，状況に即した実用論的思惟との関連で，後期に「哲学的思考よりも法学的思考の方が秀れている」（*Logique juridique*, pp. 120-121. 前掲訳書 215-216 頁）と述べ，プロネーシスの意義を高く評価しながらも，プロネーシスよりも「正義」の観念を

重んじるのは，彼が非状況的な「正義の論理規則」の分析から研究を始めて得た初期の成果とどう調和させるかの問題を残すことになった。この矛盾をどう調和させるかにつき，ペレルマン思想の発展を丹念に辿った労作，小畑清剛「レトリックと法・正義―Ch.ペレルマンの法哲学研究」法学論叢(2)113巻4号88-90頁および同(3)113巻6号54-58頁を参照。

35　H-G. Gadamer, *Wahrheit und Methode*, in：Gesammelte Werke 1, S. 28. ガダマー『真理と方法Ⅰ』轡田収他訳。叢書ウニベルシタス，31頁参照。

36　*Ibid.*, S. 26, S. 28, S. 29. 前掲訳書29頁，32頁，33頁で，センスス・コムニスの古代ローマ的性格づけが説明されている。

37　*Ibid.*, S. 281. 前掲訳書178-179頁参照（O．ペーゲラー編，『解釈学の根本問題』所収，晃洋書房）「われわれがみずからを顧みることにより自己自身を理解するはるか以前に，われわれは自分を取り巻く家族や社会や国家の内で自己をなんの疑いもさしはさまずに理解しているのである」。

38　M. Heidegger, *Sein und Zeit*, S. 150.

39　H-G. Gadamer, *Ibid.*, S. 298. 前掲訳書196頁参照。

40　*Ibid.*, S. 311. 前掲訳書215頁。

41　*Ibid.*, S. 299, S. 339. たとえば，命令の受け手はそれを具体的状況に適用するとき，命令の言葉あるいは命令者の思惑に忠実に従っているのではなく，社会的良識に発する超越的な意味期待にもつき合わせるため，ここに意味理解の創造的寄与が介在するのである。

42　*Ibid.*, S. 313. 前掲訳書218頁。

43　*Ibid.*, S. 332.

44　*Ibid.*, S. 314. 前掲訳書219頁。

45　*Ibid.*, S. 315. 前掲訳書221頁。

46　「法律的ヘルメノイティクという事例は実は，何ら特殊の事例ではなく，むしろ，歴史的ヘルメノイティクにその全き問題範域を再び与え，法学者と神学者とが言語学者と出会う解釈学的問題の古き一体性を再興するのにふさわしい」。*Ibid.*, S. 334.

47　*Ibid.*, S. 320.

48　*Ibid.*, S. 323.

49　*Ibid.*, S. 326.

50　*Ibid.*, S. 325.

51　トピクやレトリックがそれに属するディアレクティクは，多くの領域に適用できる「共通原理」の基盤に立って推論するので，いわば諸学問の前学問的基礎をなすものでしかない。したがって弁証家は，特殊原理に基づいて推論する厳密な学問的推論のレベルに達することはない。弁証的推論は探究的（ペイラスティケー）でしかないのに対し，論証はむしろ教育と学習（ディダスティケー）にある。Cf. *Top.* 159a2-14, 25-38, 161a25-40, *An. Post.* 72a7-11, 77a29-35 またアリストテレスの Περὶ ἑρμηνείας は『命題論』と訳され，今日にいう解釈学とは性質を異にするもので，判断の論理構造を探究する一種の文法学である。一般にはヘルメノイティクは，神学および法学における聖典や法典の独得な解釈技術と解さ

れて今日に至る伝統を築いている。
52　W. Hennis. *Politik und praktische Philosophie*, 1963, S. 92.
53　*Ibid.*, S. 44.
54　*Ibid.*, S. 35f.
55　*Ibid.*, S. 115.
56　H. Kuhn, Aristoteles und die Methode der politischen Wissenschaft, in： *Rehabilitierung der praktischen Philosophie* II （Hrsg. M. Riedel）, S. 261f.
57　*Ibid.*, S. 270.
58　*Ibid.*, S. 270f.
59　*Ibid.*, S. 271. Hennis, *Ibid.*, S. 96.「アリストテレスはその倫理学を学問的論述として考えてはおらず、そこにおいて彼自身の哲学の原理の助けをもって真理を獲得しようとも思っていない、ディアレクティカルな習練を行っているにすぎなかった」。
60　*Ibid.*, S. 279.
61　O. Pöggeler, Dialektik und Topik, in： *Rehabilitierung der praktischen Philosophie* II, S. 306.
62　*Ibid.*, S. 323.
63　*Ibid.*, S. 327.
64　ペーゲラーは、アリストテレス『自然学』の方法的研究で名高い W. Wieland を援用して、「アリストテレスはその思弁的思惟において、分析論で展開した証明技術を一度も用いず、むしろ topisch-dialektisch, topisch-rhetorisch な手続きを用いていた」ということ、「ヴィーラントはこれまでのアリストテレス研究のあらゆる警告に逆らって、原理をトポイとして理解することが許されると信じている」こと、アリストテレスの研究法は哲学者が自分自身を対話の相手とする内的弁証術の意味でディアレクティカルであること、要するに「アリストテレスは、ディアレクティクによって研究される全てに勝って確実である哲学的真理なるもののプログラムを、実際には一度も遂行しはしなかったといってよい」と述べている。*Ibid.*, S. 326.
65　*Ibid.*, S. 323.
66　*Ibid.*, S. 324.
67　*Ibid.*, S. 324, S. 328f.
68　Hennis, *Ibid.*, S. 42. またこの連関で既に、「政治哲学の復権」の創始者となった政治哲学者レオ・シュトラウスも『自然権と歴史』（塚崎智・石崎嘉彦訳）で次のように現代社会科学の問題点を指摘していた。「現代の社会科学に従うかぎり、われわれは副次的に重要な事柄すべてにおいては賢明でありうるし、また賢明になりうるであろうが、しかし最も重要な点に関しては完全な無知に身を委ねるほかはない。すなわち、われわれは自らの選択の究極の原理に関しては、つまり自らの選択の適否に関しては、いかなる知識も持ちえない。われわれの究極的原理は、われわれの恣意的で、したがって盲目的な選好の他には何の支えも持ちえないことになる。こうしてわれわれは、些事にたずさわる時には正気で冷

静でいるのに，重大な問題に出くわすと狂人のごとく一か八かの賭けに打って出る人と，同じ立場に立つことになる」(6-7頁)。*Natural Right and History* (1953), p. 4.

69 アリストテレス『形而上学』『アリストテレス全集 21』出隆訳，第 1 巻第 2 章（7-12頁）参照。982a25-27.

70 アリストテレス『ニコマコス倫理学』高田三郎訳，岩波文庫，18頁。1094b11-25.

71 O. Höffe, *Praktische Philosophie—Das Modell des Aristoteles.* München, Salzburg, 1971, S. 112.

72 *Ibid.*, S. 120f.

73 *Ibid.*, S. 123, S. 125.

74 *Ibid.*, S. 182-186.

75 *Ibid.*, S. 174f.

76 *Ibid.*, S. 31.

77 *Ibid.*, S. 161-170.

78 したがって，アリストテレスが『レトリカ』で，「レトリックがディアレクティクの部門である」と言うときも，レトリックがディアレクティクと同じ手段，すなわち帰納と演繹とを用いるという以上のことを述べているわけではない。A. Beriger, *Die aristotelische Dialektik—Ihre Darstellung in der Topik und in den Sophistischen Widerlegungen und ihre Anwendung in der Metaphysik M1-3*. Heidelberg, 1989. S. 18. 本書の議論も同書からさまざまな立論の実証的な指示と支持を得ることができた。

79 *Top.* 101a25-101b3.

80 *Ibid.*, 104b1-2.

81 *Ibid.*, 105b30-31.

82 *Ibid.*, 155b4-10.

83 Beriger, *Ibid.*, S. 70. ただし Beriger は，「真理に即して」と「真理に向かう」とのここで述べた視点とは別の視点から，ディアレクティクが哲学にとって関わりを有することを論じている。

84 *Top.* 155b4-10.

85 *Ibid.*, 155b4-10.

86 Beriger, *Ibid.*, S. 74ff.「プロネーシス」観念のアリストテレス著作における意味変化については，J. イェーガーや H-G. ガダマーをはじめかなりの数の研究著作・論文がある。おおよそ，彼の初期著作の性格づけとの連関で，プラトン的な理解の下に「理論的認識能力」として捉えられていたのか，それとも既に後期の倫理的著作に認められるように「実践的認識能力」として捉えられていたのか，の対立をめぐっているといえよう。しかし，われわれは *Top.* 121b21f. の議論を読むとき，既にアリストテレスは，プロネーシスがアレテーに属するか，エピステーメに属するかの議論を立てていたことを知る以上，プラトン的理解から（賛否の決定はともかくとして）距離を置いていたと推測しうる。

87 *Top.* 163b12-16.

88　Höffe, *Ibid.*, S. 95ff.
89　Kuhn, *Ibid.*, S. 265.
90　Pögeller, *Ibid.*, S. 319.
91　Ch. Perelman, *Dictionnaire encyclopédique de théorie et de sociologie du droit*, sous la direction de Andre-Jean Arnaud, 1988, Article：Rhétrique, p. 366.
92　ガダマー自身が担当した『哲学事典』における Hermeneutik の項の解説によれば、「死すべき者どもに神々の命令を伝えるヘルメス神の宣示として」、ヘルメノイティクは単なる伝達ではなく、神々の命令を死すべき者どもの言語と理解へ移す究明であった。ガダマーはこの原意を保持して、解釈学的実践は、ある意味連関を別の世界からわが世界へと移すことにあると規定する。*Historisches Wörterbuch der Philosophie*, Hrsg. J. Ritter, Band 3. S. 1062.
93　ハーバーマス自身によるガダマー「哲学的解釈学」に関する批判的注解について、『コミュニケーション的行為の理論』（上）、河上他訳、未来社、192-198頁参照。
94　Ch. Perelman, Dialectique et Dialogue, in：*Le champ de l'argumentation*, p. 229, pp. 234-235.
95　Ch. Perelman, Rhétorique et Philosophie, in：*Le champ de l'argumentation*, p. 223.
96　*Ibid.*, p. 223.
97　*Ibid.*, p. 225.
98　*Ibid.*, p. 224.
99　R. Alexy, *Theorie der juristischen Arugumentation*, Suhrkamp, 1978, S. 207. Anm. 535.
100　Ch. Perelman, *Rhétorique et Philosophie*, pp. 225-226.
101　三島淑臣『法哲学綱要』所収「法と正義」でのペレルマンの批判につき、154-155頁参照。もしペレルマンが普遍的聴衆という制約を「現実的なものとして構想しているのであれば、それは余りにも空想的過ぎるだろうし、もしイデアールなもの（規範的なもの）として考えているのであれば、それはさまざまな社会的領域での対話やコミュニケーションによる合意形成という現実過程に対し（批判的原理としてはともかく）積極的な意味での実質的規定力を充分もち得ず、橋頭堡としての役割を果たしおおせないだろう」、したがって、われわれは「意識作用のレベルに位する対話やコミュニケーション的行為の合理性の中にではなく、（「普遍意志」がその表出であるような）人間存在の基本構造そのものの中に正義の究極的基礎を求めることがどうしても必要になってくる」とされる。
102　水波朗「ペレルマンの哲学」（『自然法の多義性』阿南・水波・稲垣編、創文社、1991年所収）32-33頁参照。ペレルマンでは、なぜ「正義」が現実の生活の場で概念化的討議理性の前では必ず多義的となって対話や討議がいたるところで必要になるのかについて哲学的根拠づけが行われていないとして、討議の根拠を、人間存在の構造、その法則、すなわち自然法に求める。
103　Alexy, *Ibid.*, S. 206, S. 218.
104　H-G. Gadamer, *Ibid.*, S. 189, S. 196.

364　註

[105] H-G. Gadamer, Hermeneutik als theoretische und praktische Aufgabe (1978), in: *Gesammelte Werke* 2, S. 304.
[106] *Ibid.*, S. 315.
[107] H-G. Gadamer, Praktisches Wissen (1930) in: *Gesammelte Werke* 5, S. 241f.
[108] *Ibid.*, S. 242f.
[109] H-G. Gadamer, Hermeneutik als praktische Philosophie, in: *Rehabilitierung der praktischen Philosophie* Ⅰ, S. 343.
[110] *Ibid.*, S. 344.
[111] John D. Schaeffer, *Sensus Communis—Vico, Rhetoric, and the Limits of Relativism*, 1990, p. 100, p. 106, p. 110f. p. 121. ヴィコとガダマーのセンスス・コムニス論の比較を含むこの研究によれば、「ガダマーの解釈学はヴィコのセンスス・コムニス観念をギリシア哲学の伝統へもたらし、ソクラテスやプラトンのディアレクティクを読書のパラデーグマになさんとするものである。ガダマーはこうしたヘルメノイティクの使命を、読者が己れ自身の価値や先入見に挑戦するようセンスス・コムニスに問い合わせる点にみている」(p. 151)。著者は結論として、ガダマーとは反対に、ヴィコの自然法論（文明の変遷に応じながらもセンスス・コムニスを安定化機能とする）へ再び戻ることによって、「ゲルマンに対するギリシアの圧政」を除去する必要を訴え、このためにはセンスス・コムニスのローマ的伝統こそが、ガダマーのヘルメノイティクを強制している「地平」を動かすのに仕えると説いている (pp. 125-126)。
[112] J. Habermas, *Zur Logik der Sozialwissenschaften*, Suhrkamp, 1982.『社会科学の論理によせて』国文社（1991年）清水多吉他訳、266-314頁を参照。
[113] H-G. Gadamer, Rhetorik, Hermeneutik und Ideologiekritik, —Metakritische Erörterungen zu Wahrheit und Methode (1967) in: *Gesammelte Werke* 2, S. 232-250.
[114] H-G. Gadamer, Wahrheit und Methode, S. 325, S. 327. これはアリストテレスの『ニコマコス倫理学』における「自然的正」 $\varphi\upsilon\sigma\iota\kappa\grave{o}\nu\;\delta\acute{\iota}\kappa\alpha\iota o\nu$ (1134b18, 1135a3) の解釈に即して結論づけられている。
[115] H. リッフェルの "absolutes Richtiges"（絶対的正しさ）は、内容的に規定された「絶対的正しさ」を排除してゆく要求の中で想定される「超越論的前提」であるから、「白紙性格を持ち、そのつど諸々の与件に従って詳細に規定されうるがゆえにのみ、実践において役立つ」とされる。H. Ryffel, *Grundprobleme der Rechts-und Staatsphilosophie*, S. 29.
[116] 今日、目的論的世界観は、個人の自由や平等の理念を抑圧する有機体的全体主義として、特定の政治的イデオロギーへの連想の下に置かれ甚だ不評判である。しかし、これは逆である。むしろ、人間に構造法則が無いかのように（この構造法則はヘッフェ的意味で"厳格"でしかないから容易に「無い」との速断へ誘う）事物の本性を軽視するのは、近代以降の人間の万能感に由来している。自然科学・社会科学・精神科学の力によって、人間の本性・制度は変えられるものであり、その限りで全て、 $\dot{\varepsilon}\nu\delta\varepsilon\chi\acute{o}\mu\varepsilon\nu o\nu\;\ddot{\alpha}\lambda\lambda\omega\varsigma\;\ddot{\varepsilon}\chi\varepsilon\iota\nu$ (*EN.* 1134b31)、すなわち「それ以外の仕方においてありうるもの」の対象にされる。このこと

によって現代は逆に，人間の自由・平等・福祉理念が，人間内外の「自然」（環境を含めて）を支配-抑圧しているのであり，そのため人間の内と外において在る「自然」はその道を通って顕現しなくなりつつある（M. Heidegger, Vom Wesen und Begriff der $\varphi\acute{v}\sigma\iota\varsigma$, in：Wegmarken, S. 289ff.）と言うべきではなかろうか。歴史の目的が自由の実現であると言うとき，そこには同時に「存在の性起」という契機も含めて考えられるべきであろう。なお現代における目的論的世界観復権の意義を強調するものとして，P・コスロフスキー他編『進化と自由』（山脇・朝広訳）産業図書，1991年を参照。

[117] H. Henkel, *Einführung in die Rechtsphilosophie*, 1964, S. 416ff.

第2章

[1] Thomas Buchheim, Hellmut Flashar, Richrd A. H. King (Hg.), *Kann man heute noch etwas anfangen mit Aristoteles?* Wissenschaftliche Buchgesellschaft, 2003, S. ix.

[2] J. Rawls, *A Theory of Justice* (Cambridge, Mass.：Harvard University Press, 1974) p. 4. なお後にロールズは *Political Liberalism* (New York, Colombia University Press, 1993), p. 194. で，「政治的リベラリズムは，その目的にニュートラルでありながら，ある種の道徳的性格の優越をなお肯定しようとすることが重要である」と述べている。

[3] Aristide Tessitore (ed.), *Aristotle and Modern Politics—The Persistence of Political Philosophy*, University of Notre Dame, 2002, p. 3.

[4] Arthur Kaufmann, *Rechtsphilosophie*, C.H. Beck, 2. Aufl. 1997, S. 9.

[5] *Ibid*. S. 11ff.

[6] Dietmar von der Pfordten, *Rechtsethik*, C.H. Beck, 2001, S. 24.「法倫理学は法学の一部分であるのみならず，哲学の部分でもある。そこでは，それは実践哲学に—正確には社会倫理学に，応用倫理学に属している」。

[7] アリストテレス『ニコマコス倫理学』(上)高田三郎訳，岩波文庫，1984年，*EN*. 1129b28. しかしそれに立ち入る前に，そもそもわが国の法曹教育がどのような理念に従って理解されているのか，瞥見しておくことが便宜を与える。その格好の資料を提供してくれるのが，平成14年4月18日中央審議会に答申された「法科大学院の設置基準等について」（中間報告）である。「制度を活かすもの，それは疑いも無く人である」という司法制度改革審議会の意見を受けた本報告によれば，21世紀の司法を担う法曹に必要な資質として，「豊かな人間性や感受性，幅広い教養と専門的知識，柔軟な思考力，説得・交渉の能力の基本的資質に加えて，社会や人間関係に対する洞察力，人権感覚，先端的法分野や外国法の知見，国際的視野と語学力等がいっそう求められる」と言う。この言葉の中には，後に本書で触れる「知慮」(prudentia) に関係する重要な資質が触れられている。この答申を受けた審議会意見をもう少し敷衍してみよう。

- 「法の支配」の直接の担い手であり，「国民の社会生活上の医師」としての法曹に必要とされる専門的資質・能力の習得とかけがえのない人生を生きる人々の喜びや悲しみに対して深く共感しうる豊かな人間性の涵養，向上を計る。

- 専門的な法知識を確実に習得させるとともに，それを批判的に検討しまた発展させていく創造的な思考力，あるいは事実に即して具体的な法問題を解決していくため必要な法的分析能力や法的議論の能力等を育成する。
- 先端的な法領域について基本的な理解を得させ，また，社会に生起する様々な問題に対して広い関心を持たせ，人間や社会のあり方に関する思想や実際的な見聞，体験を基礎として，法曹としての責任感や倫理観が涵養されるよう努めるとともに，実際に社会への貢献を行うための機会を提しうるものとする。

以上の「審議会意見」で要点を摘示してみると，「社会生活上の医師」，「人々への共感できる感受性」，「専門的な法知識の習得とその批判検討」，「事実に即して具体的な法問題を解決していく能力」，「先端的な法領域への理解」，「社会に生起する様々な問題への関心」等が挙げられるが，実はこれらの言葉は，具体的正しさの発見，共感，習得と批判，将来の予見，周囲の見回し，関心を，属性的機能としてアリストテレスがその『倫理学』で「プロネーシス」という名の徳に含ましめたものに当たる。そして言うまでも無くこのプロネーシスは，ユリスプルーデンティアの「プルーデンティア」にラテン語化されるギリシア語である。

8 スティーヴン・L. ペパー『道徳を超えたところにある法律家の役割——相談助言と依頼者の責任』住吉博編訳，日本比較法研究所，翻訳叢書 43，中央大学出版部，2000 年，3 頁。
9 前掲書，14 頁。
10 デイヴィド・ルーバン『法律家倫理と良き判断力』住吉博編訳，日本比較法研究所，翻訳叢書 46，中央大学出版部，2002 年，3 頁。
11 前掲書，21 頁以下。
12 前掲書，53 頁。
13 前掲書，58 頁。
14 前掲書，109 頁。
15 *EN.* 1097a1-12.「善そのもの」の論議は確かに，行うべき善のためによいのではないか，かかるものをいわば範として持っておれば，我々にとっての善をよりよく知ることができるのではないかと考えるかもしれないが，アリストテレスによれば「それは然し種々の学問の実際に背いている」。イデアを見た人がどうしてそれによって医療や統帥の能力の上に多きを加えるところがあるだろうか，実際，医者の考察するところは，「健康」のイデアではなく，あのひとこのひとの健康に他ならない，と述べている。ここに明瞭にアリストテレスの「人間的善」とその「実践」（プラクシス）観が看取される。
16 Paul Schuchman, *Aristotle and the Problem of Moral Discerning,* 1980, pp. 17f. 同書は，明らかにハイデッガーのマールブルク講義を連想させるような形で，「人間の存在」に関心を寄せ，ギリシアの倫理学は基礎的存在論であり，それを理解する方法は現象学的方法が適切であるとする。確かに，アリストテレスのみならず古代ギリシア思想において，倫理学は今日にいう「規範学」と同一視されてはならない。倫理学を存在論に解消することには疑問を覚えるが，われわれはこうした見方が重要であることを否定しない。

17 岩田靖夫『アリストテレスの倫理思想』岩波書店，1985年，8頁。
18 *EN.* 1094a1-3.
19 *Metaph.* 1048b18-35, 1050a23-b2.
20 よく環境倫理学の議論において，アリストテレスは，「自然は人間のために多くの生物を用意した」という言葉を捉えて，人間中心主義を根拠づけた哲学者と見られるが，他の生物が，人間がそれを利用するという視点とは無関係に，己自身のテロスを実現しようとすることを否定しているのではない。
21 Martin Heidegger, *Grundbegriffe der aristotelischen Philosophie*, Bd. 18, Vittorio Klostermann, 2002, S. 38f.
22 *EN.* 1094a18sq, 1095a16-17.
23 *EN.* 1095b18-19.
24 *EN.* 1097b30sq.「目や手や足や総じて身体の各部分について何らかそれぞれの機能が見られるごとく，それと同じように人間についても，こうしたすべての機能以外に人間の機能と呼ぶことのできる何らかの機能を考えうるのではあるまいか」。
25 *EN.* 1098a15sq.
26 *EN.* 1105b20 sqq.
27 *Metaph.* 1022b3-16.
28 Heidegger, *Ibid.*, S. 176. 彼の原文を挙げた方がよかろう。それによれば，—῞Εξις ist die Bestimmung der Eigentlichkeit des Daseins in einem Moment des Gefaßtseins für etwas. である。Gefaßtsein とは，習性によって或ることに対する心構えが出来上がっていることを指す。邦訳の「決意性」や「覚悟性」は〈実存性〉のニュアンスが強く，アリストテレスの由来が見えにくくなっている。
29 *EN.* 1111b4-1112a18. vgl. Heidegger, *Sein und Zeit*, Max Niemeyer Verlag, 18. Aufl., 2001, S. 305.「先駆的決意性」"vorlaufende Entschlossenheit".
30 *EN.* 1113a10-13.
31 *EN.* 1144a13-20
32 Heidegger, *Grundbegriffe der aristotelischen Philosophie*, S. 180.
33 *Ibid.* S. 181.
34 この循環については，両親や教師が子供の理性を形成する後見役を務めるのと，後見役なしに自律して理性を行使する場合とに分けて論じるような「教育論」が解決の鍵を与えるであろう。
35 Heidegger, *Ibid.* S. 182f. vgl. *EN.* 1105a31-33.
36 岩田，前掲書31-35頁。*EE.* 1214a22-25, *EN.* 1099b24-25, *EN.* 1103a18-24.
37 *EN.* 第1巻第13章参照。
38 岩田，前掲書37-38頁。
39 岩田，前掲書41頁。
40 岩田，前掲書43頁。*EN.* 1100b35, *EN.* 1100b17参照。

⁴¹　*EN.* 1104a18, 1106b15, 1109a4. もっともアリストテレスはこうした図式的な説明の不十分さも認めており，事情により「中」の欠如，ずれの存在がある場合を指摘している。

　　例えば，(ⅰ)悪意，破廉恥，嫉視といった情念，姦淫・窃盗・殺人といった行為などは直ちに劣悪性に結びついている（1107a8-15）。(ⅱ)ある場合には，不足の側に立つところのものが，ある場合には，過超の側に立つものが，「中」に対してより多くの対立を示す（1108b35-1109a5）。例えば，勇敢は無謀に対してよりも怯懦に対して，節制は無感覚よりも放埓に対してより多く対立する。(ⅲ)知性的卓越性にはいかなる中庸もない。

⁴²　アリストテレスの「中」は凡庸との連想イメージも働いてか，過去の研究は管見にしてあまり知らない。しかし，Theodore James Tracy, *Physiological Theory and the Doctrine of the Mean in Plato and Aristotle*（1969）は，アリストテレス以前のギリシア医学の生理学・心理学及びプラトンにおける生理学的理論における「適度」，そしてアリストテレスの生理学及び心理学とそれに底礎された中庸論を学ぶうえで大いに便宜を得た。古代ギリシアの中庸論がその生理学的基礎を通じて，宇宙の形而上学的連関を有している指摘は大変興味深いものの，倫理学への言及は当然としても，政治理論にまで十分説き及んでいないのが残念である。

　　Jan van der Meulen, *Aristoteles—die Mitte in seinem Denken*, 1951 は，「中」を基軸にアリストテレス体系全体をヘーゲル弁証法によって統一的に説明しようとするが，高度に抽象的な著述のせいか敬遠されている向きがあり，実践哲学について説くところも少なく，ほとんど他での引用が見受けられない。これに対し，Markos Vardakis, *Die Mesoteslehre des Aristoteles*（1984）は，全編，アリストテレス中庸論の骨格を哲学的に描き，彼の政治学的手法を実証的に分析し，彼の中庸思想がその析出された方法論に裏づけられて，具体的に「正義論」や「政治学」に活かされていることを丹念に辿った労作であり，本書の執筆に当たって少なからぬ恩恵を受けている。その後，S.J. Salver, *Finding the Mean*（1990）が出版されたものの，そのタイトルを直接反映させるよりも，アリストテレスの目的論が現代の社会科学の中でいかにして可能であるかの方を主に問題としている。

⁴³　島田虔次『大学・中庸』(下)，中国古典選 7，昭和 53 年，43 頁参照。

⁴⁴　Hermann Kalchreuter, *MESOTES bei und vor Aristoteles*, 1911.「中庸」思想はアリストテレスの倫理学・政治学・美学・論理学以外にも，自然科学の諸著作・生命論・形而上学に見出されるのみならず，アリストテレス以前の「格言」，叙事詩や抒情詩や劇を含む韻文，歴史記述や哲学・医学を含む散文にも見られることを，原典を引用して明らかにしている。

⁴⁵　*Ibid.* S. 10.

⁴⁶　Harald Schilling, *Das Ethos der Mesotes—Eine Studie zur Nikomachischen Ethik des Aristoteles*（Heidelberger Abhandlungen zur Philosophie und ihrer Geschichte 22）Tübingen, 1930, S. 8ff.

⁴⁷　*Metaph.* 1021b21sqq.

⁴⁸　Kant, *Metaphysik der Sitten*, S. 404, 432, 433Anm.

49　*EN*. 1106a24-b7.
50　岩田，前掲書。219頁。この岩田説に付言するなら，量の観点からするメソテース論の「対立」はいかなる性質のものであるかを確認することが肝要であろう。アリストテレスは『ニコマコス倫理学』第2巻第8章で，対立論の述語として $ἀντικείμενα$ と $ἐναντία$ とを区分するが，『形而上学』（1055a38-b2）で前者に4種を分類し，$ἀντίφασις$（矛盾）を含めている。しかしながら直線上に並んだ過超―中庸―過少は矛盾の関係にあるのでなく，$ἐναντιότης$「反対」の関係にある。矛盾には中間は存在しないが，反対のものには中間は存しうる。両極相互の間には最大の非類似性が見られるものの，非連続を示す二者択一の矛盾関係は存せず，最も隔たっている「反対のもの」として理解されるのみで，その根底には両極間の連続が前提される（*EN*. 1108b32-35.）。
51　*EN*. 1106b19-22
52　Schilling, *Ibid*. S. 25.
53　*Ibid*. S. 93-98.
54　以上のアリストテレスの倫理的行態秩序の価値ヒエラルキーを質料から形相まで上昇する順序に並べると以下のように図式化できるであろうか。

$εὐδαιμονία：ἡρωική\ τις\ ἀρετή$（至福：ある種の英雄的徳）

人間的なものを超越

$μεσότης：σωφροσύνη$（中庸＝節制）
　　　　　　　　　$ἐγκράτεια$（抑制）
　　　　　$καρτερία$（我慢強さ）
　　$ἀκρασία$（無抑制）
$ἀκολασία$（放埓）　―――　$κακία$（悪徳）　―――　$ἀναισθησία$（無感覚）

人間的なもの以下

$θηριότης$（獣性）

55　Nicolai Hartmann, *Ethik*, S. 523ff.
56　Schilling, *Ibid*. S. 98-101.
57　Heidegger, *Ibid*. S. 185.
58　*Ibid*. S. 186f. ハイデッガーのこうした解釈を東洋に求めれば，「君子の中庸は，君子にして時中す」（『中庸』第2章）が呼応するであろうか。前掲書の島田注釈によれば，「時中」というのは，元来「中」というものは定体が無い。即ち一定の実体があるのでなく，中江藤樹や熊沢蕃山ふうに言えば，「時・処・位」に応じて定まるのである（45頁）。
59　*Ibid*. S. 187-191. *De Anima*, 424a4sqq. E.H. Olmsted, The "Moral Sense" Aspect of Aristotl's Ethical Theory, in：*Schriften zur aristotelischen Ethik*, Christian Mueller-Goldingen, Olms Studien, 1988, S. 59-78. 本論文は，メソテースを『デ・アニマ』の知覚論

と『ニコマコス倫理学』の定義において関連づけることを目指しており（S. 59），「有徳な人は善への感情的知性的反応をもち，正しい行為へと集中する傾向をその感情・意欲・志向に基づいて有する」として，「徳に特徴的な感情的バランスの達成に知性のレベルで貢献するものをも含めるとき」（S. 72），個別的状況の中でも普遍的側面を見失わない Moral Sence を考えうると肯定している。

60　*Ibid*. S. 190.
61　Teichmüller, *Die praktische Vernunft bei Aristoteles*, Neue Studien zur Geschichte der Begriffe Ⅲ, Gotha, 1879, S. 127-142. ちなみに，プロネーシスが，生命の「配慮」の働きとして特定されるのは，ハイデッガーが現存在の実存論的本質を『存在と時間』の「クーラ神話」（S. 197f.）を用いて Sorge として特徴づけようとしたのに呼応しているように思われないであろうか。またプロネーシス，すなわち Sorge の範囲を，ハイデッガーを超え，生命一般にも拡大している宇宙論的な見解は，ハンス・ヨナスの「有機体の哲学」の基本構想を連想させないであろうか。そして，心臓が身体の「中」にあることから帰結する機能は，これに「座する」人間の魂部分，すなわちプロネーシスに，もろもろの情念や行動に対する「中心的」「統合的」機能を配当せしめることを予想させないであろうか。

　　もっとも，Josef Pieper はその『知慮論』でプロネーシスを，Klugheit（賢さ）や，prudence（不安のために熟考される自己保存，自利を図る自分自身のための配慮）として訳すのは，正義すらこれに基づくとされる高貴な性格にふさわしくないと断じている（vgl. *Traktat über die Klugheit*, 1965, S. 13）。

　　アリストテレス自身は「実際，人々は自分自身にとっての善を求めるものなのであり，またそうするのが当然だと考えている。このような考えに基づいて，だからこの種の人々をもって思慮あるひととなすごとき事態も生じているのである。ほんとうはしかし，おもうに，自分一個の『よく』ということも，家政を離れて，また国のあり方というものを離れてはありえないのであるが」と明言している（*EN*. 1142a7-10）。

62　P. Aubenque, *La Prudence chez Aristote*, Paris, 1963, p. 65.
63　*Ibid*. p. 72. これに対し『自然学』第2巻では，偶然は二つの系列の遭遇ではなく，何らかの因果性の関係と人間的関心との遭遇であると説明されるが，しかし，こうした偶然の観念は因果の鎖列に何の欠陥をも持ち込むものではないから，実際には自然的過程に何ものをも付加も控除もしない。偶然とは人間的目的性を，これとは無縁な因果関係に投影したもので，むしろ決定主義の色彩が強い。これに対し，他方，別の偶然観も提示しており，原因自体は決定されているが，付帯的原因は不定であることから，偶然は，ある事柄の可能な付帯性の不定性が，そこから帰結することもある諸々の結びつきを予見しにくくしている世界とも説明される（196b27-29）。
64　*Ibid*. p. 74.
65　*Ibid*. p. 75.
66　*Ibid*. p. 84.
67　*Ibid*. p. 88.

68　*Ibid*. p. 90.
69　*Ibid*. p. 95.
70　*Ibid*. p. 174.
71　*Ibid*. p. 176.
72　*Ibid*. p. 177. このオーバンクの説は、次の二点の問題意識から発していることを付言しておく。(i)プロネーシスは、他の古い著作ではエピステーメ（普遍的なものや超感覚的なものを捉える）や哲学的知と同格視されていたのに対し、『ニコマコス倫理学』では、個別的なもの、周囲の状況に応じて可変的な知と理解されるに至った。もはや第一級とはいえない地位に落ちたこの「知慮」の意義をいかに正当化するかが肝要となる。(ii)大部分の解釈者たちは「知慮」に主知主義的類型を投影したり（スコラ学者たち）、あるいは原理なき経験主義の例に身を置いたりしているが、この二者択一について語ることは、なぜアリストテレスが知を徳にかからしめており、もしそうならどのような知かを問題としない限り、何の意味をも持たない。「知慮」の問題は形而上学的問題に取り組まない限り解決できない。以上の発想に端を発している（*Ibid*. p. 7-9, 27-30）。
73　*EN*. 1140a25-28.
74　坂下浩司『アリストテレスの形而上学―自然学と倫理学の基礎―』岩波書店、2002年、154-157頁参照。なお、トマスの『神学大全』での答えは、自己固有の善は共同善に依存するという視点から答えられている。『神学大全17』、小沢孝訳、創文社、214-217頁参照。
75　Paul Schuchman, *Ibid*., S. 16, 26f. 同書は「アリストテレスのプロネーシスは、人間が自己自身の存在に対して抱く特殊な関心を自分自身の言葉で考えようとする西洋哲学の最初の純正な試み」であるとする。これは、ハイデッガーの現存在分析が、アリストテレスのプロネーシス解釈と並行した意義を有すると見ているからに他ならない。同書によれば、プロネーシスは、「善」に関するア・プリオリな超越論的地平を構成するもので、その中で経験的な制限された善を常に問いと批判に服せしめつつ、人間存在の超越を可能にするものと解される（vgl. S. 121.）。
76　Heidegger, *Platon : Sophistes*, Bd. 19, Vittorio Klostermann, 1992, S. 143.
77　*Ibid*. S. 140.
78　*Ibid*. S. 148.
79　*Ibid*. S. 154f.
80　*EN*. 1142b31sqq. 知慮が目的に関わる徳であるか、その実現に資する手段に関わる働きで卓越性を発揮するのかは、ヴァルター-タイヒミュラー論争から長い歴史を有する。この問題となった原文は省略するが、関係代名詞 οὗ の先行詞が、τὸ τέλος（目的）にかかるのか、それとも τὸ συμφέρον πρὸς τὸ τέλος（目的に対する有用なてだて）にかけて読むのかで、別様に解釈される。この論争は今日、アリストテレス全体の思想から見ても、各文章の断片を拾い集めても、τὸ τέλος にかけて読むのが定説となっているようである。正確に言えば、プロネーシスは目的-手段連関の正しい把握に関わる徳である。ハイデッガーもこの線に沿っており、ὑπόληψις（把握）に含まれる ὑπο の意味が「既にある」ものを予

想していることから論定できると考えている (Heidegger, *Ibid*. S. 155f.)。目的達成のためのてだての発見において優れているのは「思量」であるが、それ以前に捉えられる目的が「善い」のでなければならない。その把握は知慮によってなされている。

81　ここよりある論者は「実践的推論が人間的現存在の根本体制としての知慮に属すること」、「推論」とは形式的三段論法でなく、人間の自己形成の仕方であると見て、自然目的論とも制作目的論とも異なる独自の領域を画定しようとした。即ち「幸福な現存在は、ひとがそのような現存在の概念を彼の実践的推論の根底に置き、推論された行いをもって、この概念に対応する目的規定を達成することによって、自己自身に与える人間的形態である」とした。Anselm Müller, *Praktisches Folgern und Selbstgestaltung nach Aristoteles*, 1982, S. 206.

82　*EN.* 1143a35sqq.

83　Heidegger, *Ibid.*, S. 161.

84　*Ibid.* S. 162f.

85　*Ibid.* S. 164-171. ソピアとプロネーシスとの優越関係については殆どの者がソピア優位説に加担している。ソピアを健康に、プロネーシスを医術にそれぞれ対応させ、自然的と技巧的との差を見て前者の自立性を優れたものと見るのがその一端の理由となっている。わが国だけ見れば例えば、岩田、前掲書、414-419頁。坂下、前掲書、162-168頁。桑子敏雄『エネルゲイア』東京大学出版会、1993年、249-252頁。しかし、ソピアは「世の役に立たないこと」をたくさん知っていると言われるが、プロニモスも「立派な人柄」が本義なので、効用能力の卓越において評価されているのではないとし、従来の並行関係を批判し、両者ともに「健康」の方に比論されると説く論もある。実際、アリストテレスは、どちらも「幸福」にとって最高の善であるとしているからである。

　これに関し、Sung-Tak Pan, Zur phänomenologischen Interpretation der praktisch-politischen Urteilsfähigkeit (Aristoteles, Kant, Husserl) Wuppertal, 1996. 参照。同論文によれば、テオーリアの独立性とプラクシスの非独立性を対比すれば、「実践哲学」とは形容矛盾になってしまう。論者は実践哲学の主権的領域を確保するためにソピアのプロネーシスに対する優越の解釈を批判し、両者の間に目的-手段関係は成立しないことを証明する必要があった。論者は、ハイデッガー、ラッカム、トマスの権威的解釈に挑戦し、前述の並行的理解が、まったくのテキストの誤読によるものであることを詳論している（S. 46-54）。しかし、アリストテレスの明文があるにも拘らず、この解釈は、「まず実践哲学ありき」が至上命令となって、導かれているように思われる。諸価値の位階秩序は、カイロス（時宜）においては適用の優先順位を変えることを妨げるものではない。このことを抑えておけばこの問題は解消するのではなかろうか。また、価値的に優越しているものは稀有に近いほど高いため、それにあやかることを勧めはするが、そのことに向けて全面的に合成体としての実践生活を服従させることまでアリストテレスは要求してはいない。

86　*EN.* 1173a23-28.

87　*EN.* 1109b18sq.

88 Werner Jaeger, Medizin als methodisches Vorbild in der Ethik des Aristoteles, 1959, S. 143-160. 同論文によれば、アリストテレスはヒポクラテス的著作者の方法的プログラムに直接従っており、健康の問題についてはいかなる絶対的な尺度もなく、全ては一種の「感覚」αἴσθησις に委ねられていると考えている (EN. 1109b20-23)。倫理学に数学的方法を導入するプラトン学徒の研究を批判し、個別的ケースにおいて善を発見しうる別種の認識条件として、聴講生は患者の個別的取り扱いを特能とする医術に親しんでいることを求めた。もっとも、イェーガーは、プロニモスと医師との間にあるこうした「類推」に限度があることは、アリストテレスも弁えていたことを最後に明らかにしている。

また、この方面での代表論文 Wehri, F., Ethik und Medizin in : *Schriften zur aristotelischen Ethik*, Christian Mueller-Goldingen Olms Studien, 1988, S. 79-105. を参照。

89 Markos Vardakis, *Die Mesoteslehre der Aristoteles*, Heidelberg, 1984. 同書はここでも本国人固有の語学力を発揮して、『トピカ』『形而上学』『ニコマコス倫理学』における類似の語法を5箇所比較し、ここでいうロゴスは、「定義された事柄」(τὸ τί ἦν εἶναι) を表すものとし、アリストテレスは論理学や存在論で根拠づけられるような定義の客観的普遍妥当的側面を保持しつつも、素材の対象側から来る制約によって、二つの逸脱を追加している、その一がプロニモスによる規定であり、その二が価値論的側面であると解釈している。Vgl. S. 92-95.

90 先に挙げた Olmsted 以外にも、既に Teichmüller も前掲書 (S. 298) で、種のうえでは感性的および数学的直観とは異なる「道徳的感覚」と称される機能を認めている。

91 Vardakis, *Ibid.*, S. 86-88. *EE*. 1234a23-24, *EE*. 1232a35-37, *EN*. 1099a21-24, *EN*. 1113a29-33, *EN*. 1143a19-20, *EN*. 1128a11-12, *EN*. 111b4-6, *EN*. 1113a4-5, *EN*. 1094b27-28, *EN*. 1143a24-31, *EN*. 1181a19-21, *EN*. 1134a31-32.

92 *Ibid.* S. 88.

93 Ralf Elm, *Klugheit und Erfahrung bei Aristoteles*, Ferdinand Schöningh, 1994, S. 7ff. 同書は、オーバンクの問題意識に沿った形で「神的な実践不要性と世界の偶然性との間にある人間」観を前提に、危険に曝されうる可能性に対し、人間が「経験」に依存し、思量せざるをえない必要性を説いている。vgl. S. 34f.

94 *EN*. 1132a18-19.

95 *EN*. 1131b5-6.

96 *EN*. 1131a25-29.

97 *EN*. 1138a1

98 ヒュブリスは傲慢という意味であるが、『政治学』(岩波文庫、山本光雄訳) 1315a16, 1302b1 等では法をも怖れぬ「無法」という意味で訳されている。

99 *EN*. 1137b20-26.

100 *EN*. 1137b30-32.

101 *EN*. 1142b34-1143a17.

102 *EN*. 1143a23.

[103] P. Aubenque, *Ibid.*, p. 152.
[104] *Ibid.* p. 152, 161f. この限界知はデルフォイの神託"汝自身を知れ"に表れている。これは現代人が理解するように，人間の自己省察の必要を説いた言葉ではなく，死すべき身のほどを知れという自覚を想起させるものである。cf. p. 165f.
[105] 岩田，前掲書，67-68 頁。なお 77 頁の註 56 を参照。
[106] Aubenque, *Ibid.*, p. 50. オーバンクは，アリストテレスは徳を知のもとに含めるプラトンを排したにも拘らず，ソクラテス的主知主義との縁を切ってはいない。オルトス・ロゴスはプロニモスという人物の中で個体化して見出される，と述べている。
[107] Platon, *Politikos*, 294A. また例えば，船長はいつでも船や乗組員の利益を守るのだからといって文章にした規則を作るというのではなく，その術知を法として乗組員を保護するが，国家組織もまったくそれと同じことで，法律以上の力を発揮して，そういうやり方で支配しうる人々によって正しいものにされる（296E-297A）。
[108] Platon, *Nomoi*, 874E-875D.「人は生まれながらにして十分神賦に恵まれていて，そういうことを理解できるならば自分自身を支配する法律の必要はあるまい。何故かというのに，知識に勝る法律も秩序もないし，それが本当に自由なものであるならば，理性は何にも隷属せず，全てを支配するものでなければならない。ところがそんなものは決してどこにもないと言ってよろしい。そこで第二のものを，つまり秩序と法律とを採りあげなければならなくなる。それらなら，全体としてはともかくも大体は目につくし，また目にとめることができる」。
[109] *Ibid.* 957C-D.
[110] Aubenque, *Ibid.*, p. 41, 63. オーバンクは，プロニモスを，プラトンの哲人王の相続人だが，その王的資格の唯一の基礎であったイデアを失った「偽相続人」，あるいは「善く生まれついた」魂に民衆と協約できぬ特権を認める「貴族制的伝統の相続人」とも表現している。
[111] Emmanuel Michelakis, *Platons Lehre von der Anwendung des Gesetzes und der Begriff der Billigkeit bei Aristoteles*, Max Hueber, 1953, S. 47.
[112] *EN*. 1134b18-19, *Rhet*. 1374a26sqq, 1374a18-20.
[113] Josef Pieper, *Ibid.* S. 24. プロニモスの判断は状況に限定され，一見アド・ホックに見えるが，究極的にはシンデレーシスによって統一的に保たれている。ところが，確実性を求める人間的意志から必然的に，善の混乱した多用な実現形式を秩序づける試みが「決疑論」Kasuistik として育つと見られる。しかしこれを過剰評価すれば，何千もの禁止表の制定に苦しむ窮屈な学校権威の下に，知慮の徳の生命が押し殺されてしまうと懸念している。Vgl. S. 52ff.
[114] Ferenc Hörscher, *Prudentia iuris—Towards a pragmatic Theory of Natural Law*, Budapest, 2000, p. 87.
[115] *Ibid.* p. 88.
[116] *Ibid.* p. 17. practical と pragmatic とは互換可能な言葉であると言う。

117 *Ibid*. p. 20f. Peirce, *What Pragmatism Is*, p. 27, から引用されている。
118 Peirce (*Ibid*., p. 36.) が引用されている。
119 Hörscher, *Ibid*., p. 22.
120 *Ibid*. p. 94f.
121 *Ibid*. p. 95f.
122 *Ibid*. p. 96f.
123 *Ibid*. p. 84. cf. Thomas, *Summa Theologiae*, II-2, Q. 52, art. 4.
124 Pieper, *Ibid*., S. 25. 彼は「良知」シンデレーシスの Ur-Gewissen (原良心) に対して,「知慮」を Situation-Gewissen (状況良心) として捉えている。
125 Ed., Robert Hariman, Prudence—classical virtue, in : *Postmodern practice*, The Pennsylvania state university press, 2003, p. 292.
126 *Pol.* 1252b30-1253a1 『政治学』山本光雄訳, 岩波文庫参照。なお vgl. Heidegger, *Grundbegriffe der aristotelischen Philosophie*, S. 46.
127 *Pol.* 1253a8-19.
128 Heidegger, *Ibid*., S. 63. もっとも, ハイデッガーがロゴス λόγος を「言葉」と訳したことに対して, 異なった訳の当て方もある。なぜなら『政治学』で用いられるこの言葉のもとに一貫して理解されるのは, どちらかというと「分別」「ことわり」の意味においてだからである。特に本パラグラフの後半「また正しいものや不正なものをも明らかにする」という一文に照らし合わせてみると, 後者の方が適訳であるように見える。しかし, いま問題になっている一文は,「声」との対比に絞られているのであるから,「言葉」と訳すほうがすんなりしている。これに対し,「ことわり」の意味については, いま著者が引用文中に強調しておいた「も」に注目していただきたい。ハイデッガーは, 人間は, 己の生に役に立つものを思量し λογίζεσθαι, この思量の収積である συλλογισμός の遂行の中で「役に立つものが出合われる」と述べている。とすれば, ロゴスには「言葉」と同時に「思量」の意味も込められているわけである。それゆえに, ロゴスにはまず,「言葉」という訳を当てておき, 次に「ことわり」「分別」の意もあると続ければ,「も」の意味も生きてこよう。
129 *Rhet.* 1355b25sq.
130 Heidegger, *Ibid*., S. 117.
131 *Rhet.* 1356a2sqq.
132 Heidegger, *Ibid*., S. 127-136.
133 *Ibid*. S. 128, 132f. *Rhet.* 1356b3sqq.
134 Heidegger, *Ibid*. S. 129. *Top.* 100a25-b23.
135 *EN.* 1181a13sqq.
136 Vardakis, *Ibid*. S. 143.
137 *Top.* 101b3-4.
138 Vardakis, *Ibid*., S. 130.
139 *Top.* 100b21-23.

376　註

¹⁴⁰ Vardakis, *Ibid.*, S. 137.
¹⁴¹ *Ibid.* S. 395. vgl. *Pol.* 1283b36-42. アリストテレスは，エンドクサの卓越性を，できるだけ多数の意見（量）と唯一の卓越した意見（質）とを合算してできるだけ多数の識者の意見を採りいれているところに見る。『政治学』で「誰が国において決定を下すべきか」（1281a11sqq）という問題に取り組むに当たって，アリストテレスは，最善者よりも多数者の方が，いろんな方向から全体を判断できる強みを持っていると考えるが，しかし，この前提を修正する試みをなしていることを忘れてはならない。なぜなら，(i)必ずしも多くの人々が高い文化水準に達しているわけではない（1281b19-20）。(ii)国民の大衆が重大な役に与ることは安全でない（1281b25sq），と補足しているからである。こうした事情を踏まえて，アリストテレス自身は，量と質とを合算して，多数はひとりひとりとしてみれば大した人間ではないが，それでも一緒に寄り集まれば，かの人びとより優れたものでありうる（1281b1sq.）という見解と，精神的かつ道徳的に卓越した市民の意見との両方の長所を価値的に総合するわけである。要するに，彼は，決定に参与する市民の権利と有識の市民や学者の権威との総合調和を要請しているのである。
¹⁴² *Ibid.* S. 144-150.
¹⁴³ *Ibid.* S. 175-193.
¹⁴⁴ 過去からの例によって普遍的価値命題が証明された後，これが大前提となって，将来に何がなさるべきかを教える議論法に関し，Vardakis は *Rhet.* 1357b30-36. で挙げられている例に即して分析している。*Ibid.* S. 219.
¹⁴⁵ *Metaph.* 1035b28-30.
¹⁴⁶ *EN.* 1179b27.
¹⁴⁷ *Pol.* 1295a35-b1.
¹⁴⁸ *Pol.* 1261a18-22.
¹⁴⁹ *Pol.* 1261b33-37.
¹⁵⁰ *Pol.* 1262b1sqq.
¹⁵¹ *Pol.* 1263a11sqq.
¹⁵² *Pol.* 1261a22-23.
¹⁵³ *Pol.* 1261b10-13.
¹⁵⁴ *Pol.* 1263b6-8.
¹⁵⁵ *Pol.* 1325a3sqq.
¹⁵⁶ *Pol.* 1325a7-10. vgl. *EN.* 1177b7
¹⁵⁷ *EN.* 1101a13-14.
¹⁵⁸ *EN.* 1099b28-29.
¹⁵⁹ Platon, *Gorgias*, 508A
¹⁶⁰ *Pol.* 1256a30sqq. vgl. *EN.* 1094a18-22.
¹⁶¹ Peter Koslowskie, *Politik und Ökonomie*, 1992, S. 57.
¹⁶² *Ibid.* S. 58.

163 *Ibid.* S. 61f.
164 *Ibid.* S. 89f.
165 *Pol.* 1276b1-10.
166 *Pol.* 1274a2-19.
167 *Ath. Resp.* V 2. *Pol.* 1297a5-6「中間のものは仲裁者である」。
168 ソロンはいたるところで賞賛され,その詩は好んで引用される。*Ath Resp.* XI 2, *Rhet.* 1398b17-18, *Pol.* 1281b33f. 1266b14-17.
169 この指摘については Vardakis, *Ibid.*, S. 301. を参照。この両極は,その他,奴隷に対する主人の態度などにも見られる。
170 *EN.* 1132a19-25.
171 Vardakis, *Ibid.* S. 326.
172 *Pol.* 1308b29-31.
173 Vardakis, *Ibid.* S. 360.
174 *Ibid.* S. 361f. *Pol.* 1295b25-29.
175 *Pol.* 1280b38-40.
176 Vardakis, *Ibid.*, S. 383.
177 W.L. Newman, *The Politics of Aristotle*, with an Introduction, two prefatory essays and notes critical and explanatory, Ⅳ, Oxford, new print, 1950, p. 216.
178 『ニコマコス倫理学』第 6 巻の解釈に関しハイデッガーとガダマーの根本的な相違については,M. Heidegger, *Phänomenologische Interpretation zu Aristoteles*, 2002, Reclam. S. 45-58. および Hans-Georg Gadamer (Hrsgeber. Übersetzung), *Aristoteles Nikomachische Ethik* Ⅵ, Vittorio Klostermann, 1998, S. 67. を参照。ハイデッガーは,「真理とは何か」という自己の先行的問いの枠内で,プロネーシスを現存在の存在を問う通路の役を果たす意義において注目する。それは人間的実存の本質契機が「配慮」にあるとにらんでいたことによる。これに対し,ガダマーはそうした解釈は,アリストテレス倫理学の正しい理解に必ずしも忠実でなく,アリストテレスの本意は,プロネーシスが第一哲学とは異なり実践哲学の要をなす知性的卓越性として重要な位置を占めることを強調する点にあったと指摘する。

第 3 章

1 アリストテレス『弁論術』では,「自然法」は (νόμον) κατὰ φύσιν と表記されている。
2 稲垣良典『トマス・アクィナス哲学の研究』創文社,1976 年,308-309 頁。
3 G. Bien, *Die Grundlegung der politischen Philosophie bei Aristoteles*, 1973, S. 68.
4 稲垣,前掲書,309 頁。
5 ジャン・ダバン『法の一般理論』水波朗訳,創文社,1976 年。
6 D.M. Nelson, *The Priority of Prudence—Virtue and Natural Law in Thomas Aquinas and the Implication for Modern Ethics*, 1992, 葛生栄二郎訳,成文堂,1996 年。

7 稲垣良典『トマス・アクィナス倫理学の研究』九州大学出版会，1997年，204頁。
8 佐々木亘『トマス・アクィナスの人間論─個としての超越性』知泉書舘，2005年，91-92頁。神の「僕」が自らの働きの「主」であることの問題点がここに関連する。
9 P. Aubenque, *La Prudence chez Aristote*, 1963, p. 70.
10 P. Aubenque, La loi selon Aristote, p. 155.
11 A. MacIntyre, *First Principles, Final Ends and Contemporary Philosophical Issues*, 1990, p. 1-7.
12 例えば，E.H. Olmsted, The "Moral Sense" Aspect of Aristotle's Ethical Theory, in： *Schriften zur aristotelischen Ethik* (Hrsg. C. Mueller-Goldingen) Olm Studien. P. 59-78 に見られる独特の直覚。また G. Teichmüller, Neue Studien zur Geschichte der Begriffe, Ⅲ. Heft, *Die praktische Vernunft bei Aristoteles* の Phronetische Wahrnehmung 観念を参照。
13 この連関で *EN*. 1143a31 では「プラクタに関わるシュロギスモイ」が明言されている。*EN*. 1139a21 でも「知性における肯定と否定に対応するものとして，欲求と回避がある」として，選択（プロアイレシス）がよくあるためには，ことわりも真であり，欲求も正しくあることを要し，この同じものを前者が肯定し，後者が追求するとき，この種の知性の働きは実践的な真理認識（アレーテウエイン）を目指すものとされている。
14 『分析論後書』*Anal. Post*., 81b2-3, 99b15-100b17 参照。また T. Engberg-Pederson, *Aristotle's Theory of Moral Insight*, 1983, p. 155f. も参照。
15 安藤孝行『アリストテレス研究─認識と実践』公論社，1975年，320頁。なお同書の元の英語版は *Aristotle's Theory of Practical Cognition*, 3ed., 1971, Martinus Nijhoff.
16 前掲書，321頁。
17 前掲書，365頁。
18 前掲書，368頁。
19 アリストテレスに与した安藤の実践的推論の説明を綿密に批判するものとして，法学者 H. Kelsen, *Allgemeine Theorie der Normen*, 1979, S. 341f. が興味深い。ケルゼンは持論として，その意味が個別規範である意志作用は，その意味が一般的規範である意志作用の内に内含されないと説く。しかしながら，アリストテレスの「推論」は厳密な意味での論理的思考ではなく，心理作用と絡まって遂行されていることに注意しなければならない。
20 安藤，前掲書，380頁。
21 アリストテレス-トマス研究関連の最近の大作 M. Rhonheimer, *Praktische Vernunft und Vernüftigkeit der Praxis─Handlungstheorie bei Thomas von Aquin in ihrer Entstehung aus dem Problemkontext der aristotelischen Ethik*, 1994. S. 476. を参照。
22 例えば典型的な解釈として，O. Höffe, *Praktische Philosophie─Das Modell des Aristoteles*, 1971, は「梗概」の学として倫理学を捉える。
23 Rhonheimer, *Ibid*., S. 474-483.
24 *Ibid*., S. 477-480.
25 『神学大全』Ⅱ-2，第49問題第2項。

26 『神学大全』Ⅱ-2，第49問題第6項。
27 『神学大全』Ⅱ-2，第49問題第2項。邦訳の註参照，413頁。
28 ローンハイマーの前掲書には「無抑制の者」(アクラテース)に潜む直知については数多くの言及がある。S. 471, 476, 477, 480, 498, 503, 506, 515, 521等。
29 稲垣良典『トマス・アクィナス哲学の研究』303頁。
30 岩田靖夫『アリストテレスの倫理思想』岩波書店，1985年，70頁。
31 前掲書，70頁。安藤もこの循環構造を教育になぞらえて説明している。安藤，前掲書，54頁参照。「教育においては能動理性は教師に代表され，生徒の受動理性に働きかけるから，両理性は共に人間理性の二契機となっているが，いまだ同一主体に結合されていない。しかし生徒が学習したときには彼はそれによって教師の資格を得たことになり，二つの理性は内面的な結合に到達している。彼は教師から独立して思惟することができる」。成人の暁において，受動理性（あるいは可能的能動理性）は能動理性に置き換わっている。
32 稲垣，『トマス・アクィナス倫理学の研究』219頁。
33 Rhonheimer, *Ibid.*, S. 524f.
34 *Ibid.*, S. 525.
35 *Ibid.*, S. 525.
36 *Ibid.*, S. 561.
37 『神学大全』Ⅱ-1，第90問題第4項。
38 稲垣『トマス・アクィナス哲学の研究』317-318頁。
39 Rhonheimer, *Ibid.*, S. 591.
40 R. Elm, *Klugheit und Erfahrung bei Aristoteles*, 1996, S. 26-27.
41 *Ibid.*, S. 47.
42 *Ibid.*, S. 48.
43 ヌースの立ち入った研究は，アリストテレスの『形而上学』ラムダ巻と『デ・アニマ』第3巻に見られる。その難解な文の解説については，水地宗明『アリストテレスの神論』晃洋書房，2004年，132-140頁参照。また水地宗明訳『アリストテレス「デ・アニマ」注解』334-340頁も理解の助けとなる。自己関係活動としての神の模倣として人間のヌースを理解するものとして，坂下浩司『アリストテレスの形而上学』岩波書店，2002年，169頁以下に示された見解が興味深い。

第4章

1 今道友信『エコエティカ──生圏倫理学入門』講談社学術文庫，1990年，同書によれば，この言葉Verantwortungは1778年以前には見られないという。参照104-105頁。
2 Werner Maihofer, *Recht und Sein, Prolegomena zu einer Rechtsontologie*, 1954. 同書第1章「法存在論の課題と法哲学の課題」で，ハイデッガーにおける「世界-内-存在」の基礎的分析論の諸成果を，「法-内-存在」というより狭い存在範囲へ移す企画を提言している。
3 Hermann Diels, *Die Fragmente der Vorsokratiker*, 1985, S. 89. ただし，ハイデッガーは

ディールスの訳を退け独自の解釈を施している．ハイデッガー選集第5巻『杣道』（創文社，1993）所収『アナクシマンドロスの箴言』（1946）での訳を参照（419頁）．
4　*EN.* 1109b34-35.
5　アリストテレスの帰責論に関しては，その他『エウデモス倫理学』，『大道徳学』，『弁論術』などの著作が参考になる．
6　*Zurechnung* の訳語として「帰報」という言葉を当てるのは，法哲学者長尾龍一の論文「法理論における真理と価値」（1966年）における提唱による．造語ではあるが，因果律とは異なる人倫における「報い」の善悪両方の意味を含む根源的（原初的）な法則性を示そうとするものであり，他の訳語ではこのニュアンスが出ないので，適切である．ただし本書では，刑法上の特殊行為を問題にするので「帰責」と訳すことにする．
7　Richard Loening, *Die Zurechnungslehre des Aristoteles*（1903）．アリストテレス研究の中でも法学との連関で「帰責」に関する本格的著作は数少ない．本書は彼の研究成果に負うところが多い．なお，わが国では森村進『ギリシア人の刑罰観』（木鐸社，1988年）に優れた見解が示されている．
8　Hamburger, *Morals and Law—The Growth of Aristotle's Legal Theory*. 同書は，帰責論，正義論，親愛論に関する同一箇所の議論方法を表にして比較しているが，『大道徳学』と『エウデモス倫理学』と『ニコマコス倫理学』との間には叙述に変化が見られ，帰責論に関しては，『ニコマコス倫理学』が，他の二書と異なり，不随意行為の定義から先に記述を始めていることに鑑みて，同書の法学的成熟度が高く，成立年代的に後に置くのが適切であろうと推測している．pp. 11-13.
9　*EN.* 1139a31
10　理性と欲求とよりなる全人間が，「実践の端初」（πράξεως ἀρχή）である．
11　Loening, *Ibid.* S. 144ff.
12　*Ibid.*, S. 151.
13　*MM.* 1189b12, *MM.* 1187b9.『大道徳学』第1巻第17章参照．例えば幾何学において，「何ゆえに」かと問う場合，既に定義されている原理から「何ゆえに」を会得するが，実践的なことがらにおいては，既に定義されている原理は何も想定されておらず，より善いと思われる性質の事柄のゆえに選択されるにすぎない．
14　Loening, *Ibid.* S. 161.
15　こうした見解はヘーゲルの「意志」概念を連想させる．つまり意志は直接的，即自的なままにあるとき，その自由は潜在的にすぎず，単なる無規定性として現れるのみであるが，所有において己れを外的事物に置くことによって，主体的現存在を有することになる．
16　Loening, *Ibid.* S. 164.
17　*EN.* 1139a17 の原文では：Τρία δή ἐστιν ἐν τῇ ψυχῇ τὰ κύρια πράξεως καὶ ἀληθείας, αἴσθησις νοῦς ὄρεξις. とある．
18　「どうして行為している自分自身を知らないことがありえようか」．しかし，この点は，過失的行為や「原因において自由な行為」との関係で問題となりうる．

19 Loening, *Ibid.*, S. 175.
20 安藤孝行『アリストテレス研究』（公論社，1975年）の第2章「霊魂の諸機能」註312～324頁。ちなみに，『動物部分論』（703b10）では，実際 οὐχ ἑκουσίους という言葉があり，『アリストテレス全集9』における島崎三郎訳では，「無意志的運動」となっている。
21 Loening, *Ibid.*, S. 178f.
22 *Ibid.*, S. 181.
23 *Ibid.*, S. 201.
24 *EN.* 1110a15-16. 随意的であれ不随意的であれ，こうした行為にあっては，彼の器官的な諸部分を動かす根源（アルケー）は，彼自身のうちにある。したがって，やはりみずから「すすんで」（ヘコーン）この行為をなしていることになる。
25 「わたし次第」（ἐπ' αὐτῷ）に行為者の自由になることであっても，各人の器量の大きさ次第では，自然本性的に不可能と思われることが行われうる。これは「神的な徳」に近い。しかしながら，『エウデモス倫理学』では「当人の本性が堪えることのできないものとか，当人の本性的欲求あるいは思量に属さないものは当人自身に依存しない」とある（*EE.* 1225a26-27）とある。
26 Loening., S. 213f..
27 *Ibid.*, S. 225.
28 *EE.* 1225b12.「その認識を所有することが容易か当然のことであって，それを所有しないのは無関心か快楽か苦痛のゆえであるならば，人はそれを所有しないことをも非難されるであろう」。
29 なお『弁論術』でも「過失と偶発事とを同等な罰に値すると考えないことは適正なことである。偶発事とは計算はずれなことで，そして人の悪癖に基づかないことどものことであり，過失とは計算はずれのことではなくて，そして悪癖に基づかないことどものことであるからである」とある。(*Rhet.* 1374b5-8)
　ちなみに藤沢郁夫は過失と奇禍との区別を次のメルクマールによって挙げている。
① 合理的予測性の範囲内にあるか否か。
② いずれも加害を意図する悪意はないこと。
③ 加害の原因の始点が行為者の内にあるか外にあるか。
「アリストテレスの随意性論―強制文脈と無知文脈についての若干の考察―」：『ギリシア哲学セミナー論集』（Web掲載論文）Ⅳ所収，2007年，46頁注23参照。
30 Loening, *Ibid.*, S. 216ff.
31 *Ibid.*, S. 234.
32 アリストテレスの帰責概念をさらにトマスによる敷衍にまで歴史的につなげ，現代ドイツ刑法学で論争の的になっている責任概念の解明に寄与しようとする最近の試みとして，Pascal Gläser, *Zurechnung bei Thomas von Aquin—Eine historish-systematishe Untersuchung mit Bezug auf das aktuelle deutsche Strafrecht*, 2005. が参考になる。特に，167-198頁に「原因において自由な行為」の詳細な論究がある。かいつまんで言えば，トマスにお

いて「原因において自由な行為」とはそれ自体として見れば不自由な行為（actio non libera in se）であるが，その原因においては自由な行為（actio libera in causa）なので，帰責の対象は通常は端的に自由な行為であるにも拘らず，この場合に限って例外的に，「それ自体として見て不自由な行為」にも帰責されることになる。この意味で，トマスの立場は「例外説」に近いとされる。

[33] *Ibid.*, S. 177-186.

[34] *Ibid.*, S. 167-176. ドイツ憲法第103条第2項及び刑法第1条では，法律に根拠なき処罰を禁じている。しかし「原因における自由な行為」は，刑法第20条の責任除外に属するにもかかわらず，法律上の明文なしに罰せられる。1951年の最終審判決で，「もし行為者が酩酊に陥りながらも，少なくともこうした状態で一定の加罰行為を遂行せんとの意図をもって，この法侵害を泥酔の中でも遂行した場合，行為者は酩酊にもかかわらずその行為に対して責任を負う」。立法者は，第20条による欠陥状態での殺人では，刑法第323条aで補完的に，故意ある及び過失ある泥酔も刑罰の下に置いたが，最高5年の自由刑でしかない。犯行時に欠けていた責任を有責な前行態によって帳消しにする「例外説」も，実行時と責任との時間的一致を，欠陥状態の惹起を既に構成要件実現の始まりとして把握する「構成要件モデル説」も，現行法とは一致しえないが，「原因において自由な行為」は刑事政策上処罰が望ましく，結局，1998年連邦司法省の設立した「刑法制裁組織改革委員会」は，その最終報告で，2000年から第20条に「原因において自由な行為」の実定法的規制に賛同した。

[35] 安藤孝行『アリストテレス研究』181-182頁。「単なる随意的行動においては思量は最小限度にとどまる。それはいまだ思量として現実的にならず，ただ可能態において存するのである。このことは随意性が人間以外の動物にも認められるのに意思は完成した人格において初めて現れる所以であって，ここにも生物の発達の連続性を窺うことができる」と述べている。

[36] 安平政吉『責任主義の刑法理論』酒井出版，1975年，53-55頁参照。江戸時代においても，道徳上の責任に重きを置く論者は，幼年者の処罰を批判している。例えば，太宰春台は「いわんや幼稚なる者は無知なれば特に罪なし。先王の法にも，後世の律にも，老人と小児とは罪を犯すも侵すに処せず」（経済録巻八）と述べているが，実は，幼年者に対しても，軽くとはいえ一定の刑事責任を問うたという法制史家の研究がある。江戸時代の刑法思想は基本的に「結果責任主義」に基づいており，幼年者であれ乱心者であれ，社会に対する実害を主眼に置いている。そのため，犯意なく過失による場合でも，刑事責任無能力者としては扱われなかった。中田薫「徳川刑法の論評」（『法学志林』第18巻4号，11-12頁）参照。

[37] 『ニコマコス倫理学』第7巻第6章では，精神異常者は獣性に似て，選択や勘考の能力を有しないだけ，悪徳に比すればそれほど悪しきものではない。これに比べれば，悪しき人間は獣類の万倍も悪しきことをなすことのできる人間である，といった趣旨の内容が述べられている（*EN.* 1150a1-8）。

38　Loening, *Ibid.*, S. 327-32.
39　*Ibid.*, S. 250.
40　*Ibid.*, S. 251f.
41　*Ibid.*, S. 258f.
42　*Ibid.*, S. 263f.
43　*Ibid.*, S. 266.
44　*Ibid.*, S. 281.
45　*Ibid.*, S. 285f.
46　*Ibid.*, S. 286-287.
47　*Ibid.*, S. 289.
48　*Ibid.*, S. 300.
49　*Ibid.*, S. 301.
50　*Ibid.*, S. 318. レーニングはこのように、アリストテレスには、後世浮上してくるような「自由意思論」は念頭になかったとしているが、これに対して森村、前掲書では、「アリストテレスは『自由意志』問題を初めて理論的に取り扱った。決定されていない行為や人格形成に責任の根拠を求め、それが不可能だとしても両立可能論的行為責任論によって責任を問えるとする彼の結論は、多くの近・現代の学者以上に考え抜かれていると同時に非独断的な考察だった」(357頁)と異なる見解を述べている。森村のアリストテレスの帰責に関する見解は、人格責任論であろう。
51　目的的行為論を批判して「社会的行為論」を構築しようとする米田泰邦『行為論と刑法理論』(成文堂、1986年)によれば、刑法的に重要な全ての人間的態度を例外なく包みうる論理的可能性を備えた犯罪論体系の単一性を保障することが肝要だとされる。13-14頁。
52　井田良『刑法総論の理論構造』成文堂、2005年、220-221頁。
53　ハンス・ヴェルツェル『目的的行為論序説』(福田平・大塚仁訳)、有斐閣、昭和37年、67頁。
54　N. Hartmann, *Der Aufbau der realen Welt*, 1964, S. 513-515. なお厳密には「被覆形成」と「上部構築」(Überbauung)とは、物質の有機体による新規形成と、物質や有機体を超える心的なものの層との相違をさし示すことに注意せねばならない (*Ibid.*, S. 440-446.)。
55　増田豊『規範論による責任刑法の再構築——認識論的自由意志論と批判的責任論』勁草書房、2009年、iii頁。第5章(397-600頁)にこの趣旨を弁証するための本格的な議論が展開されている。自由意思の要件として、別様の可能性(他行為の可能性)、合理的決定性(意味・理由志向性)、起動者性(自発性、自己認証性、人格性)を挙げているが、これらのメルクマールは、可罰的な自由意志問題に関して、アリストテレスを先駆者としていることを物語っている。
56　前掲書、598頁。
57　前掲書、483-498頁。
58　ヴェルツェル、前掲書、72頁。

[59]　N. ハルトマンによれば実在的世界の第四層「精神的なもの」で新たに現れる重要なカテゴリーは「客観的精神」を受け取り伝えること，すなわち「伝統の法則」である。*Das Problem des geistigen Seins*, 1962, S. 213-217.

第 5 章

[1]　佐藤憲一「法の不確定性を論じる意味」（日本法哲学会編『法哲学年報 2004』所収，有斐閣，2005 年）154-162 頁。及び石前禎幸「法の支配と不確定性」（日本法哲学会編『法哲学年報 2005』所収，有斐閣，2006 年）82-93 頁。ここでは「法の支配」を支える中心観念たる確実性と客観性と中立性とを否定する「批判法学」が検討されている。

[2]　M. Heidegger, *Sein und Zeit*, Max Niemeyer, 1967, S. 53f.

[3]　*Ibid.*, S. 73.

[4]　アリストテレス『ニコマコス倫理学』第 6 巻第 7 章における，知恵と知慮との比較を参照されたい。

[5]　M. Heidegger, *Platon：Sophistes*, Ⅱ. Abteilung：Vorlesungen 1919-1944, Gesamtausgabe, Bd. 19. 同書では 165-188 頁までがアリストテレスの倫理学における主要概念の論究にあてられているが，165 頁以下に，「智慧」σοφία と「知慮」φρόνησις との優位関係が検討され結論づけられている。

[6]　第 5 巻で「正義のうちに徳はそっくり全部ある」*EN.* 1129b29-30, ἐν δὲ δικαιοσύνῃ συλλήβδην πᾶσ' ἀρετή ἔνι. これに対し，第 6 巻では「棟梁的な立場からの認識はこれを政治学といってよいが，それは知慮というのと同一の状態ヘクシスである」*EN.* 1141b22-23, Ἔστι δὲ καὶ ἡ πολιτικὴ καὶ ἡ φρόνησις ἡ αὐτὴ μὲν ἕξις（＝ἀρχιτεκτονική）. とも言われる。

[7]　J. Pieper, *Traktat über die Klugheit*, 1965, S. 11.

[8]　L.H.G. Greenwood, *Aristotle—Nicomachean Ethics Book VI*, Cambridge, 1909, p. 63. ここでグリーンウッドは，知慮（したがって政治術）に関する誤った通俗の観念として，①国の統治に参与するよりも，自己の私的利益を追求する方が善いと見る理解と，②計画の執行者の方がその企画者よりも「政治」の名に値することを行っていると見る理解とを，アリストテレスは次のように退けているという。①に関しては，自分の生の善さも国の在り方を離れてはありえないこと（*EN.* 1142a9-10），②については，個別にわたる知慮である政治を，世の人々は「政治」という名前で呼んでいるにすぎないこと（*EN.* 1141b26），したがって，これはアリストテレス自身がそう思っているのではないということがその理由である。

[9]　第 5 巻での ἔστι μὲν γὰρ ἡ αὐτή, τὸ δ' εἶναι οὐ τὸ αὐτό（*EN.* 1130a12）と第 6 巻で言われる τὸ μέν τι εἶναι οὐ ταὐτὸν αὐταῖς（*EN.* 1141b24）と，同様の表現がみられる。エイナイを異にすると言った場合，「観点を異にする」といったニュアンスもあるかもしれないが，「関係のカテゴリーの相違」という意味が込められているという解釈も成り立つであろう。これにつき，最近のアリストテレス『ニコマコス倫理学』第 5 巻の解釈について次のものを参照した。John-Stewart Gordon, *Aristoteles über Gerechtigkeit*, 2007, S. 72f.

10 稲垣良典『法的正義の理論』成文堂，昭和47年，156-161頁参照。
11 トマス・アクィナス『神学大全』II-1，稲垣良典訳，創文社，179-180頁。
12 前掲訳書，181-182頁。
13 藤井義夫『アリストテレスの倫理学』，岩波書店，昭和43年（第2版），211頁。
14 Pieper, *Ibid.*, S. 63f.
15 *Ibid.* S. 66.
16 *Ibid.* S. 67.
17 アリストテレスが，知性も真理も実践的であるというとき，*EN*. 1139b4-5にある「欲求的な知性認識」（ὀρεκτκὸς νοῦς）や「知性的欲求」（ὀρεξις διανοητική）も，行為の始動原理たる「選択」（προαίρεσις）における第二段階での知性的意思なのである。
18 藤井前掲書，262頁。
19 *EN*. VI. 1140b6-7：τῆς μὲν γαρ ποιήσεως ἕτερον τὸ τέλος, τῆς δὲ πράξεως οὐκ ἂν・εἴη ἔστι γαρ αὐτὴ ἡ ευπραξία τέλος. 制作の場合，その目的は制作自身とは別にあるのに対し，実践の場合はこうしたことはありえず，「よくやること」自身が目的となる。
20 いわゆる「目的-手段」図式に関する解釈には多くの論争がある。その有力な見方として Greenwood, *Ibid.*, pp. 46-48. 参照。グリーンウッドは，目的への「てだて」について二通りの意味に分ける。一つは，目的の構成部分であり，もう一つは目的にまったく外的な事柄である。例えば，美しい絵画の鑑賞は究極目的たる「幸福」に対する内的手段であり，画廊へ行くことは外的手段であるとしている。内的手段は普遍的目的に包摂される一種の規範的関係に立つ。アリストテレスの言う「目的」とは，「何のために」という問いに答える正当化の根拠であり**理由**のことである。このように構成部分として捉えること自体が，ここに言う「手段」を**因果関係において見ていない**ことを意味する。
　これに対し，幸福という目標に関する知（ソピア）が，エネルゲイアという目的を生むヘクシスの目的であり，プロアイレシスとプロネーシスとは，完全なエネルゲイアへの手段を個々の場合に発見する「執事」の役割を果たすと解する見方をとるものに，M. Ganter, *Mittel und Ziel in der praktischen Philosophie des Aristoteres*, Symposion（Band 45），S. 14, S. 189ff. を参照。
21 Anselm Winfried Müller, *Praktisches Folgern und Selbstgestaltung nach Aristoteles*, Reihe：Praktishe Philosophie, Band 14, 1982, S. 208. ここで，これまでの議論をまとめている三つの目的論の有益な比較表が見られる。
22 *Ibid.*, S. 200f.
23 *Ibid.*, S. 223. なお，アンスコムが言う「インテンション」もこの意味で理解しうる。
24 *Ibid.*, S. 229.
25 例えば，『政治学』では，*Pol*. 1332a39-b11，また，*EN*. 1098b3f. も参照。ここにいう，有徳になる方法とは，φύσις（自然），ἐθισμός（習慣づけ），λόγος（理説）である。
26 Martin Rhonheimer, *Natural Law and Practical Reason—A Thomistic View of Moral Autonomy*, Fordham University Press. New York, 2000, p. 67.

27 赤塚忠著『大学・中庸』新釈漢文大系2, 明治書院, 昭和42年初版, 44頁。「欲脩其身者, 先正其心。欲正其心者, 先誠其意。欲誠其意者, 先致其知, 致知在格物」。ここでは「修身」が中心課題となっていると解すれば, 結局は「格物致知」をどう解するかにある。同書で従来の解釈の詳細な吟味が行われているが, 物事を正しく受け止めることで知が明晰となり, かくて意が誠実となり, 心が正しくなる, という訳が当てられている。しかし, アリストテレスには, 情念の赴くままに生きる者には教育による徳化に対して限界があるという冷めた見方がある。習慣づけによる下工作が施されていなければ教育(ロゴスの言葉)によっても説得翻意できないとする。EN. 1179b20-26. 参照。しかし, 問題なのは, 習慣づけ以前の「明徳」である。それは当人が気づいているかいないかに拘らず, 人間という種それ自体に存する働きである。

28 塚本明子『動く知フロネーシス—経験に開かれた実践知』ゆみる出版, 2008年。同書は, 知慮の持つ本質を, 未知の事態に身を開いて正しく即応できることに, そして「身をもって学ぶ」ことに, この習得の完成態として, 名人における芸術・スポーツ活動の根底にある独特の知の意義を見出し, 教育や法律や経営等の幅広い分野での強い連関性を認めている。なお,「実践理性」を西田哲学の用語に翻訳すればそのまま「行為的直観」となる。

29 藤井専英著『荀子(下)』新釈漢文大系6, 明治書院, 昭和42年初版, 巻第15「解蔽篇」627頁。「聖人は心術の思いを知り, 蔽塞の禍を見る。故に欲と無く, 悪と無く, 始と無く, 終と無く, 近と無く, 遠と無く, 博と無く, 浅と無く, 古と無く, 今と無く, 万物を兼陳して, 中に衡を縣く。是の故に衆異も相蔽ひて以て其の倫を亂ることを得ざるなり。何をか衡と謂ふ。曰く, 道なり。故に心は以て道を知らざる可からず, 心道を知らざれば, 則ち道を不可として非道を可とす」。ここに言う「中」に懸けられる「衡」は「道」とされるので, 形而上学的性格が強い。アリストテレスの倫理学の方法的関心は, 最初から人間的善の行為における実現にあるので, オルトス・ロゴスの則る「衡」(スコポス)は, どこまでも非形而上学的である。しかし, トマスにあっては, 行為の規矩たる自然法が実は永久法(神法ではない)の分有とされるので, 荀子の言う「道」に近い。ただし, アリストテレスは, 方法上の制約から意図的に議論を限っているので, 存在論的な思想傾向の強い古代人一般の倫理意識から考えると, トマス的な発展の可能性は否定しがたい。

30 以上の知慮の, トマスで言えば「下位に属する諸部分」(partes subiectivae)については『ニコマコス倫理学』第6巻第8章の前半で述べられているが, ここの箇所の理解については, アリストテレス学者のステュワートによる分類表が有益である。J.A. Stewart, *Notes on the Nicomachean Ethics of Aristotle*, Reprint Edition, 1973, Vol II, p. 64. なお「知慮」の意義の普遍性に鑑み, 大雑把ではあるが, この分類表に基づいて,『大学』での論述を参考にして, 治国にきわまる「知慮」と聖人の有する「明徳」とを対比させた対応表を章末に掲げておく。なお『ニコマコス倫理学』自体のテキスト, 1141b23-33におけるプロネーシスの分類を図式化したものとして, Markus H. Wörner, *Das Ethische in der Rhetorik des Aristoteles*, 1990, S. 184, 註 (41) も参照されたい。

31 *S.T.*, II-2, Q.57, art. 2 ; Q. 50, art. 1.

註　387

32　John-Stewart Gordon, *Ibid.*, S. 69.
33　*S.T.*, II-2, Q. 58, art. 5.
34　John-Stewart Gordon, *Ibid.*, S. 52ff. 法における形式的正しさを述べるということは，内容的に正しいということを意味しない。ソクラテスは祖国に殉じたが，アリストテレスは暗殺を避けるべく，アテネから逃亡した。
35　*S.T.*, II-1, Q. 95, art. 2.
36　同箇所で，トマスは制定法には，自然法から演繹されるような仕方で内在するものと，自然法に加えられる特殊的確定によって効力を得ているものの二つがあることを述べているが，前者は単に制定されたということ（solum lege posita）から力を得ているのではなく，自然法からもその効力を得てきているのに対し，後者はただ権威の力からのみその力を有するにすぎないとしている。
37　I. Kant, *Kritik der reinen Vernunft*, B. 537-538, B. 710-714, B. 220-224 で，認識する理性の構成的原理と統整的原理とが比較され説明されている。前者は物理学の原理になりうるが，生物学に当てはめると形而上学的誤謬を生じる。合目的的世界は後者の謙抑的な使用をもって説明することで満足せねばならない。理性の立法的使用は，道徳の領域に至って正当に形而上学の名で留保される。
　　ここでこの二原理に厳密な意味では対応するとは言えないが，ルールのケースへの適用に関する政治的思惟の典型的方式において，algorithmic（演算法的）な方法と heuristic（発見術的）な方法とを対比的に取り出すことで，マキアヴェッリの政治的思考の特徴を描こうとした次の著作はきわめて興味深い。Eugene Gerver, *Machiavelli and the History of Prudence*, 1987, pp. 16-23, pp. 65-74. を参照されたい。同書によれば，演算的思考とはデカルトに代表されるように，「端緒の倫理」に固有で，成果を機械的に保証することで判断の必要を除去する保守的性格を担うのに対し，発見術的思考は，「結果の倫理」であり，成功が何よりも判断の良し悪しを決める革新的性格をもつ。前者の行き過ぎは，世襲君主の保守政治に見られる教条主義であり，追随模倣される「型」を重んじる。後者の行き過ぎは，いわゆるソフィストの機会主義，日和見主義，ご都合主義であり，社会への不満や変革から暴露を主眼とする。その中間を行くのが，運命を克服し，レトリカルな説得の術に長けた「獅子の力と狐の狡知」を兼備する君主の知慮である。
　　マキアヴェッリでは，同じ「知慮」といっても古代的なアリストテレスのそれとは甚だ性格が異なる。アリストテレスの怜悧（δεινότης）は，悪しき目的と結びつくとき邪知（πανουργία）となるが，善き目的を達成するために巧妙な悪しき手段を用いる場合，例えば，「奸知」に関する考察に欠けている。トマスでは，奸知は善い目的に向かっても罪であって，目的は手段を選ばずといった考えは退けられる。『神学大全』II-2，第55問題第4項の邦訳注記（797）を参照（426頁）。
38　*S.T.*, II-2, Q. 49, art. 1. 知「慮」には，類似語の関連に基づく連想の意味がある。
39　*S.T.*, II-2, Q. 49, art. 2. 知性は，知慮の原理としてヌース，直知の意味がある。
40　*S.T.*, II-2, Q. 49, art. 3. 知慮には経験の豊富さが伴う。経験者の言は重みがある。

41　*S.T.*, Ⅱ-2, Q. 49, art. 4.「勘」は知慮の創造的な「中」の発見である。
42　*S.T.*, Ⅱ-2, Q. 49, art. 5. 探求と推論に携わる理性が必要なのは知性の不全による。
43　*S.T.*, Ⅱ-2, Q. 49, art. 6. 知慮は現在の生起を未来に正しく秩序づける（Vorsicht）。
44　*S.T.*, Ⅱ-2, Q. 49, art. 7. 知慮は状況把握のため、見廻し（Umsicht）が必要である。
45　*S.T.*, Ⅱ-2, Q. 49, art. 8. 行為の非必然性による真贋混合から見分けが必要となる。
46　*S.T.*, Ⅱ-2, Q. 53, art. 3「思量はゆっくりしなればならない」（*EN.* 1142b5）。
47　*S.T.*, Ⅱ-2, Q. 53, art. 4 状況や時宜の考察の欠如は、行為の的を外しかねない。
48　*S.T.*, Ⅱ-2, Q. 53, art. 5 決定された善きことでも理性の力が弱ければ的を外す。
49　*S.T.*, Ⅱ-2, Q. 54, art. 1-3. 決定されたことも意志の弱さで行為へ現れなくなる。
50　*S.T.*, Ⅱ-2, Q. 55, art. 1-2. 人生全体の目的を肉に置くことで賢い者もいる。
51　*S.T.*, Ⅱ-2, Q. 55, art. 3-5. 奸知は善き目的にも悪しき目的にも思量できる。
52　*S.T.*, Ⅱ-2, Q. 55, art. 6-7. 気遣いの過剰も、杞憂であれば、除去されるべきである。
53　*S.T.*, Ⅱ-2, Q. 53, art. 6., Q. 55. art. 8. 倫理的徳たる正義に対立するのは貪欲である。
54　唯識論によれば、迷誤にある有漏の種子(しゅうじ)は、因縁によって心の奥から発芽するかのように行為に現成したのち、自己と同様な種子をまた心の奥に沈殿し薫習(くんじゅう)する。匂いが染みついて離れないように、一定の気分として留め置かれる。このとき種子が現行を生じることは、現行が種子を最深層の阿頼耶識(あらやしき)に薫じることを意味し、このことによって同時に種子が同類の種子を生じることになる。ハイデッガー的に言えば、守蔵が蔽いを払って顕現したのが真理、開存（ex-sistenz）であるなら、真理の本質は、不真理（＝守蔵）つまり閉存（in-sistenz）にある、換言すれば末那識(まなしき)から自己執着の種子を薫習された阿頼耶識にある。しかしながら、三昧(ざんまい)において正しく教法を聴聞する行為は、上求菩提と下化衆生との表裏一体関係において、このような因縁の業から心を解放し、阿頼耶識の内に現行により新たに薫習されるのでなく、もともと具わっている本有の無漏種子（仏性）を増長させ、阿頼耶「識」は、心が完全に塵から解蔽された大円鏡「智」となる。あるいは、差別知にある末那「識」は、平等性「智」となり、知性として働く意「識」は、善悪を分別する妙観察「智」となる。この正しい教法を身に付けたひとは、アリストテレスではソポスに当たると見れば、デュナミスにある潜在的仏性の転識得習は、完成態たるエネルゲイアの慈雨による種子ヌースの健全な発芽成長（能動的知性の働きかけによって受動的知性がその形相を受けとること）になぞらえることができる。

　アリストテレスでは、この本然の無漏の種子なる思想はあっただろうか。心の奥底へと背進することによってそれを感じさせる「万物は善を希求する」という思想の考究は、やがて、ストア学派における神の種子的ロゴスたる世界の理法という思想やアウグスティヌスの自然法が分有する永久法の観念に発展していったかもしれない。しかしながら、「それ以外でもありうる」不確実な行為の世界で、いかにして「人間的」善を確保するかを直前のテーマとし、倫理学をプラトン的な自然学や形而上学と切離すことに努力を傾けていた彼にとって、そうした思索は別稿を要する課題だったのかもしれない。

　横山紘一『唯識とは何か─「法相二巻抄」を読む』春秋社、2005年（増補新装版）、特に

297-363 頁参照。本書は鎌倉時代の法相宗の僧・良遍が著わした『二巻抄』を,「唯識」から「五位の修行」までの九項目につきこの順序に従って丹念に解説したものである。『二巻抄』は実母のために書かれたこともあって,難解な唯識の教理を理解しようとする者に好適な入門書として評価されている。なお『法相二巻抄』については,鎌田茂雄校注,日本思想体系 15『鎌倉旧仏教』岩波書店,1971 年,125-158 頁参照。

第二部　共同体における正
第 1 章

[1] Erik Wolf, *Das Problem der Naturrechtslehre*, 1964. 客観法,主観法,衡平法,法感情,正義,有用性,安定性,保障性,典型性,人道性が「正」として挙げられている。

[2] Hans Kelsen, *What is Justice?* そこに収められた論文 'The Natural-Law Doctrine before the Tribunal of Science' (pp. 137-173) は,自然法論批判に際し方法二元論の徹底において他に類を見ない先鋭さを有する。

[3] Wolf, *Ibid.*, S. XIII. 第 1 版の序言にこのように述べられている。

[4] 阿南成一・水波朗・稲垣良典編,『自然法の多義性』,創文社,1991 年,3 頁。

[5] 高田三郎,「ギリシアの法思想」;『法哲学講座』第 2 巻所収,有斐閣,昭和 31 年。特に,1-48 頁参照。

[6] 前掲書,3-8 頁。

[7] 前掲書,11-14 頁。

[8] 前掲書,17-26 頁。

[9] 前掲書,29-44 頁。

[10] 以下の記述は Peter Trude, *Der Begriff der Gerechtigkeit in der aristotelischen Rechts- und Staatsphilosophie*, 1955, S. 19-53. の簡約による。

[11] *Ibid.*, S. 19-21.

[12] *Ibid.*, S. 21-24.

[13] M. Hamburger, *Morals and Law—The Grouth of Aristotle's Legal Theory*, 1965, は,記述における法学色の薄さから濃さへの発展を基準として,『大道徳学』から『エウデモス倫理学』を経て,『ニコマコス倫理学』が成立した経緯を検証し,後世の手になる編集であることを否定している (p. 27, 54f., 67, 93.)。これに対して,岩田靖夫『アリストテレスの倫理思想』(岩波書店,1985 年) は,最新の研究成果を踏まえ,『大道徳学』が後世のペリパトス学派に連なる誰かの手になる偽書であろうと伝えている (9-13 頁)。

[14] Trude, *Ibid.*, S. 26-34.

[15] *Ibid.*, S. 35-37.

[16] *Ibid.*, S. 41-47.

[17] *Ibid.*, S 48.

[18] 『ニコマコス倫理学』第 5 巻第 1 章で示された本書の「正」分類の展開の骨組みである。1129a31-1129b1.

19　*Top*. 106a9ff.「同名異義」συνώνυμος について論じている。『カテゴリー論』でも冒頭に、名辞のみは共通しているが「事物の本質の説明方式」λόγος τῆς οὐσια が異なる場合を指すと述べている（1a1-5）。
20　*Metaph*.1061a11-29. 不正の両極の中間に「正」を発見することに意義はあるのだろうか。
21　ただし，第 8 巻「愛」の第 9 章に，愛と正義の並行関係を認めているが，これも，正義を完全な対他関係の支配原理として捉えることの誤りを示唆している。
22　Josef Pieper, *Traktat über die Gerechtigkeit*, 1965, S. 47-48. ピーパーは四枢要徳のそれぞれにつき簡潔な著作を公刊しているが，その一つ「正」の明確な特徴を取り出した。
23　『政治学』第 3 巻第 12 章，「その仕事に関して卓越せる者にまた道具も卓越したのを与えなければならない」。木下鉄矢『朱子―〈はたらき〉と〈つとめ〉の哲学―』岩波書店，2009 年，86 頁，そこで施された『荀子』君道篇の類似的解釈が参考になる。
24　『ニコマコス倫理学』第 5 巻第 1 章の冒頭での問題提起である。なるほど，「不正をなすことは過大で不正を受けることは過小であるが」，不正を受けることは「悪」であろうか。両者は同じことを言っているにすぎない。この命題は「正義は不正義でない」ことを比喩的に表現したにすぎないという批判につき，長尾龍一『ハンス・ケルゼン著作集Ⅴ』所収のケルゼンの論文「アリストテレスの正義論」，慈学社，2009 年，425-426 頁参照。
25　『ニコマコス倫理学』第 5 巻第 11 章，1138a25-26. ただし，対自関係も対他関係に媒介されていることもある。例えば，自殺は自己自身への不正ではなく祖国への不正である（*EN*. 1138a13-14）。アテナイにおいては自殺者の手は胴体と離して埋葬された。
26　正義のヘクシスとは，ἀφ' ἧς δικαιοπραγοῦσι καὶ βούλονται τὰ δίκαια（*EN*. 1129a8-9）と人びとに言われる。行為もさることながら心も正に適っていなければならない。
27　*EN*. 1129a11-17. 高田訳注では，「健康者において見出される健康という状態は健康的な歩みを産み出すが，そこからは病的な歩き方は出てこない」とある。273 頁参照。
28　この方法は，*EN*. 1129a17-19. で述べた「反対の状態から認識する」に従っている。
29　管見ながらも本書が，『ニコマコス倫理学』の第 5 巻に関する最近の解釈の一つとして多くの示唆を得た John-Stewart Gordon, *Aristoteles über Gerechtigkeit—Das* Ⅴ. *Buch der Nikomachischen Ethik*, 2007, S. 47f. によれば，「正しいひと」は，したがって正しい行為をまた「意欲している」のでなければならない。
30　スチュワートの註によれば，χρῆσις は ἐνέργεια という意義に殆ど近いので，これを ἕξις と同一視するような語用に Jackson が疑問を呈しているのについて，アリストテレスは正確にも ἕξις としての正義につき ὁ ἔχων αὐτὴν καὶ πρὸς ἕτερον **δύναται** τῇ **ἀρετῇ** χρῆσθαι「これを所有するところのひとは徳を他に対してもはたらかせることのできるひとである」（*EN*. 1129b31-32）と述べ，正義がヘクシスであるとの定義を守っていることを指摘している。J.A. Stewart, *Notes on the Nicomachean Ethics of Aristotle*, 1973, p. 396.
31　*EN*. 1130a5. ἢ ἄρχοντι ἢ κοινωνῷ に関するスチュワートの註によれば，「正しいひと」は統治者の命令に服従することによって，統治者に益を与え，隣人に誠実にふるまうことによって隣人を利するが，いずれの場合でも己を利することはしない。

32 Gordon, *Ibid.*, S. 76. 徳がヘクシスとクレーシアとの両面をもつことが結論される。
33 Gordon, *Ibid.*, S. 54-58. で、当該箇所における「ノモイ」訳語につき詳しい批判的解釈が展開されている。「法が万般の事柄を制定し」は、οἱ δὲ νόμοι ἀγορεύουσι περὶ ἁπαάντων となっている。スチュワートは、ἀγορεύουσι という語を、'custom as sanctioned by public opinion' の意に捉えたのに対し、バーネットの指摘によれば、この語はギリシアの法形式に属するもので、アリストテレスの著作ではここでしか使われていない。このことを手がかりに、ゴードンは、ノモイを習俗や慣習を含むとするビエン（G. Bien, Gerechtigkeit bei Aristoteles, in: *Aristoteles, Die Nikomachische Ethik* 〔Hrsg. O. Höffe〕, 1995, S. 136）などの通説に対し、成文規定（die schriftlich fixierten Gesetze）と解するのが正しいとする。同じく Trude, *Ibid.*, S. 56, 脚注 246 参照。古くは H. Fechner, *Über den Gerechtigkeitsbegriff bei Aristoteles*, 1965 (1855) S. 27.; M. Wittmann, *Die Ethik des Aristoteles in ihrer systematischen Einheit und in ihrer geschichtlichen Stellung untersucht*, 1920, S. 208. も「成文法」と理解していた（ただし、ゴードンによれば、トゥルーデは、詳細なノモイの使用法を説明しているが、当該箇所に関する限り、彼の訳語は説得的ではないと留保している）。Joachim も、法律は共同善を確保しようとするもので、共通の利益に促進的な行為は法律に含まれ、共同善に反する行為は法律によって禁じられると説明しており、ゴードンもこの説に連なっている（*Ibid.*, S. 56.）。
34 若年に正しい心遣いを受けるだけでは十分でなく、大人になってもこのような営みが必要となれば「公共的な心遣いは明らかに法律を通じて行なわれ、よき心遣いはすぐれた法律を通じて行なわれる」のでなければならない旨が最終巻最終章で述べられる。
35 Trude, *Ibid.*, S. 53-73.
36 Gordon, *Ibid.*, S. 57.
37 Gordon, *Ibid.*, S. 69. によれば、プラトンの『ポリテイア』第 1 巻 343c における「他者のための善」（ἀλλότριον ἀγαθόν）は、アリストテレスにとっては、逸脱した国家を統治する場合を指すことになる。
38 *EN.* 1129b15-17. この箇所の読み方につき、スチュワート前掲書 391-392 頁を参照。
39 *EN.* 1130a17-19.
40 M. Salomon, *Der Begriff der Gerechtigkeit bei Aristoteles*, 1937, S. 18. では、アリストテレスの掲げた怯懦や悪言や不援助の例には、狭義の不正義の特徴たる獲得欲の契機が欠けているとしているが、Gordon の解釈によれば、共同の善に反する段階を超えるとき、もはや間接的な非徳ではなくなり、他者に損失をもたらす行為となる。*Ibid.*, S. 86ff.
41 *EN.* 1132a18. では、「匡正的正」の訳があてられているが（ὥστε τὸ ἐπανορθωτικὸν δίκαιον ἂν εἴη τὸ μέσον ζημίας καὶ κέρδους.「匡正的正とは利得と損失との中である」）、その後に「紛争の生じたときに人々が窮余裁判官に訴えに赴くのもこのゆえである」と続くように、交渉が自由であれ不自由であれ、多と少との「中」において均等を回復する裁判官の職分との連関で、ここの「正」は理解されねばならない。
42 *EN.* 1132b23-25. 実際、ここでアリストテレスは、応報的正を手がかりに交換的正を問

題にしていくが，その特徴は「配分的な正にも矯正的な正にも適合しない」ことを説示することにある。

43 国の官職に対し，家の切り盛りについても，「分度」の思想は，単に封建的との一語で切り捨てえない普遍性をもつと考える。例えば，二宮尊徳の嫡孫である二宮尊親の『報徳分度論』（明治 36 年公刊）は，尊徳の「分度」の本分を，国興の要諦から家興へ応用したものである。『解説二宮尊徳翁全集生活原理篇』（昭和 16 年第 6 刷）所収，503-540 頁。

44 *Rhet*. 1373b17-18；ἐλευθέρους ἀφῆκε πάντας θεός, οὐδένα δοῦλον ἡ φύσις πεποίηκεν. 神は万人を自由な生まれの者としたのであって，自然はいかなる奴隷をも作りはしなかったと言う。アリストテレスを最初から奴隷制擁護論者と見るのはここの箇所を照らしてみても偏見であることは明らかである。

45 『政治学』第 5 章では，国民の範囲は国制の相違に応じて異なることが検討される。

46 第 3 巻第 13 章参照。長尾龍一『ハンス・ケルゼン著作集 V』所収のケルゼンの論文「アリストテレス政治学の政治的背景―ギリシャ＝マケドニア対立の狭間で―」（慈学社，2009, 356-404 頁）では，アリストテレスの政治学が，君主国マケドニアの覇権に対する都市国家アテナイの従属の変化を反映させたもので，民主制に対し世襲君主制の優位を慎重に擁護する意図を有し，観想的生活を政治的生活に優位させることで，市民に政治活動への従事を断念させる道を開いたとされる。ケルゼンは，神の観想が，ギリシア都市国家の理念と全く反するもので，没政治的な有徳生活を勧めることで，「形而上学」のイデオロギー性を暴き出したと確信している。しかし，ここにおける君主の役割は，国民の究極目的たる「善く生きる」ことを全般的に可能にする条件の設立にある。民主制では世俗の利益の角逐が政治の全面を占め，人間生活における最善美への傾きが忘却されがちになる危険性の意識がある。この意識は，古代ギリシアにおける政治生活の変貌といった特殊歴史的社会状況とは独立した普遍的哲学問題に絶えず根差しているのである。

47 ここでは詳細を省略するが，アリストテレスの「権利」概念を近代の自然法論者が言う国家以前に有する個人固有の「自然権」と混同することの不可につき，Fred D. Miller, Jr. *Nature, Justice, and Rights in Aristotle's Politics*, 1995, P. 87f. 参照

48 山内得立『ギリシアの哲学 V』弘文堂新社，昭和 49 年，248-250 頁。

49 山内，前掲書，251 頁。

50 山内，前掲書，253 頁。

51 Salomon, *Ibid*., S. 145, S. 157. アリストテレスが「交渉」συναλλάγματα を利得と損失の関係に還元することは「全くの誤り」（S. 32）であると批判する。

52 小沼進一『アリストテレスの正義論―西欧民主制に活きる法理』勁草書房，2000 年，185-186 頁参照。同書は，当時の法慣習の事実を踏まえている記述に長所を有する。

53 J. Pieper, *Über die Gerechtigkeit*, 1965, S. 18.

54 *Ibid*., S. 25f.

55 Salomon, *Ibid*., S. 109-118. ザロモンは ἁπλῶς（端的な，絶対的な）の意味を周到に検討しているが，倫理的な上位の価値を与えるものではなく，「善」や「正」によって限定され

る一切のものに対する「包括的名称」(S. 109) 以上の何ものでもなく、形式論理学に従えば広い範囲をもつ内容は乏しい「類概念」(S. 113) でしかないとする。しかし、彼は「無条件的意味での正」を、「法よりも高い、したがって法とは異質の倫理原理からではなく、法そのものから得られる」(S. 119) と述べ、「法のア・プリオリ」と規定したところを見ると、「正」固有の領域があることを、しかも単に〈論理的〉概念ではないことを認めているのではないか。

56　山内得立『實存と所有』岩波書店、昭和48年第2刷、29-30頁（旧漢字を現代風に書き改めた）。
57　今日、「客観法」に対し「主観法」は「権利」と同一視されているが、「主観法」という言葉に「法」を当てるのは問題である。それは確かにRechtであるが、このRechtは「法」を分有することで「正しい」と確認された法主体の義務および権利を指す。
58　小沼、前掲書、130頁参照。
59　小沼、前掲書、132頁。「現代法が刑事法によって規制する事がらも、アリストテレスの時代においては、おおむね私的訴訟の方式によって処理されていたことである。彼が、犯罪に相当する事がらをも矯正的正義の対象として論じるのは、まさにこのような当時のアテナイの法実務にしたがったゆえにほかならない」(160頁)。
60　Salomon, *Ibid.*, S. 22ff.
61　Trude, *Ibid.*, S. 159.

第2章

1　配分的正に関する議論の重要な基点となるので原文で示す。Τὸ ἐν ταῖς διανομαῖς τιμῆς ἢ χρημάτων ἢ τῶν ἄλλων ὅσα μεριστὰ τοῖς κοινωνοῦσι τῆς πολιτείας. (*EN.* 1130b30-33)
2　*Pol.* 1280a15-25 参照。『ニコマコス倫理学』での対応箇所は、*EN.* 1131a14-b16。
3　*Pol.* 1282b23-30 参照。『ニコマコス倫理学』での対応箇所は、前出の註1に同じ。
4　*Pol.* 1283a15-22.
5　『荀子』富国篇。職は官職、業は事業の意味がある。新釈漢文大系『荀子』(上)明治書院、昭和41年、255-57頁。「事業所悪也、功利所好也、職業無分、如是則人有樹事之患、而有争功之禍矣」。
6　Kamp, Andreas, *Die politische Philosophie des Aristoteles und ihre metaphysischen Grundlagen*, 1985, S. 83f.
7　*Ibid.*, S. 184.
8　アリストテレスにおいては、『政治学』の第4巻第4章と第7巻第8章との両箇所で、ポリス内で配分されるべき諸職業が区別なく列挙されている。これを対照表にして異同を確かめているものとして W.L. Newman, *Politics of Aristotle* (Vol. 1), P. 96-98 参照。
9　*Ibid.*, P. 98.
10　ニューマンが、もしすべての人間が完全な優秀性を具えるに至ったらアリストテレスの「最善国家」は存在しえない、と述べていることは示唆的である。*Ibid.*, p. 117.

[11] 岩田靖夫『アリストテレスの政治思想』岩波書店，2010年，同書ではアリストテレスの奴隷容認論批判に対して，教育による人間の理性化の普及により差別制度を破壊する起爆剤が彼の市民概念の内に秘められていると指摘される。例えば241頁参照。

[12] 上田辰之助『トマス・アクィナス研究』（上田辰之助著作集2，みすず書房，1987年），第2部「聖トマスにおける職分社会思想の研究」241頁。

[13] 前掲書，242頁。

[14] 前掲書，242頁。

[15] 前掲書，242頁。

[16] 前掲書，243頁。

[17] 前掲書，245-6頁。「もしそうであれば，富貴は，徳の働きに役立つ限りで，良いと言わければならない。徳の活動が妨げられるほどに，富の蓄積の度合が超過するならば，もはや「善きもの」に算入されず，悪しきものに堕する。ゆえに，富を徳の目的に利用する一部の人々にはこれをもつことは善であるが，これに対する過度の煩い，過度の愛着，奢り高ぶりにより，徳に背反する一部の人びとには，これを所有することは悪ということになる」（『対異教徒大全』第134章）。

[18] アリストテレスによって，徳の働きには，活動的生活のそれと観想的生活のそれとがあることが区別されたが，外的富貴を必要とする方法も両者では異なる面を考慮しなければならない。すなわち，観想的徳は専ら，自然の実相観入によって永遠の浄福に参与するために自然を必要とするのみで，多くの富を要せず，自分の生活を支えるに最小限の外的財物だけで足りる。

[19] 前掲書，249頁。

[20] トマスはアリストテレスと異なり，「人間は政治的動物である」に付け加えて，「人間とは社会的にして政治的動物である」（animal sociale et politicum）と定義する。politicumには統治職の下での支配と服従の上下関係が見て取られるが，socialeには（神の下での）平等な市民関係が見て取られる。この相違の重要な意義の指摘については，トマスの『君主の統治について―謹んでキプロス王に捧げる』（慶應義塾大学出版会，2005年出版）で付された翻訳者柴田平三郎の詳しい解説が参考になる。186-197頁参照。

[21] 上田前掲書，294-95頁。

[22] 「コリント前書」第12章4節以下。

[23] 『君主統治論』第1巻第1章に現れた柴田前掲訳書参照。「しかし人間は，他のすべての動物にもまして，自然本性上，集団の中で生活する社会的および政治的動物であることは明らかである。このことは，明らかに自然本性的な必然性が示すところである。というのは，他の動物たちに対しては，自然は，食物，体を保護する毛皮，歯・角，鉤爪などの防衛手段，あるいは少なくとも逃走のための足の速さなどを準備してやっている。これに反して，人間はこうしたことのために自然によるいかなる配慮も授かってはいない。その代わりに理性が与えられているので，人間はその理性によって，手を働かせ，それらのものすべてを自分のために確保することができるようになっている。だが，そうしたものすべ

てを人間は一人だけでは調達することができない。というのも、人間は一人だけでは十分に生活を営んでいくことができないからである。だから、人間は多人数の社会の中で生きていくのが自然本性に適っているのである」(12-13頁)。

24 上田前掲書、303頁。
25 前掲書、313-14頁。
26 柴田前掲訳書、54頁。
27 上田前掲書、331-32頁。
28 『丸山眞男講義録〔第一冊〕日本政治思想史1948』東京大学出版会、1998年、100頁。本書は第4章の「初期朱子学者の政治思想」を取り扱う。
29 山田勝芳『中国のユートピアと「均の理念」』汲古書院、平成13年、51-2頁参照。
30 前掲書、101-151頁参照。ここでは「均の理念」が中国の現実政治にどのように反映しているかの実証的な研究が述べられている。
31 林羅山「春鑑抄」、『藤原惺窩 林羅山（日本思想体系28)』岩波書店、1975年、所収。124頁。
32 前掲書、107-8頁。林羅山「春鑑抄」については、前掲書『日本思想体系』の117頁を参照。しかしながら、「こうした苛斂誅求への警告ないし為政者の私的享楽の否定も、徳川時代の儒学者、いな、儒学者のみならず国学者もが異口同音に叫んでいることであるが、これを以て単純に口頭禅とか、イデオロギー的欺瞞とか看做すことはできない」と丸山は言う。「むろんそうした面もあったであろうが、それはもっと本質的な社会的根拠を持っていた。というのは、『農は納なり』とか『百姓とごまの油はしぼればしぼる程出る』とかいわれたにも拘らず、封建的再生産の基礎を脅かすような（農民の労働力の再生産を不可能たらしめる程の）搾取は、結局は封建領主自らの社会的経済的地盤を弱めることとなって、支配者自身に対するマイナスの結果となってふりかかってくるからである」とその背面的魂胆を引き出している（丸山前掲書、108-9頁）。
33 渡辺京二『逝きし世の面影』平凡社ライブラリー、2005年再刊。
34 トマスは『神学大全』で「諸々の事物の間における不均等は神に由来するか」という問題を検討するところで、「最善の能動者に属するのは、自らの果**全体**を最善なるものとして産出することなのである。それは決して、全体のいずれの**部分**をも端的な意味において最善なるものにつくることではなく、却って、それぞれの部分を全体への対比において最善なるものにつくるということにほかならない。事実、動物の場合にしても、かりにそのいずれの部分もが、眼という部分の優位性dignitasを具えていたとしたならば、動物の善性はすっかり失われたであろう」と述べていることは、人間の社会秩序の構成においてもアナロジーとして成り立つであろう。『神学大全』第Ⅰ部第47問題第2項、創文社、1973年、日下昭夫訳、81頁。
35 木下鉄矢『朱子―〈はたらき〉と〈つとめ〉の哲学』岩波書店、2009年、70頁。
36 『神学大全』第Ⅱ部の2、第183問題第3項、創文社、1996年、竹島幸一・田中峰雄訳、81頁。ここでは「職分は行為によって区別されるか」が問題として論究されている。イシ

ドルスの『語源論』から，職分 officium なる語源が作出物 efficium に由来する旨が引用されている．作出とは「他者のために役立つものを生み出すこと」である．

[37] 本書では，デュギーの所論を説明するために以下の文献を参照した．
① 和田小次郎「デュギー」（『法律思想家評伝』日本評論社，昭和 43 年所収，267-300 頁）
② 畑安次「デュギーと自然法論」（『法をめぐる人と思想』八木鉄男・深田三徳編著，ミネルヴァ書房，1991 年所収，127-142 頁）
③ 高作正博「客観主義の権利論：L・デュギーの権利否定論と社会的職分」（『琉大法学』第 59 巻，1998 年所収，1-83 頁）

[38] 高作，前掲論文，58 頁．
[39] 畑，前掲論文，132 頁．
[40] 和田，前掲論文，272 頁．
[41] 和田，前掲論文，290-91 頁．
[42] 牧野英一『法律に於ける進化と進歩』有斐閣，大正 14 年，150-68 頁．権利といえども社会的使命を帯びるがゆえに，実際 19 世紀ヨーロッパでの自由主義の氾濫傾向を背景に，自ずと制限を受けることは当然であるが，権利概念を消去して義務に還元するとのは行き過ぎであると批評している．
[43] J. ダバン，水波朗訳『権利論』創文社，昭和 52 年，293-96 頁．
[44] 前掲訳書，296-97 頁．
[45] 前掲訳書，300-305 頁．
[46] 高作，前掲論文，69-70 頁．
[47] 高作，前掲論文，70 頁，ダバン『権利論』310，312 頁．
[48] 高作，前掲論文，71 頁，ダバン『権利論』113，114，122 頁．
[49] 高作，前掲論文，68 頁．
[50] ダバン『権利論』325 頁．
[51] 高作，前掲論文，69 頁．
[52] ダバン『権利論』325 頁．
[53] 小沼進一『アリストテレスの正義論――西欧民主制に活きる法理』勁草書房，2000 年，153 頁．

第 3 章

[1] *EN.* 1132b21, 1131a11, a32, b6.「応報」は正（δίκαιον）であるのみならず，『政治学』第 1 巻（1261a30）では，国を救うものであり（τὸ ἀντιπεποθὸς σώζει τὰς πόλεις），『ニコマコス倫理学』第 8 巻（1155b33）では友愛である（εὔνοια ἐν ἀντιπεποθοσι φιλία）．
[2] *EN.* 1132b33-34.
[3] *EN.* 1132b31-32.
[4] Finley, M.I., Aristotle and Economic Analysis, in : *Articles on Aristotle, 2. Ethics and*

Politics, edited by Jonathan Barnes, Malcolm Schofield, Richard Sorabji, 1969, p. 144.
5　*EN.* 1133a3-5.
6　ジャン・ダバン、水波朗訳『法の一般理論』、創文社、1976 年、455-56 頁。「論理的に言って第一のものは交換的正義である」という。なぜなら、交換的正が現れるためには個人的に考察された二人の人間、あるいはいかなる国家の部分をもなさぬ二人の人間が存在すれば足りるからである。コイノーニアはポリスに限定されない共同関係である。
7　*EN.* 1156a8-10.
8　*EN.* 1155b32-33.
9　*EN.* 1158a37-1158b3.
10　*EN.* 1158a21.
11　*EN.* 1156a10-12.
12　*EN.* 1157a14-16.
13　*EN.* 1162b16-19
14　*EN.* 1162b4.
15　*EN.* 115825-28.
16　「正」に不文的と成文的との二通りがあるように、「有用のための愛」にも、道義的と法的との二種類があるとする。*EN.* 1162b21-1163a1. 自然的正と人為的正の区別と発展に対応して、自然的交易と商業的交易の区別と発展の動きを察知したといえようか。
17　*Pol.* 1257a6-13.
18　アリストテレスは、大工と靴工（*EN.* 1133a23-25）、農夫と靴工（*EN.* 1133a32-33）の交換を例に取っている。
19　『政治学』第 3 巻第 9 章に、『倫理学』と同じ例が見える。*Pol.* 1280a20f.
20　Finley, *Ibid.*, p149.
21　Platon, *Rep.* 371B-C.
22　Meikle, Scott, *Aristotle's Economic Thought*, 1995, pp. 13-16. しかしながら、交換価値は、事物の「性質」カテゴリーというよりも、人間が付与する価値であるから、「適性」カテゴリーとした方がより適切ではなかろうか。松本正夫『「存在の論理学」研究』（岩波書店、1968 年）によれば、価値自体は、「存在対象自らの理由に基づいて帰属させられるのではなく、専ら志向作用自体の媒介に依るものである以上、分析的対象関連に拠る属性範疇でも、総合的対象関連に依る偶性範疇でもなく、対象的には主語と原則的に自由の関連にある合宜的述語範型たる所属性の範疇に該当するのである」（493-94 頁）。ここにいう所属範疇は、「他に於いて、かつ、他に依ってある」（ens in alio et per aliud）性格を帯びる。それは、「持つもの」と「持たれるもの」との中間としての所有の適合性を示す（506 頁）。着物が身体にぴったり合っていれば、その着物は「よい」。
23　Meikle, *Ibid.*, pp. 10-11. 本書で、ロス等による κρεῖττον の訳語に、better than あるいは superior to をあてるのは不適切であるとしている。
24　売買における不公正については、詐欺等の罪が考えられるが、この点の考察は、むしろ、

トマス・アクィナスの『神学大全 18』（稲垣良典訳，創文社，1985 年）II-2, Q. 77. で詳細に行われている。しかし，今のアリストテレスの考察目標は，倫理的罪という意味での不正を論じることに存しない。

[25] *EN.* 1133a10-12.
[26] *EN.* 1133a31-1133b3.
[27] *EN.* 1164b6-10.
[28] *EN.* 1164b20-21.
[29] *EN.* 1133a16, 18.19, 22. 1133b17-18.
[30] *EN.* 1133b14-15.
[31] *EN.* 1133a25-26. 1133a26-27.
[32] *EN.* 1133b18-20.
[33] *EN.* 1133b6-8.
[34] Thomas Aquinas, *Commentary on Nicomachean Ethics*, tr. Litzinger, C.I., 1964, c. 981, p. 312.
[35] 『ニコマコス倫理学』朴一功訳，京都大学学術出版会，2002 年，221 頁註。また Meikle, *Ibid.*, p. 26. でも，クレイアを demand と誤訳して，アリストテレスに現代の主観的あるいは功利的な価値論のヴァージョンを読み込む解釈に反対している。他方ドイツでは John-Stewart Gordon が *Aristoteles über Gerechtigkeit—Das V. Buch der Nikomachischen Ethik* (2007), S. 187f. で，demand に当たる Nachfrage を Bedürfnis から区別している。こうした新訳に対して，岩田靖夫『アリストテレスの政治思想』（岩波書店，2010 年）は，ホッブズの『レヴァイアサン』にある言葉，「契約されたすべての事物の価値は，契約した人々の欲求（appetite）によって測られる。それ故に，正しい価値とは，彼らが与えることに満足した値である。……ありていに言えば，交換的正義とは，契約者の正義である」を引用して，「アリストテレスはこれほど極端なことを言っているわけではない。しかし，交換的正義が人為的な危うさの上を浮動していることは，すでに暗示している」（210-211 頁）として，クレイアの持つ主観性の語義を含める「需要」をもって訳すことに不都合はないと確信している。こうして「アリストテレスは近代経済学の基本的な考え方に通ずる路線を敷いたと理解するのが妥当であろう」と説く（284 頁の注 46 と 285 頁の注 48 を参照）。

　本書では，Liddell & Scott の辞書的意味に従い，ἀξίωσις (demand = on grounds of merit (opp. χρεία, need = on grounds of neseccity) に見える対照関係から，配分的正の基準 ἀξία が**功績度**であるのに対し，交換的正の基準 χρεία が**必要度**にあると一応解しておく。「必要は発明の母」という言葉があるが，アリストテレスは，交換はまさに必要に迫られて起こることであると述べているのである。当時のギリシア社会が自給自足体制を理想としていたことを考えると，財産（ウーシア）の不足を補うことが，独立して存在する「実体」（ウーシア）の完成を意味したであろう。しかし，交換は，物々交換に限らず，貨幣を仲立ちとする商取引をも対象に含むのであるから，岩田説のように，当時勃興し始めた貨幣蓄積を求める商業に潜む，ポリスの自給自足体制を掘り崩す「反自然的な」危険をアリストテレ

スが予感していたことに着目した「需要」という訳語が不適切であるとも言えない。
36　*EN.* 1133a28-31.
37　*EN.* 1133a22-25.
38　*EN.* 1133b10-13.
39　Meikle, *Ibid.,* p. 25, p. 31.
40　ここで，等価交換を可能にするのが貨幣かそれとも必要かをめぐるかつての議論を整理しておこう。アリストテレスは，貨幣による通約があってはじめて異なる商品の均等性が確保され，こうした交換によってポリスが維持されるとした。この言説に関してマルクスは『資本論』で，アリストテレスは既に，「同等性」なしには「通約可能性」はありえないことを見抜きながら，労働力の不等さを自然的基礎とする古代社会の限界に妨げられて，「実際的必要に対する緊急措置」に等値の根拠を見出すにとどまり，「商品価値の形態にはすべての労働が等しい人間労働として同質的に作用しているものと表現されている」ことの認識に到達しなかったと評した。『資本論』向坂逸郎訳，第 1 分冊（岩波文庫，1975 年，78-79 頁）参照。

　この見解に対して，経済学者望月俊昭は，マルクスはアリストテレスの「均等性」という語を「本質の同等性」と理解したため，均等性と通約可能性の叙述順序がマルクスでは逆になっていると指摘した。アリストテレスでは貨幣による通約により商品の均等性が確保される順序となっているのに対し，マルクスは，貨幣ではなく，商品の同質性（＝アリストテレスの均等性）が異なる商品の通約を可能にすると捉えたのである。したがって，マルクスは自分自身の考えを下敷きに『倫理学』を読み込んだことになる。研究ノート「価値形態における『本質の同等性』について」（『経済研究』成城大学，第 75 号，1981 年，179-181 頁）参照。

　マルクスのいう「抽象的な労働の同質性」も既に，資本主義的な社会の時代精神の成熟を前提に成り立つ視点でしかないが，望月説を支持する本山美彦は，むしろ人間労働の異質性を維持しながら，「自然のものとしては異質のままにとどまっているものを人為的に計量することによってのみ共同体を維持する」貨幣（ノミスマ）の機能を，ノモスに基づく人びとの慣習的合意を**代表する**ものとしてアリストテレスは重視したと見るのが素直な解釈であると述べた。『ノミスマ（貨幣）―社会制御の思想―』（三嶺書房，1993 年，164-165 頁）参照。

　ただし，この場合であっても，貨幣が商品の価値を共通にするのではないという認識はあくまでも守られねばならない。なお，ここで著者が太字強調した「代表する」という言葉は，後にシンボル哲学あるいは言語哲学における規約主義で重視され研究された「象徴」・「記号」の意味がある。この側面の掘り下げは別稿による。
41　Salomon, Max, *Der Begriff der Gerechtigkeit bei Aristoteles*, 1927, S. 161ff. 交換される財物は価格に基づき貨幣によって決定できるけれども，人間的徳の価値 άξία の評価は計算になじまない。後者の比例はわれわれの道徳的感情に依存していると言う。
42　小沼進一『アリストテレスの正義論―西欧民主制に活きる法理―』勁草書房，2000 年，

「現代法が刑事法によって規制する事がらも，アリストテレスの時代においては，おおむね私的訴訟の方式によって処理されていた……。かれが，犯罪に相当する事がらをも矯正的正義の対象として論じるのは，まさにこのような当時の法実務にしたがったがゆえにほかならない」(160 頁)。

43　『政治学』第 3 巻第 12 章で出てくる「笛吹き」の例の解釈については，Trude, Peter, *Der Begriff der Gerechtigkeit in der aristotelischen Rechts-und Staatsphilosophie*, 1955. S. 94f. を参照。配分的正の内容の探求に当たって重要な役割を果たすのが目的論的視点である。「人格の要件に関する等値に存する配分的正は，等値の実質的規準たる ἀξία を法規の目的である法効果から採ってくる」(S. 96)。この視点が後期で確立されたことを論証するのが同書の眼目の一つである。

44　*EN*. 1133a5-10.

45　Salomon, *Ibid.*, S. 162.

46　トマス前掲訳書『神学大全 18』Ⅱ-2, Q. 61. art. 4「正しいことは端的に報復と同一であるか」で，報復 contrapassum という言葉は先行する能動 actio に対して等しいだけの受動 passio をもって報いることを意味すると述べている。この広い意味では，交換的正も応報と本質を同じうしており，交換における受動と能動を均等化することが求められる（この手段は貨幣である）。もっとも返し方が均等であるか，比例によるかの差はあるが。

47　Kelsen, Hans, Aristotle's doctrine of justice, in：*What is Justice?* pp. 131-132. 法哲学者のケルゼンによれば，応報律は平等によって説明できない。強盗という所有の剥奪に対して拘禁という自由の剥奪は等しくないし，善に対する報償にしても，勇敢に対して，反作用の栄誉は等しくない。

48　岩田靖夫『アリストテレスの倫理思想』岩波書店（267 頁），『アリストテレス全集 10』（『小品集』副島民雄訳，岩波書店，1977 年）所収「機械論」第 3 章 168-169 頁および第 20 章 182-183 頁，訳者註で示されたゴールケの竿秤（さおばかり）の図（303 頁）を参照。

49　アリストテレスの交換的正の上に立って中世社会における「公正価格論」を展開したトマスの思想をまとめた力作，有江大介『労働と正義―その経済学史的検討―』（創風社，1990 年，86 頁）によれば，公正価格＝原材料費＋労賃＋その他の費用（輸送費，危険負担，価格変動分）＋節度ある利益という定式が設けられる。

50　Thomas, *Commentary on Nicomachean Ethics*, c. 976.

51　アリストテレス自身は，『政治学』第 1 巻で，限界を知らない利得を目指す商人術を嫌悪したのみならず，国の制約下に置かれた穏当な商行為についても，労働と費用が物品の価格を定める要因であると明言していない。経済学者シュンペーターは価格の労働費用説をアリストテレスは模索していたと考えているようであるが，この説に対し Finley は，アリストテレスは一度たりとも労働費用や生産費用について言及していないと断じている（Finley, *Ibid.*, p. 146.）。

52　森岡邦泰「アリストテレスの経済思想」，『経済論叢』京都大学経済学会，第 156 巻第 4 号，1995 年，135 頁。

53　カール・ポランニー『経済の文明史』玉野井芳郎・平野健一郎編訳，日本経済新聞社，1990 年，221 頁。
54　前掲書，219 頁。
55　前掲書，222 頁。
56　前掲書，226-227 頁。
57　前掲書，222-223 頁。
58　前掲書，219 頁，221 頁。
59　岩田，前掲書，270 頁。
60　*MM*. 1194a18-21.
61　*MM*. 1193b39-1194a6.
62　岩田，前掲書，271 頁。
63　『アリストテレス全集 14』（茂手木元蔵訳，岩波書店，1977 年）の訳者解説 405 頁。
64　Trude, *Ibid*., S. 24ff. ゴールケの真作説について詳しくは，前掲の茂手木による解説を参照（410-413 頁）。
65　Hamburger, Max, *Morals and Law—the Growth of Aristotle's Legal Theory*, 1965, p. 5f. pp. 53-56.
66　*Ibid*., pp. 34-35.
67　*Ibid*., p. 55.
68　*Ibid*., p. 56.
69　トマス前掲訳書『神学大全 18』Ⅱ - 2, Q. 58. art. 11.「正義の行為は各人にかれのものを帰属させることであるか」参照。
70　*EN*. 1132a30-32. δίκαιον（正）は，「中」に立って折半する（δίχαιον）裁判官（δικαστής）という職務の性質に類似することに由来する。
71　συνέχειν には「一緒にして結合しておく」という意味がある。「正」は「分」離の原理であるが，応報によって「分」が正しく返されるとき，人々を結「合」させる「絆」の働きをし，このようにして国・共同体（コイノーニア）を維持する。*Pol*. 1270b17, 1278b25, *EN*. 1155a23, 1133a27, b7.
72　Newman, W.L., *Politics of Aristotle*（4vols, 1887-1902) 1. vol., p. 95.

参考文献

【邦訳書】
『アリストテレス全集』岩波書店
　『全集1』『命題論』山本光雄訳,『分析論前書』井上忠訳,『分析論後書』加藤信朗訳, 1971年。
　『全集2』『トピカ』村治能就訳, 1970年。
　『全集3』『自然学』出隆・岩崎允胤訳, 1968年。
　『全集6』『霊魂論』山本光雄訳, 1968年。
　『全集9』『動物部分論』島崎三郎訳, 1969年。
　『全集10』『小品集』副島民雄・福島保夫訳, 1969年。
　『全集13』『ニコマコス倫理学』加藤信朗訳, 1973年。
　『全集14』『大道徳学』『エウデモス倫理学』『徳と悪徳について』茂手木元蔵訳, 1968年。
　『全集15』『政治学』山本光雄訳, 1969年。
　『全集16』『弁論術』山本光雄訳, 1968年。
　『全集17』『アテナイ人の国制』村川堅太郎訳, 1972年。
　『全集21』『形而上学』出隆訳, 1968年。
『ニコマコス倫理学』(上・下) 高田三郎訳, 岩波文庫, 1971年。
『ニコマコス倫理学』朴一功訳, 京都大学学術出版会, 2002年。
『アリストテレス「デ・アニマ」注解』水地宗明訳, 晃洋書房, 2002年。
トマス・アクィナス『神学大全』創文社
　『第4冊』第Ⅰ部, 第47-64問題, 創造・天使, 日下昭夫訳, 1973年。
　『第11冊』第Ⅱ部-1, 第49-70問題, 能力態・徳, 稲垣良典訳, 1980年。
　『第13冊』第Ⅱ部-1, 第90-105問題, 法―旧法, 稲垣良典訳, 1977年。
　『第17冊』第Ⅱ部-2, 第34-56問題, 愛・思慮, 大鹿・大森・小沢訳, 1997年。
　『第18冊』第Ⅱ部-2, 第57-79問題, 正義, 稲垣良典訳, 1985年。
　『第24冊』第Ⅱ部-2, 第183-189問題, 職務と身分の分化, 竹島・田中訳, 1996年。
トマス・アクィナス『君主の統治について―謹んでキプロス王に捧げる』柴田平三郎訳, 慶應義塾大学出版会, 2005年。
『プラトン全集』岩波書店
　『全集3』『ポリティコス』水野有庸訳, 1980年。
　『全集5』『パイドロス』藤沢令夫訳, 1980年。
　『全集9』『ゴルギアス』加来彰俊訳, 1980年。
　『全集11』『国家』藤沢令夫訳, 1976年。
　『全集13』『ノモイ』向坂寛訳, 1976年。

G.E.M. アンスコム『インテンション―実践知の考察』菅豊彦訳，産業図書，昭和 59 年。
ジャンバッティスタ・ヴィーコ『学問の方法』上村忠男・佐々木力訳，岩波文庫，1987 年。
ハンス・ヴェルツェル『目的的行為論序説』福田平・大塚仁訳，有斐閣，昭和 37 年。
アルトゥール・カウフマン『法哲学』上田健二訳，ミネルヴァ書房，2006 年。
ハンス＝ゲオルグ・ガダマー『真理と方法Ⅰ・Ⅱ』轡田収他訳，法政大学出版局，1986 年，2008 年。
M.T. キケロー『義務について』泉井久之助訳，岩波文庫，1961 年。
ハンス・ケルゼン「アリストテレスの正義論」長尾龍一訳『ハンス・ケルゼン著作集Ⅴ』慈学社，2009 年。
ハンス・ケルゼン「アリストテレス政治学の政治的背景―ギリシャ＝マケドニア対立の狭間で―」長尾龍一訳『ハンス・ケルゼン著作集Ⅴ』慈学社，2009 年。
ペーター・コスロフスキー他編『進化と自由』山脇直司・朝広謙次郎訳，産業図書，1991 年。
レオ・シュトラウス『自然権と歴史』塚崎智・石崎嘉彦訳，昭和堂，1988 年。
ジャン・ダバン『法の一般理論』水波朗訳，創文社，昭和 51 年。
ジャン・ダバン『権利論』水波朗訳，創文社，昭和 52 年。
デカルト『方法序説』小場瀬卓三訳『世界の大思想』河出書房，昭和 40 年。
ダニエル・マーク・ネルソン『賢慮と自然法―トマス倫理学の新解釈―』葛生栄二郎訳，成文堂，1996 年。
ニコライ・ハルトマン『倫理学』高橋敬視訳，山口書店，昭和 18 年。
ニコライ・ハルトマン『実在的世界の構造』高橋敬視訳，京都印刷館，昭和 20 年。
ニコライ・ハルトマン『哲学入門』石川文康・岩谷信訳，晃洋書房，1985 年。
マルティン・ハイデッガー『存在と時間』（全三冊）桑木務訳，岩波文庫，2001 年。
マルティン・ハイデッガー『アナクシマンドロスの箴言』『ハイデッガー選集』第 5 巻『杣道』創文社，1993 年。
ユルゲン・ハーバーマス『社会科学の論理によせて』国文社，清水多吉他訳，1991 年。
ユルゲン・ハーバーマス『コミュニケーション的行為の理論』(上)，河上倫逸他訳，未来社，1985 年。
オットー・ペーゲラー編『解釈学の根本問題』晃洋書房，竹市明弘他訳，1977 年。
スティーヴン・L. ペパー『道徳を超えたところにある法律家の役割――相談助言と依頼者の責任』住吉博編訳，日本比較法研究所，翻訳叢書 43，中央大学出版部，2000 年。
カイム・ペレルマン『法律家の論理―新しいレトリック』江口三角訳，木鐸社，1986 年。
カール・ポランニー『経済の文明史』玉野井芳郎・平野健一郎訳，日本経済新聞社，1990 年
カール・マルクス『資本論』向坂逸郎訳，第 1 分冊，岩波文庫，昭和 50 年。
デイヴィド・ルーバン『法律家倫理と良き判断力』住吉博編訳，日本比較法研究所，翻訳叢書 46，中央大学出版部，2002 年。

【邦語文献】

赤塚忠著『大学・中庸』新釈漢文大系 2，明治書院，昭和 42 年初版。
阿南成一・水波朗・稲垣良典編『自然法の多義性』，創文社，1991 年。
有江大介『労働と正義―その経済学史的検討―』創風社，1990 年。
安藤孝行『アリストテレス研究―認識と実践』公論社，1975 年。
石前禎幸「法の支配と不確定性」日本法哲学会編『法哲学年報 2005』所収，有斐閣，2006 年。
井田良『刑法総論の理論構造』成文堂，2005 年
稲垣良典『法的正義の理論』成文堂，昭和 47 年。
稲垣良典『トマス・アクィナス哲学の研究』創文社，1976 年。
稲垣良典『トマス・アクィナス倫理学の研究』九州大学出版会，1997 年。
今道友信『エコエティカ―生圏倫理学入門』講談社学術文庫，1990 年。
岩田靖夫『アリストテレスの倫理思想』岩波書店，1985 年。
上田辰之助『トマス・アクィナス研究』『上田辰之助著作集 2』，みすず書房，1987 年。
大橋智之輔・三島淑臣・田中成明編『法哲学綱要』青林書院，1990 年。
小畑清剛「レトリックと法・正義―Ch. ペレルマンの法哲学研究」『法学論叢』第 113 巻第 4 号・第 6 号。
木下鉄矢『朱子―〈はたらき〉と〈つとめ〉の哲学―』岩波書店，2009 年。
桑子俊雄『エネルゲイア』東京大学出版会，1993 年。
小沼進一『アリストテレスの正義論―西欧民主制に活きる法理』勁草書房，2000 年。
坂下浩司『アリストテレスの形而上学―自然学と倫理学の基礎―』岩波書店，2002 年。
佐々木亘『トマス・アクィナスの人間論―個としての超越性』知泉書館，2005 年。
佐藤憲一「法の不確定性を論じる意味」日本法哲学会編『法哲学年報 2004』所収，有斐閣，2005 年。
高作正博「客観主義の権利論：L・デュギーの権利否定論と社会的職分」『琉大法学』第 59 巻，1998 年。
高田三郎「ギリシアの法思想」；『法哲学講座』第 2 巻所収，有斐閣，昭和 31 年。
長尾龍一「法理論における真理と価値」(1-5・完)『国家学会雑誌』第 78 巻，1966 年。
塚本明子『動く知フロネーシス―経験に開かれた実践知』ゆみる出版，2008 年
中田薫「徳川刑法の論評」『法学志林』第 18 巻 4 号，1916 年。
二宮尊親『報徳分度論』(明治 36 年公刊)『解説二宮尊徳翁全集生活原理篇』(昭和 16 年第 6 刷) 所収。
藤井専英『荀子 (上・下)』新釈漢文大系，明治書院，昭和 41・42 年。
藤井義夫『アリストテレスの倫理学』，岩波書店，昭和 43 年 (第 2 版)。
畑安次「デュギーと自然法論」(八木鉄男・深田三徳編著『法をめぐる人と思想』) ミネルヴァ書房，1991 年。
林羅山『春鑑抄』『藤原惺窩　林羅山 (日本思想体系 28)』岩波書店，1975 年。
藤沢郁夫「アリストテレスの随意性論―強制文脈と無知文脈についての若干の考察―」；『ギ

リシア哲学セミナー論集』（Web 掲載論文）Ⅳ所収，2007 年。
牧野英一『法律に於ける進化と進歩』有斐閣，大正 14 年。
増田豊『規範論による責任刑法の再構築―認識論的自由意志論と批判的責任論』勁草書房，2009 年。
松本正夫『「存在の論理学」研究』岩波書店，1968 年。
丸山眞男『丸山眞男講義録〔第一冊〕日本政治思想史 1948』東京大学出版会，1998 年。
水地宗明『アリストテレスの神論』晃洋書房，2004 年。
水波朗「ペレルマンの哲学」（阿南・水波・稲垣編『自然法の多義性』）創文社，1991 年。
望月俊昭「価値形態における『本質の同等性』について」（『経済研究』成城大学，第 75 号，1981 年。
本山美彦『ノミスマ（貨幣）―社会制御の思想―』三嶺書房，1993 年。
森岡邦泰「アリストテレスの経済思想」『経済論叢』京都大学経済学会 第 156 巻第 4 号，1995 年。
森村進『ギリシア人の刑罰観』木鐸社，1988 年。
安平政吉『責任主義の刑法理論』酒井出版，1975 年。
山内得立『實存と所有』岩波書店，昭和 48 年第 2 刷。
山内得立『ギリシアの哲学Ⅴ―アリストテレス』弘文堂新社，昭和 49 年。
山田勝芳『中国のユートピアと「均の理念」』汲古書院，平成 13 年。
横山紘一『唯識とは何か―「法相二巻抄」を読む』（増補新装版）春秋社，2005 年。
米田泰邦『行為論と刑法理論』成文堂，1986 年。
良遍『法相二巻抄』鎌田茂雄校注，日本思想体系 15『鎌倉旧仏教』岩波書店，1971 年。
和田小次郎「デュギー」『法律思想家評伝』日本評論社，昭和 43 年。

【外国語文献】

Aristotelis, *Analytica Priora et Posteriora*, W.D. Ross, L. Minio-Paluello, Oxford Classical Texts.
Aristotelis, *Topica et Sophistici Elenchi*, W.D. Ross, Oxford Classical Texts.
Aristotelis, *De Anima*, W.D. Ross, Oxford Classical Texts.
Aristotelis, *Physica*, W.D. Ross, Oxford Classical Texts.
Aristotelis, *Metaphysica*, W. Jaeger, Oxford Classical Texts.
Aristotelis, *Ethica Nicomachea* I Bywater, Oxford Classical Texts.
Aristotelis, *Ars Rhetorica*, W.D. Ross, Oxford Classical Texts.
Aristotelis, *Politica*, W.D. Ross, Oxford Classical Texts.
Aristoteles, *Athenian Constitution, Eudemian Ethics, Virtues and Vices*, tr. H. Rackham, Loeb Clasical Library.
Aristoteles, *Oeconomica and Magna Moralia*, tr. H. Tredennick and G. Cryil Adamstrong, Loeb Clasical Library.

Robert Alexy, *Theorie der juristischen Arugumentation—Die Theorie des rationalen Diskurses als Theorie der juristischen Begründung*, Suhrkamp, 1978.
Larry Arnhart, *Aristotle on political Reasoning—A Commentary on the"Rhetoric"*, Northern Illinois University Press, 1981.
Pierre Aubenque, *La Prudence chez Aristote*, Paris, 1963.
Pierre Aubenque, La loi selon Aristote, in：*Archives de la philosophie du droit* 25, 1980.
Andreas Beriger, *Die aristotelische Dialektik—Ihre Darstellung in der Topik und in den Sophistischen Widerlegungen und ihre Anwendung in der Metaphysik M1-3*. Heidelberg, 1989.
Günter Bien, *Die Grundlegung der politischen Philosophie bei Aristoteles*, Verlag Karl Alber Freiburg/München, 1973.
Günter Bien, Gerechtigkeit bei Aristoteles, in：*Aristoteles, Die Nikomachische Ethik*（Hrsg. O. Höffe）, 1995.
Richart Bodéüs, *Le Philosophe et La Cité*—Recherches sur rapports entre morale et politique dans la pensée d'Aristote, l'Université de Liège, 1982.
Thomas Buchheim, Hellmut Flashar, Richrd A.H. King（Hg.）, *Kann man heute noch etwas anfangen mit Aristoteles?* Wissenschaftliche Buchgesellschaft, 2003.
Hermann Diels, *Die Fragmente der Vorsokratiker*, Weidmann, 1985.
Ralf Elm, *Klugheit und Erfahrung bei Aristoteles*, Ferdinand Schöningh, 1994.
Troels Engberg-Pederson, *Aristotle's Theory of Moral Insight*, Clarendon Press, 1983.
L.H.G. Greenwood, *Aristotle—Nicomachean Ethics Book Ⅵ*, Arno Press, 1973.
Hermann A. Fechner, *Über den Gerechtigkeitsbegriff bei Aristoteles*, 1965（1855）.
M.I. Finley, Aristotle and Economic Analysis, in：*Articles on Aristotle*, 2. *Ethics and Politics*, edited by Jonathan Barnes, Malcolm Schofield, Richard Sorabji, 1969.
Hans-Georg Gadamer, *Wahrheit und Methode*, in：Gesammelte Werke Band 1., J.C.B. Mohr（Paul Siebeck）Tübingen, 1986.
H-G. Gadamer, Hermeneutik als theoretische und praktische Aufgabe（1978）, in：*Gesammelte Werke* Band 2., 1986.
H-G. Gadamer, Rhetorik, Hermeneutik und Ideologiekritik, —Metakritische Erörterungen zu Wahrheit und Methode（1967）in：*Gesammelte Werke* Band 2., 1986.
H-G. Gadammer（Hrsg. Übersetzung）, *Aristoteles Nikomachische Ethik Ⅵ*, Vittorio Klostermann, 1998.
H-G. Gadamer, Praktisches Wissen（1930）in：*Gesammelte Werke* Band 5, 1985.
H-G. Gadamer, Hermeneutik als praktische Philosophie, in：*Rehabilitierung der praktischen Philosophie* Ⅰ（Hrsg. Manfred Riedel）Rombach Verlag, 1974.
Martin Ganter, *Mittel und Ziel in der praktischen Philosophie des Aristoteles*, Symposion（Band 45）, Verlag Karl Alber, Freiburg/München, 1974.

Eugene Gerver, *Machiavelli and the History of Prudence*, University of Wisconcin Press, 1987.

Pascal Gläser, *Zurechnung bei Thomas von Aquin—Eine historish-systematishe Untersuchung mit Bezug auf das aktuelle deutschhe Strafrecht*, Alber Symposion, 2005.

John-Stewart Gordon, *Aristoteles über Gerechtigkeit—Das V. Buch der Nikomachischen Ethik*, 2007.

Robert Hariman (ed.), Prudence—classical virtue—, in : *Postmodern practice*, The Pennsylvania state university press, 2003.

Nicolai Hartmann, *Der Aufbau der realen Welt—Grundriss der allgemeinen Kategorienlehre*, Walter de Gruyter & Co., Berlin, 1964.

Nicolai Hartmann, *Ethik*, Walter de Gruyter & Co., Berlin, 1962.

Nicolai Hartmann, *Das Problem des geistigen Seins—Untersuchungen zur Grundlegung der Geschichtsphilosophie und der Geisteswissenschaften*, Walter de Gruyter & Co., Berlin, 1962.

Jürgen Habermas, *Zur Logik der Sozialwissenschaften*, Suhrkamp, 1982.

Max Hamburger, *Morals and Law : The Growth of Aristotle's Legal Theory*, Yale University Press, 1951.

Martin Heidegger, *Sein und Zeit*, Max Niemeyer Verlag, 1927.

Martin Heidegger, Vom Wesen und Begriff der φύσις, in : *Wegmarken*, Vittorio Klostermann München, 1978.

Martin Heidegger, *Grundbegriffe der aristotelischen Philosophie*, Bd. 18, Vittorio Klostermann München, 2002.

Martin Heidegger, *Platon : Sophistes*, Bd. 19, Vittorio Klostermann München, 1992.

Martin Heidegger, *Phänomenologische Interpretation zu Aristoteles*, Reclam, 2002.

Heinrich Henkel, *Einführung in die Rechtsphilosophie*, Verlag C.H. Beck, 2 Aufl., 1964.

Wilhelm Hennis, *Politik und praktische Philosophie*, Schriften zur politischen Theorie, Klett-Cotta, Stuttgart, 1977.

Otfried Höffe, *Praktische Philosophie—Das Modell des Aristoteles*, München/Salzburg, 1971.

Ferenc Hörscher, *Prudentia iuris—Towards a pragmatic Theory of Natural Law*, Budapest, 2000.

Werner Jaeger, Medizin als methodisches Vorbild in der Ethik des Aristoteles (1959), in : *Schriften zur aristotelischen Ethik* (Hersg. Christian Mueller-Goldingen) 1988.

Hermann Kalchreuter, *MESOTES bei und vor Aristoteles*, Tübingen, 1911.

Andreas Kamp, *Die politische Philosophie des Aristoteles und ihre metaphysischen Grundlagen*, Alber- Reihe : Praktische Philosophie, Band 22, München, 1985.

Immanuel Kant, *Kritik der reinen Vernunft*, Kants Welke Akademie-Textausgabe, Band Ⅲ, Walter de Gruyter & Co., Berlin, 1968.

Immanuel Kant, *Metaphysik der Sitten*, Kants Welke Akademie-Textausgabe, Band Ⅵ, Walter de Gruyter & Co., Berlin, 1968.
Arthur Kaufmann, *Rechtsphilosophie*, C.H. Beck, 2. Aufl. 1997.
Hans Kelsen, *What is Justice?* University of California Press, 1971.
Hans Kelsen, *Allgemeine Theorie der Normen*, Manz-Verlag・Wien, 1979.
Hermut Kuhn, Aristoteles und die Methode der politischen Wissenschaft, in : *Rehabilitierung der praktischen Philosophie* Ⅱ (Hrsg. M. Riedel) Rombach Verlag, 1974.
Richard Loening, *Die Zurechnungslehre des Aristoteles* (1903), Georg Olms Verlagsbuchhandlung, Hildesheim, 1967.
Alasdair MacIntyre, *First Principles, Final Ends and Contemporary Philosophical Issues*, Marquette University Press, Milwaukee, 1990.
Werner Maihofer, *Recht und Sein, Prolegomena zu einer Rechtsontologie*, 1954.
Scott Meikle, *Aristotle's Economic Thought*, Clarendon Press・Oxford, 1995.
Jan van der Meulen, *Aristoteles—die Mitte in seinem Denken*, Westkulturverlag, 1951.
Emmanuel Michelakis, *Platons Lehre von der Anwendung des Gesetzes und der Begriff der Billigkeit bei Aristoteles*, Max Hueber, 1953.
Fred D. Miller, Jr, *Nature, Justice, and Rights in Aristotle's Politics*, Clarendon Press・Oxford, 1995.
Anselm Winfried Müller, *Praktisches Folgern und Selbstgestaltung nach Aristoteles*, Alber-Reihe : Praktishe Philosophie, Band 14, München, 1982.
Daniel Mark Nelson, *The Priority of Prudence—Virtue and Natural Law in Thomas Aquinas and the Implication for Modern Ethics*, The Pennsylvania State University Press, 1992.
W.L. Newman, *The Politics of Aristotle*, with an Introduction, two prefatory essays and notes critical and explanatory, Ⅰ-Ⅳ, Oxford, new print, 1950.
E.H. Olmsted, The "Moral Sense" Aspect of Aristotl's Ethical Theory, in : *Schriften zur aristotelischen Ethik*, Christian Mueller-Goldingen, Olms Studien, 1988.
Sung-Tak Pan, Zur phänomenologischen Interpretation der praktisch-politischen Urteilsfähigkeit (Aristoteles, Kant, Husserl) Wuppertal, 1996.
Chaïm. Perelman, Ce que le philosophe peut apprendre par l'étude du droit, in : *Ethique et Droit*, éditions de l'universite de Bruxelles, 1990.
Ch. Perelman, Ce qu'une réflexion sur le droit peut apporter au philosophe, in : *Ethique et Droit*. 1990.
Ch. Perelman, *Logique juridique—Nouvelle rhétorique*, Dalloz, Paris, 1976.
Ch. Perelman, Droit et Morale, in : *Ethique et Droit*, 1990.
Ch. Perelman, Cinq-leçons sur la justice, in : *Ethique et Droit*. 1990.
Ch. Perelman, Article : Rhétrique, *Dictionnaire encyclopédique de théorie et de sociologie du droit*, sous la direction de Andre- Jean Arnaud, 1988.

Ch. Perelman, Dialectique et Dialogue, in : *Le champ de l'argumentation*, Presses universitaires de Bruxelles, 1970.

Ch. Perelman, Rhétorique et Philosophie, in : *Le champ de l'argumentation*, 1970.

Dietmar von der Pfordten, *Rechtsethik*, C.H. Beck. 2001.

Josef Pieper, Traktat über die Klugheit, Kösel-Verlag München, 1965.

Josef Pieper, Traktat über die Gerechtigkeit, Kösel-Verlag München, 1965.

Otto Pöggeler, Dialektik und Topik, in : *Rehabilitierung der praktischen Philosophie* II (Hrsg. Manfred Riedel) Rombach Verlag, 1974.

John Rawls, *A Theory of Justice*, Cambridge, Mass. : Harvard University Press, 1974.

John Rawls, *Political Liberalism*, New York, Colombia University Press, 1993.

Martin Rhonheimer, *Praktische Vernunft und Vernüftigkeit der Praxis—Handlungstheorie bei Thomas von Aquin in ihrer Entstehung aus dem Problemkontext der aristotelischen Ethik*, 1994.

Martin Rhonheimer, *Natural Law and Practical Reason—A Thomistic View of Moral Autonomy*, 2000.

Hans Ryffel, *Grundprobleme der Rechts-und Staatsphilosophie*—Philosophische Anthropologie des Politischen, Luchterhand, 1969.

Max Salomon, *Der Begriff der Gerechtigkeit bei Aristoteles*, A.W. Sijthoff's Uitg. Mij N.V.-Leyden, 1937.

John D. Schaeffer, *Sensus Communis—Vico, Rhetoric, and the Limits of Relativism*, Duke University Press, 1990.

Harald Schilling, *Das Ethos der Mesotes—Eine Studie zur Nikomachischen Ethik des Aristoteles* (Heidelberger Abhandlungen zur Philosophie und ihrer Geschichte 22) Tübingen, 1930.

Paul Schuchman, *Aristotle and the Problem of Moral Discerning*, Peter D. Lang, Bern, 1980.

J.A. Stewart, *Notes on the Nicomachean Ethics of Aristotle*, Reprint Edition, 1973.

Gustav Teichmüller, *Die praktische Vernunft bei Aristoteles*, Neue Studien zur Geschichte der Begriffe III, Gotha, 1879.

Aristide Tessitore (ed.), *Aristotle and Modern Politics—The Persistence of Political Philosophy*, University of Notre Dame, 2002.

Theodore James Tracy, *Physiological Theory and the Doctrine of the Mean in Plato and Aristotle*, Mouton, The Hague・Paris, 1969.

Thomas Aquinas, *Summa Theologiae*, Parts 1, 2, 3 and Indices, Marietti, 1948.

Thomas Aquinas, *Commentary on Nicomachean Ethics*, tr. Litzinger, C.I., 1964.

Thomas Aquinas, Selected Political Writings, Edited by A.P. D'entreves, Translated by J.G. Dawson, Basil Blackwell Oxford, 1978.

Peter Trude, *Der Begriff der Gerechtigkeit in der aristotelischen Rechts-und Staatsphiloso-*

phie, Walter de Gruyter & Co., Berlin, 1955.

Markos Vardakis, *Die Mesoteslehre des Aristoteles*, Heidelberg, 1984.

Giambatista Vico, *On the Study Methods of Our Time*, translated with an Introduction and notes by Elio Gianturco, 1990.

F. Wehri, Ethik und Medizin in : *Schriften zur aristotelischen Ethik*, Christian Mueller-Goldingen Olms Studien, 1988.

Markus H. Wörner, Das Ethische in der Rhetorik des Aristoteles, Alber-Reihe : Praktische Philosophie, Band 33, München, 1990.

Luc F. Wintgens, *Legisprudence* : *Practical Reason in Legislation*, Ashgate, 2012.

Michael Wittmann, *Die Ethik des Aristoteles in ihrer systematischen Einheit und in ihrer geschichtlichen Stellung untersucht*, Regensburg, 1920.

Erik Wolf, *Das Problem der Naturrechtslehre—Versuch einer Orientierung*, Verlag C.F. Müller, Karlsruhe, 1964.

事項・人名索引

用語，アリストテレス，知慮（プロネーシス），正（ディカイオン）は頻出するので索引より除外している。

ア

愛（親愛・友愛）ピリア………76, 112, 122, 260, 275, 283, 319, 320, 338, 339, 346
　快のための愛……………………………320
　卓越性のための愛………………320, 321
　道義的な愛………………………………322
　法的な愛…………………………………322
　有用のための愛……………………320-322
アイステーシス（感覚・知覚）…74, 76, 85, 87, 88, 132-135
アウグスティヌス………………………328
悪徳………62, 69-72, 153, 179, 220, 226, 227, 247, 251
アナクシマンドロス……………………150
アナクサゴラス……………………………94
アナロギア（類比・比例）…234, 269, 324, 330
阿南成一……………………………………234
アルキダマス……………………………261
アルケー（原理・始まり・端緒・端初）
　……41, 81-84, 129-131, 142, 153, 160, 163, 207, 211
アレクシー, M.………………………38, 39
アレテー（卓越性・徳）…27, 62-66, 69-74, 196, 199, 200, 239, 262, 264, 285, 289, 331
　完全な徳…………………194, 250-252, 254
　自然的徳………………75, 76, 141-144, 210
　正義の徳………194, 218, 248, 251, 264, 270, 281
　政治的徳………………193, 264, 282, 284
　知性的徳………55, 72, 81, 194, 197-200, 210
　知慮の徳…………………………100, 194
　倫理的徳………55, 66, 67, 72, 73, 75, 132, 139, 141, 144-147, 194, 197-200, 203, 210-212, 247, 250, 251
安藤孝行……………………135, 136, 159

イ

イェーガー……………………200, 340, 341
イェリネック, G.………………………302
生きた正（ディカイオン・エンピュシコン）
　………………………………………346
生ける理性…………………………93, 94
意思（インテンティオ）…………201, 203
イシドルス………………………………224
医術(学)(イアトリケー)…73, 84, 86, 103, 219
一般的なことがら・普遍（ト・カトルー）
　………………133, 134, 138, 161, 166, 206
稲垣良典………………125-127, 142, 197, 213, 215
違法（パラノモン）………………249, 252
違法なひと（パラノモス）…………240, 250
岩田靖夫………65-67, 70, 141, 334, 339-341

ウ

ヴァルター, J.………………75, 135, 144
ヴァルダーキス, M.……86-88, 105-109, 120-122
ヴィコ, G………………5, 6, 7, 10, 14, 15, 22, 42
ヴェーバー, M.…………………………21, 50
上田辰之助………288-290, 292-294, 305, 306
ヴェルツェル, H.……………………188-190
ヴォルフ, E.…………………………233-235
動く「中」…………………………211, 346
ウルピアヌス……………………6, 55, 196
生まれのよいひと……196, 263, 264, 281, 331
運動（キネーシス）……60, 154, 158, 160, 162

エ

鋭敏…………………………………………223

エウリピデス……………………… 164, 193
エネルゲイア（活動・現実態・実現態）
　……60, 61, 209, 210, 219, 229, 278, 283, 284, 287
　　アレテーに即した魂の活動……62, 65, 72, 113, 114, 123
エピエイケイア（宜・衡平）…… 6, 7, 18, 44, 90-92, 95, 99, 119, 147, 216, 217, 240, 271, 275
エピステーメー（学・学知）…7, 22, 24, 26, 29, 31-34, 41, 50, 78, 82, 84, 92, 132, 133, 137, 248, 330
エルム, R.……………………………………… 147
エンチュメーマ（弁論術的推論）…… 8, 32, 104, 105
エンドクサ（通念）… 7, 8, 15, 19, 22, 29, 32, 33, 35, 43, 59, 104-108

オ

オイコス………………………………… 113, 116
応報（アンティペポントス）……… 237, 317, 318, 333, 335, 339, 343, 344, 346
応報的正…………………317, 319, 341, 344
応報律………………………………………… 333
王陽明……………………………………………54
オーバンク, P.………77-80, 92, 97, 130, 146
おおよそ・大体において（ホース・エピ・ト・ポリュ）……… 26, 79, 85, 91, 105, 162
オルガノン（哲学のための）…… 4, 7, 29, 31, 34, 45, 46

カ

蓋然性（蓋然的真理）………… 22, 27-29, 34
外的善（富）（タ・エクトス・アガタ）
　…………………… 66, 67, 114, 115, 259, 285, 290
快と苦（ヘデュとリュペーロン）……… 70, 101, 102, 161, 164
貝原益軒…………………………………… 298
カイロス（時宜）…… 73, 74, 90, 95, 123, 275
カウフマン, A.………………………… 52-54
獲得術（クテーティケー）……………… 116
過失（ハマルテーマ）…………… 168, 176
家政術（オイコノミケ-）……… 115, 116, 348
過多と過少……… 68-70, 73, 85-87, 120, 202, 239, 243, 248, 331

ガダマー, H-G.…… 4, 5, 10, 14-18, 20, 28, 35, 36, 41-45, 99
価値・功績に相応の（カタ・アクシアン）
　……89, 196, 238, 242, 253, 267, 283, 316, 322, 326, 331, 346
価値総合…………………… 68, 72, 73, 123
合算理論……………………………………… 106
寡頭制……………………… 89, 117, 121, 236, 255
貨幣（ノミスマ）…… 268, 270, 277, 323, 324, 326, 327, 329, 330, 349
我慢強さ（カルテリア）……………………71
カルヒロイター, H.………………………68
勘（エウストキア）…………………………82
寛厚（エレウテリオテース）……… 260, 309
観想・観想的生活（活動）……………… 219
奸知・奸詐・奸欺…………………………… 228
カント, I.……23, 39, 49, 50, 56, 64, 69, 70, 99, 219, 220, 300
願望（ブーレーシス）……136, 154, 199, 202

キ

記憶……………………………… 98, 220, 221
奇禍（アテュケーマ）…………… 168, 176
聴き手……………………… 8, 13, 103, 104
規矩（ホロス）……………………………… 202
キケロ…………………………………………… 288
帰責（帰報）…… 149, 151, 152, 154, 177-179, 182, 187, 190
貴族制………………………………… 89, 255
期待可能性…………………………………… 165
帰納（エパゴーゲー）……………………… 104
木下鉄矢……………………………… 301-304
義務論（的）………………… 14, 136, 138
客観法………… 306, 307, 308, 313, 315
究極の個別的状態・端末（タ・ヘカスタ、エスカトン）… 83, 132, 133, 138, 161, 166, 211, 220
業・生業・俗業……282-286, 305, 314, 331
教育（パイデイア）…… 76, 94, 111, 141, 190, 210, 211
共通の法（コイノス・ノモス）……………95
共同（共通・公共）善（ボヌム・コムネー）
　……103, 145, 147, 148, 182, 183, 197, 198, 213-215, 217-219, 254-256, 277, 287, 309, 311-313, 315, 331

事項・人名索引　415

強要（ビア）・強制……………153, 162
　　心理的強制………………163, 164, 178
　　物理的（身体的）強制……162-164, 178
「均」（中国における）………………297
均等（イソン）……85, 88, 89, 195, 239, 240, 249, 252, 253, 270
均等性（イソテース）……195, 268, 320, 322, 324

ク

クーン, H.………………21-24, 28, 33, 34
偶然性（テュケー）………65-67, 77-79, 147
クテーシス（所有）……………191, 209
グノーシス（洞察）………32-34, 36, 39
クリティカ…………………5, 6, 7, 14
グレーザー, P.……………………173
クレーシス（活用・使用）……191, 209, 250, 251

ケ

経験（エンペイリア）……76, 88, 92, 97-99, 109, 133-135, 168, 190
経験あるひと（エンピリコス）………201
経済的正義…………………266, 268
形相・形相因（エイドス）……61, 70, 79, 117, 119, 120, 136, 147, 199, 202, 203, 263, 278
軽率………………………82, 226, 227
慧敏（アンキノイア）………………82
ケルゼン, H.……………21, 50, 128, 233
原因において自由な行為（actio libera in causa）………151, 169, 170, 173, 174, 000
限界（ペラス）………………60, 61, 115
厳格・精密（アクリベイア）……19, 26, 29, 34, 41, 92, 330
厳格に適用する者（アクリボディカイオス）…………………………………90

コ

コイノーニア……101, 102, 242, 243, 245, 255, 260-263, 269-271, 273, 275, 283, 319, 336, 344, 346
行為の「主」（キュリオス）………157, 168
行為の「原因」（アイティオス）………162
行為論
　　因果的行為論……………………151

社会的行為論……………………152
人格的行為論……………………152
目的的行為論……………152, 188, 190
幸運（エウチュキア）………………78
交換・取引（メタドシス）……115, 116, 269, 277, 318-320, 323, 324, 326, 328, 332, 336-338, 340
　　市場での交換………………322, 323
　　物々交換………………262, 323, 337, 338
交換価値………………322, 323, 325
考察欠如……………………………227
交渉（シュナラグマータ）……154, 258, 266, 268, 292, 344
　　随意的交渉………258, 259, 266, 268, 318
　　不随意的交渉……………258, 259, 266, 318
構図学（知）………26-28, 34, 41, 45, 47
公正価格………………243, 275, 335
合成体（シュノロン）……47, 48, 61, 66, 70, 110, 113, 187, 188, 190, 197, 203, 287
構成的判断力……………………56, 124
幸福（エウダイモニア）……25, 48, 59, 61, 65-67, 72, 73, 84, 114, 219, 285
傲慢（ヒュブリス）………………90, 121, 235
ゴードン, J.-S.…………………249, 254
ゴールケ…………………………341
コーン, G.…………………………74
国制（ポリテイア）…89, 117, 242, 253, 263, 265, 277, 279, 280, 283, 284, 288, 305, 331, 347
国民（ポリテース）……262-265, 279-286, 305, 314
国民制（ポリテイア）……………115, 120
互酬性………317, 318, 320, 336, 338, 340, 345
コスロフスキー, P.………………116
小沼進一…………………………314
好んで（ヘコーン）………158, 159, 163, 164
コミュニケーション………8, 36, 43, 130, 189

サ

裁判官（ディカステース）……20, 91, 93-95, 98, 118, 122, 274, 343, 345, 346
サヴィニー, F. K. von ………………17
錯誤…………………………165-167
作動因…………………117, 136, 155
ザロモン, M.………………269, 330, 341

産物（エルゴン）…… 60, 61, 65, 154, 158, 335

シ

ジェームズ，W. ……………………… 97, 99
『史記』………………………………… 303
自給自足（アウタルキー）…… 113, 114, 118, 293, 294, 336-338
自己中心的目的の権利……………… 309-311
自己における始まり（アルケー・エンアウトイ）………………………… 153, 158, 167
自己自身に対する不正………… 241, 244, 246
自己自身のために（知る）…… 41, 43, 80, 194, 212, 285
自然的傾向性……………… 48, 100, 128, 145, 199
自然法……18, 19, 44, 45, 96, 97, 99, 100, 125-128, 130, 145, 147, 217-219, 233, 234, 271, 289
自然本性・素質（ピュシス）…65, 101, 111, 126, 179, 236, 261, 313, 329
実践理性・知性（ヌース・プラクティコス）
　……10, 13, 41, 76, 77, 110, 111, 133, 138, 139, 142, 144, 145, 148, 203, 210, 214
実践理性の第一原理… 45, 129, 130, 137, 140
実体…… 67, 69, 73, 110, 138, 273, 323, 325, 327
実定法…… 44, 47, 100, 147, 161, 217-219, 271
質料・質料因（ヒューレー）…… 70, 77, 114, 147, 199, 278
事物の本性…………………… 18, 47, 87, 271
司法（ディカスティケー）…………… 212
シモニデス……………………………… 237
邪知（パヌルーギア）………… 57, 143, 201
自由意思……………………… 180, 181, 187, 189
習慣（づけ）……64, 65, 97-99, 111, 198, 199, 209, 211
自由（エレウテリア）…… 89, 262, 273, 285, 331
自由人・自由民（エレウテリオテース）
　……115, 123, 196, 245, 264, 265, 280-282, 284, 285, 322, 329, 343
種子………………… 111, 209, 210, 212, 229
『周礼』………………………… 297, 302
取財術（クレーマティスティケー）…… 115, 278
朱子…… 278, 279, 295, 296, 300-302, 304-306
朱子学…………… 278, 295-297, 301, 303

熟考………………………………… 225
シュライエルマッハー, F. E. D. ………… 15
循環（問題・構造）…… 16, 65, 97, 99, 141, 142, 200, 204
荀子・『荀子』……………… 229, 282, 303, 304
順応性………………………………… 223
使用価値……………………… 322, 323, 325
賞賛と非難………………… 164, 165, 170, 173, 175
商人……………………… 285, 324, 328, 348
情念・感情（パトス）…… 62, 70, 71, 79, 110, 111, 119, 158, 177, 199, 251
情理（グノーメー）…… 92, 107, 123, 133, 216
条理…………………………… 216, 314
職…………… 280, 282, 288, 302-306, 314, 331
職人・職人的（ケイロテクネー）…… 212, 283
職分……242, 259, 264, 278, 282-285, 287-295, 297, 298, 301-306, 308-313, 345
職分権………………… 306, 309, 311-313, 315
職分的権利……………………… 309-311
思量（ブーレウシス）…… 78, 80, 82, 83, 126, 154-156, 176, 201
シリング…………………………… 68-72
慎重…………………………… 72, 225, 226
真と偽（カタパーシスとアポパーシス）
　…………………………………… 31, 108
真理（アレーテイア）……29-32, 34-36, 43, 202
真理開示（アレーテウエイン）… 67, 81, 84, 192, 202

ス

随意的（ヘクーシオン）……… 153-155, 158-161, 163-165, 167, 179, 180
推論（シュロギスモス）…………… 83, 104
　実践的推論…… 10, 83, 132, 133, 136, 188, 203-208, 211, 222
　論証的推論（アポデイクシス）…7, 8, 30, 83, 104, 105, 133
ストア派………………… 66, 79, 110, 125
スプーダイオス（立派なひと）…… 107, 347

セ

正（義）（ディカイオン）……… 234, 244, 339
　家政上（夫婦関係）の正… 195, 244, 245, 260

事項・人名索引　417

幾何学的正 …………………… 88, 258, 259
宜としての正 ………………………… 245-246
矯正的正 …… 88, 196, 244, 246, 258, 259,
　266, 268, 269, 274, 277, 317, 318, 330,
　332, 333, 343-345, 348
匡正的正 ……………………… 244, 266, 268
共通の正 ……………………………… 216, 261
均等的正 ……………………………… 243, 244
厳格な意味での正 …………… 89, 241, 243
交換的正 …… 88, 116, 196, 197, 259, 267,
　269, 270, 275, 277, 292, 307, 308, 317,
　319, 320, 323, 324, 330-336, 338-340,
　342-345, 348
国家（ポリス）的正（政治上の権利）
　…… 125, 126, 218, 244, 245, 265, 270,
　271, 274, 275, 278, 280
算術的正 …… 85, 88, 196, 244, 258, 259, 265
自然的正 …… 95125126148, 216-218, 244,
　245, 261, 271, 274, 275
主従関係における正 ………………… 260
人為的正 ……………………… 216, 244, 245, 274
整正的正 ……………………………………… 266
第一の正 ……………………… 215-217, 243, 245
転用的な意味での正 ……… 243, 245, 246
配分的正 …… 88, 89, 196, 244, 246, 258, 259,
　264, 268, 269, 274, 277, 279-283, 287,
　288, 292, 294, 302, 305, 307-309, 313,
　314, 316, 317, 318, 330-334, 336, 338-
　340, 343-345, 348
比例的正 …… 196, 244, 265, 339, 341, 343
父子関係における正 ……………… 241, 260
平均的正 ………………………… 88, 89, 196, 197
（遵）法的正 … 89, 195, 197, 212-217, 243,
　244, 256, 268, 269, 271, 272, 275, 292
無条件（端）的な意味での正 … 148, 215,
　217, 240, 243, 245, 246, 271, 272, 275
正義（ディカイオシュネー）…… 193, 194,
　214, 236, 237-239, 241, 242, 244, 246-250,
　258, 262, 264, 270
正義の行為を為す ……………… 244, 245
政治術（ポリティケー）…… 105, 193, 195,
　212, 278
政治的知慮 ……… 220, 221, 226, 229, 255, 286
成文法（グラッポス・ノモス）… 89, 90, 92,
　254, 255, 271

正法 ………………………… 45-47, 53, 54
政令（プセーピスマ）……………… 91
世界-内-存在 …………… 73, 100, 102-104
施与（厚施）……………………… 260, 291
僭主制 ……………………………………… 255
センスス・コムニス（共通感覚）… 5, 7, 13,
　14, 15, 20, 35, 42
全(一)般的正（義）…… 88, 195, 196, 197, 213,
　244-247, 251-254, 257, 268, 270, 277, 344
全(一)般的不正（義）… 252, 256, 258, 273, 274

ソ

ソクラテス ………… 18, 54, 80, 111-113, 236
ソピア（知恵/慧）…… 15, 22, 34, 46, 73, 81,
　83, 84, 192, 219
ソフィスト …… 8, 28, 52, 58, 90, 103, 105, 236
ソフォクレス ……………………………… 125
それ以外の仕方ではありえない ……… 179
それ以外の仕方でもありうる … 78, 83, 129,
　146, 147, 155, 156, 191
ソロン ……………… 117, 118, 237, 238, 345

タ

『大学』 ……………………………… 211, 296
対角線的な組み合わせ …… 332-335, 340, 345
怠惰 ………………………………………… 79, 227
タイヒミュラー, G. ………………… 75, 77, 135
高作正博 ……………………………… 312, 313
高田三郎 ……………………………… 235, 237
他者のための善（アロトゥリオン・アガト
　ン）……………………… 238, 251, 346
正しいことを為す …………………… 242, 245
正しいひと（ディカイオス）…… 193, 196,
　198, 207, 213, 241, 247-249, 251, 252, 275,
　346
ダバン, J. ……………… 127, 128, 306, 309-313, 315
タレース ……………………………………… 25, 192
端的な善（ハプロース・アガトン）…… 19,
　24, 44, 59

チ

知性（インテレクトゥス）………… 139, 222
秩序・役（タクシス）……… 63, 74, 253, 261,
　265, 280
中（メソン）…… 27, 28, 41, 48, 57, 62, 67-70,

72-76, 85-90 203, 239, 243, 247, 331, 345, 346
中間国制‥‥‥‥‥‥‥‥‥‥‥‥‥‥ 107, 117
中間者・中間（階）層‥‥‥‥‥ 118, 120-122
仲裁者‥‥‥‥‥‥‥‥‥‥‥‥‥‥‥‥ 118, 122
『中庸』‥‥‥‥‥‥‥‥‥‥‥‥‥‥‥‥‥ 68, 69
中庸（メソテース）‥‥‥ 9, 25, 68-74, 85-88, 92, 109, 111, 115-124, 198, 202, 241, 243, 251
中を得るひと‥‥‥‥‥‥‥‥‥‥‥‥‥‥ 118
頂極（アクロテース）‥‥‥‥‥ 69, 70, 72, 211
知慮無き者（アプロネース）‥‥‥‥‥‥ 175
知慮に反対の悪徳‥‥‥‥‥‥‥‥‥‥‥ 220
知慮に類似した悪徳‥‥‥‥‥‥‥‥‥‥ 220

ツ

通約（可能）（シュンメトリア）‥‥ 325-330

テ

ディアレクティク（弁証術）‥‥‥ 3, 7, 8, 21-23, 28-37, 46, 104, 105
ディルタイ, W.‥‥‥‥‥‥‥‥‥‥‥‥‥‥ 15
テオグニス‥‥‥‥‥‥‥‥‥‥‥‥‥ 193, 251
デカルト, R.‥‥‥‥‥‥‥‥‥‥‥‥ 10, 34, 50
適度（シュンメトロン）‥‥‥‥‥‥‥ 68, 116
テクネー（技術）‥‥ 41, 67, 79, 206, 208, 283, 284
哲人王‥‥‥‥‥‥‥‥‥‥‥‥‥‥‥‥‥ 93, 347
デュギー, L.‥‥‥‥‥‥ 306-309, 311-313, 315
デュナミス（可能態・潜在態・能力）‥‥ 19, 22, 28, 33, 45, 62, 209, 229, 248, 278, 283, 287
テロス・フィニス（終わり・目的・目的因）‥‥‥‥ 47, 48, 59-61, 69, 73, 74, 81-83, 101, 102, 277

ト

等価交換‥‥‥‥‥‥‥‥‥‥‥‥ 327, 332, 337
同情心（シュングノメー）‥‥‥‥ 92, 99, 164
統治職（アルコーン）‥‥‥ 241, 253, 255, 263-265, 277, 280-282, 284, 286, 288, 295
棟梁的（アルキテクトニケー）‥‥‥‥ 22, 28, 193, 195, 212, 220
トゥルーデ, P.‥‥‥‥‥‥ 237, 238, 254, 275, 341
ドクサ（臆見）‥‥ 7, 15, 30, 31, 58, 82, 83, 106

特殊的正（義）‥‥‥‥‥‥ 195-197, 213, 243, 244-247, 252, 254, 257, 259, 268, 277, 317, 319, 340-342, 345, 348
特殊的聴衆‥‥‥‥‥‥‥‥‥‥‥‥‥‥ 37-39
特殊的不正（義）‥‥‥‥‥‥ 252, 257-259, 274
トピク‥‥‥‥‥‥‥‥ 3-5, 7-9, 19-25, 28, 33, 34
トマス・アクィナス‥‥‥‥ 24, 46, 57, 84, 99, 129-131, 138, 139, 142, 145, 157, 173, 194, 198, 199, 203, 212-215, 217, 218, 221, 225, 278, 279, 288-295, 300-302, 304-309, 314, 315, 328, 335
富（プルートス）‥‥‥‥ 89, 196, 242, 262, 280, 331
トラシュマコス‥‥‥‥‥‥‥‥‥‥‥‥‥ 255
奴隷・奴隷制‥‥‥ 115, 195, 261, 262, 281, 283, 286, 343
貪欲（プレオネクシア）‥‥‥ 51, 67, 115-117, 236, 239, 243, 252, 256, 257

ナ

中江藤樹‥‥‥‥‥‥‥‥‥‥‥‥‥‥‥‥ 296
鉛の定規‥‥‥‥‥‥‥‥‥‥‥‥‥‥‥ 46, 91

ニ

肉（俗世）の配慮‥‥‥‥‥‥‥‥‥ 227, 228
西田幾多郎（西田哲学）‥‥‥‥‥ 99, 124, 229
ニューマン, W. L.‥‥‥‥‥‥‥‥‥‥ 122, 348
人間的な事柄・善‥‥‥‥ 25, 58, 59, 61-63, 66, 73, 92, 108, 126, 198
人間本性‥‥‥‥ 44, 46-49, 71, 79, 113, 123, 219, 255, 271, 282, 286, 287, 300, 301

ヌ

ヌース（知性・直知）‥‥‥‥ 9, 73, 83, 84, 88, 119, 130, 132-134, 144, 146, 147, 198
　基本命題の直知‥‥‥‥‥‥‥‥ 137, 138, 142
　自然本性的直知‥‥‥‥‥‥‥‥‥‥‥ 139
　受動的知性‥‥‥‥‥‥‥‥‥‥ 134, 138, 211
　能動的知性‥‥‥‥‥‥‥‥ 134, 138, 146, 211
　知性の機関（道具）‥‥‥‥‥‥‥ 145, 147

ネ

ネルソン, L.‥‥‥‥‥‥‥‥‥‥‥ 21, 128, 129

事項・人名索引　419

ノ

望ましいものと回避すべきもの（ハイレトンとペウクトン）………… 108, 202
ノモス… 90, 125, 126, 195, 211, 213, 235-237, 272, 273, 277

ハ

バーネット, J. ………………………… 22, 266
ハーバーマス, J ………… 36, 39, 43, 44, 189
ハイデッガー, M.…… 4, 15-17, 22, 23, 27, 34, 50, 63-65, 73, 74, 80-84, 101-105, 150, 191-193, 225
パウロ ……………………………………… 292
パルカス ……………………………… 10, 50
畑安次 …………………………………… 307
林羅山 …………………………… 296, 299, 300
パラデーグマ（模範）…………… 46, 104
ハルトマン, N ………… 22, 68-70, 72, 73, 188
パルメニデス …………………………… 58
反省的判断力 ………………………… 124
反対の方向も取りうる …………… 180, 181
判断（クリシス）………………… 87, 88, 91
ハンバーガー, M …………… 341, 343-345

ヒ

ビアス ……………………………… 194, 250
ピーパー, J. ………… 95, 194, 200, 201, 270
非随意（ウーク・ヘクーシオン）……… 159, 160, 163
ピタゴラス派（学徒）… 237, 238, 268, 317, 333
ピッタコス ……………………………… 171
必要・需要（クレイア）……… 270, 326-330, 335, 336, 347
必要に応じて・従って（カタ・クレイアン）…………………………………… 267, 337
評議・審議・行政（ブーレウティケー）……………………………… 212, 235, 263, 280
平等（イソノミア）……… 235, 236, 238, 242, 250, 261

フ

ファイヒンガー ………………………… 187
フィーヴェク, Th. ………………………… 4, 5
フィンリイ, M. I. ……………………… 319
フェアドロス, A. ……………………… 126
フォルストホフ, E. ……………………… 17
不均等（アニソン）………… 249, 252, 274
不作為の帰責 ……………………… 177, 178
藤井義夫 ……………………………… 200, 203
不随意的（アクーシオン）…… 153, 159-161, 163-167
不正（アディコン）………… 256, 268, 269
不正なひと（アディコス）… 240, 248, 252, 257
プフォルテン, D von der ……………… 54
不文法（アグラッポス・ノモス）……… 95, 131, 140, 166
普遍的聴衆 ……………… 13, 37-40, 42, 43, 45
富裕なひと ……………………… 281, 282
プラクシス（実践）… 59, 60, 63-65, 79, 81, 102, 136, 158, 204, 206, 208, 209, 229
プラグマティズム ……………… 96, 97, 99
プラトン … 9, 10, 18, 19, 26, 28, 29, 54, 57-59, 67, 80, 85, 90, 93-95, 106, 108, 111-113, 126, 236, 238, 239, 253, 284, 297, 324, 336, 347
フランシス・フクヤマ ……………… 50, 52
プロタゴラス ……………………………… 58
プロアイレシス（選択・企図）… 63, 64, 71, 74, 80, 83, 86, 154-156, 169, 174, 175, 180, 199, 202, 203, 207, 209, 245, 247, 251, 256, 257
プロニモス（知慮あるひと）…… 41, 57, 76, 80, 86-88, 94, 95, 127, 133, 136, 140, 147, 160, 161, 193, 195, 200, 201, 206, 210-212, 287, 295, 331
分（ディカイオン）… 89, 252, 253, 261, 277, 282, 345
分与 ……………………………… 336-338, 346

ヘ

ヘクシス（習性・状態・性向）……… 62-65, 67, 74, 86, 131, 179, 180, 193, 200, 208, 209, 210, 214, 229, 240, 247-249, 251, 270
ペーゲラー, O. ……………… 28, 29, 33, 34,
ヘーゲル, G. W. F. …… 23, 34, 37, 51, 299, 300
ヘッフェ, O. ………… 26, 28, 29, 32, 34, 137
ヘニス, W. ……………………… 4, 20-24, 33

ペパー, S. L. 55
ペリクレス............94, 98, 117, 118, 192, 235
ヘルシャー..96-99
ヘルメノイティク......3, 4, 14-17, 19, 28, 35, 36, 40, 42-47, 97, 103
ペレルマン......4, 5, 10-14, 19, 20, 28, 35-40, 42, 43, 45
ヘンケル, H. 47

ホ
ポイエーシス（制作）......60, 136, 206, 208
法（律）の補訂........6, 91, 92, 147, 219, 271
奉職循理..303, 304
法-内-存在..................150, 162, 174, 178, 190
法律の前文..94
ポランニー, K. 336-339
ポリス......109, 111, 113-117, 119-120, 122, 123, 125-127, 235, 236, 258, 259, 286, 287, 319, 320, 328, 329
ポリス的動物...........................102, 212, 347
ポリス-内-存在...........................101, 103, 123
ポリテウマ（国民団）............277, 284-286

マ
牧野英一...315
マッキンタイア, A. 99, 130
松本正夫..134
丸山眞男...295-301

ミ
ミークル, S. 325, 330
水波朗...127
ミュラー, A. W. 207, 208
民主制・民衆制..................89, 121, 255, 284

ム
無際限（アペイロン）..............61, 115-117
無識（無知）（アグノイア）...153, 159-161, 165, 169
　　状況の無知.................................165, 166
無節義..227
無抑制（アクラシア）........71, 140, 160, 235

メ
命令（する）（エピタッテイン）......84, 91, 194, 195, 196, 199, 200, 212, 219, 226
メタ・エティカ......................................25, 33

モ
申し合わせ（ホモロギア）............322, 329
目的（ト・フー・ヘネカ）......59, 61, 131, 132, 134, 139, 142, 158, 192, 199, 202, 203, 208, 213, 290, 315, 331
目的へのてだて（タ・プロス・ト・テロス）
......64, 82, 134, 135, 137, 139, 142, 144, 146, 192, 199, 202-204, 290
目的論...136, 188, 207, 209
もの分かり（シュネシス）......10, 41, 91, 133
森岡邦泰..336

ヤ
山内得立...265, 272, 273

ユ
唯識論...229
ユートピア（社会）......9, 11, 12, 36, 43, 123, 286
有利と有害（シュンペーロンとブラベロン）
....102, 102
ユリス・プルーデンティア/法知慮
............5, 10, 14, 20, 46, 55, 57, 127, 192, 193

ヨ
善きひと..................25, 64, 76, 147, 200, 275
善き思量（エウブーリア）...82, 83, 132, 196
善き生（活）・善く生きる（エウ・ゼーン）
......61, 80, 101, 113-115, 116, 122-124, 129, 190, 192, 195, 242, 259, 260, 262, 263, 264, 273, 278, 280-284, 286, 287, 290, 291, 293, 305, 331, 335, 347, 348
抑制（エンクラテイア）..................71, 235
余計な煩い..228
予見・予知...79, 224
欲望（エピテュミア）..................64, 66, 67, 77
欲求（オレクシス）......61, 111, 115, 153, 198, 199, 202
欲求対象（オレクトン）..................135, 202
酔っ払い（酩酊・泥酔）..................169-174

リ

理（朱子学における）‥‥ 279, 295, 299, 300, 303-306
利子（トコス）‥‥‥‥‥‥‥‥‥‥ 116
理性（ヌース・ラチオ）‥‥‥62, 92-94, 210, 211, 223, 224, 261, 290
立法術（ノモテティケー）‥‥‥‥‥ 212
利得（不当）と損失‥‥‥‥89, 243, 258, 259, 331, 332, 344
利得欲‥‥‥‥‥‥‥‥‥‥‥‥ 256, 257
良心（コンスキエンティア）‥‥‥‥‥ 100
良知（シンデレーシス）‥‥95, 128-130, 139, 142, 222
理論的理性‥‥‥‥‥‥‥‥‥‥‥‥ 139

ル

ルーバン, D. ‥‥‥‥‥‥‥‥‥‥ 55, 56

レ

怜悧（デイノテース）‥‥9, 142-144, 200, 201
レーニング, R. ‥‥153, 156, 157, 159, 164, 166, 169, 175, 180-182
レオポルド, A. ‥‥‥‥‥‥‥‥‥‥ 100

レトリック（弁論術）‥‥3-5, 7-9, 13, 14, 19, 21, 22, 28, 30, 32, 35-40, 42, 45-47, 103-105

ロ

ロールズ, J. ‥‥‥‥‥‥‥‥‥‥ 50, 191
ローンハイマー, M. ‥‥‥‥ 137, 138, 144, 145
ロゴス（言葉・ことわり・分別・理説）
‥‥9, 62, 66, 71, 83, 84-87, 103, 119, 197, 198, 200, 203, 209, 211, 236, 287
　オルトス・ロゴス（正しいことわり）
‥‥48, 55, 67, 86, 87, 121, 140, 143, 160, 199, 202, 203, 206, 208-211, 229, 280
　ロゴス・アレテース‥‥‥‥ 202, 203, 229
ロゴス的動物‥‥‥‥‥‥‥ 102, 103, 212

ワ

われわれに依存・力の及ぶ範囲（エペーミン）‥‥‥‥‥‥64, 65, 155, 177-179, 189
われわれにとって先‥‥‥‥‥‥ 126, 197
われわれにとって認識しうるもの‥‥‥24
われわれにとっての「中」‥‥ 28, 73, 86, 87, 123
われわれにとって善いと見える‥‥‥ 48, 58

著者略歴

高橋 広次（たかはし　ひろし）
1948年　大分県杵築市生まれ
1977年　九州大学大学院法学研究科基礎法学専攻博士課程修了
現　在　南山大学法学部教授，法学博士

主要著書
ケルゼン法学の方法と構造（九州大学出版会，1979年）
新ケルゼン研究〔共編著〕（木鐸社，1981年）
法哲学入門〔共著〕（成文堂，2002年）
環境倫理学入門（勁草書房，2011年）

アリストテレスの法思想
――その根柢に在るもの　　南山大学学術叢書

2016年2月1日　初版第1刷発行

著　者　　高　橋　広　次
発行者　　阿　部　成　一

〒162-0041　東京都新宿区早稲田鶴巻町514番地
発 行 所　　株式会社　成 文 堂
電話 03(3203)9201　Fax 03(3203)9206
http://www.seibundoh.co.jp

製版・印刷　三報社印刷　　　　製本　弘伸製本
Ⓒ2016 K. Takahashi　　Printed in Japan
☆落丁・乱丁本はおとりかえいたします☆　検印省略
ISBN978-4-7923-0586-4 C3032

定価（本体8500円＋税）